KB022585

엔터테인먼트 사이언스 II

엔터테인먼트
상품 경영론

ENTERTAINMENT SCIENCE
Data Analytics and Practical Theory for Movies, Games, Books and Music

엔터테인먼트 사이언스 II

엔터테인먼트
상품 경영론

토르스텐 헤니그-투라우(Thorsten Hennig-Thurau) · 마크 B. 휴스턴(Mark B. Houston) 지음
이청기 · 김정섭 · 조영인 · 조희영 · 박정은 · 이규탁 · 이은혜 옮김

한울
아카데미

'누가 감히 앞날을 점칠 수 있나요?(Who dares to predict the future?)' 또는 '어떻게 될지 아무도 몰라요(Nobody knows anything)'. 이 말들은 나른 곳에도 더러 통용되겠지만 엔터테인먼트 분야에서 보다 확실하게 소구되는 불문율과 같은 통설입니다. 한국 시간으로 2021년 4월 26일 새벽 일흔네 살의 대한민국 배우 윤여정은 영화 〈미나리〉로 제93회 미국 아카데미상 여우조연상을 수상해 세계를 놀라게 한 것은 물론 국내에서도 코로나19 팬데믹에 찌든 '우울한 봄' 분위기를 단숨에 날려 버렸습니다.

차디찬 죽은 땅에서 미려한 라일락을 꽃피우듯이 강인한 생명이 움트는 봄날이 너무 아름다워 역설적으로 '4월은 잔인한 달(April is the cruellest month)'이라 했던 영국 시인 T. S. 엘리엇의 명시 「황무지(The Waste Land)」의 주조(主調)와 상통할 정도였습니다. 윤여정이 수상 직후 〈미나리〉의 공동 제작사인 플랜B의 대표이자 유명 배우 '브래드 피트'에게 그간의 아쉬움을 따지듯 던진 위트 있는 수상 소감은 앞서 제시한 불문율처럼 엔터테인먼트 콘텐츠의 운명을 역설적으로 보여 주었습니다.

윤여정의 소감은 22억 원에 불과했던 〈미나리〉의 제작비를 좀 더 많이 투자했어야 하지 않느냐는 마음속 묻어 둔 이야기를 다소 직설적으로 토로한 것이지만, 역설적으로는 브래드 피트가 〈미나리〉의 히트를 전혀 예감하지 못했다는 방증이기도 합니다. 엔터테인먼트는 그래서 '서프라이즈 비즈니스'입니다. 할리우드에서 웬만한 상업영화의 제작비가 편당 수백억 원에 달하는 실정에서 아무리 독립영화라 해도 22억 원이라는 제작비는 그 규모가 너무 작았다고 평할 수 있습니다. 그러나 히트를 예감했다면 누구라도 보다 많은 투자를 했을 것입니다. 정반대의 입장에서 보면 22억 원이라는 적은 금액을 투자하고서도 영화가 아카데미 상도 받고 국제적인 관심을 끌어 예상하지 못한 수익도 거두게 되었으니 수익률 면에서는 '초대박'인 것입니다.

할리우드나 충무로에서는 마찬가지로 많은 제작비를 투자했어도 흥행에 이르지 못하는 사례가 부지기수입니다. 독립영화나 단편영화가 의외의 화제를 불러일으켜 관객몰이를 하기도 하지만 제작비 투자 유치와 마케팅, 홍보에 많은 공을 들인 상업영화라도 극장에 걸지도 못하는 경우가 많습니다. 그런 현실에서 〈미나리〉의 성공 사례는 엔터테인먼트 상품 성패의 불가측성과 서프라이즈 효과를 적확하게 설명해 주는 사례였습니다. 이는 엔터테인먼트 산업 종사자와 연구자들에게도 뜨거운 연구거리를 제공했습니다.

한국에서도 아이돌 그룹 방탄소년단(BTS)과 그 소속사 하이브(옛 빅히트엔터테인먼트)의 성공 사례는 미국 하버드 경영대학에서도 발 빠르게 한국에 찾아와 회사 관계자들을 인터뷰하고 경영 성과를 분석한 뒤 ≪하버드 비즈니스 리뷰≫에 "Big Hit Entertainment and BTS: K-Pop Reaches for a Global Breakthrough"와 "Big Hit Entertainment and Blockbuster Band BTS: K-Pop Goes Global" 등과 같은 연구 논문을 내놓을 만큼 세계적인 관심을 끌었습니다. 그만큼 이들의 성공은 불가측성과 의외성이 뚜렷했기 때문입니다. 미국, 영국 같은 주류 음악 시장에서 볼 경우 시장 규모가 작은 나라인 한국의 아이돌 그룹이 세계 음악 시장을 석권한 것부터가 너무 낯설고 놀라운 이슈였을 것입니다.

하이브는 2012년 최초의 아이돌 그룹 '글램'을 내놓았지만 안착에는 실패한 데다 추가 투자를 받지 못해 존폐 위기에 내몰렸기에 그때의 상황에서 보면 누구도 성공을 예상하지 못했을 것입니다. 이때 투자 회사 SV인베스트먼트는 BTS도 없던 시절 이 회사의 가능성을 믿고 40억 원을 투자했습니다. 하이브의 입장에서는 매우 어렵게 설득해 투자를 받은 것입니다. 이렇게 결성된 7인조 BTS는 선한 영향력의 전파를 목표로 신세대를 대변하는 노랫말과 세계 음악의 유행성과 한국 문화의 고유성을 결합한 멜로디와 안무를 창출해 선보이고, '참여형 아이돌' 콘셉트로 레거시 미디어에 의존하지 않고 동참 촉진형 소셜 미디어 전략을 구사해 아미(ARMY)라는 충성도 높은 팬클럽의 지원을 받아 글로벌 스타로 우뚝 섰습니다. BTS가 대히트한 덕분에 투자사인 SV인베스트먼트도 2018년 1088억 원을 회수하며 원금 대비 27.2배의 투자 수익을 거두었습니다. 성공 운명의 동반자였던 것입니다.

하이브는 세계 음악 시장의 제패라는 일단의 성과에 그치지 않고 음악적 영향력의 수명과 기세를 더욱 지속 및 확장하기 위해 최근 미국의 스쿠터 브라운이 설립한 아타카홀딩스를 10억 5000만 달러에 인수해 세계 1위의 기획사로 위상을 확보했습니다. 아타카홀딩스는 음악 관련 매니지먼트와 영화·TV를 아우르는 종합 미디어 지주회사로서 아리아나 그란데, 저스틴 비버, 제이 발빈, 데미 로바토 등 세계적인 팝 스타가 소속된 레이블 그룹을 산하에 두고 있기에 하이브의 목표인 음악 산업 혁신, 선한 영향력의 실천, 삶의 변화 추동 등을 실현하며 현재의 운명을 더욱 빛나게 증강하려는 구상을 실행한 것입니다.

이렇듯 〈미나리〉와 BTS의 성공은 대중문화의 힘이 세상을 크게 바꾸는 '컬처 파워 시대' 엔터테인먼트 경제학과 경영학의 규범과 원리를 잘 설명해 주는 대표 사례입니다. '하이 리스크 하이 리턴(high risk, high return)'의 메커니즘이 작동하는 엔터테인먼트 상품은 일반 상품의 운명이나 가치 사슬 특성과 전혀 다른 경우가 많습니다. 따라서 엔터테인먼트 산업 경영자와 투자자들은 제작비를 어느 정도 쏟을 것인지, 어떻게 상품을 기획하고, 제작 팀의 창의성이 어떻게 발휘되게 할 것인지 특별히 심사숙고할 수밖에 없습니다. 연구자들도 이 과정과 결과를 예민하게 주시하며 경험적·이론적·통계적 산물의 탐색과 도출에 관심을 보이고 있습니다.

이 책은 원제가 '엔터테인먼트 사이언스(Entertainment Science)'로서 엔터테인먼트 산업 경영자들은 물론 학자, 연구자들의 고민을 해결해 주는 데 큰 보탬이 되는 학술서입니다. 따라서 한국엔터테인먼트산업학회에서 활동하며 인연이 된 학자 7명이 마음을 모아 2020년부터 방대한 번역 작업에 나서 책이 나오게 되었습니다. 엔터테인먼트 분야에서 실무 경험이 많은 현장 전문가 출신과 아티스트 출신 학자들이 대거 참여함으로써 실무와 이론, 산업 현장과 학계의 괴리를 최대한 줄이는 이해도와 통찰력이 높은 번역서를 출간하려 한 것이 특징입니다.

구체적으로 번역 작업에는 KBS 콘텐츠전략팀장, KBS 미디어텍과 KBS 아트비전의 이사, e-KBS 대표 등을 지낸 이청기 KBS공영미디어연구소 연구위원, ≪경향신문≫ 문화부 기자 출신으로 현장 경험과 연구 경험이 조화된 엔터테인먼트 산업 전문가인 성신여대 김정섭 교수, 한국무용가이자 배우, 안무가 출신으로 동국대·추계예술대 강사이자 한국문화예술연구소장을 맡고 있는 조영인 박사, 한국영화아카데미 프로듀싱 과정을 나와 CJ CGV, CJ ENM, 타임와이즈인베스트먼트 등에서 영화·문화 콘텐츠 투자·유통 분야의 풍부한 실무 경험을 쌓은 바 있는 영화 산업 전문가 중앙대 조희영 교수, 클래식과 전자 바이올린 연주를 오가는 크로스오버 바이올리니스트 출신으로 실용음악 및 음악교육 전문가인 경희사이버대 박정은 교수, 케이 팝(K-pop)과 대중음악 전문가로 이름이 높은 한국조지메이슨대 이규탁 교수, 미국 브로드웨이와 한국에서 뮤지컬 주연배우로 활동한 뮤지컬 보컬 실기, 작품 분석, 공연 등 뮤지컬 전문가인 동국대 이은혜 교수가 각각 참여했습니다.

이 책을 공들여 번역하여 한국의 지식사회에 널리 보급하기로 한 것은 전적으로 이 책이 갖는 독보적인 특성과 매력 때문입니다. 이 책은 첫째, 가장 현대적인 관점에서 미국과 유럽 지역의 연구 실적 및 통찰력을 결합하여 다양한 장르의 엔터테인먼트 상품의 성공 법칙을 경험적·이론적·통계적으로 통합 분석 및 도출하여 제시했고, 둘째, 기획·투자-제작-배급·유통-이용 등 가치 사슬 전 과정에서 적용되어야 할 이론, 법칙, 전략을 일목요연하게 제시해 실용적 가치가 높습니다. 한마디로 엔터테인먼트 상품이 갖는 흥행과 실패의 불가측성에 특히 주목하여 이를 해소하기 위한 수단으로 강력한 실무 경험, 정교한 이론, 이를 뒷받침하는 방대한 데이터의 통계 분석을 동원한 것입니다. 위험은 가능한 한 축소하고 기대는 더욱더 높이려는 관점에서 이 책의 독자가 될 경우 남다른 과학적인 통찰과 혜안을 얻어 엔터테인먼트 비즈니스 예측력을 강화하도록 고려했습니다.

이 책의 저자인 토르스텐 헤니그-투라우와 마크 B. 휴스턴 교수는 각각 독일과 미국의 엔터테인먼트 산업·경제학 전문가로 이름이 높습니다. 토르스텐 헤니그-투라우는 독일의 저명 경제학자로 주로 미디어·영화·소셜미디어 경제, 관계 마케팅을 연구했으며, 현재 뮌스터대 마케팅 센터 마케팅·미디어 연구위원회 의장을 맡고 있습니다. 마크 B. 휴스턴은 미국의 마케팅 학자로 주로 채널·영화 마케팅 및 혁신 전략을 연구했으며 현재 텍사스크리스천대(TCU) 닐리비즈니스 스쿨 마케팅학과 교수로 일하고 있습니다. 이 두 사람은 학계의 관련 논문과 연구 사례를 집대성하고, 관련

업계 전문가들에 대한 인터뷰와 그들이 제공하는 산업 현장의 살아 있는 데이터를 축적해 이를 바탕으로 이 책을 저술했기에 활용 가치가 매우 높습니다.

이 책은 원서의 경우 단권이지만 분량이 방대하여 총 3권으로 나누어 I~III권 시리즈로 구성했습니다. I권은 6개 장으로 구성했습니다. 1장은 '어떻게 될지 아무도 몰라요'라는 통설은 잊어라: 이제는 엔터테인먼트 사이언스의 시간이다'라는 제목에 따라 이 경구가 엔터테인먼트 사이언스가 산업의 새로운 불문율이 되어야 하는 이유를 설명하고 책의 내용 및 책 전반에 걸친 주요 용어들을 간략히 풀이했습니다.

2장은 경영·경제학의 관점에서 엔터테인먼트의 기본 원리를 다루었습니다. 3장은 엔터테인먼트 상품이 독특한 이유, 즉 주요 특성을, 4장은 엔터테인먼트 시장이 독특한 이유를 각각 분석했습니다. 5장은 엔터테인먼트 상품의 필수적 비즈니스 모델로서 가치를 창출하고 돈을 버는 것에 관해, 6장은 엔터테인먼트의 소비 측면에 관해 각각 서술했습니다.

II권은 엔터테인먼트 상품의 히트를 결정하는 요소를 4P(Product, Promotion, Place, Price) 관점에서 III권과 더불어 기술했습니다. 그중 II권은 상품(Product)에 대해 II권 전체를 통해 깊이 있게 다루었으며, III권에서는 나머지 3P(Promotion, Place, Price)를 서술했습니다. 먼저 II권의 1장은 엔터테인먼트 상품 결정 중 위대한 엔터테인먼트에 필요한 스토리 등 경험 품질에 대해, 2장은 기술, 장르 등 상품의 탐색 품질 등에 대해 각각 다루었습니다. 3장은 엔터테인먼트 상품 결정 중 품질 지표로서의 브랜드를, 4장은 성공적인 새로운 엔터테인먼트 상품을 개발하는 방법을 각각 제시했습니다.

III권은 4P 중 나머지 3P(Promotion, Place, Price)와 함께 엔터테인먼트 통합 마케팅 전략을 다루었습니다. 1장은 엔터테인먼트 커뮤니케이션 결정 대상 가운데 유료 채널인 '페이드 채널(paid channel)'과 소유 채널인 '온드 채널

(owned channel)'을 각각 상술했습니다. 2장은 엔터테인먼트 커뮤니케이션 결정 대상 가운데 입소문 등의 평가형 채널인 '언드 채널(earned channel)'을 소개했습니다. 3장은 엔터테인먼트의 유통(배급) 과정을 다루는 엔터테인먼트 유통 결정 메커니즘을, 4장은 엔터테인먼트 가격 결정 전략을 각각 다루었습니다. 마지막으로 5장은 엔터테인먼트 상품과 커뮤니케이션, 유통, 가격 결정을 조합해 엔터테인먼트 상품의 가치를 높이고 소비를 촉진하는 통합 마케팅을 다루면서 블록버스터와 틈새 상품에 관해서도 상술했습니다.

옮긴이들 모두는 모쪼록 이 책이 출간되어 학생들은 물론 엔터테인먼트 산업과 학계 종사자들이 관련 지식과 실무의 지평을 넓히는 데 큰 도움이 되었으면 하는 바람을 갖고 있습니다. 번역 작업에 혼신을 다한 옮긴이들은 한 팀을 이루어 번역에 동참한 인연을 평생 소중히 여기며 지난 1년간 고역스러운 작업을 해낸 것에 대해 서로 위로하고 감사의 뜻을 표했습니다. 기획과 편집을 위해 수고한 한울엠플러스(주)의 김종수 사장, 윤순현 실장, 배소영 팀장 등 출판사 관계자들에게도 깊은 감사를 표합니다. 많은 독자들에게, 특히 학생, 연구자들과 산업 관계자들에게 유용한 책이 되기를 소망합니다. 독자 분들에게는 특별히 깊은 감사의 마음을 전합니다. 이 책과 인연을 함께한 지은이, 옮긴이, 출판인, 유통인, 판매인, 독자, 응원자, 출판 담당 기자 등 모든 분의 행복을 기원합니다.

2021년 6월 15일
옮긴이 일동

엔터테인먼트 사이언스 II — 엔터테인먼트 상품 경영론

엔터테인먼트 사이언스 I — 엔터테인먼트 경영·경제학

엔터테인먼트 사이언스 III — 엔터테인먼트 통합 마케팅

　영화, 게임, 책, 음악을 통해 수십억 명의 사람들에게 영감을 불어넣는 엔터테인먼트 산업의 특징은 종종 '어떻게 될지 아무도 몰라요'라는 통설로 대변됩니다. 전설적인 시나리오 작가 윌리엄 골드먼(William Goldman)에 의해 30여 년 전 처음 등장한 이 발언에 따르면 엔터테인먼트 상품의 생존과 성공은 그저 경영적 직관과 본능에 달려 있으며 엔터테인먼트 상품을 위한 경제적 규칙이나 법칙은 존재할 수 없습니다.

　골드먼의 발언은 새로운 영화나 비디오 게임 단 한 편의 제작과 마케팅에만 통상 1억 달러 이상이 소요되고 때로는 5억 달러까지도 달하는 최근 엔터테인먼트 업계의 예산 규모와 현저히 상충합니다. 이 책에서는 엔터테인먼트 사이언스를 하나의 대안으로서, 더욱 시의적절하게는 하나의 패러다임으로서 소개합니다. 거의 무제한의 데이터와 컴퓨터 파워의 시대에 엔터테인먼트 사이언스의 스마트 애널리틱스와 강력한 이론은 의사결정자들에게 귀중한 통찰력을 제공할 수 있을 것입니다. 골드먼의 발언을 폐기하려는 우리의 목표가 창의성과 직관을 폐기하려는 욕망과 혼동되어서는 안 됩니다. 엔터테인먼트 사이언스는 데이터 분석과 이론을 창의성이나 직관 같은 기본적 기술을 대체하는 것이 아니라 보완적인 자원으로 여깁니다.

이 책은 마케팅, 경제학 등 다양한 분야의 학자들이 엔터테인먼트의 성공이나 실패 요인에 대해 축적한 지식을 체계적으로 탐구해 제공합니다. 엔터테인먼트 상품을 관리하고 업계의 진로를 결정하는 많은 사람이 이러한 지식을 모른 채 지나쳐 왔습니다. 그러나 대부분의 연구가 엔터테인먼트 비즈니스의 특정 영역만 고립적으로 다루고 있어 해당 지식과 관련해 통합성 부족의 문제도 제기되어 왔습니다.

이 책의 주요 공헌은 엔터테인먼트 산업에 대한 35년 이상의 고품질 학술 연구를 담은 독특한 금고를 열어 미래 및 현재 의사 결정자들이 접근할 수 있도록 한다는 것입니다. 다시 말해, 우리는 할리우드의 실용적인 기술을 하버드, UCLA, 와튼, TCU(텍사스크리스천대) 및 뮌스터대─학자들이 엔터테인먼트 사이언스의 발전에 이바지한 전 세계 여러 곳 중 극히 일부만 언급한다면─의 지적 능력과 연결합니다. 그러나 우리의 목표는 훨씬 더 야심 찹니다. 우리는 엔터테인먼트 산업에서 '좋은' 마케팅 및 관리란 어떻게 정의되는가에 대한 포괄적인 접근 방식을 독자들에게 제공하고자 하며, 이를 위해서는 많은 다양한 연구를 잘 짜 맞춰진 퍼즐처럼 통합해야만 합니다. 이러한 통합적 성질이 이 책을 이론 구축 자체에 대한 시도로 만듭니다. 전반적으로 이 책은 무엇이 엔터테인먼트 상품을 성공으로 이끌며, 어떤 것들이 엔터테인먼트로서는 실패하는가에 대한 설명을 핵심으로 하는 엔터테인먼트 사이언스 이론의 첫 번째 초안으로 간주할 수 있습니다. 이 이론은 많은 틈과 공백이 남아 있는 이론이며, 일부 영역은 다른 영역보다 더 강력한 주장, 풍부한 데이터 및 더 엄격한 통계 방법으로 뒷받침됩니다. 그러나 이 계속 발전되는 특성은 모든 종류의 이론에서 전형적이며, 그러기에 이론이란 태생적으로 확고하거나 최종적인 경우가 드뭅니다.

엔터테인먼트 사이언스(책과 이론)의 핵심은 확률론적 세계관입니다. 이 책은 종종 묵과되었으나 골드먼 발언의 근간이 되어 온 결정론적 관점을, 엔터테인먼트 산업에서의 성공은 결정론을 따르는 것이 아니라 오로지 확률적이라는 주장으로 대체합니다. 새로운 엔터테인먼트 상품이 시장에서 성공할 것인가에 대해 누구도 확신할 수는 없다는 골드먼의 신봉자들도 옳지만, 이 책에 포함된 산업 메커니즘, 소비자 패턴 및 마케팅 도구에 대한 통찰력을 모든 경영자가 가슴에 담아 둔다면 다음번에는 성공 확률을 높일 수 있습니다.

학자들이 영화, 게임, 책 또는 음악의 성과에 빅데이터 세트에 대한 엄격한 분석 방법을 적용해서 생성된 결과에 가치를 더하는 것은 바로 이 확률적 관점입니다. 그러나 우리는 엔터테인먼트 학자들과 다른 분야의 학자들이 이미 기업과 그 고객의 행동에 대해 발전시킨 강력한 이론을 고려하지 않으면 엔터테인먼트 산업의 이론과 그 적용이 실제로 제 역할을 할 수 없다고 믿습니다. 그것이 우리가 이 책을 창의성, 데이터 분석 및 좋은 이론의 조합으로 구성한 이유입니다. 즉, 고전적으로 표현하자면 오늘날 엔터테인먼트 산업에서 성공하기 위해서는 창의성과 직관이라는 엔터테인먼트의 전통적인 요소를 보완할 수 있는 강력한 분석과 훌륭한 이론을 결합하는 것만큼 실용적인 것은 없습니다.

이 책은 다양한 독자 그룹을 대상으로 합니다. 비즈니스 또는 창작 예술 전공 학생이거나 다른 산업 근로자로서 엔터테인먼트와 이를 제공하는 기업들에 매료된 사람들을 대상으로 합니다. 이 책이 이 독특한 산업에 관한 관심을 심화시키고 경제 메커니즘을 더 잘 이해하는 데 도움이 되기를 바랍니다. 엔터테인먼트에 관한 과학적 연구의 많은 부분을 엔터테인먼트 사이언스라는 통합적 이론으로 정리하면 학자들의 차기 연구에 영감을 주고 흥미로운 '미지수들'을 식별하는 데 도움이 될 뿐만 아니라 학자의 작업을 구성하고 새로운 인식을 해석하는 데 도움이 됩니다. 우리는 또한 이 책을 자기 생각에 도전하는 것을 좋아하고, 의사 결정자로 성장할 방법을 찾고 있으며, 승자를 선택하고 패자를 피하는 기업의 능력을 향상하려는 현재 엔터테인먼트 기업의 의사 결정권자들을 염두에 두고 썼습니다. 우리의 디지털 시대는 엔터테인먼트 사이언스의 여러 매력적인 측면에 대해 이러한 모든 그룹 간의 활발한 교류를 가능하게 하고 촉진하는 도구를 제공합니다.

웹사이트 http://entertainment-science.com 및 https://www.facebook.com/EntertainmentScience 커뮤니티에 참여하도록 초대합니다. 이곳들은 또한 새로운 발견 및 발전에 대한 최신 정보의 업데이트 공간이 될 것입니다.

독자 여러분이 엔터테인먼트 사이언스의 세계로 뛰어들기 전에 설명하고 싶은 것이 더 있습니다. 우리 두 사람은 모두 훈련된 마케팅 학자이기 때문에 이 책이 경쟁 세계에서 고객을 확보하는 데 초점을 맞춘 시장 중심의 관점을 취한다는 것은 놀라운 일이 아닐 것입니다. 고객이 실제로 설득되고 시장과 관련된 목표를 달성하는 데 필요한 내부 조직 프로세스에 대해서는 훨씬 덜 다루고 있습니다(한 가지 예외는 혁신 프로세스의 조직입니다. 그 이유는 이와 관련한 조직적이고 절차적인 문제들이 고객에게 강력한 새로움을 제공하는 데 있어서 말 그대로 분리될 수 없는 사항들이기 때문입니다). 시장 중심 접근 방식은 전반적인 기업 전략을 참조하는 의사결정을 의미하며, 우리는 시장 중심 의사결정에서 성공 또는 실패가 어떻게 발생할 수 있는지 강조합니다. 우리는 시장 중심의 관점을 취하는 것이 엄청난 가치가 있다고 믿고 있으며, 오늘날 엔터테인먼트 산업에서 일어나고 있는 많은 변화는 우리의 사고방식을 공유하는 기업(예: 아마존 및 넷플릭스)에서 기인한다고 생각합니다.

또한, 종종 유리되기 마련인 엔터테인먼트 실무와 학계를 결합하는 것을 목표로 책을 집필하려면 때때로 어느 한쪽의 표준 언어에 반하는 용어를 사용하게 된다는 사실을 강조하고 싶습니다. 극단적인 예로 엔터테인먼트 산업에 대한 가치 사슬 분석의 결과로 영화관은 '상영관'이 아닌 영화 배급사로 지칭할 것입니다. 또한, 스튜디오/레이블은 소매업체가 소비자들에게 상품을 배포하는 것과 꼭 마찬가지로 상품을 소비자에게 유통하려는 소매업체들에게 상품을 '판매'하는 주체들입니다. 유통은 여전히 마케팅 믹스의 중요한 부분으로 남아 있습니다(이 책에서도 한 장를 할애했습니다). 하지만 산업적 관점에서 볼 때 엔터테인먼트를 갈망하는 사람들에게 영화를 배급하는 것은 극장입니다. 업계에서 선택한 용어의 적절성에 대해 결코 이의를 제기하지 않는다는 점을 강조하는 것이 우리에게는 중요합니다. 그러나 우리의 야망은 다른 시장과 산업에서 형성된 지식까지도 전파하는 것입니다. 일반적 이론과 모델이 때때로 확립된 '산업 언어'에 반하는 방식으로 실행되기 때문에 개념과 용어의 조화가 필요합니다. 독자들 가운데 (극장을 통해 관객에게 영화를 상영하는 행위를 스스로도 '극장 배급'이라고 부르는 데 익숙한) 산업계 대표들이 이 절차를 용인해 주셨으면 합니다. 양측이 서로 배울 수 있기를 바랍니다.

또한, 엔터테인먼트 세계의 다른 두 대륙 출신인 두 저자의 조합은 부가가치를 가져옵니다. 우리 둘 다 국제적인 관점을 가지고 있지만 '지구 중심적' 접근 방식과 북미(마크 B. 휴스턴) 및 유럽 대륙(토르스텐 헤니그-투라우)의 지역별 지식을 결합합니다. 이를 통해 전 세계 여러 지역에서 다양한 언어로 공개된 엔터테인먼트 통찰력을 다룰 수 있었습니다. 물론 세계화 시대에 엔터테인먼트의 세계는 그 두 대륙보다 훨씬 더 큰 세계를 이루며, 엔터테인먼트 세계의 다른 지역에서도 통찰을 가져오고자 했으나 이러한 지역들이 책에서 부족하게 표현되었음을 독자들은 느끼게 될 겁니다. 이 편향을 용서해 주십시오. 적어도 우리는 시도는 했습니다.

책을 쓰는 것은 집단적인 노력이라는 말을 자주 듣는데 이보다 더 정확한 표현은 없습니다. 우리는 우리의 생각을 형성하게 해 준 다양한 그룹의 사람들에게 깊이 감사합니다. 그들은 때때로 우리의 아이디어에 의문을 제기했고 영감을 주었습니다. 많은 동료의 직간접적 기여 없이는 엔터테인먼트 사이언스가 존재하지 않을 것이라고 말하면서 시작합니다. 특히 다양한 엔터테인먼트 산업 연구 프로젝트의 공동 저자들인 수먼 바수로이(Suman Basuroy), 사빈 베스트(Sabine Best), 마티아 보드(Matthias Bode), 본 본넨캄프(Björn Bohnenkamp), 수비말 채터르지(Subimal Chatterjee), 하이펭 '알랑' 첸(Haipeng 'Allan' Chen), 미셸 클레멘트(Michel Clement), 도미니크 달빗츠-베그너(Dominik Dallwitz-Wegner), 펠릭스 에거스(Felix Eggers), 여호수아 '조시' 엘리아스버그(Jehoshua 'Josh' Eliashberg), 파비안 펠드하우스(Fabian Feldhaus), 스테판 푹스(Stefan Fuchs), 티모시 헤스(Tim(othy) Heath), 토르스텐 헤잇잔스(Torsten Heitjans), 빅터 헤니그(Victor Henning), 바바라 힐러(Barbara Hiller), 줄리안 호프만(Julian Hofmann), 람 자나키라만(Ram Janakiraman), 셰인 존슨(Shane Johnson), 알레그라 캐진스키(Alegra Kaczinski), 앤-크리스틴 쿠퍼 냅[Ann-Kristin Kupfer (Knapp)], 브루노 코허(Bruno Kocher), 라울 큐블러(Raoul Kübler), 안드레 마르샹(André Marchand), 폴 마르크스(Paul Marx), 줄리앤 메티스(Juliane Mathys), 문상길(Sangkil Moon), 박은호(Eunho Park), 노라 팔러 보더 홀테(Nora Pähler vor der Holte), 리시카 리시카(Rishika Rishika), 헨리크 새트러(Henrik Sattler), 리카르다 샤우르테(Ricarda Schauerte), 레오 송(Reo Song), 샤리하리 하리 스리드하르(Shrihari 'Hari' Sridhar), 프란지스카 볼크너(Franziska Völckner), 잔프랑코 '조니' 월시[Gianfranco 'Johnny' (a.k.a. Frank) Walsh], 찰스 '척' 와인버그(Charles 'Chuck' Weinberg), 베렌드 위렝가(Berend Wierenga), 캐럴라인 비르츠(Caroline Wiertz), 올리버 '올리' 럭(Oliver 'Olli' Wruck)에게 감사드립니다. 우리가 이 책에서 우리의 작업이라 할 때 우리는 당신들을 염두에 두었습니다. 하디다(Hadida, 2009)와 펠토니에미(Peltoniemi, 2015)가 우리에게 가장 영감을 준 엔터테인먼트 연구 분야를 구조화하기 위한 학자들

의 초기 시도에 더해서 앤-크리스틴과 본은 이 책의 기초를 제공한 엔터테인먼트와 미디어 강의를 공동으로 개발했기에 특별히 감사를 드립니다. 그리고 로니 베렌스(Ronny Behrens)는 특별히 언급할 필요가 있는데 그가 이 책의 혁신 관리(innovation management) 장을 우리와 공저하며, 피드백을 해 주었고, 여러 편집 이슈를 도와주었습니다. 더 나아가 이 책이 출판 연도에 스무 번째 열릴 멜론 이코노믹스 필름 엔터테인먼트 콘퍼런스에 매년 모인 학자들과의 상호 협력으로부터 받은 많은 도움은 글로 표현하기 힘듭니다. 브루스 맬런(Bruce Mallee)은 이 콘퍼런스에 동기를 부여하고, 만든 강력한 분입니다. 우리는 항상 그의 지도력과 지지에 감사합니다. 그에게 이 책을 증정합니다. S. 아브람 '에브리' 래빗(S. Abraham 'Avri' Ravid)과 올라브 소랜손(Olav Sorenson)은 이 책의 저술 작업이 빠르게 진행될 수 있게 해 주었습니다. 그리고 많은 분들, 특히 달린 치숄름(Darlene Chisholm), 아트 드 배니(Art De Vany), 아니타 엘버스(Anita Elberse), 나타샤 포스(Natasha Fourth), 알레그레 하디다(Allegre Hadida), 모리스 홀브룩(Moris Holbrook), 아미트 조시(Amit Joshi), 용 리우(Yong Liu), 조르디 매켄지(Jordi McKenzie), 자말 샴지(Jamal Shamsie), 마이클 D. 스미스(Michael (D.) Smith), 제이슨 스콰이어(Jason Squire), 해롤드 '할' 보겔(Harold 'Hal' Vogel), 조시, 척, 수먼, 앤-크리스틴과 같이 위에 언급한 많은 공동 저자가 수년간 놀라운 아이디어 인큐베이터 역할을 해 주었습니다.

또한, 우리의 과거와 현재의 동료 교수들로부터의 지적인 도움에 빚을 졌습니다. 토르스텐에게는 토르스텐 비젤(Thorsten Wiesel)과 뮌스터대의 만프레드 크라프트(Manfred Krafft), 아르민 로트(Armin Rott), 볼프강 키슬(Wofgang Kissel), 바이마르의 바우하우스대에서 영감을 받은 탐 그로스(Tom Gross), 캐롤린 비르츠, 또한 빈스 미첼(Vince Mitchell)과 런던 시티대에 있던 조 렘펠(Joe Lempel)에게 빚을 졌습니다. 마크는 밥 레온(Bob Leone), 에릭 요크스턴(Eric Yorkston), 크리스 화이트(Chris White)를 포함해 텍사스크리스천대의 동료들에게 감사합니다. 그리고 텍사스A&M대의 마케팅과 교수들, 미주리대의 코믹콘 광인 피터 블로치(Peter Bloch)에게 감사합니다. 우리 대학들은 책을 쓸 수 있게 연구 검색에 시간과 노력을 투자할 인터넷 대역폭과 자원을 제공해 주었습니다.

그러나 우리 책은 많은 다양한 역할과 기능 속에서 엔터테인먼트 산업의 일부인 숱한 위대한 이들의 도움이 없었다면 학계와 산업의 다리를 연결하지 못했을 것입니다. 그들이 데이터와 맥락을 공유하며 우리의 프로젝트를 돕고 영감을 제공해 주었기에 가능했습니다. 여기서 이름을 일일이 열거하기는 힘들지만 가장 도움을 주었고 함께 일하며 즐거워했던 분들은 안드레아스 바레이스(Andreas Bareiss), 말테 프로브스트(Malte Probst), 마이클 쾰멜(Michael Kölmel), 잰 리커스(Jan Rickers), 위프라이드 베라우어(Wiffried Berauer), 디트마어 귀터체(Dietmar Guntsche), 안드레아스 크라머(Andreas Kramer), 캐럴라인 번하트(Caroline Bernhardt) 그리고 빅데이터와 빅 무비스 콘퍼런스를 2016년 포츠담과 베를린에 있던 토르스텐과 함께 공동 주재했던 자니스 펑크(Janis Funk)에게도 감사합니다. 또한, 마이클과 디트마어의 웰키노(Welkino) 팀, 번하드 글로글러(Bernhard Gloggler), 크리스틴 베버(Christine Weber), 로거 그로티(Roger Grotti), 그리고 디즈니 저머니(Disney Germany)의 로버트 로스버그(Robert Rossberg), 폭스 저머니(Fox Germany)의 볼커 라우스터(Volker Lauster), 저마 태츨래프(Germar Tetzlaff)와 동료들, 그리고 카러 프리츠(Kalle Fritz), 그의 스튜디오카날 저머니(StudioCanal Germany) 팀, 그리고 마르셀 렌츠(Marcel Lenz), 그리고 바이마르 소재 영화제작사 오스트리트(ostlicht) 소속의 귀도 슈바프(Guido Schwab)에게 감사합니다. 물론 책 내용 중 독자들이 동의하지 않는 부분이 혹시라도 있다면 그 책임은 오롯이 져자들의 몫입니다.

추가로 이 책에서 제공하는 많은 인사이트는 바이마르의 바우하우스대와 뮌스터대의 학부, 석사, 박사 과정 학생들의 도움이 없었다면 존재하지 않았을 것입니다. 그 학생들은 아이디어와 이론의 틀을 짜고 큰 도움을 주었습니다. 연구 보조원으로서, 다양한 중요한 발견인 데이터베이스를 구성한 것은 이 책에 중요하게 다뤄졌습니다. 그들 중 여러 분이 위에 언급되어 있고, 그들은 엔터테인먼트 학자나 경영자가 되었습니다. 토르스텐의 뮌스터에 있는 레브루스튜벨 슈에르테(Lebrustubl Schuertte)를 관리하는 탄자 거링호프(Tanza Geringhoff)와 함께 노라 팔러, 리카르다 샤우르테가 원고의 마무리 작업과 검수를 도왔습니다. 캐진스키와 우츠 릴(Utz Riehl)도 도와주었습니다. 더 나아가 잭 그림스(Jack Grimes)와 텍사스A&M대의 프레이언 차드리(Preyan Choudhuri)는 이 책의 기술적 부분을 도와주었습니다. 뮌스터대의 키라 슈렌더(Kira Schlender)는 웹사이트를 놀라울 정도로 구성해 주었고, 카이 포캄프(Kai Pohlkamp)는 데이터 분석과 이론이라는 의자를 책 표지 사진으로 창조해 주었습니다. 마리스 하트마니스(Maris Hartmanis)와 그의 스튜디오인 텐스(Tense) 팀은 여러 디자인으로 도와주었고, 의자들을 책의 로고로 만들어 주었습니다.

마지막으로, 우리 가족들과 가까운 친구들에게 고마워해야만 합니다. 토르스텐은 그의 오랜 친구인 올리, 앨릭스 데세니스(Alex Deseniss) 그리고 수십 년 동안 끊임없는 토론에서 엔터테인먼트 취향의 골간을 만들어 준 엔터테인먼트 액션 리서치(entertainment action research)와 수많은 시간을 함께 한 로니 지에츠(Ronnie Zietz)에게 고마움을 표합니다. 그러나 가장 먼저 그와 20년 이상을 함께한 아내 클라우디아와 모든 보이 그룹 중 가장 흥겨운 이들인 프레더릭(〈워킹 데드(Walking Dead)〉의 첫 시즌을 함께한 것은 확실히 끈끈한 경험이었습니다), 패트릭(우리는 EA'S FIFA를 함께했습니다), 톰(무한대로 그 너머까지)에게 그들이 주었던 무한한 사랑과 지지에 고마움을 표합니다. 마트는 30년 이상을 함께한 아내 낸시와 수많은 영화에서의 공범자들인 존, 엘리스와 윌 그리고 뛰어난 게이머인 셰인(이 책으로 발생한 마크 몫의 수익금은 최근 그의 Mario or Super

Smash Bros 타이틀에서 사용되었습니다)에게 감사합니다. 가족들의 영감과 끝없는 지극한 인내가 있었기에 이 책이 나왔습니다. 우리는 서로에게, 또한 여러분 한 사람 한 사람에게 큰 신세를 지고 있습니다.

독일 뮌스터에서 토르스텐 헤니그-투라우(Thorsten Hennig-Thurau)

미국 포트워스에서 마크 B. 휴스턴(Mark B. Houston)

참고문헌

Hadida, A, L. (2009). Motion picture performance: A riview and research agenda. *International Journal of Management Review, 11,* 297-335.

Peltonenmi, M. (2015). Cultural industries: Product-market characteristics, management challenges and industry dinamics, *International Journal of Management Reviews, 17,* 41-68.

엔터테인먼트 사이언스 II — 엔터테인먼트 상품 경영론

II권에서는 상품, 판촉, 유통, 가격 결정이라는 4P 마케팅 믹스 중 상품에 대해

4개 장에 걸쳐 탐구한다. 1장은 위대한 상품에 필요한 스토리와 같은 소비자

경험 품질에 대해, 2장은 기술, 장르 등 상품에 영향을 미치는 탐색 품질에 대해,

3장은 스타와 같은 품질을 판단할 수 있는 지표로서의 브랜드에 대해,

4장은 성공적인 엔터테인먼트 상품을 개발하는 방법을 고찰한다.

2부

엔터테인먼트 경영과 마케팅
무엇이 엔터테인먼트 상품을 히트하게 만드는가?

I권에서는 엔터테인먼트 경영자들이 의사결정을 하는 '분야(arena)'와 의사결정이 이뤄지는 상품·시장·소비자 측면에 초점을 맞춰 왔다. 우리는 엔터테인먼트 상품, 상품이 제공되는 시장, 가치 창출 전략, 소비자(개인의 시간과 재무 자원을 통해 그 상품의 성공을 결정하는)의 세부 사항에 대해 독자들과 공유했다.

이제는 관점을 바꿔 엔터테인먼트 상품을 재무적으로 성공하게 하는 동인을 자세히 살펴볼 것이다. 어떤 영화, 게임, 노래, 소설이 엄청난 히트를 하는 반면, 어떤 것들은 처참하게 실패하게 만드는 요인은 무엇인가? 학자들은 이러한 본질적인 문제를 밝히기 위해 수많은 연구를 수행해 왔고, II권 1~4장, III권 1~5장에서 우리는 그들의 발견을 바탕으로 엔터테인먼트 상품의 성공을 포괄적으로 이해할 수 있도록 할 것이다. 구체적으로 엔터테인먼트 상품의 '통합 마케팅 전략'을 구성하는 모든 요소에 대해 논의할 것이다.

마케팅 이론의 가장 큰 성과 중 하나는 제롬 매카시(Jerome McCarthy)가 처음 제시한 '4P'의 체계화인데, 이를 엔터테인먼트 성공 동인을 분석하기 위해 여기서 빌린다. 구체적으로 이러한 전략의 네 가지 기본 요소는 다음과 같다.

- 엔터테인먼트 상품 자체의 설계 및 개발('상품 결정')
- 상품 배포를 둘러싼 정보의 흐름('커뮤니케이션 결정' 별칭 '판매 촉진')
- 소비자가 상품을 이용할 수 있도록 하는 방법('유통 결정' 또는 '장소')
- 소비자가 상품을 얻기 위해 제공해야 하는(또는 감수해야 하는) 자원('가격 결정')

그러나 통합 마케팅이라는 전체가 부분보다 크지 않다면 그 이름을 가질 자격이 없다. 따라서 우리는 또한 그러한 시너지가 엔터테인먼트 시장에서 실현될 수 있는 두 가지 지배적인 통합 전략, 즉 블록버스터 전략과 그것의 상대인 틈새 전략에 대해서도 논의할 것이다.

시장 중심의 리더십 접근 방식에서 근본적인 규칙은 고객을 이해하는 것이 성공의 열쇠인데, 이는 제작자들이 그들의 노력을 소비자의 요구와 희망에 연결시킬 수 있게 해 주기 때문이다. 그러나 이것은 단순히 소비자가 보고, 플레이하고, 읽고 싶은 것을 묻는 생각과 혼동되어서는 안 된다. 우리가 엔터테인먼트 상품 특성에 대한 논의에서 언급했듯이 소비자들은 엔터테인먼트 상품을 경험하기 전에 (그리고 때로는 그 후에도) 그것을 판단하는 데 엄청난 어려움을 겪으며, 장래 무엇을 선호할 것인지 표현하지 못한다. 소비자의 엔터테인먼트 소비의 기초가 되는 근본적인 동기, 원동력과 그 과정을 모든 제작자가 이해할 필요가 있다는 의미이다.

이러한 일반적인 행동 메커니즘을 알면 제작자들이 엔터테인먼트 마케팅에 관한 그들 자신의 결정의 힘을 더 잘 판단하는 데 도움이 된다.

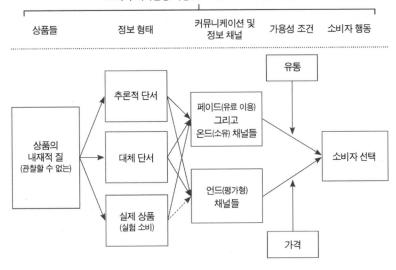

소비자 의사결정 과정(정보 수집으로부터 행동까지)

| 상품들 | 정보 형태 | 커뮤니케이션 및 정보 채널 | 가용성 조건 | 소비자 행동 |

- 유통
- 상품의 내재적 질 (관찰할 수 없는)
- 추론적 단서
- 대체 단서
- 실제 상품 (실험 소비)
- 페이드(유료 이용) 그리고 온드(소유) 채널들
- 언드(평가형) 채널들
- 소비자 선택
- 가격

〈그림 2부.1〉 소비자 의사결정과 엔터테인먼트 마케팅 전략 연계

주: 점선은 '언드(평가형)' 채널의 '실험 소비'가 법적 용어로 회색 지대임을 의미하는데, 이는 종종 소비자들이 다른 사람들에게 상품(또는 유튜브에서 영화 예고편을 공유하는 것과 같은 그것의 일부)에 대한 접근을 제공할 수 있는 공식적인 권리를 갖지 못하기 때문이다.
자료: Hennig-Thurau et al.(2001) 참조.

〈그림 2부. 1〉은 2부인 II권, III권에서 논의할 엔터테인먼트 마케팅믹스의 요소가 상품 자체에 대한 정보 처리['감각 형성(sensemaking)']부터 상품이 최종적인 소비 행동('경험')에 이용되는 조건에 이르기까지 소비자의 내부 프로세스와 어떻게 얽혀 있는지를 보여 준다. 따라서 각 엔터테인먼트 상품은 상품 소비자에 대한 매력에 영향을 미치는 몇 가지 관찰할 수 없는 특성을 가지고 있다. 이러한 특성은 상품이 제작자와 그의 팀에 의해 만들어지는 방법에서 비롯되며 상품 전략의 결과를 구성한다.

소비자들은 주로 이러한 품질(체험 상품으로서의 엔터테인먼트)을 직접 검사할 수 없기 때문에 그들은 상품 자체의 일부가 아닌 특정 유형의 정보에 기초해 판단해야 한다.

구체적으로 3가지 유형의 정보는 엔터테인먼트 상품의 품질에 대한 소비자 단서를 제공할 수 있다. 첫째, '추론적 단서'는 소비자들이 그것을 얼마나 좋아할지 유추할 수 있는 엔터테인먼트 상품의 요소이다. 예를 들어, 만약 영화의 감독이 그의 초기 작품들로 유명한 상을 탔다면 소비자는 이 감독의 새로운 영화가 자신의 취향에 따라 '좋다' 또는 '좋지 않다'라고 판단하며 야심작이 될 것인지를 유추할 수 있다.

둘째, '대체 단서'는 전문적인 음악 평론가의 새 앨범 비평과 같이 소비자가 상품에 대한 자체 조사를 대체해 사용할 수 있는 엔터테인먼트 상품의 품질 정보를 포함한다. 마지막으로, 소비자는 또한 실제 상품의 적어도 일부를 테스트할 수 있다. 예를 들어, 소비자는 킨들(Kindle)에서 책의 샘플 장을 읽거나, 아이튠즈(iTunes)에서 노래 클립을 듣거나, 게임의 평가판이나 '시제품' 버전(제한된 기능을 가진)을 이용할 수 있다.

다음으로, 〈그림 2부.1〉의 오른쪽을 보면 제작자의 커뮤니케이션 및 정보화 전략이 실행된다. 첫째, 마케터들은 '페이드(유료 이용)' 채널(예: 어떤 형태의 유료 광고)과 '온드(소유)' 채널(예: 제작 스튜디오에서 호스팅하는 영화 웹사이트 또는 작가의 새 책을 위한 페이스북 페이지)을 포함해 메시지를 '제어'할 수 있는 채널을 통해 정보를 제공할 수 있다. 그러나 엔터테인먼트 제작자들은 그러한 제어된 정보 채널이 배타적인 것과는 거리가 먼 우리 시대의 현실을 받아들여야만 한다. 소비자는 또한 적극적으로 검색하지 않고, 제작자가 말할 수 있는 것이 거의 또는 전혀 없는 채널의 상품 정보에 접근하거나 그런 정보에 정기적으로 노출되어 있다.

전문 리뷰어와 일반 소비자 모두 새로운 엔터테인먼트 상품에 대한 생각과 평가를 쉽게 공유할 수 있으며, 그들은 자주 그리고 열정적으로 (제작자의 관점에서 볼 때 '공정할' 수도 있고 그렇지 않을 수도 있다) 호의적이고 불리한 의견을 게시한다. 우리는 너무 자주 엔터테인먼트 제작자들이 이러한 채널을 통해 그들이 '부적당하다'라고 생각하는 것을 얻기 때문에 심술궂은 그런 플랫폼에 대해 '언드(평가형)' 채널이라는 용어를 사용한다. 그러나 이러한 채널의 정보는 시장에서 영향력이 있다. 종종 그것은 소비자들이 엔터테인먼트 상품의 품질에 대해 결정을 내리는 것을 돕는다. 종종 그런 '언드' 미디어는 소비자들에게 상품 자체(또는 상품의 일부)에 대한 접근을 제공한다.

예를 들어, 소비자들이 영화의 스크린 샷을 올리거나, 유튜브나 페이스북을 통해 그 예고편을 공유하거나, 전체 노래나 앨범을 업로드할 때(예능 불법 복제의 '샘플링' 효과와 테스트 소비를 연결)와 같은 것이다.

그러나 '언드' 정보가 긍정적이라고 할지라도 이것이 소비자가 상품을 선택하게 하기에 충분한가? 반드시 그렇지는 않다. 왜냐하면 〈그림 2부.1〉의 정보 채널 오른쪽에 보이는 것처럼 소비자가 상품을 사용할 수 있는 조건도 의사결정에 영향을 미치기 때문이다. 소비자의 소비 프로세스에 대한 분석에서 논의한 바와 같이 감각 형성 후에 '의사결정'을 하게 된다. 여기서 유통 전략(예: 영화에 대해 읽었지만 해당 지역에서는 상영되지 않으며 집에서 시청할 수도 없음)과 가격 책정 전략[예: "새로운 〈마리오(Mario)〉 게임은 재미있을 것 같은데 65.99달러에나? 말이 돼?!"]이 작동한다.

이제 2부인 II권, III권에 대해 자세히 살펴보고 여기서 개념을 정의하는 넓은 의미에서 마케팅이 엔터테인먼트 경영자에게 제공하는 다양한 도구에 대해 자세히 알아보겠다. 먼저 상품의 결정, 특히 엔터테인먼트 상품의 품질을 다루는 결정을 살펴본다.

참고문헌

Hennig-Thurau, T., Walsh, G., & Wruck, O. (2001). An investigation into the factors determining the success of service innovations: The case of motion pictures. *Academy of Marketing Science Review, 1,* 1-23.

McCarthy, E. J. (1960). *Basic marketing: A managerial approach.* Homewood, IL: Richard D. Irwin.

1장

엔터테인먼트 상품 결정 1

엔터테인먼트 경험 품질

디즈니는 업계의 선망의 대상이 되었습니다… 콘텐츠를 배포할 수 있는 수단보다 더 많은 가치를 콘텐츠에 부여하기에.

— ≪이코노미스트(The Economist)≫(2015)

마케팅 관점에서 소비자들에게 만족을 제공하는 핵심 도구는 소비자가 추구하는 최고 수준의 즐거움을 전달하는 상품을 만드는 것이다. 이런 훌륭한 상품들은 강력한 새로운 엔터테인먼트 배급 업자들의 등장으로 특징지어지는 세계에서 (전통적인) 제작자들의 강력한 지위를 유지할 수 있는 수단이 된다. ≪이코노미스트≫(2015)가 지명한 것처럼 "가장 인기 있는 스토리와 캐릭터를 가진 기업들이 어느 배급사보다 더 큰 협상력을 갖게 될 것"이다. 이번 장에서는 엔터테인먼트 환경에서 정확히 어떤 상품이 '훌륭한' 수준으로 구성되는지 살펴보고자 한다.

일단 상품의 위대함은 경험 품질이라는 것을 명심하자. 소비자는 상품을 소비한 후에만 판단할 수 있고, 그전에는 판단할 수 없는 것이 일반적이다. 새로운 엔터테인먼트 상품의 재정적 성공과 관련해 보았을 때 경험 품질은 엔터테인먼트 매니저들이 '호응성(playability)'이라고 부르는 것으로 결정된다(예: Elberse and Eliashberg, 2003). 호응성은 고객이 엔터테인먼트 상품을 소비하고, 높은 경험 품질을 인지하며, 다른 사람들에게 알리도록 영감을 받는 것을 말한다. 입소문을 통해 주어진 정보로 '타인 따라하기'를 촉발하는 기초가 되어 호응성은 상품의 경험을 이용하는 소비자의 반응을 만들어 낸다(Lewis, 2003).

따라서 엔터테인먼트 사이언스 리서치가 엔터테인먼트 상품의 시장 실적을 견인하는 데 있어 경험 품질의 역할에 대해 무엇을 말해 줄 수 있는지 알아보자. 우리는 기존의 연구들을 통해 여기서 서술하는 엔터테인먼트의 핵심을 알리는 스토리에 각별한 관심을 기울이며, 무엇이 위대한 이야기를 '만드는'지를 설명할 뿐만 아니라, 그것들을 이해하고 만드는 데 도움을 줄 수 있는 데이터 분석이 무엇을 제공할 수 있는지에 대해 논의하고자 한다.

이번 장은 엔터테인먼트 상품 전략에 관한 유일한 장이 아니다. 이 책에서는 엔터테인먼트 상품 성공의 또 다른 주요 요인인 3가지 '에피소드'를 추가로 소개한다. 다른 두 에피소드는 상품의 '시장성(marketability)', 즉 상품 경험 자체 이외의 요소를 기반으로 상품 출시에서 관객을 끌어들이는 능력에 대해 알아보고자 한다(Vogel, 2015). 즉, '브랜드가 아닌(unbranded)' 및 '브랜드화된(branded)' 제품의 특성, 그리고 최종 장에서는 엔터테인먼트 성공을 위한 혁신 과정에 대해 연구하고자 한다. 그전에 먼저 엔터테인먼트 자체의 (경험) 품질을 살펴보도록 하자.

1. 제품 성공과 (경험) 품질 연결

오늘날의 할리우드에서 품질은 성공을 보장하지 않습니다.

— 랭(Lang, 2015)

우리는 소비자들이 상품의 진정한 (경험) 품질보다는 품질 지표와 대체 신호를 바탕으로 엔터테인먼트 상품에 대한 결정을 내릴 수밖에 없다는 것을 보여 주었다. 품질 판단은 주관적(객관적에 비해)이라는 점을 고려할 때 영화, 책 또는 노래가 경제적으로 '좋은'지가 과연 얼마나 중요한가?

처음에는 이 질문에 대한 접근을 위해 200편의 영화를 샘플로 취합했으나, 이번에는 각 영화의 북미 박스오피스 실적에 대한 정보를 추가했다. 주말에 개봉하는 영화를 선택한 것은 영화의 시장성을 설명하기에 좋은 예시가 될 수 있기 때문이다. 초기에 다른 소비자들은 주로 신호를 바탕으로 결정을 내려야 했기에 경험을 기반으로 한 품질의 정보를 거의 얻을 수 없었다. 그러나 우리는 더 많은 소비자들이 그 상품을 경험하고 그들의 품질 인식을 공유한 몇 주에서 몇 개월 동안 영화의 재정적인 성과를 살펴보았다. 추후 이 잠재적 영화팬들은 이와 같은 다른 사람들의 판단을 고려해 선택할 수 있었다. 즉, 성공의 호응성 요소를 보여 주고 있다.

〈그림 1.1〉은 소비자의 전반적인 품질 판단과 2가지 시장 성공 척도의 연계를 결정하기 위해 실행한 여러 OLS(Ordinary Least Squares) 회귀분석의 결과를 보여 준다. 그림 중 패널 A는 첫 주말 박스오피스 실적을, 패널 B는 그 다음 주 박스오피스 실적을 나타낸다.

여기서 우리는 3가지의 다른 품질 평가를 사용했다. 밤에 극장에서 개봉한 영화를 본 영화팬들 기반의 조사(시네마 스코어에 의해 조사되고 그림의 상위 계층에 표시된다), 국제 주문형 비디오(SVOD) 서비스 구독자들 기반의 조사(중간층),

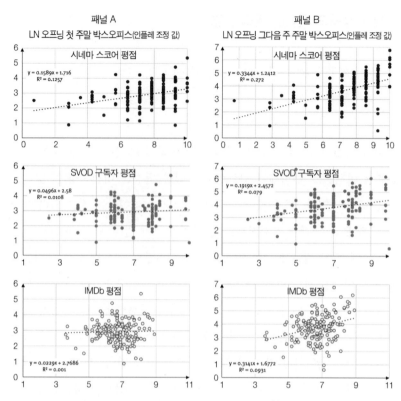

패널 A
LN 오프닝 첫 주말 박스오피스(인플레 조정 값)

시네마 스코어 평점
y = 0.1589x + 1.716
R² = 0.1257

SVOD 구독자 평점
y = 0.0496x + 2.58
R² = 0.0108

IMDb 평점
y = 0.0229x + 2.7686
R² = 0.001

패널 B
LN 오프닝 그다음 주 주말 박스오피스(인플레 조정 값)

시네마 스코어 평점
y = 0.3344X + 1.2412
R² = 0.272

SVOD 구독자 평점
y = 0.1919x + 2.4572
R² = 0.079

IMDb 평점
y = 0.3141x + 1.6772
R² = 0.0931

⟨그림 1.1⟩ 영화의 품질 등급과 경제적 성공 연계

주: 우리는 모든 박스오피스 데이터를 인플레이션에 맞춰 조정했고, 그 데이터의 비정상적인 분포
　를 설명하기 위해 로그 변환을 했다. 표시된 함수는 관리 변수가 없는 OLS 회귀 추정치이다
자료: 다양한 출처의 데이터 참조(I권 ⟨표 3.1⟩ 참조), 박스오피스 정보는 The Numbers 참조.

그리고 등록된 IMDb 사용자들로부터(하단층) 주말에 개봉한 박스오피스에
대한 조사 결과이다. 그림 왼쪽에 표
시된 것에서 알 수 있듯이 IMDb•의
전문 소비자 판단에 따라 '좋은' 영화
는 개봉 첫 주말(패널 A의 하단)에 성과
적 이점이 없다. 참고로 상관관계는

• 인터넷 영화 데이터베이스. 서양의 영화
정보 모음 사이트이다. 현재 아마존 닷컴의
자회사이며, 하위 서비스로 박스오피스 모
조(Box Office Mojo: 체계적인 방법으로 영
화의 박스오피스, 수익 자료를 모아서 관리
하는 미국의 웹사이트)가 있다.

r=0.04일 뿐 통계적으로 유의하지 않다.

그렇다면 이 연구에서는 대다수의 영화 관객들과 전문 소비자들의 취향은 너무 다르기에 전문 소비자들이 영화를 고품질로 생각하든 말든 전혀 상관이 없다는 것을 의미할까? 이 질문에 대한 답은 '아니오'이다. 패널 B의 맨 아래 층위(layer)에 있는 차트에서 보듯이 IMDb 등급은 해당 작품의 주말 개봉 이후의 실적과 매우 높은 상관관계를 갖는다(r=0.31). 그래서 만약 전문 소비자들이 영화를 좋아한다면 평균적으로 영화의 경제적 실적은 더 좋다는 것을 알 수 있다. 얼마나 더 좋을까? 취향 등급(taste rating)은 개봉 후 주말 박스오피스 내 약 10%의 변수를 설명한다(R^2=0.31^2=0.096). 즉, 그 상관관계는 완벽하지 않다는 것을 보아, 앞의 랭의 말은 확실히 옳다. '보통의(ordinary)' 소비자(예: SVOD 구독자)에게도 동일한 패턴이 발견되며, 그들의 취향은 초기 영화의 성공(또는 영화의 시장성)과는 무관하지만, IMDb 등급에 관한 조사에서 발견한 것과 유사한 정도의 성공률이 추후 나타났다.

그러나 분석 결과 타깃 관객(즉, 개봉 당일 밤에 보는 관객)이 영화를 좋아하는지 여부에 따라 어느 정도(r=0.36, 패널 A의 최상층) 영화의 개봉 성공 여부가 중요한 것으로 나타났다. 하지만 선택적 편향이 있을 수 있다는 점을 유념해야 한다. 왜냐하면 이러한 품질 등급은 그들이 좋아할 것으로 기대하면서 받은 신호에 따라 영화를 보기로 선택한 소비자들로부터 나오기 때문이다. 즉, 평균적으로 신호와 경험이 어느 정도 겹친다는 것을 이 상관관계를 통해 알 수 있는 것이다.

그러나 이 수치는 대상 그룹이 영화를 좋아하는 것이 영화 성공에 있어서 중요한 또 다른 이유를 보여 준다. 즉, 취향 판단이 그룹 내 다른 사람들에게 강하게 영향을 미치며, 어쩌면 영화를 넘어서까지 영향을 미칠 수 있다는 것을 보여 준다. 이러한 효과는 개봉일 밤에 관람한 관객의 품질 판단과 이후의 영화 성공 사이의 높은 상관관계에 의해 나타난다(r=0.51, 영화 간 성공 변수의 26%를 설명하고, 패널 B의 최상위 레이어에 표시된다). 〈그림 1.1〉에 보고된 간단한 모델들을 사용함으로써(잠시 엔터테인먼트 사업의 일부 복잡성을 무시한다) 핵심 관객들이 'B+'가 아닌 'A-'로 평가한다면 개봉한 주말 이후 북미 극장에서 1280만 달러의 수익을 더 올릴 것이라는 가능성을 보여 줄 수 있다.

다른 품질 측정에서도 유사한 상관관계가 보고되었으며, 다른 국가에서도 확인되었다. 331편의 영화(1998~2001년)를 대상으로 구조 방정식 모델링 분석을 실시해 주말과 장기적 성과의 품질변수(IMDb 및 시네마 스코어 등급 등)에 미치는 영향을 측정하며, 동시에 다른 '성공 동인(success drivers)'을 제어했다.[1] 이 연구 결과에서 품질 측정과 영화의 장기적인 성공 사이의 연관성은 초기 실적과의 연관성의 약 2.5배 정도 밀접하다는 것을 알 수 있었다(Hennig-Thurau et al., 2006). 중국의 경우 우(Wu, 2015)는 2010~2013년 중국 본토에서 개봉된 383개의 중국 영화에 대한 중국 커뮤니티 웹사이트의 품질 등급과 중국 박스오피스 데이터 간에 0.18과 0.27의 유의미하고 긍정적인 상관관계를 발견했다.

요약하자면 소비자의 품질 인식이 경제적으로 중요하다는 것을 알 수 있다. 하지만 그것은 우리가 누구의 취향에 대해 논하고 있으며, 어떠한 측면의 성공을 염두에 두고 있는지에도 달려 있다. 그리고 엔터테인먼트 상품의 타깃 그룹에도 품질 인식의 영향이 과장되어서는 안 된다는 것을 염두에 두어야 할 것이다. 연구 결과에 따르면 경험적 데이터는 높은 품질이 엔터테인먼트 상품에 성공 가능성을 증가시킨다는 증거를 제공하면서도, 영화 〈프리티 우먼(Pretty Woman)〉과 〈원스 어폰 어 타임(Once Upon a Time)〉의 전설적인 미국 제작자 밀천(Milchan, 2008)의 '좋은 건 결국 돈벌이다'와 같은 인기 있는 업계 문구와도 상충된다.

---

[1] 이 연구의 다른 성공 동인에는 광고와 유통의 척도가 포함되었다.

좋은 품질의 상품을 보유하는 것이 성공에 있어서 긍정적인 부분으로 작용하긴 하지만, 품질은 엔터테인먼트 성공의 '보증'도 아니며, 특히 품질 판단을 하는 사람들이 대중이 아니라 영화 전문가일 때 필요한 조건은 더더욱 아니라는 것을 의미한다.[2]

2. 무엇이 고품질의(최고의) 엔터테인먼트를 만드는가?

그렇다면 과연 사람들은 엔터테인먼트에서 정확히 무엇을 좋아하는가? 엔터테인먼트 관련 소비자 행동에 대한 탐색에서 살펴본 것처럼 우리는 엔터테인먼트 상품이 높은 수준의 즐거움을 창조하기 위해 흥분과 친숙

---

[2] 물론, 아논 밀천(Arnon Milchan)의 말을 바탕으로 만약 훌륭한 엔터테인먼트 상품이 투자금을 돌려주지 않는다면 '아직 끝이 아니다'라고 항상 주장할 수 있다. 이런 논리의 허점은 경우에 따라서 품질이 장기적으로 제 길을 찾더라도, 투자자들은 보통 돈을 돌려받기 위해 기다리고 싶어 하지 않는다는 것이다. 또한 품질이 성공과 느슨하게 연결된다는 것을 발견하기 위한 특별한 증거는 풍부하다. 이러한 논거는 위대한 작품을 제작하고 많은 돈을 잃은 사람들[오늘날 수익을 창출하지만, 그들이 나왔을 때 그들의 메이커를 망친 〈시민 케인(Citizen Kane)〉이나 〈원스 어폰 어 타임 인 아메리카(Once Upon a Time in America)〉처럼]에서 비롯된다. 이는 잘 알려지지 않은 영화에도 해당된다. 〈철의 거인(The Iron Giant)〉—IMDb: 8.0(10점 만점), 글로벌 박스오피스: 7000만 달러 예산으로 2300만 달러 창출, 〈인간의 자손(Children of Men)〉—IMDb: 7.9, 글로벌 박스오피스: 7600만 달러 예산으로 7000만 달러 창출, 〈내부자(Insider)〉—IMDb: 7.9, 글로벌 박스오피스: 9000만 달러의 예산으로 6000만 달러 창출. 또한, 소비자들이 나쁜 제품이라고 믿고 있지만 막대한 부를 창출했다는 증거도 있다. 예: 〈앨빈과 다람쥐들: 칩레크(Alvin and the Chipmunks: Chipwrecked)〉—IMDb: 4.4, 글로벌 박스오피스: 7500만 달러의 예산으로 3억 4300만 달러, 〈커플 테라피: 대화가 필요해(Couples Retreat)〉—IMDb: 5.5, 글로벌 박스오피스: 7000만 달러의 예산으로 1억 7200만 달러, 〈트랜스포머: 사라진 시대(Transformer: Age of Extinction)〉—IMDB: 5.7, 글로벌 박스오피스: 2억 1000만 달러의 예산으로 11억 달러.

성을 모두 제공해야 한다고 결론지었다.

이번 장에서 우리가 답하고 싶은 질문은 다음과 같다. 원하는 소비자 반응, 즉 '최고의 엔터테인먼트'라는 인식을 이끌어 낼 수 있는 감각과 친숙함에는 어떤 종류의 상품 요소가 연결되어 있는가? 앞서 우리가 주장했듯이 이것들은 상업적으로 성공한 엔터테인먼트 상품과 비교적 덜 성공한 엔터테인먼트 상품을 구별하는 요소들과 동일하지 않을 수도 있다는 것을 명심해야 한다.

학자들은 엔터테인먼트 상품에 대한 소비자의 품질 인식과 경험적으로 연관되는 요인을 찾아냄으로써 이 문제를 조명했다. 아마도 이와 같은 주제에 있어서 가장 유의미한 연구는 1986년 이전에 제작된 1000편의 풍부한 데이터를 수집한 홀브룩(Holbrook, 1999)의 연구일 것이다. 그는 비평가들의 호평을 받은 상업적으로 성공한 영화 몇 편을 포함했다. 우리는 유료 TV 채널 HBO(Home Box Office: 영화를 전문으로 하는 미국의 유선방송) 시청자 표준 샘플의 영화 품질 등급을 종속변수로 사용한 OLS 회귀를 통해 소비자의 품질 인식이 통계적으로 특정 장르(가족 콘텐츠에 더 긍정적이며, 드라마에는 더 부정적) 영화의 원작지(미국 내 영화가 더 높은 수준)와 연관되어 있다는 사실을 알게 되었다. 이에 대한 요소로는 미국에서 제작된 영화, 영어 대화(다른 언어 대비), 스타 배우 및 유명 감독들의 참여 등이 대표적이다. 홀브룩의 결과는 소비자들이 엔터테인먼트에서 매우 드문 고품질의 검색 지표 역할을 할 수 있는 특정한 기술적 측면(화질과 더 긴 상영시간)도 좋아한다는 것을 시사한다.[3] 그는 또한 소비자들이 '최신성(up-to-dateness)'을 높이 평가한다는 것을 발견

---

3) 엔터테인먼트 내 지배적인 경험적 가치에 대해서는 I권 6장 '엔터테인먼트의 소비 측면'을 참조하라. 엔터테인먼트의 탐색 품질로서의 기술적 특성의 역할은 2장 '엔터테인먼트 상품 결정 2: 탐색 품질과 브랜드 아닌 지표'에서 진행한다.

했다. 즉, 영화가 개봉한 지 더 오래되었을수록, 할인율이 점점 더 큰 폭으로 증가하기 마련이다.

홀브룩의 연구에 대한 가장 흥미로운 통찰 중 하나는 평균적으로 '불쾌한(offensive)' 폭력적 내용과 '착취적인(exploitative)' 성적 소재가 그가 조사한 청중들에 의해 낮은 자질로 인식된다는 것이다. 이 결과는 조사된 소비자의 '주류(mainstream)' 특성에 기인할 수 있으며, 이러한 측면에서 우리는 소비자 각 부문마다 다르다고 가정한다. 홀브룩이 발견한 '전문가'들[영화 가이드북 저자 레너드 말틴(Leonard Maltin)]의 질적 판단은 폭력의 유무에 영향을 받지 않으며, 성적 소재는 긍정적이며 질을 높이는 효과가 있다는 것을 시사한다. 이는 취향의 이질성을 보여 주는 경험적 지표로 볼 수 있다.[4]

전반적으로 홀브룩의 연구적 요인들은 소비자가 인지한 품질 판단 중 38%라는 상당한 수치를 설명한다. 이 연구 결과 중 일부는 소비자의 마음에 높은 품질을 정의하는 것에 대한 초기 아이디어를 제공할 뿐만 아니라, 제품의 상업적 성공에 미치는 이러한 요소의 상대적이고 잠재적인 영향을 더 잘 이해하는 데 도움이 된다(예: 장르 및 스타).

문 등(Moon et al., 2010)은 홀브룩의 핵심 성과를 바탕으로 2003~2005년 동안 북미 극장에서 개봉한 246편의 영화를 야후 무비(Yahoo Movie)의 평균 소

---

4) 홀브룩(Holbrook, 1999)은 HBO 관객과 그의 '전문가들' 사이의 다른 차이점 또한 발견한다. 전문가들의 판단은 최신(구식 영화는 체계적으로 더 높은 평가를 받는다!)에 있어서 부정적인 영향을 받는 반면, 외국어 사운드트랙과 비미국 출신은 더 긍정적인 품질 인식과 관련이 있다는 것이다. 영화 전문가 판단 기준에 대한 또 다른 연구에서 월렌틴(Wallentin, 2016)은 회귀분석을 사용해 1999~2011년 동안 스웨덴에서 상영된 거의 2000편의 영화 전문 비평가의 판단을 설명했다. 홀브룩과 마찬가지로 그는 전문가들이 미국 이외의 영화들을 더 높게 평가하고 있다는 것을 발견했다. 장르적 효과에 초점을 맞춰 보았을 때 드라마와 다큐멘터리 같은 장르는 긍정적인 영향을 미치는 반면, 액션, 가족, 코미디, 로맨스, 공포는 전문가들의 품질 인식에서 부정적인 영향을 미친다.

비자 평점을 통해 살펴보았다. 단계적 회귀가 잇따르면서 소비자들의 품질 판단에 있어서 2가지 다른 요인이 통합된다는 사실을 알게 되었는데, 이 2가지 요소는 디지털 시대 이전의 홀브룩 샘플에 비해 소비자들이 접근하기가 훨씬 더 쉬워졌고, 그 두 요소는 바로 영화의 상업적 성공과 그 시점까지 영화의 다른 소비자가 얼마나 좋은 평가를 남겼느냐이다. 두 요인의 효과는 긍정적이며, 이는 성공-종족-성공 효과에 대한 우리의 논의와도 일치한다(III권 2장 '엔터테인먼트 커뮤니케이션 결정 2: 언드 채널'을 참조). 특정 기간 내 시장에서의 성공은 피드백 효과를 발휘해 미래 기간의 성공에 큰 영향을 미친다.

이러한 발견이 다른 엔터테인먼트 관련 맥락에서는 어느 정도까지 영향을 미치는가? 우(Wu, 2015)도 2010~2013년 동안 383편의 중국 영화에 대한 데이터를 바탕으로 2개의 중국 커뮤니티 웹 사이트에서 소비자의 영화 품질 등급을 종속변수로 사용해 OLS 회귀를 실행했다. 그는 홀브룩의 연구에서 나온 동일한 품질 결정 요인 중 일부가 그의 맥락과 관련 있다는 것을 발견했다. 미국 관객들의 품질 인식은 스타 감독과 배우들의 참여는 물론 특정 장르와 긍정적으로 연결되어 있다는 것이다. 흥미롭게도 그는 장르에 대한 다른 품질 패턴을 발견하는데, 아마도 엔터테인먼트 선호도의 문화적 차이 때문일 것이다. 예를 들어 스릴러는 낮은 품질, 범죄 영화는 더 높은 품질을 가진 것으로 보인다.[5] 그의 분석 내 변수는 소비자의 품질 인식의 24~31% 사이를 설명하고 있다.

다른 엔터테인먼트 상품의 품질 결정 요인에 대해서는 알려진 바가 거의 없다. 새로운 TV 드라마 시리즈에 대한 자체 조사에서는 1800명 이상의 독일 응답자들에게 16개의 속성(Pähler vorder Holte and Hennig-Thurau, 2016)에

---

[5] 다음 장에서는 장르 선호도의 국제적 차이에 대해 더 자세히 논의한다.

대해 시청한 시리즈의 선택 등급을 매겨달라고 요청했다. 그런 다음 이 정보를 회귀분석을 사용해 해당 시리즈에 대한 소비자의 품질 판단을 설명했다. 이 연구 결과는 소비자들이 '최고의' 드라마 시리즈라고 판단하는 것이 무엇인지 자세히 알려주고 있다. 즉, 소비자 품질 등급에 가장 큰 영향을 미치는 것은 시리즈의 특정 분위기와 생산 가치에서 비롯된다는 것을 알 수 있다. 이러한 변수들은 '지적인' 대화, 시리즈의 중심에 있으며 역동적인 변화를 보여 주는 심도 있고 독창적인 인물들, 그리고 놀라운 반전(plot turns) 등이 뒤따른다.

3. 상품의 핵심에 가까이 다가가기: '최고의' 스토리를 만드는 것은 무엇인가?

모든 시나리오 작가들은 그들의 아기가 예쁘다고 생각합니다. 저는 있는 그대로 말하려고 왔어요. 몇몇 아기들은 못생겼어요.

— 월드와이드 모션 픽처스 그룹(Worldwide Motion Picture Group)의 CEO 비니 브루지스(Vinny Bruzzese)

(Barnes, 2013)

이전 장에서 보여 준 연구는 소비자들이 '최고의' 엔터테인먼트를 생각할 때(또는 느낄 때) 어떤 생각을 가지고 있는지에 대한 몇 가지 아이디어를 보여 주고 있다. 그러나 장르적 규약을 넘어선 서사적 엔터테인먼트라는 개념의 플롯(plot)은 이런 분석에서 대부분 소외되어 왔다. 그 이유는 아주 명백한데, 플롯의 복잡성은 경험적으로 측정하기 매우 어렵기 때문이다.

그럼에도 불구하고 일부 엔터테인먼트 사이언스 학자들은 무엇이 '훌륭한' 이야기를 구분 짓는가를 탐구하려고 시도했다. 우리는 이번 장에서 2

가지의 연관된 문제를 살펴보면서 그들의 핵심 통찰을 추출하고자 한다. 즉, 데이터 분석과 이론을 사용해 위대한 이야기의 특징을 파악하고, 그 엔터테인먼트 사이언스의 2가지 핵심 요소를 사용해 위대한 이야기를 창조함으로써 인공지능의 개념을 최대한 극단적으로 끌어내는 것이다.

1) 분석 및 이론을 사용한 '최고의' 스토리텔링 이해

좋은 이야기를 만들고, 그 이야기를 좋게 만드는 것을 이해하는 것은 엔터테인먼트의 '무한 복제적인 생산 기능(multiplicative production function)' 때문에 상당히 어려운 일이다. 최종 상품이 높은 품질을 가지려면 각 요소가 다른 모든 요소와 잘 작동해야 한다. 큰 숫자에 0을 곱하면 0이 되는 것처럼 매력적인 캐릭터가 있어도 약한 줄거리와 결합하면 스토리가 좋지 않다는 것이다. 그리고 이야기라는 것은 매우 복잡하며, 그 자체로 무수한 요소들로 구성되어 있다. 그것들의 곱셈적 관계 때문에 하나의 약한 요소는 전체적인 질에 엄청난 부정적인 영향을 미칠 수 있다. 다시 말해 쓰나미를 서핑하는 것이 인생의 여정을 끝낼 수 있는 것과 같이 약한 결말은 영화 전체를 죽일 수 있다.

엔터테인먼트 산업에서 좋은 이야기를 만드는 것은 항상 '지도자(Guru)'의 영역이었다. 이들은 성공적인 줄거리(소설, 영화, 이야기 게임, 노래)를 만들기 위해 무엇이 필요한지 알고 있다고 주장하는 엘리트 집단이다. 그중 한 명인 로버트 맥키(Robert McKee)는 자신을 '지도자들 중의 지도자(The Guru of Gurus)'(McKee, 2016)라고 부른 피터 잭슨(Peter Jackson) 감독의 말을 인용하며 자신을 '가장 많이 찾는 시나리오 강사'라고 자칭했다. 즉, 할리우드의 각색(Adaptation) 영화는 본질적으로 그와 그의 스토리텔링 접근법에 관한 것이다.

그렇다면 맥키의 연구는 엔터테인먼트 사이언스와 무슨 관련이 있을까? 가장 일반적인 요소는 맥키의 주장은 다른 대부분의 전문가의 주장과 마찬가지로, 그의 연구는 '천재'나 '영감(inspiration)'의 결과물이 아니라 흥미롭게도 엔터테인먼트에 관한 가장 오래된 이론과 유사하다는 것이다. 그들은 아리스토텔레스(Aristotle), 호레이스(Horace)를 포함한 로마 시인, 독일의 소설가 프라이타크(Freytag) 같은 그리스 철학자들로부터 영감을 받았다. 이들은 모두 위대한 스토리텔링에 일정한 수의 부분(종종 '막(Acts)'이라고 일컫는데)으로, 추천된 부분의 수는 3부분(아리스토텔레스)과 5부분(호레이스와 프라이타크) 등 다양하다. 즉, 오늘날의 '지도자들'이 추천하는 것과 매우 흡사하다.

또한 엔터테인먼트 학자들은 이런 역사적 아이디어를 특정 형태의 엔터테인먼트에 적용했고, 이야기에 대한 우리의 이해를 개선하기 위해 경험적 데이터를 사용했다. 영화의 경우 가장 유명한 분류는 톰슨(Thompson, 1999)의 '4막(four-acts)' 이론으로 '설정 막(Setup act: 이 행위 도중에는 관객들에게 주요 등장인물, 그들의 동기, 그리고 환경을 소개)', '복잡성 유발 행동 막(Complicating action act: 어려움이 도입되는 경우)', '전개 막(development act: 이야기 속에서 등장인물들이 분투하고 내용이 전개될 때)', 그리고 마지막으로 '절정 막(Climax act: 행동이 끝나고 갈등이 해결될 때)'으로 구성되어 있다. 73편의 영화를 수작업으로 코딩한 것을 바탕으로 톰슨(Thompson, 1999)은 4막에 걸쳐 거의 동일한 상영시간 할당량을 갖는 것이 업계 표준이라는 것을 알아냈다.

커팅(Cutting, 2016)은 그녀의 연구 결과를 바탕으로 '연기 이론(Acts Theory)'을 좀 더 일관성 있는 엔터테인먼트 서술 이론으로 통합하는 데 중요한 발걸음을 내디뎠다. 그는 1935~2010년에 150편의 인기 영화(상업적으로 성공하거나 혹은 높은 평가를 받은)를 평균 촬영 기간, 움직임의 양 및 밝기 수준, 음악의 사용, 새로운 캐릭터와 위치가 소개되었을 때, 그리고 촬영 유형과 같은 객관적인 방법을 사용해 분석했다. 그의 발견은 톰슨이 식별한 4가지 막을 재확인하면서 2개의 선택적 서브유닛(subunits: 프롤로그와 에필로그라고 이름 지은 것)과 몇 개의 전환점과 구성점(plot points)을 추가한다. 또한 그는 세밀한 방법을 사용함으로써 각 행위를 특정한 스타일과 요소와 연결시킨다. 이러한 구조적 통찰력은 서술적 차원에서 매우 흥미롭지만 우리는 그들의 규범적 가치에는 한계가 있다는 점을 인정해야 한다. 즉, 톰슨과 커팅 모두 이러한 서사(敍事, narrative)가 '좋은' 영화에서 발견되기도 한다는 것을 넘어서 소비자의 품질 인식 또는 상업적 성과까지는 연결하지 못했다. 그렇다면 과연 이들이 말하는 좋은 서사는 다른 무엇들과 차별이 될까?

데이터 분석을 통해 서술적 통찰력과 규범적 통찰력을 결합하는 것을 목표로 하는 연구에서 레이건 등(Reagan et al., 2016)은 책의 '감정적 서사(emotional arc)'를 측정하는데, 이는 이야기가 전개되면서 행복이 어떻게 발전하는지를 보여 준다. 그들은 프로젝트 구텐베르크(Project Gutenberg) 웹사이트의 1327권의 영어책(대부분 소설)에서 발췌한 1만 권에 자동화된 정서 분석(책 저자가 사용하는 단어의 '행복 수준'을 계산)을 이야기의 여러 지점에 적용했다. 그 후 (요인 분석적 접근법을 통해) 샘플에서 책의 85%를 포착하는 3가지 주요 감정 서사를 식별했다. 〈그림 1.2〉에 표시한 것은 모두 고전적인 이야기 패턴의 표현이다. ① 행복이 지속적으로 상승하는 것이 특징인 '가난에서 부' 서사, ② 행복의 연속적 하락을 의미하는 '비극적 서사(또는 '부에서 가난')'는 '행복'의 반전을 나타낸다, ③ '구덩이 속 남자(a man in a hole)' 서사(행복이 먼저 떨어졌다가 위로 솟아오름), ④ '이카루스(Icarus)' 서사는 ③ 서사(Arc 3)의 반전으로서 (행복이 먼저 솟아올랐다가 아래로 추락하는 것), ⑤ '신데렐라' 서사(행복 상승-하강-상승), 그리고 ⑥은 ⑤의 반전으로서 '오이디푸스(Oedipus)' 서사(행복 하강-상승-하강).

레이건 등의 규범적 기여는 프로젝트 구텐베르크 사이트에서 특정 서사를 따르는 책에 대한 각각의 다운로드 수를 분석하는 것이다. 저자들은 '오이디푸스' 책들과 '가난에서 부'의 서사를 가진 책들의 다운로드 수가

'행복'의 정도

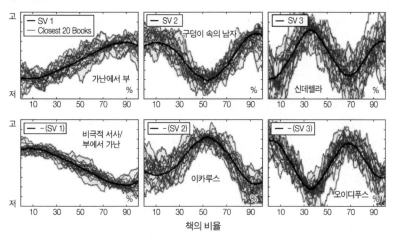

〈그림 1.2〉 서술적 엔터테인먼트 내 핵심 감성 서사

주: 'SV'는 행렬 분해에서 식별된 각각의 모드/요인이다. 검은색은 책의 과정 중 모드에 대한 평균
    '행복' 수준을 나타낸다. 각 회색 선은 데이터 세트의 20개 책 중 하나에 대한 것이다.
자료: Reagan et al.(2016: 7) 참조.

가장 높다는 것을 발견했다. 흥미롭게도 이러한 책들은 데이터 내 대부분
의 책들이 따르는 패턴이 아니다. 오히려 '비극(tragedy)', '이카루스', '구덩
이 속 남자'의 이야기의 패턴이다. 저자들이 다운로드한 수를 평가하는 과
정에서 특이치 책을 설명할 때(평균값 대신 중위수를 사용해) '오이디푸스' 서사는
여전히 가장 높지만, '이카루스'와 '신데렐라'는 2위, 3위를 차지한다는 점
을 추가로 알 수 있다.

　우리는 책의 전개에서 감정적 우여곡절을 더 많이 포함하고 있는 감정
적 서사의 경우 다운로드 수가 최고라는 흥미로운 사실을 알게 되었다.
이는 아마도 사람들이 느린 감정적 발전을 감상하기보다는 빠른 감정적
자극을 위해 엔터테인먼트 상품을 소비하는 경우가 많다는 것을 시사한
다. 그러나 성공과 관련된 의미는 신중하게 해석되어야 한다. 레이건 등

이 사용하는 데이터베이스가 반드시 '대중적 소비자(mass consumers)'의 취향을 반영하는 것은 아니다. 또한 이 통계자료는 모든 서사에 있어서 다운로드의 분산이 매우 크다는 점(평균의 수천 배)을 주의하라고 경고한다.[6]

또한 서술적 통찰력은 서술 전체를 보는 것이 아니라 이야기의 특정 측면과 이러한 이야기 측면과 제품 성공 사이의 연결에 초점을 맞춘 연구에서 나온다. 서술적 구조와 감정적 서사처럼 품질 신호로서 기능하는 대신, 그러한 측면은(대부분의 경우 관객들은 소비 이전에는 이러한 측면을 알지 못한다) 엔터테인먼트 경험 품질을 높여서 (혹은 낮춰) 성공에 영향을 미칠 수 있다.

그렇다면 연구가 이러한 이야기 양상에 대해 구체적으로 무엇을 말해 줄 수 있을까? 존 엘리아시버그(John Eliashberg)와 그의 동료들은 드라마 이론과 시나리오의 작문 연습에서 22개의 시나리오 측면을 도출했으며, 여기서 영화의 성과를 예측할 수 있는 역할(ROI: 투자 수익률)이 가능하도록 실험했다.[7]

그들은 2001~2004년 동안 200편의 초기 스크립트의 짧은 버전에 이러한 양상의 존재 여부를 판단하기 위해 휴먼 코더를 사용하고, 각 스토리 측면과 영화의 ROI 사이의 연결을 확정짓기 위해 의사결정 트리(decision-

---

6) 우리는 이러한 높은 변동의 결과로 봐서 보고된 다운로드의 차이가 유의미하지 않을 수 있다고 가정한다(저자들은 통계 시험을 보고하지는 않는다).

7) 특히, 다음과 같은 것을 포함한다. 명확한 전제, 친숙한 설정, 초기 설명, 우연의 회피, 상호 연결성, 반전, 다음에 일어날 일에 대한 기대, 플래시백 없음, 선형 타임라인, 캐릭터의 명확한 동기, 다차원적 영웅, 강한 적수, 동정적 영웅, 믿을 만한 캐릭터, 영웅 캐릭터 성장, 중요한 갈등, 다차원적 갈등, 갈등 축적, 갈등 잠금, 모호하지 않은 해결, 논리적인 결말, 반전적인 결말. 엘리아시버그 등(Eliashberg et al., 2007)은 수동태 문장의 사용 및 문장의 평균 단어 길이와 같은 다른 흥미로운 언어 특성도 포함하고 있다는 점에 주목하자. 그들은 이 연구에서 기존 치료법 대신 팬들이 만든 텍스트를 사용하기 때문에 이러한 변수에 대한 결과는 아마도 제한된 일반화일 가능성이 있다.

tree) 접근 방식을 적용했다. 엔터테인먼트 사이언스 분야의 전설인 엘리아시버그와 그의 동료들은 영화의 상업적 성과에 영향을 미치는 이야기를 위해서는 명확한 전제가 가장 중요하다는 것을 발견한다. 또한 그들은 믿을 만한 등장인물들(영화 초기에 등장인물들이 소개되는)의 초기의 설명, 그리고 우연에 의존하지 않는 그럴듯한 이야기가 영화의 성공에 도움이 된다는 것을 발견한다. 이러한 원고 관련 정보를 기반으로 엘리아시버그 등은 해당 모델을 81편의 추가적 영화에 적용했는데, 이 영화의 짧은 스크립트를 이에 따라 코드화한 결과 62%의 정확도로 영화의 평균 ROI 이상인지 이하인지를 예측 가능하게 했다. 이 속도는 완벽과는 거리가 멀 수도 있지만 스토리라인에 정보가 없는 모델보다 확실히 우수하다는 점에서 의미가 있다고 생각한다.

후속 프로젝트에서 엘리아시버그 등(Eliashberg et al., 2014)은 짧은 스크립트가 아닌 실제 전체 시나리오로 동일한 관련성을 테스트했다. 그들은 300편의 영화를 대상으로 사람들에게 다양한 측면의 존재를 코드화한 다음 핵심 기반의 회귀 접근법을 사용해 각 스크립트의 측면을 영화의 북미 박스오피스 실적과 연결했다. 이전 연구에서와 같이 결과는 영화의 성공을 예측하는 몇 가지 측면들을 나타냈지만, 중요성에 있어서는 차이가 있었음을 볼 수 있었다. 전체 각본의 경우 가장 중요한 측면은 내림차순, 조기 해설, 강한 적수[권선징악(every character gets what s/he deserves in the end)'], 다음에 일어날 일에 대한 지속적인 기대, 관객들에게 친숙한 설정,[8) 모호한 결론, 그리고 영웅 캐릭터의 성장이라는 것을 알 수 있었다. 또한 그들의 분석에는 (기계 학습 기술을 통해) 코딩한 시나리오 내에서 사용되는 언어의 측정도 포함된다. 엘리아시버그는 일부 '언어 뭉치(bag-of-words)'가 다른 것들보

---

8) 참고로 친근함의 개념과 밀접한 관련이 있는 측면이다.

다 영화의 성공을 더 잘 예측하지만, 그들의 결과로부터 확실한 통찰력을 얻을 수 없다는 힌트를 발견했다. 결국 우리는 이야기 내 언어의 역할을 더 잘 이해하기 위해 더 많은 연구를 기다려야 한다.

2) 컴퓨터가 '최고의' 이야기를 만들 수 있을까?

데이터 분석 사용이 계속 증가함에 따라 접근 방식이 마주할 수 있는 제한선은 점점 희미해지고 있다. 엔터테인먼트에서 이러한 진전은 논란이 되는 질문을 제기한다. 데이터 분석을 사용해 훌륭한 엔터테인먼트 상품을 '기획(program)'할 수 있을까?

즉, 엔터테인먼트 경영자들이 인공지능과 빅데이터를 활용해 특정 소비자 반응을 촉발하는 드라마틱한 패턴(앞부분에서 논의한 내용)을 이해할 뿐만 아니라 이러한 학습을 통해 자율적으로 새로운 이야기나 노래, 게임으로 각색하는 작업이 가능할까? 그러기 위해서 알고리즘은 본질적으로 창의력을 발휘할 수 있어야 할 것이다. 즐거움을 창출하기 위해서 엔터테인먼트는 소비자들에게 친근감을 주면서도 새롭고 자극적인 감각을 만들어 내야 한다는 것을 명심해야 한다.[9]

그렇다면 컴퓨터가 창의력을 발휘하게 하는 것이 가능할까? 확실히 가능성은 상상해 볼 수 있다. 창조적 작품을 만들기 위해 알고리즘을 사용한다는 단순한 아이디어는 이 아이디어에 매료된 소설가 필립 K. 딕(Phillip K. Dick)의 영향력 있는 몇 개의 작품들의 핵심이기도 하다(예: 〈안드로이드는 로봇 양 꿈을 꿀까?(Do Androids Dream of Electric Sheep?)〉). 그의 이야기에서는 로봇들이

---

9)   엔터테인먼트에서 창의성의 근본적인 역할과 I권 6장에서의 흥분-친숙(성) 체계에 대한 논의를 다시 한번 참조하라.

사람보다 더 인간적인 면모를 보인다. 그러나 많은 영화 제작자들이 딕의 아이디어에서 영감을 많게[리들리 스콧(Ridley Scott)의 영화 〈블레이드 러너(Blade Runner)〕 또는 적게 받았으며, 이 영역을 확장시켰다[제임스 카메론 감독(James Cameron)의 〈터미네이터(Terminator)〉, 스파이크 존즈(Spike Jonze)의 〈그녀(Her)〉, 알렉스 갈랜드(Alex Garland)의 〈엑마치나(Ex Machina)〉]. 그뿐만 아니라 조나단 놀란(Jonathan Nolan)의 〈웨스트 월드(Westworld)〉와 같은 최고의 TV 선각자들도 딕의 아이디어에 크게 영 감을 받았다. 하지만 이러한 비전 외에도 연구를 통해 이 문제에 대해 우 리가 정말 아는 것이 무엇일까? SF(공상과학)란 무엇이며 과학적 사실이란 무엇인가?

작곡가이자 컴퓨터 과학자인 데이비드 코프(David Cope)는 음악 작품을 만드는 데 연산 과정을 제안한 학자들을 이끌고 있다.[10] 그의 접근 방식 은 엔터테인먼트 사이언스 스타일과 유사하게 데이터 분석과 이론적인 고려 사항들을 결합시킨다. 그는 바흐와 쇼팽 같은 인간 작곡가의 고전적 인 작곡을 분석하고, 그것들의 공통적인 요소[첫 번째 '이론(theory)' 부분]를 파악 한 다음, '음악적 규칙(musical rules: 두 번째 '이론' 부분)'에 대한 새로운 이해를 이 용해 노래 요소를 새로운 작품으로 '재결합(recombine)'한다(Cope, 1996; 2005 참 조). 이러한 재조합 과정의 결과로서 코프는 종종 베토벤의 「소나타 무브 먼트(Sonata Movement)」와 같이 그들의 기초가 되는 작곡가의 이름을 따서 그의 알고리즘 기반 작곡을 정의했다. '알고리즘 생성(algorithm-generated)' 엔 터테인먼트의 관련 시도(내러티브 엔터테인먼트의 맥락에서)는 런던에서 2주 동안 실험적으로 상영된 연극 〈비욘드 더 펜스(Beyond The Fence)〉이다. 컴퓨터 과학자 팀은 알고리즘을 사용해 연극의 중심 전제, 줄거리 구조, '핵심적

---

10) 알고리즘 음악 작곡 상태에 대한 광범위한 검토는 맥린과 딘(McLean and Dean, 2018) 의 기사를 참조하라.

서술 서사(core narrative arc)'와 음악 소재를 개발했다. 그러나 컴퓨터 과학자들은 이것이 어떻게 이뤄졌고, 그 결과의 어떤 부분이 실제로 컴퓨터로 만들어졌는지에 대한 자세한 내용은 밝히지 않았다(Jordanous, 2016).

코프의 작품을 감상하고(2021년 현재 그의 웹사이트에서 무료로 감상할 수 있다) 런던 연극을 보면 무엇이 실제로 창의성을 구성하는지, 그리고 그것이 단지 새로운 방식으로 상품 요소를 재조합하는 것 이상의 것이 아닌지에 대한 의문이 생긴다.[11] 이노베이션(Innovation) 학자들은 관련 질문에 대처하기 위해 '혁신적인(innovativeness)'이라는 개념을 사용해 왔다. 이 개념은 기존 제품에 대한 새로운 변화를 원하는 '근본적으로(radically)' 다른 새로운 상품(예: Garcia and Calantone, 2002)과 구별된다.[12] 근본적으로 새로운 것이냐 하는 것은 결국 보는 사람(엔터테인먼트 소비자)의 눈에 달려 있지만, 신제품은 대개 기존 상품의 재배열만 제공하는 것이 아니라 미지의 영역을 공략해야 근본적으로 새로운 것으로 간주된다. 엔터테인먼트에서는 감각이라는 근본적 개념이 신제품의 혁신성을 판단하는 데 필수적이다. 새로운 엔터테인먼트 상품은 우리가 이전에 경험해 본 적 없는 감각으로 우리를 놀라게 할 때 높은 혁신성을 지닌다. 대조적으로 낮은 혁신성을 가진 상품은 그러한 감각이 부족하지만 우리에게 다양한 친숙함을 제공한다.

이러한 논리를 받아들인다는 것은 우리에게 컴퓨터가 만들어낸 엔터테인먼트의 힘과 한계에 대한 무언가를 말해 준다. 인공지능에 의해 만들어진 엔터테인먼트 상품의 '참신함(newness)'은 오로지 이미 존재하는 것들에 대한 그들의 재구성에서 비롯된다. 결과적으로 그들의 친숙함은 상당히 높은 경향이 있는 반면(우리는 실제로 모든 요소를 이미 경험했다!), 돌풍을 일으킬 수

---

11) 코프의 웹사이트와 그의 음악작곡은 https://goo.gl/1W3pnm에서 볼 수 있다.
12) 혁신경영을 다룬 4장의 일부에서 혁신 개념에 대해 논의한다.

있는 알고리즘의 잠재력은 본질적으로 제한적이다. 따라서 이것이 그들의 혁신성 수준으로 보인다. 코프의 알고리즘 생성물은 스마트 이론과 결합해 데이터 분석이 실제로 새로운 창조적 상품을 만들 수 있음을 보여 준다. 그러나 이러한 상품들은 우리가 이전에 경험했던 것과 매우 유사하게 소리(또는 보기, 읽기, 재생) 낼 것이다. 다른 학자들은 기존 쇼팽의 작곡과 코프가 알고리즘에 의해 생성된다고 주장한 작곡 사이에 63%가 크게 중복된다고 보고했으며, 이는 그의 접근 방식의 재조합 단계가 큰 부분을 차지했음을 시사한다(Collins and Laney, 2017).[13]

음악에 관한 결론과 비슷하게 알고리즘이 작성한 런던 연극에 대한 비판적인 반응은 '정형화된(fomulaic)' 것과 '패턴 중심적(pattern-driven)'이라고 말하면서 '아무것도 신선하게 느껴지지 않았다'라는 비판이 있었다.[14] 이러한 약점은 엔터테인먼트(개별 노래보다 특히 소설, 영화 또는 게임과 같은 것들)에서 인공지능을 사용하기 위한 또 다른 기술적 과제를 시사한다. 시뮬레이션이 서술을 기반으로 한 엔터테인먼트의 복잡성을 설명하는 것은 거의 불가능하다는 것이다. 이 한계는 〈비욘드 더 펜스〉의 음악 프로그래머 중 한 명에게 인정된다.

---

13) 이 발견은 코프가 그의 창작물의 기초가 되는 알고리즘을 완전히 공개한 적이 없다는 사실과 함께 몇몇 사람들은 그의 작품의 신뢰성에 의문을 품게 했다. 예를 들어 콜린스와 래니(Collins and Laney, 2017)는 그를 '어느 정도 논란의 여지가 있는 인물'이라고 명명했으나, 이는 컴퓨터 분야에서 선구자로서의 그의 역할과 반드시 상충되는 것은 아니다.

14) 재구성의 낮은 혁신성에 대해 의문을 제기할 수 있다는 점에 주목하자. 예를 들어 첫 번째 아이폰은 기존 제품의 재구성이라고 볼 수 있다. 스티브 잡스(Steve Jobs)는 2007년 발표 연설에서 아이폰을 기존의 상품인 아이포드(iPod), 휴대폰 및 인터넷 장치의 조합으로 언급한 바 있다(Wright, 2015 인용). 이렇게 높은 혁신성을 가진 제품은 기존 기술과 오퍼링을 기반으로 할 수 있는 반면, 이를 통합하는 데에는 높은 수준의 창의성이 요구될 수 있다.

"그들이 당신에게 천재성을 준다 해도, 그들은 결코 그것에 추가적인 의견을 보탤 수 없다… 모든 생각은 새로운 생각이다"[벤저민 틸(Benjamin Till), Jordanous, 2016 인용].

이 모든 증거들이 컴퓨터로 만들어진 엔터테인먼트 상품들이 상업적으로 성공할 수 있을지에 대한 질문에 직접적인 대답은 제공하지 않는다는 것을 알아둘 필요가 있다. 그러기 위해서는 소비자가 새로운 엔터테인먼트를 좋아하는 데 있어서 급진적인 감각의 역할을 염두에 두어야 한다. 감각은 감각 친화성 프레임워크의 한 요소일 뿐이며 코프의 연구가 나타내는 것처럼 알고리즘은 친숙함을 제공하기 위해 더 잘 갖춰진 것처럼 보인다는 점을 고려할 때 이는 분명 사소한 일이 아니다. 주류 엔터테인먼트의 현재 상태를 보면 적어도 단기적으로는 사람들 사이에서 친숙함이 지배적인 것이 특징이고 비교적 낮은 수준의 새로운(급진적인) 감각의 제공에 대해서 만족한다는 것을 알 수 있다. 일각에서는 최근 성공한 블록버스터 제품을 '인공지능(artificial-intelligence)' 품질로 표현하며 공식적 깔끔함이 "인간의 취향을 연구한 컴퓨터에 의해 디자인된 것처럼 보일 것"(The R-gument, 2016)이라고 주장한다.

하지만 이도 한계가 있는 것으로 보인다. 경험적으로 콜린스와 래니(Collins and Laney, 2017)는 음악 전문가들이 알고리즘과 인간의 창조물을 구별할 수 없을 때에도, 알고리즘의 작업을 원래의 창조물보다 훨씬 덜 선호한다는 것을 발견했다.15) 그러나 그것이 대중 시장에 어느 정도까지 적용될지는 불확실하다. 우리의 기존 분석에 의하면 사람들이 결국 익숙함에 만족하게 될 것이기 때문에 익숙함의 과다복용은 장기적으로 효과가 없을

---

15) 시모니(Simoni, 2018)가 다른 알고리즘 음악에 반복적으로 노출된 소수의 학생 청취자들의 샘플 반응도 참조한다.

것이라고 시사한다. 그러나 '장기적(the longer term)'이 무엇을 의미하는지는 정확히 알 수 없다. 몇 주? 몇 달? 몇 년? 아니면 몇십 년?16)

엔터테인먼트에 있어서 인공지능의 한계는 체계적이고 구조적이라는 우리의 주장에 모두가 동의하는 것은 아니라는 점을 인정함으로써 끝내는 바이다. 구글의 '브레인 팀(Brain team)'은 코프의 접근 방식을 따르며, 그들의 '마젠타 프로젝트(Magenta Project)'는 '예술과 음악을 창조하는 방법을 배울 수 있고, 잠재적으로 스스로 설득력 있고 예술적인 콘텐츠를 만들 수 있는' 지능적인 기계를 개발하는 임무를 주도하고 있다(Eck, 2016). 또한 소니(Sony)는 컴퓨터 사이언스 연구소에 있어서 야심 찬 목표를 갖고 있으며, 소니는 이미 알고리즘만으로 작곡했다고 주장하는 비틀즈(The Beatles)나 어빙 벌린(Irving Berlin) 같은 특정 아티스트의 작품을 다시 모방한 여러 팝송을 발표한 바 있다(Freitag, 2016)(IBM에서 인공지능을 기반으로 한 영화 예고편을 만들려는 시도도 참조할 수 있으며 이것은 유료 엔터테인먼트 커뮤니케이션의 맥락에서 논의한다).

이들은 안드로이드 데이비드(Android David)가 영화 〈에이리언: 커버넌트(Alien: Covenant)〉에서 자신의 곡을 작곡해 그의 전임자 월터를 놀라게 했던 것처럼 언젠가는 컴퓨터가 우리를 놀라게 할 것이라고 믿는다. 하지만 이것은 아직까지 SF소설로 남아 있으며(영화 〈에이리언〉 의 노래는 실제로는 인간이 작곡했다), 디지털 시대에 많은 기업이 달에 쏜 수많은 거대 기술처럼 이러한 노력이 엔터테인먼트에 방해가 될지 아니면 그냥 사라질지 알아내기 위해서는 이 책의 다음 판을 기다려야 할 것이다.

---

16) III권 5장 엔터테인먼트 통합 마케팅의 일부로서 친밀도가 지배하는 엔터테인먼트 산물의 전망에 대한 논의를 위해 산업 상태에 대한 우리의 분석을 참조하라.

4. 맺음말

　엔터테인먼트 상품이 얼마나 좋은지가 성공에 어느 정도까지 영향을 미치는가? 이 연구는 경험 품질이 실질적으로 경제적으로 중요하다는 증거를 제공한다. 이러한 패턴은 전문가의 품질 판단과 '일반적인' 소비자의 품질 판단에 따라 다르지만, 결과적으로 품질이 더 높을수록 평균적으로 더 높은 판매량을 끌어올리게 된다는 것을 알 수 있다. 이는 장기간에 걸쳐서이고, 심지어 제한된 판매 점유율만을 설명할 수 있는 정도까지이다.

　'경험 품질을 구성하는 것은 무엇인가?'라는 질문에 더 대답하기 어렵다는 것이 우리의 분석이다. 우리는 장르와 다른 요소 사이에 약간의 차이가 있다는 것을 보여 주지만, 가장 통찰력 있는 발견은 엔터테인먼트의 서술적 형태에 기초로 하는 스토리 라인을 다룬다는 점이다. 학자들은 드라마 이론과 데이터 분석을 융합해 엔터테인먼트 스토리에서 '감정적인 서사(emotional arcs)'의 유형을 경험적으로 측정했고, 그들의 연구는 이 서사들이 어떻게 상업적 성공과 연결되어 있는지에 대한 초기 정보를 주었다.

　인공지능이 '최고의' 엔터테인먼트의 미래창조자인지를 논의하며 이번 장을 마무리한다. 시나리오나 음악의 작가들은 안도의 한숨을 쉴지도 모른다. 엔터테인먼트 창작물을 자동화하기 위해 인공지능을 이용하려는 초기의 노력은 신선한 감각의 창조가 컴퓨터를 능가하는 영역임을 보여 주며, 우리는 이것이 쉽게 변하지 않을 것이라는 강한 주장을 할 수 있다. 따라서 우리는 엔터테인먼트 제작자들이 컴퓨터가 다음 노래나 시나리오를 쓰도록 하지 말고, 그 대신 인간의 창작물이 얼마나 강하게 '최고의' 엔터테인먼트의 이론적 요구 사항을 충족하는지를 판단하는 데 그들의 품질 관련 연구를 집중할 것을 권하고 싶다.

　이제 우리는 다음 장에서 엔터테인먼트 상품의 경험적 특성이 소비 역할을 제한한다고 말하고자 한다. 즉, 소비자가 탐색 품질과 좋은 품질 지표를 위해 시간과 비용을 소비하는 특정 상품을 결정하는 데 영향을 미치는 요소로서 중요한 역할을 논의하고자 한다.

참고문헌

Barnes, B. (2013). Solving equation of a hit film script, with data. *The New York Times*, May 5, https://goo.gl/S5RvQt.

Collins, T., & Laney, R. (2017). Computer-generated stylistic compositions with long term repetitive and phrasal structure. *Journal of Creative Music Systems*, *1*.

Cope, D. (1996). *Experiments in musical intelligence*. Madison: A-R Editions.

Cope, D. (2005). *Computer models of musical creativity*. Cambridge, MA: MIT Press.

Cutting, J. E. (2016). Narrative theory and the dynamics of popular movies. *Psychonomic Bulletin & Review*, *23*, 1713-1743.

Eck, D. (2016). Welcome to Magenta! *Magenta*, June 1, https://goo.gl/gWNt8B.

Elberse, A., & Eliashberg, J. (2003). Demand and supply dynamics for sequen-tially released products in international markets: The case of motion pictures. *Marketing Science*, *22*, 329-354.

Eliashberg, J., Hui, S. K., & Zhang, J. Z. (2007). From story line to box office: A new approach for green-lighting movie scripts. *Management Science*, *53*, 881-893.

Eliashberg, J., Hui, S. K., & John Zhang, Z. (2014). Assessing box office perfor-mance using movie scripts: A Kernel-based approach. *IEEE Transactions on Knowledge and Data Engineering*, *26*, 2639-2648.

Freitag, C. (2016). Listen to 'Daddy's Car,' a track composed by artificial intelli-gence. *Pigeons & Planes*, September 22, https://goo.gl/9vvqJ2.

Garcia, R., & Calantone, R. (2002). A critical look at technological innovation typology and inno-vativeness terminology: A literature review. *Journal of Product Innovation Management*, *19*, 110-132.

Hennig-Thurau, T., Houston, M. B., & Sridhar, S. (2006). Can good marketing carry a bad product? Evidence from the motion picture industry. *Marketing Letters*, *17*, 205-219.

Hennig-Thurau, T., Walsh, G., & Wruck, O. (2001). An investigation into the fac-tors determining the success of service innovations: The case of motion pictures. *Academy of Marketing Science Review*, *1*, 1-23.

Holbrook, M. B. (1999). Popular appeal versus expert judgments of motion pictures. *Journal of Consumer Research*, *26*, 144-155.

Jordanous, A. (2016). Has computational creativity successfully made it 'Beyond the Fence' in musical theatre?. Conference Paper, University of Kent.

Langfitt, F. (2015). How China's censors influence Hollywood. *NPR*, May 18, https://goo.gl/fNtSM9.

Lewis, J. (2003). Following the money in America's sunniest company town: Some notes on the political economy of the Hollywood blockbuster. In J. Stringer (Ed.), *Movie blockbusters*(pp. 61-71). London: Routledge.

McCarthy, E. J. (1960). *Basic marketing: A managerial approach*. Homewood, IL: Richard D. Irwin.

McKee, R. (2016). *The Aristotle of our time*. https://goo.gl/ApH3B9.

McLean, A., & Dean, R. T. (Eds.). (2018). *The Oxford handbook of algorithmic music*. New York, NY: Oxford University Press.

Moon, S., Bergey, P. K., & Iacobucci, D. (2010). Dynamic effects among movie ratings, movie revenues, and viewer satisfaction. *Journal of Marketing, 74*, 108-121.

Pähler vor der Holte, N., & Hennig-Thurau, T. (2016). Das Phänomen Neue Drama-Serien. Working Paper, Department of Marketing and Media Research, Münster University.

Reagan, A. J., Mitchell, L., Kiley, D., Danforth, C. M., & Dodds, P. S. (2016). The emotional arcs of stories are dominated by six basic shapes. *EPJ Data Science, 5*, 1-12.

Shanken, M. R. (2008). An interview with Arnon Milchan. *Cigar Aficionado*, September/October, https://goo.gl/7xuGwM.

Simoni, M. (2018). The audience reception of algorithmic music. In A. McLean & R. T. Dean (Eds.), *The Oxford handbook of algorithmic music*(pp.531-556). New York, NY: Oxford University Press.

The Economist. (2015). The force is strong in this firm, December 19, https://goo.gl/E7vbr4.

The R-gument(or). (2016). Why Hollywood might want to scale back (a little): A rant against modern tentpole filmmaking, August 26, https://goo.gl/vGeiys.

Thompson, K. (1999). *Storytelling in the new Hollywood*. Cambridge, MA: Harvard University Press.

Vogel, H. L. (2015). *Entertainment industry economics: A guide for financial analysis* (9th ed.). Cambridge: Cambridge University Press.

Wallentin, E. (2016). Demand for cinema and diverging tastes of critics and audi-ences. *Journal of Retailing and Consumer Services, 33*, 72-81.

Wright, M. (2015). The original iPhone announcement annotated: Steve Jobs' genius meets genius. *TNW*, September 9, https://goo.gl/fxpx5t.

Wu, S. (2015). An empirical observation of Chinese film performance drivers. *Empirical Studies of the Arts, 33*, 192-206.

2장

엔터테인먼트 상품 결정 2
탐색 품질과 브랜드 아닌 지표

앞에서 언급했듯이 엔터테인먼트 경험은 품질의 '호응성'을 결정하기 때문에 중요하다. 그러나 이것은 더 복잡한 상업적 성공 퍼즐의 한 조각에 불과하다. 호응성은 엔터테인먼트의 '시장성'에 의해 보완되는데, 이는 소비자들이 상품 선택에 대한 결정을 내릴 때 그 품질을 직접 경험하지 못했기 때문에 경험적 상품 품질(최소한 전적이지 않고, 직접적이지도 않은)에 의해 결정되지 않는다. 대신 시장성은 소비자가 선택 결정을 내릴 때 사용할 수 있는 상품에 대한 정보에 의해 결정된다.

소비자들은 입소문이나 전문가 리뷰와 같은 전체적인 '대체 단서' 외에도 소비 관련 결정을 내리기 위해 상품 자체의 관찰 가능한 요소로부터 정보를 수집할 수 있다. 엔터테인먼트 상품이 가지고 있는 극소수의 '진정한' 탐색 품질 속성 중 이 장에서는 기술 속성(예: 3D, 가상현실 특징)의 역할에 대해 연구한다. 그러나 여기서 우리에게 훨씬 더 흥미로운 탐색 품질과 경영자들에게 더 흥미로운 다른 정보 요소가 있다. 학자들이 종종 '유사 탐색 속성(quasi-search attributes)'이라고 부르는 엔터테인먼트 상품의 품질 지표이다. 이러한 지표는 상품의 실제 객관적 품질의 일부가 아니라 오히려 품질에 대한 소비자의 추론 단서 역할을 한다.[1)]

정확히 지표 또는 유사 탐색 속성은 무엇인가? 이 장에서는 상품의 장르 및 원산지와 같은 엔터테인먼트 상품의 범주적 속성(소비자가 강력한 인지 및 정서적 연관성을 유지할 수 있고 대체 상품 간 다른 속성)에 중점을 둔다. 이러한 범주적 속성은 정보와 방향을 제공하지만 특정 브랜드와 달리 다소 광범위하고 추상적인 품질 범주들(categories)로, 우리가 보게 될 소비자에게 미치는 영향을 다소 제한한다. 또한 이들의 범주적인 특성은 경영자가 브랜드에서 가능한 이와 같은 속성을 형성하는 것을 방해하지만 이들을 포함시키는 것은 여전히 엔터테인먼트 마케팅 전략에 필수적인 역할을 할 수 있다. 다음 장에서는 속편과 스타를 포함한 엔터테인먼트 품질의 '브랜드 지표'에 대해 분석한다.

먼저, 이 장에서는 보기 드문 진정한 탐색 품질의 기술과 그 역할에 대해 살펴본다. 이어서 엔터테인먼트의 주요 '브랜드 아닌 지표'들에 대해 논하겠다.

---

1) 특정 종류의 엔터테인먼트에 대한 탐색 속성을 구성하는 또 다른 상품 요소는 여기에서 특별히 언급할 가치가 있다. 바로 패키징(packaging)이다. 엔터테인먼트 상품의 패키지는 특별한 DVD 박스 세트의 유용성과 냉정함 같은 그 자체이다(Plumb, 2015). 패키징 또한 현재 LP 음반의 부활에 기여하는 숨겨진 힘이 될 수 있다. 저자 중 한 명은 가장 좋아하는 영화를 위해 LP 사운드트랙 앨범을 수집한 경험이 있다. 이 주제는 디지털 버전에서 결여된 촉각적인 특성에 대한 물리적 패키지의 가치를 설명할 때 디지털 기술에 대한 논의와 겹친다. 그러나 엔터테인먼트에서 패키징의 주요 상업적 관련성은 정보 및 커뮤니케이션 역량에서 비롯되며, 커뮤니케이션의 맥락에서 더 자세히 논의한다.

1. 엔터테인먼트의 탐색 속성으로서의 기술

사람들을 즐겁게 하는 것은 기술이 아니라, 당신이 그 기술로 하는 일이다.
— 감독이자 픽사의 경영진인 존 라세터(John Lasseter, 2015)

엔터테인먼트 상품의 주목할 만한 한 가지 요소는 소비 전에 관찰할 수 있고, 소비자에게 유용한 정보(또한, 탐색 속성으로 기능할 수 있는)를 전달하는 기술의 사용이다. 엔터테인먼트와 기술의 역사는 밀접하게 연결되어 있다. 이 책에서 논의한 각 엔터테인먼트 상품은 창안된 이후 근본적인 기술적 변화를 겪었다. 우리의 목표는 그러한 변화에 대한 역사적 개요를 제공하는 것이 아니라, 좀 더 최근의 기술 발전을 설명하고 경영자들이 그러한 기술의 관련성과 엔터테인먼트 상품의 상업적 성공에 미치는 잠재적 영향을 평가하는 데 도움이 되는 엔터테인먼트 사이언스 연구를 강조하는 것이다.

그렇다면 새로 만들어진 기술이 엔터테인먼트 제작자에게 어떤 성과를 낼지, 이에 영향을 미치는 요인은 무엇일까? 먼저 엔터테인먼트에서는 거의 모든 신기술(최소한 성공한 기술)이 상품 및 기업 전반에 걸쳐 확산되어 일반적이고 산업 전반에 걸쳐 확산된다는 점을 명확히 하겠다. 예를 들어, 3D 기술은 1편의 영화에만 국한되지 않고 많은 영화에 활용된다. 카메론이 사업 파트너인 빈스 페이스(Vince Pace)와 후지필름(Fujifilm), 소니의 도움을 받아 개발한 퓨전 3D 카메라 시스템은 주요 영화 20여 편 이상에 활용되었다(Wikipedia, 2016). 그 이유는 엔터테인먼트 상품의 짧은 수명 주기로 인해 상품별 기술의 수익성이 떨어지기 때문이다. 이것은 건강관리와 같이 수명이 긴 상품을 사용하는 산업과 대조되는 주요 차이점이 있다. 그럼에도 불구하고 기술은 카메론이 영화 〈아바타(Avatar)〉(2009)를 위해 퓨전 카메라를 만든 것처럼 거의 항상 특정 상품을 염두에 두고 처음 개발된다. 그리고 종종 이 첫 번째 상품이 성공하면 제작사의 경력뿐만 아니라 기술 혁신의 라이선싱(licensing) 가능성도 확정된다.

엔터테인먼트 상품의 일부로서 새로운 기술이 상품의 성공을 촉진할 수 있는지에 영향을 미치는 3가지 핵심 요소를 확인하겠다. 이 책에서는 고객을 모든 것의 핵심으로 여기기 때문에 엔터테인먼트 상품이 새로운 기술로부터 이익을 얻을 수 있는지 여부를 결정하는 첫 번째 요인은 고객 혜택이다. 새로운 기술은 기존 기술 솔루션 대신 사용하는 대체 상품에 비해 엔터테인먼트 상품을 경험함으로써 얻는 즐거움의 수준을 유의미하게 증가시킬 수 있는가? 기술(엔터테인먼트 등)은 상품의 '객관적' 품질을 최적화하는 데 편향적인 엔지니어에 의해 개발되지만, 기술이 상품의 성공에 영향을 미칠 수 있는지를 결정하는 것은 소비자가 인식하는 품질에 대한 '주관적' 특성이다.

기술 혁신은 감각 자극 수준을 높이고 감각을 유발해(Holbrook and Hirschman, 1982) 엔터테인먼트 경험을 더욱 풍부하고 매력적으로 만드는 데 효과적이다(Netflix's Gomez-Uribe and Hunt, 2015). 기술은 이미 존재하는 감각 자극(예: 더 나은 음질 등)을 강화하거나 새로운 감각 자극을 추가(예: 무성 영화에 사운드 요소를 추가 등)해 소비자에게 즐거움을 제공할 수 있다.

엔터테인먼트 산업의 대부분이 고객의 관심을 끌지 못하기 때문에 이 요소가 유망해 보이는 기술 개발이 게임을 바꾸지 못한 주된 이유라고 생각한다. 이러한 기술 개발은 멋짐 또는 공학 품질로 엔터테인먼트 경영자들에게 수용되었지만 영화, 게임, 소설을 더 재미있게 만들 수 있는 잠재력은 아니다. 할리우드의 전설인 조지 루카스(George Lucas)는 "신기술에 대한 과장된 광고가 많다"라고 이에 동의하는 것으로 보인다(Patton, 2015).

두 번째 중요한 요소는 기술의 비용이다. 신기술과 관련된 수익 증대 잠재력(즉, 판매량 증가 또는 가격 상승)의 위험을 보상하는 것은 말할 것도 없고 개발과 구현 비용을 충당하기에 충분할까? 제작자의 기간에 따라 비용은 단일 상품, 상품 구성 또는(기술이 다른 제작자에게 라이선스가 부여되는 경우) 카메론과 파이스의 촬영 기술에 대한 업계 전반에 걸친 새로운 기술 출시에 대해 고려할 수 있다.

셋째, 신기술의 이익을 창출하기 위해 필요한 인프라를 고려해야 한다. 소비자들이 새로운 기술을 좋아할지라도 일반적으로 기술의 효과적인 사용은 불충분하게 개발된 체계로 인해 어려움을 겪을 수 있다. 새로운 CGI(Common Gateway Interface: 웹 서버와 외부 프로그램 사이에서 정보를 주고받는 표준적인 방법) 생산 소프트웨어는 그것이 필요로 하는 하드웨어(생산 인프라, 초기 저품질 컴퓨터 생성 특수 효과에 대한 평가), 필요한 하드웨어를 소유한 소비자 네트워크(네트워크/플랫폼 인프라)와 공급/유통 인프라(3D 프로젝터를 갖춘 영화관의 수가 3D 영화를 상영하기에 충분한가? 소비자들은 인터넷을 통해 HD로 영화를 스트리밍 할 수 있는가?)의 능력에 의해 제한될 수 있다.

카메론 감독은 영화 〈아바타〉를 몇 년 동안 지연시켜, 그의 영화에 필수적인 모션 캡처 기술을 발전시켰다. 이와는 대조적으로 〈폴라 익스프레스(The Polar Express)〉(2004)의 제작자들은 잘 발달된 애니메이션 기법을 사용할 수 있었지만 심각한 공급 제한에 직면해야 했다. 2004년에 처음으로 디지털 3D 버전을 상영할 수 있었던 영화관은 극소수였다. 그래서 이 영화의 롤러코스터 매력은 대다수 관객들에게 밋밋하게 보였다.

다음은 다양한 형태의 엔터테인먼트에 대한 새로운 기술의 역할과 기여를 조명한 엔터테인먼트 사이언스 학자들의 주요 연구 결과에 대해 논의한다.

1) 게임의 기술과 품질

게임만큼 기술과 밀접한 관련이 있는 엔터테인먼트 상품 카테고리는 없다. 기술은 비디오 게임의 본질이다. 그 본질은 기술에 내재되어 있으

• 아폴로 달 착륙선을 모티브로 한 게임이다. 플레이어는 추진기 등으로 우주선을 제어해 달 표면에 착륙해야 한다. 장애물에 부딪히거나 너무 빠른 속도로 착륙하거나 중간에 연료가 부족하면 실패하게 된다.

며 적절한 장치가 바로 옆에 없으면 소비될 수 없다. 기술 혁신은 루나 랜더(Lunar Lander)•의 벡터 그래픽스(vector graphics: 픽셀 vs. 픽셀)에서 시작해 3차원 관점(3D Monster Maze)의 사용부터 〈위 스포츠(Wii Sports)〉에 사용되는 모션 캡처 기능까지 다양해졌다. 오늘날 중요한 기술로는 증강현실(AR: Augmented Reality)과 가상현실(VR: Virtual Reality)이 있다. 증강현실은 실제 세계에 대한 소비자의 인식을 추가 또는 수정하기 위해 기술적 수단을 사용하는 반면, 가상현실은 실제 세계를 소비자가 도취 혹은 몰입되어 가상 세계로 바꾼다.

가상현실 효과에 대한 연구 증거는 헤드 마운트 디스플레이(HMD: head-mounted displays)와 같은 가상현실 하드웨어 장치가 게임에 사용될 때 소비자의 몰입감을 높일 수 있음을 보여 준다. 예를 들어 니콜스 등(Nichols et al., 2000)은 가상현실 설정(헤드 장착 디스플레이 사용)에서 '덕샷(duck shoot)' 게임을 한 학생 24명과 데스크톱 환경에서 게임을 한 학생 24명의 몰입감을 비교했다. 학자들은 가상현실 상태에 대한 반사 반응이 더 높고 배경 인식이 더 낮다는 것을 발견했다. 또한 가상현실 플레이어들은 몰입감의 몇 가지 척도를 더 높게 평가했다(차이는 약 15~25% 이상).

그러나 다른 연구들은 특히 소비자들이 45분 이상 가상현실 상태에 노출된 후 참가자들의 메스꺼움이나 불안한 반응을 관찰했다. 예를 들어, 콥 등(Cobb et al., 1999)은 다수의 가상현실 실험에서 148명 중 7명의 참가자에 대해 심각한 질병 증상을 보고하고, 나머지 참가자들의 경우 경미하고

일차적인 증상을 보고했다. 니콜스 등은 참가자들 사이의 메스꺼움과 방향감각의 상당한 감정을 지적하면서 20분간의 '가상 주택(virtual house)' 시뮬레이션으로 연구를 진행했다. 끝으로 린 등(Lin et al., 2002)은 구동 시뮬레이터를 이용한 연구에서 유사한 결과를 보고했다. 이러한 발견은 다소 오래된 경향이 있기에 관찰된 부정적인 반응은 적어도 오늘날 대체된 저해상도 및 프레임 속도 장치에 의해 부분적으로 촉발될 수 있다.

그렇다면 가상현실은 소비자의 즐거움, 그리고 어떤 소비자에 어떤 영향을 미칠까? 가상현실의 존재감을 향상시키는 기능과 잠재적인 부정적 영향의 최종 결과는 무엇일까? 쉘스태드 등(Shelstad et al., 2017)의 최근 실험은 학자들이 각각 최첨단 오큘러스 리프트 헤드셋(Oculus Rift headset)과 24인치 모니터를 사용해 40명의 대학생들에게 가상현실 강화 및 표준 버전의 '타워 디펜스 전략 게임(tower-defense strategy game)'—〈디펜스 그리드 2(Defense Grid 2)〉를 순차적으로 플레이하게 함으로써 몇 가지의 통찰을 제공한다. 가상현실 강화 게임 버전(평균 6~10%)에서는 경험과 참여자의 즐거움에 대한 전반적인 만족도가 유의하게 높은 것으로 나타났다. 이러한 결과가 실험에 사용된 특정 게임 및 하드웨어가 얼마나 밀접하게 연관되어 있는지, 그리고 실험에 참여한 사람들인지는 불분명하다.

제작자들은 가상현실을 사용해 재미를 높이면서 고해상도 도구로도 잠재적 질병 효과(쉘스태드 등의 연구는 별도로 측정하지 않는다)를 줄이면서 기술을 지속적으로 개선해야 할 것이다. 그러나 더 높은 수준의 현실주의는 이런 맥락에서 좋은 것이 아니다. 린 등의 연구에서 즐거움은 더 높은 현실감과 함께 증가하는 것이 아니라 질병은 더 늘어난다. 이 기술에 대한 도전은 현존하는 엔터테인먼트 작품에서 제시된 방식일 수 있다. 우리는 매우 인상적인 SF소설 버전에 의해 형성되는 가상현실의 성능에 대한 소비자들의 기대가 의심스럽다. 예를 들어 〈스타 트렉(Star Trek's)〉(1966~1969)의 홀로 데크(holodeck), 〈매트릭스(The Matrix)〉(1999)의 데자뷰, 소설 『레디 플레이어 원(Ready Player On)』(2011)의 무한한 가상 오아시스(OASIS) 시뮬레이션과 스티븐 스필버그(Steven Spielberg)의 대형 화면 적용은 조만간 실제 상품들과 만나게 될 것이다. 따라서 만족도와 소비자가 인지하는 혜택은 한동안 비현실적인 기대치에 의해 제한될 수 있다(The Economist, 2017a).

증강현실 기술의 상업적 잠재력은 경험적으로 분리하기가 훨씬 더 어렵다. 기술 적용 가능한 기술의 무한한 범위(실제 세계의 어느 부분을 어떻게 강화해야 하는가?)와 의미 있는 대체 조건(즉, 비증강현실)을 선택하는 어려움 때문에 권위적이고 일반화할 수 있는 연구를 설계하는 것은 어려운 과제이다. 그러나 2016년 7월 안드로이드와 애플 스마트폰에서 포켓몬 고 앱 게임(Pokémon Go app game)이 출시되면서 소비자들에게 매력적인 혜택을 제공할 수 있다는 것을 알 수 있다. 소비자들이 자신의 실제 인근을 검색해 가상 생물체를 추적할 수 있는 이 게임은 출시 일주일 후 북미 모든 안드로이드 스마트폰의 10% 이상에 설치되었다. 매일 절반 이상의 사용자가 플레이를 했다(Perez, 2016).

포켓몬스터 사례를 분석한 결과 탕(Tang, 2017)은 이 게임의 성공에 대해 사용자가 실제로 어린 시절의 꿈인 '포켓몬스터 트레이너'를 이룰 수 있게 해 주었으며, 이는 다시 말해 증강현실 자극과 높은 친숙도의 매력을 결합시킨 결과라고 분석했다. 학술 실험에서 에이버리 등(Avery et al., 2016)은 자체 개발한 실외 증강현실 게임(Sky Invadors 3D)에 대한 소비자 반응을 테스트했고, 이를 데스크톱 버전의 게임에 대한 소비자 반응과 비교했다. 44명의 학생 참가자를 기반으로 한 그들의 결과는 증강현실 버전에 대한 더 높은 즐거움의 수준을 보여 주었지만, 그 차이는 크지 않았다. 그러나 증강현실 버전에 대한 재생 의도는 훨씬 더 높았다.

전반적으로 증강현실의 몰입 가능성은 가상현실에 비해 제한적일 수 있지만, 선택은 학자들이 증강현실에 대해 관찰한 나쁜 영향을 끼치는 부작용을 동반하지 않는 것으로 보인다. 이는 기술의 광범위한 수용에 중요할 수 있다. 증강현실에 대한 예측으로 "정말 확대될 것이다. 가상현실은 증강현실에 비해 그리 크지 않을 것 같다"라고 말한 것은 애플 최고경영자 팀 쿡(Tim Cook)만이 아니다(Strange, 2016; *The Economist*, 2017b). 그리고 증강현실을 강력하고 감성적인 브랜드와 제휴하는 것이 소비자들에게 강력한 이점을 제공할 수 있다는 탕(Tang, 2017)의 분석은 엔터테인먼트 분야에서 기술의 미래 적용을 위한 길을 안내할 수 있다. 그러나 2017년 11월 포켓 몬 고 광고의 짧은 기간 동안 일부 의문점이 제기될 수 있지만, 출시된 지 4주 후 게임의 검색량은 약 2%에 불과했다.

끝으로 가상현실과 결합해 후각 자극(즉, 냄새)에 의해 게임의 즐거움이 풍성해질 수 있을까? 하웰 등(Howell at al., 2016)은 6명의 소비자를 대상으로 매우 작은 규모의 피실험자 내 실험을 실행했는데, 이들은 오렌지 그릇을 보여 주는 가상현실 시뮬레이션('오큘러스 리프트 헤드셋 디스플레이'를 사용)에 참여했다. 연구원들은 환경에 오렌지 향을 더하면 4명의 참가자들에게 작은 몰입감만 증가시키고 나머지 2명은 증가하지 않는다는 것을 발견했다. 향후 연구는 다른 결과를 촉발시킬 수도 있지만, 바로 이러한 예비 결과는 향후 후각 자극이 있는 엔터테인먼트의 다소 덜 인상적이었던 역사가 곧 바뀔 것이라는 희망을 심어주지는 못했다.

2) 영화의 기술과 품질

영화 제작자(그리고 배급사)의 영화 관람 경험에서 감각 자극(그리고 심지어는 소비자의 즐거움)을 증가시키기 위한 노력에도 기술적 진보가 큰 역할을 했다. 이러한 시도 중 일부는 매우 성공적이었다. 시각 전용 경험 이전에 사운드(talkies)를 추가한 다음 모노 사운드트랙, 스테레오 및 서라운드 사운드를 통한 후속 진행을 고려했다(Block and Wilson, 2010). 흑백 이미지로 구성된 매체에 컬러를 바꾼 것은 판도를 바꾸는 일이었다.

많은 액션, SF, 판타지 영화의 성공은 혁신적인 특수 효과와 결부되어 소비자들을 신화의 세계(영화 ⟨쥬라기 공원(Jurassic Park)⟩의 공룡처럼)로 도달할 수 있게 해 주지만, 그들 스스로도 볼거리로 작용할 수도 있다(게임에서도 마찬가지일 수 있다). 혁신적인 특수효과는 2000년대 후반부터 슈퍼히어로 장르에서 경험해 온 것처럼 다른 엔터테인먼트 카테고리에서 영웅과 환상의 몰입을 가능하게 했다.

> 변화된 것은 시각 효과뿐이었다. ⟨아이언맨(Iron Man)⟩이 나왔을 때, 시각 효과가 사로잡아 슈퍼히어로 영화를 보러 가는 것은 볼 만한 가치가 있는 일이었지만, 당신은 기존 팬이었기 때문에 볼 가치가 있는 것은 아니었다.
>
> — 영화감독 제임스 군(James Gunn)(D'Alessandro, 2017a 인용)[2]

그러나 소위 '진보(advance)'라고 불리는 몇몇 다른 것들은 수명이 짧은 것으로 밝혀졌다. '센서라운드(Sensurround: 귀에는 들리지 않으나 몸으로 진동을 느끼게 하는 음향 효과 방법, 상표명)' 사운드를 기억하는가? 특별히 개발된 저주파 베이스 스피커를 통해 영화의 사운드트랙이 재생되어 관객만이 들을 수 있는 것이 아니라 느낌을 느낄 수 있기에 시청 경험에 물리적 요소를 더하려는 시도였다. 일부 극장에서 피해를 입히고 인접한 상영실에서 상영되는 영화의 관객을 방해했기 때문에 격동과 같은 소수의 액션 영화에만 사용되었다(Fuchs, 2014). 그러나 주된 이유는 이 기술이 소비자에게 실질적인 이점

---

2) 또한 I권 4장의 엔터테인먼트사의 기술 자원 역할에 대한 논의를 참조하라.

을 제공하지 못했기 때문에, 특히 상당한 구현 비용을 고려한 것이라고 할 수 있다.

　시청각 경험을 향상시키기 위해 기술을 사용하려는 또 다른 시도는 냄새 요소를 도입한 것이다. 1960년대 '스멜 오 비전(Smell-O-Vision)'은 영화 〈미스터리 향기(Scent of Mystery)〉(1960)의 작업과 동시에 30가지의 다양한 냄새를 특별하게 준비된 극장으로 날려 보냈는데, 여기에는 별다른 비용이 들지 않았다. 이와는 대조적으로 '오도라마(Odorama)' 접근법은 훨씬 적은 준비가 필요했다. 관객들은 카드를 건네받고, 화면에 해당 번호가 표시될 때 카드의 특정 지점을 긁어 달라는 요청을 받았다. 그런 다음 카드는 특정 냄새를 방출했다(방귀 중 하나를 포함)(Nowotny, 2011). 다시 말해 우리는 관객들이 그러한 접근법에서 크게 유용했는지 의심스럽다.

　그럼에도 불구하고 일부 기업들은 디지털 기술이 영화 관람객들에게 물리적·냄새적 요소가 제공하는 이점을 높일 수 있다고 믿고 있으며, 영화를 진정한 다감각적 경험으로 바꾸는 접근법을 개발하고 있다. 2017년 말까지 CJ E&M(서울 소재)은 400여 개의 극장을 주로 아시아와 미국에서 운영했는데, (움직이는 의자와 바람, 비, 안개에 노출되는) 육체적 감각과 후각을 결합시켜 "그 세상 속에 사는 것처럼 영화에 끌어들이려 한다"(CJ, 2017). 화면상에서의 움직임 장면을 장면별로 추적해 제작자의 참여를 요구하는 이 기술은 테마파크 놀이기구와 비교되었는데, 이는 어떤 종류의 효과 중심 영화 콘텐츠의 틈새 매력으로서의 미래 역할을 지적할 수도 있다. 그것의 매력이 얼마나 지속 가능한지 그리고 그 경험이 소비자들에게 얼마나 매력적으로 여겨지는지 분명하지 않다. 어떤 사람이 쓴 것처럼 "전반적으로 흔들리는 것은 별로 재미있지 않다"(Grierson, 2014).

　현재 촬영된 엔터테인먼트의 다른 핵심 기술로는 3D와 더 높은 프레임 비용이 있다.3) 입체 프레젠테이션 기술인 3D는 수십 년간 소비자들의 반응이 고르지 못했으나 디지털 프레젠테이션 기술이 보급된 2000년대 초반부터 더욱 지속적인 성공을 거두고 있다.[4] 영화 제작자와 마케팅 담당자는 3D의 몰입도 향상에 초점을 맞추고 스튜디오와 극장에 엄청난 금액을 투자했지만, 이 기술에 대한 장기적인 관점은 논란의 여지가 있다(Ebert, 2011).

3D가 영화를 제작하는 사람들에게 비싼 기술인 상황에서 다시 한번 핵심 이슈는 3D가 높은 비용보다 소비자들에게 더 큰 혜택을 제공하는가 하는 것이다. 마케팅 연구 회사인 유고브(YouGov)가 영국의 3000명의 소비자들에게 3D 상영이 그들에게 '영화 느낌을 더 좋게 만드는가?'라고 물었을 때 22%는 동의했다. 그러나 더 많은 사람들이 차이가 없다고 응답했고, 거의 유사한 19%는 3D로 영화를 보는 것이 그 경험을 더욱 악화시켰다고 느꼈다(Follows 2017). 그러나 이러한 자체 보고 판단은 학자들이 소비자 반응에 대해 우리에게 무엇을 말할 수 있을까? 루니와 헤네시(Rooney and Hennessy, 2013)는 마블의 〈토르(Thor)〉를 2D나 3D로 관람한 관객 225명을 대상으로 설문조사를 실시했다. 학자들은 3D로 영화를 본 사람들이 (영화를 보는 동안) 더 많은 수준의 인식된 사실주의와 자기 보고된 관심을 보고했지만, 2D 관객들보다 더 감정적인 흥분이나 만족은 없었다고 한다. 대형 TV 화면에서 할리우드 영화의 15분 분량을 102개 소비자에게 보여 준 지

---

3)　일부 영화 임원들은 가상현실 헤드셋을 '가상 영화관'으로 활용하는 등 영화 관람 경험을 높이기 위한 수단으로 가상현실 활용에 대한 관심도 내비쳤다(Busch, 2017). 그러나, 막대한 (그리고 비용이 많이 드는) 기술 요구 사항 외에도, 이러한 애플리케이션의 소비자 가치는 최선인지 의심스러워 보인다.

4)　3D 영화가 피어나기 이전의 역사적 시기는 1950년대 초[1954년에 제작된 앨프리드 히치콕(Alfred Hitchcock)의 영화 〈다이얼 M을 돌려라(Dial M for Murder)〉(1954)를 포함]와 1980년대 초(예를 들어, 〈죠스 3(Jaws 3-D)〉)였다.

치하오와 이용선(Ji and Lee, 2014)의 결과도 2D와 3D 관객의 즐거움 측면에서 차이가 없었다. 그들의 경우 3D는 더 높은 수준의 몰입감과 몰입을 의미하지도 않았다.

하지만 지치하오와 이용선의 결과는 또 다른 이유로 흥미롭다. 영화 장르의 몰입감과 몰입의 수준이 영화 장르마다 다른 경향이 있기 때문에 이러한 효과에 대한 영화 장르의 잠재적인 조절 역할을 지적한다.[5] 또한 조 등(Cho et al., 2014)은 또한 잠재적인 조정력의 역할을 강조한다. 그들이 15분짜리 자체 제작 3D 영화를 보여 주었을 때 (10만 달러 예산으로) 188개의 참여 극장[6]의 3D 효과는 소비자의 좌석 위치에 따라 달랐다. 즉, 극장 앞이나 뒷좌석에 앉은 소비자들은 중간에 앉은 소비자들보다 영화에 덜 만족하는 것으로 나타났다.

그러나 조 등의 연구 또한 우리가 영화 제작자들에게 매우 중요하다고 생각하는 또 다른 패턴을 지적한다. 3D 상영에 대한 소비자들의 이전의 경험들은 흥분과 몰입의 감소와 함께 3D의 소모 혹은 만족 효과를 나타내는 이해를 동반했다.[7] 실제 시장 데이터(Knapp and Hennig-Thurau, 2014)를 기반으로 3D 프레젠테이션 형식의 경제적 결과를 조사한 자체 연구에서는 이러한 만족도를 이해하는 것이 중요하다. 특히 2004~2011년 동안 북미 극장에서 널리 개봉된 73편의 디지털 3D 영화 전편에 대한 흥행 결과를 〈폴라 익스프레스〉를 시작으로 수집했다. 우리는 이 영화의 박스오피스를 다른 모든 영화의 박스오피스가 아니라 소위 '통계학적 쌍둥이'(statistical

---

5) 저자가 공식적인 중재 테스트를 보고하지 않기 때문에 이 결과는 주의해서 다뤄야 한다.
6) 저자가 영화 제작에 사용한 10만 달러의 예산은 놀랍고 높은 수준의 전문성을 나타낸다.
7) 엔터테인먼트의 만족도에 대한 자세한 내용은 I권 3장 엔터테인먼트 상품이 독특한 이유: 주요 특성을 참조하라.

twin)'라고 부르는 영화의 박스오피스와 비교했는데, 이 영화는 여러 지점에서 우리가 주장하는 바와 같이 영화의 성공을 이끄는 다른 주요 특성들과 유사한 2D 영화이다.[8] 이러한

● 컴퓨터가 처리하거나 분석할 수 있는 형태로 존재하는 관련 정보의 집합체를 말한다. 데이터 파일이나 데이터베이스와 동의어로 사용되기도 한다. 데이터는 반복적으로 발생하는 사건이나 조건에 대한 정보가 일련의 순서를 갖게 될 때 서로 관련을 맺게 된다.

선택 과정은 사과와 오렌지를 비교하는 것을 피하기 위해 필요하다. 또는 경제학자들이 '치료 편향(treatment bias)'이라고 부르는 독립변수가 실제로 독립적이지 않고 내생적인 것으로부터 비롯된다.[9] 3D 영화는 종종 2D로 만들어진 다른 영화들과 다르게 취급된다. '성향 점수 매칭(propensity score matching)'이라는 계량기법은 우리가 쌍둥이 영화들을 식별하는 데 도움이 되었다.

다음으로 3D 영화의 성능을 쌍둥이 영화의 성능과 비교했다. 결과는 다소 냉정했다. 데이터 세트(data set)●에 있는 73개의 모든 3D 영화에 걸쳐 3D 영화는 평균적으로 2D 유사 영화보다 더 많은 수익을 창출하지 못했

---

8) 영화 성공의 다른 결정 요인으로는 장르, 제작 예산, 광고비, 개막작 수, 스타 참여, 시퀄 등이 있다. 본질적으로 이러한 영화 성공 결정 요인은 데이터 세트의 3D 영화가 성공에 잠재적인 차이를 유발할 수 있는 기준과 관련해 2D 쌍둥이 영화와 체계적으로 다를 가능성을 배제하는 데 도움이 되었다. 관련 결정자를 제어하지 않으면 3D와 2D 영화 간 성공 차이를 3D vs. 2D 특성에 잘못 귀속시킬 수 있다. 한 가지 방법론적 메모를 추가해 보겠다. 여기에서 사용한 접근 방식으로 식별된 한 쌍은 실제 영화가 아니다. 대신, 이 영화는 3D 영화(2004~2011년)와 같은 기간에 출시된 데이터베이스에 있는 1082개의 2D 영화를 모두 가중 조합한 것을 나타내는 '하이브리드' 영화(hybrid movies: 둘 이상의 장르에 연결된 영화)이다.

9) I권 1장에서 회귀 모형에서 그런 내분성의 일반적인 문제를 설명한다. 엔터테인먼트에서의 취급 편향은 단연코 3D 사용에 국한되지 않고, 후속편, 리메이크, 또는 스타가 등장하는 것과 같은 다른 몇 가지 상품 특성이 상품 성공에 어떤 영향을 미치는지에 대한 이해를 방해한다.

다. 더 나쁜 것은 2D 쌍둥이 영화보다 더 적은 수의 관객을 끌어들였고 수익성도 현저히 떨어졌다[평균 투자수익률(ROI)이 낮았다]. 후속 분석 결과 시간이 가장 중요한 요소인 3D 디지털 영화가 초기에는 박스오피스를 강타했지만, 더 이상 이점을 제공하지 못한다는 사실이 더욱 상세히 드러났다.

이것은 〈그림 2.1〉의 패널 A의 주요 메시지로, 우리의 추정에 의해 시간이 지남에 따라 3D가 박스오피스에 미치는 평균 재정적 영향의 발전을 보여 준다.[10] 이것은 박스오피스 결과를 의미한다. 추정에 따르면 티켓당 더 높은 수익은 3D 영화용으로 판매된 티켓 수가 적어 무력화되며, 3D로

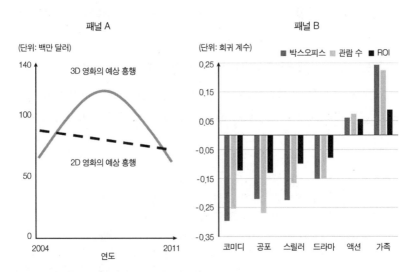

〈그림 2.1〉 3D가 영화 성공에 미치는 영향

주: 패널 B의 매개변수는 종속변수로서 북미 박스오피스와의 WLS 회귀 및 각각의 장르인 3D 변수와 독립변수로서의 컨트롤을 통한 3D×장르 상호 작용에 대한 표준화되지 않은 회귀 계수이다. 3D 영화가 제작자로부터 받는 다양한 처우를 설명하는 매칭 절차에서 가중치를 둔다.
자료: Knapp and Hennig-Thurau(2014) 참조.

---

10) 이 추정치는 3D 변수와 영화 제작 연도의 선형 및 제곱 상호작용 조건을 포함하는 다항식 가중 최소제곱(WLS) 회귀 모델의 결과이다.

영화를 제작하기 위한 추가 비용을 고려하지 않았다.

그러나 이 그림의 패널 B는 3D 영화의 효과가 영화 장르마다 다르다는 것을 보여 준다. 3D 영화의 회귀 계수는 액션 영화의 경우 긍정적이고 가족 영화의 경우 훨씬 더 중요하기 때문에 이러한 장르의 영화가 평균적으로 3D에서 더 좋은 성과를 내는 경향이 있음을 우리에게 알려 준다. 대신 스릴러, 드라마, 공포, 코미디의 흥행은 3D 포맷으로 어려움을 겪는 경향이 있는데, 이는 3D 영화가 제작자들로부터 받는 높은 예산과 높아진 관심 속에 잘 숨겨져 있는 결과이다. 연구는 2011년까지는 데이터로 제한되지만, 우리가 발견한 패턴은 최근에 더 바뀐 것 같지 않다. 팔로우(Follows, 2017)는 북미 3D 영화 흥행 점유율이 역대 최고치를 기록했음에도 불구하고 2011년 20% 이상에서 2016년 7%에 불과하다고 보고했다.

3D 기술과 비교해 우리는 더 높은 프레임 비용과 화면 해상도의 재정적 영향에 대해 훨씬 잘 알지 못한다. 평소보다 높은 프레임 비용으로 촬영된 영화에 대한 관객들의 평가는 (즉, 기존의 24개 프레임이 아닌 최대 60개 프레임 수로 기록된 영화) '불쾌한 골짜기(uncanny valley: 인간과 비슷해 보이는 인공지능 로봇을 보면 생기는 불안감, 혐오감, 두려움 등)'의 심리학 이론과 연결되었다(Yamato, 2012). 1970년 로봇공학 학자 모리 마사히로(Mori Masahiro)의 연구로 거슬러 올라가는 이 이론은 소비자들이 매우 실제적이거나 매우 비현실적인 자극에 비해 거의 실제처럼 보이는 심미적 자극에 훨씬 더 부정적으로 반응한다는 것을 시사한다(Mori, 2012).

로봇을 염두에 두고 개발한 모리의 논리는 여러 학자들이 연구해 왔지만 엔터테인먼트 분야에서는 거의 알려지지 않았다. 경험적 발견은 일반적으로 얼굴을 묘사하는 것이 '인간성(humanness)'이 높을수록 (그리고 덜 기계적일수록) 호감도가 높아진다는 그의 주장을 뒷받침한다. 하지만 인간성이 실재에 가까운 방식으로 제시된다면 호감도는 낮은 수준으로 떨어지며 완

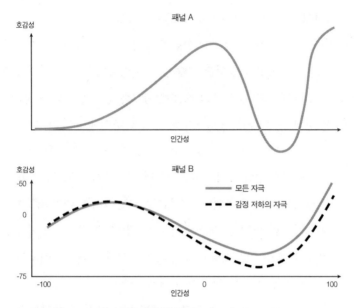

<그림 2.2> 이론화 및 경험적으로 관찰된 불쾌한 골짜기

주: 마투르와 라이클링의 결과는 66명의 소비자가 80가지 측면의 '인간성' 코딩에 기초한다. 이 연
 습의 평균 점수는 '인간성' 등급으로 사용되었다. 342명의 소비자에게 무작위 부분집합의 등급
 을 매겨 서로 다른 측면의 호감도를 수집했다. 전체적으로 호감도 등급은 64개의 개별 등급의
 평균이다. 함수의 과정은 다른 함수에 비해 더 잘 적합된 3도 다항식이다(모든 자극에 대해 R^2
 은 0.290이며 저감정 자극에만 보고되는 것은 아니다).
자료: 패널 A는 Mori(2012)를, 패널 B는 Mathur and Reichling(2016) 참조.

전히 현실적이지는 않다. 〈그림 2.2〉는 마투르와 라이클링(Mathur and Reichling,
2016)에 의해 인간성이 '완전 기계적(fully mechanical)'에서 '완전 인간적(fully
human)'으로 변화한 80가지 측면을 대상으로 한 연구에서 모리(패널 A)에 의
해 제안되고 실증적으로 발견된 이 패턴을 보여 준다(패널 B). 현실성에 가
까운 묘사가 소비자들에게 섬뜩하게 보이고, 등장인물에 대한 공감을 어
렵게 만든다는 주장이 제기되었는데, 이는 몰입에 방해가 될 것이라는 반
응을 추측한다.

 이러한 '불쾌한 골짜기' 논리에 따르면 더 높은 프레임 비용은 판타지

영화가 관객들에게 거의 실제처럼 보이도록 할 수 있지만, 완전히 아닐 수 있다. '실제에서 실패한 시도'는 대부분의 소비자들이 싫어할 것이다. 이 주장은 미셸 등(Michelle et al., 2017)이 2017년 피터 잭슨의 〈호빗(The Hobbit)〉(2014) 관객들을 위한 '초현실 역설(hyperreality paradox)'을 발견한 것과 일치한다. 질적 연구에서 그들은 일부 소비자들이 영화의 비주얼이 화려하고 몰입감이 있다고 생각했지만, 동시에 "이와 같은 시각적 아름다움은 믿을 수 없고 산만하며 불신의 중단을 저해하는 것으로 경험했다"라고 했다. 다른 기술과 마찬가지로 엔터테인먼트 제작자들은 이러한 잠재적인 부정적 영향을 인식하고 그에 대해 더 많이 배워야 하며, 바라건대 엔터테인먼트 사이언스 학자들과의 결실 있는 협력으로 그 효과를 인식해야 한다.[11]

3) 책의 기술과 품질

책은 500년 이상 존재한 대부분의 저기술 엔터테인먼트 매체였다. 일부 특별하고 틈새시장을 겨냥한 고품질의 인쇄판을 제외하면 그 콘텐츠가 표현 방식을 지배했다. 디지털화와 아마존의 킨들 환경 시스템(Amazon's Kin-

---

11) '불쾌한 골짜기' 이론은 더 높은 프레임 비용을 이해하는 것을 넘어 촬영된 엔터테인먼트를 넘어서는 가치가 있다. 앞의 몰입 관련 주장을 바탕으로 이 이론은 시각 엔터테인먼트의 CGI 요소가 관객들에게 미치는 영향을 더 잘 이해하는 데 도움이 될 수 있다. 예를 들어, 이츠코프(Itzkoff, 2016)는 관객의 반응과 함께 그것을 논한다. 영화 〈로그원: 스타워즈 스토리(Rogue One: A Star Wars Story)〉(2016)에서 피터 쿠싱(Peter Cushing)이 사악한 그랜드 모프 타킨(Grand Moff Tarkin)으로 등장하는 등 죽은 배우들의 디지털 활성화에 대한 관객들의 반응과 연계해 논의한다. 그러나 초기 〈스타워즈(Star Wars)〉 영화와 같은 상업적인 슈퍼히트(그리고 최근 디지털 활성화를 사용한 출품작들)에서 분명히 불완전한 애니메이션 속임수의 상업적 성공을 감안할 때 현실주의와 몰입/성공 사이의 연관성은 분명 사소한 것이 아니며 모리의 독창적인 사고를 철저히 확장해야 한다.

dle eco-system)이 주도하면서 전자책 리더의 부상이 그것을 변화시키는 과정에 있으며, 독자들에게 인쇄된 책과 디지털 버전 사이에서 선택할 수 있는 기회를 제공하고 있다. 디지털 대 인쇄는 독자의 탐색 품질을 구성한다. 게임과 영화 엔터테인먼트를 위해 논의한 기술(예: 가상현실, 3D)과 대조적으로 소설의 디지털 전자책 버전은 매우 제한된 한계 생산 비용을 수반하므로 오늘날 거의 모든 소설을 2가지 형식으로 사용할 수 있다.

그럼에도 불구하고 기술 형식이 소비자와 소설에 대한 반응에 미칠 수 있는 영향의 잠재적인 차이를 조사하는 것이 유익하다고 생각한다. 텍스트가 인쇄된 책의 종이에 있는 것과 촉각 및 후각 감각이 없는 전자 화면에 있는 경우 소비자의 독서 경험은 달라지는가? 안네 망엔(Anne Mangen)과 그녀의 동료들은 종이의 텍스트에 대한 독자의 반응과 아이패드(iPad)의 텍스트에 대한 반응을 비교해 이 질문을 해결하는 일련의 실험을 수행했다. 특히 드라마틱한 단편소설 「산책길에서의 살인(Murder in the Mall)」(2014)의 145명의 표본 독자들에 대해 망엔과 쿠이켄(Mangen and Kuiken, 2014)은 2가지 읽기 형식 사이의 서사 몰입과 공감 수준에서 차이가 없음을 발견했다. 작성자가 독자의 이전 디지털 경험을 제어하지 않았음에도 불구하고 디지털 장치의 품질 등급은 지속적으로 더 높았다.

72명의 고등학생을 대상으로 한 또 다른 실험에서 망엔 등(Mangen et al., 2013)은 종이 버전의 (비허구) 책과 HD 레디(HD ready)* 해상도로 컴퓨터 모니터에 표시된 버전 사이의 읽기 이해도를 비교했다. 저자가 성별(전자 판독/컴퓨터 경험은 아님)을 제어하는 회귀분석의 결과는 소비자의 텍스트 인지 처리에서 발생할 수 있는 차이를 지적하면서 종이 조건에 대해 더 높은 이해도를 보여 주었다.

* DTV 초창기 디지털 방송 수신은 안 되는데 720p, 1080i/p 해상도의 HD급 영상을 출력할 수 있는 TV의 규격 명칭이다. 그래서 HD 방송이 본격적으로 시행될 때 전환을 준비하라고 'Ready'라는 표현을 쓴다.

그러나 아이패드와 컴퓨터 모니터는 오늘날 소설을 디지털로 읽을 수 있는 가장 적합하고, 많이 사용되는 장치는 확실히 아니다. 따라서 이런 통찰력이 킨들 또는 코보스(Kobos)와

• 문학의 한 장르로서 하이퍼텍스트 소설의 디지털텍스트는 단위 텍스트와 그것을 연결해 주는 링크로 구성된다. 하이퍼텍스트는 전통적인 선형 텍스트와 달리 비선형성, 역동성, 상호작용성, 미디어 다중성, 확장성 등의 특성을 갖는다.

같은 전문 전자 독자에게 어느 정도 일반화될 수 있는지는 여전히 불분명하다. 또한 매체가 다르지만 맥락은 그렇지 않다는 가정을 기반으로 한다는 점을 유념해야 한다. 따라서 이러한 가정이 하이퍼텍스트 소설(hypertext novels)•과 같은 새로운 문학 형식에 의해 도전 받는다면 연구 결과는 달라질 수 있다.

4) 음악의 기술과 품질

책과 유사한 음악의 경우 전통적으로 기술적인 제작 형식보다 훨씬 더 중요한 내용이었다. 가끔 형식 전환(1950년대에는 쉘락(shellac)에서 LP 음반으로, 1990년대에는 카세트에 일시적 관심을 가진 후 LP 음반에서 CD로 전환)을 제외하면 음악 사업은 케이티 페리(Katy Perry)의 솜사탕 같은 〈틴에이지 드림(Teenage Dream)〉(2010) 앨범과 같은 기술적인 사치품들은 집계되지 않았고(Bauer, 2010), 하나의 단일 제작 기준에 의해 주도되었다.

그러나 음악이 인터넷으로 옮겨오자 서로 다른 형식이 공존하기 시작했고, 소비자들은 그중에 선택할 수 있게 되었다. 이러한 형식은 촉각적 감각 기능을 제공하는 정도에서 차이가 났지만, 최근 LP 음반의 재생에 책임이 있는 음질과 관련된 압축 수준에서도 차이가 있었다.12) 책과 마찬

---

12) 자세한 내용은 I권 〈그림 5.4〉 엔터테인먼트 비즈니스 모델의 다른 음악 형식 개발을 참

가지로 소비자의 선택과 소비 행동에 대한 포맷의 역할은 연구자나 경영자(이후에 논의하는 유통 관련 문제와는 대조적으로)로부터 체계적인 관심을 받지 못했다. 아마도 거의 모든 제목이 둘 다 사용 가능하기 때문일 것이다. 디지털 형식은 실제로 한계 비용이 거의 없이 사본이 생성되고, 물리적 형식은 여전히 상당한 수익을 제공한다.

그럼에도 불구하고 특히 고가의 물리적 버전에 대한 수요가 감소하기 때문에 소비자 선택에 대한 형식과 제작 기술의 역할을 더 잘 이해하는 것이 유망한 것 같다. 음악 연구는 압축이 임계 값(threshold)을 초과한 후에만 소비자의 품질 판단에 영향을 미친다는 것을 발견했다(Croghan et al., 2012). 하지만 이 임계 값은 무엇이며, 실질적으로 관련성이 있는 스펙트럼 안에 있을까? 참가자는 일반 음악 소비자가 아니라 고도로 훈련된 음악 전문가이기 때문에 기존 연구는 통상 상업적 영향을 평가하기 위한 설명력이 제한적이다. 예를 들어 프래스 등(Pras et al., 2009)은 13명의 '훈련된 청취자(trained listeners: 15년 경력의 음악가 및 음향 엔지니어)'가 7가지 음향 기준에 따라 체계적으로 변화하는 동일한 음악의 비율을 평가하도록 했다. 결과는 CD/WAV 품질과 특히 낮은 비트 전송률 형식 간에 상당한 차이를 보였는데, 수신자 등급은 CD의 경우 96과 128kb/s보다 높고, CD의 경우 96~320kb/s로부터 192kb/s가 약간 더 높았다. 그러나 학자들은 CD와 비트 전송률의 차이를 발견하지는 못했다.

우리는 그러한 차이가 일반 소비자들에게도 인식될 수 있는지 여부와 그러한 인식 차이가 즐거움 수준에 어떤 영향을 미칠지 아직은 알 수 없다. 스포티파이(Spotify) 사용자는 96~320kb/s 사이에서 선택할 수 있으며, 일반적인 모바일 사용은 스펙트럼의 하단부에 있다. 인터넷 채팅과 판매

조하라.

동향은 이것이 대중 관객들이 이 서비스를 선호하는 데 주요 장애물이 된다는 것을 시사하지 않는다. 206명의 학생을 대상으로 한 설문조사와 스피어먼 상관(Spearman correlation) 관계를 바탕으로 한 포울맨과 구드(Powlman and Goode, 2009)의 조사에 따르면 음악의 음질에 대한 기대가 음악 구매의 대안으로서 소비자의 파일 공유 사용에 영향을 미치지 않는다고 한다. 그렇다면 우리는 단지 무지한 음악 소비자인가? 음질은 사용자 및 상황 특성뿐만 아니라 하드웨어(재생 또는 청취 장치)와 같은 많은 요소에 의해 결정된다는 점을 기억해야 한다. 따라서 레코딩(혹은 압축) 기술이 소비자의 청취 경험을 방해하기는 힘들 것이며, 적어도 더 높은 비트 전송률 형식은 물론 객관적인 방식으로는 방해가 되지 않을 것이다.[13]

그러나 이것은 건전한 기술이 일부 소비자들의 음악 향유에 영향을 미치지 않는다는 것을 의미하지는 않는다. 예를 들어 스트리밍 서비스인 타이달(Tidal)은 압축 버전보다 2배나 더 비싼 가격에 손실 없는 음악을 제공한다. 그리고 몇몇 LP 음반 팬들은 LP 형식이 완벽해서가 아니라 부족하다는 점을 좋아한다. 즉, 팝과 소음, 매끄러운 크래클(crackle), 타이트한 베이스(기본적으로 엔지니어링 인공물)를 좋아하는데(Richardson, 2013), 이 모든 것이 활동적이고 강렬하며 미적인 고품질 경험의 일부로 간주된다(TRCG, 2015).

---

13) 다른 압축 형식을 구별하는 데 있어 여러분 자신의 능력을 테스트하고자 하는 경우 미국 공영 라디오 방송(NPR: National Public Radio)이 https://goo.gl/wXJmHg에서 작성한 작은 테스트를 추천한다. 다른 장르의 6곡에 대해서는 압축 수준에서만 다른 3가지 버전을 판단하도록 한다.

2. 엔터테인먼트 상품의 품질 지표

우리는 엔터테인먼트의 경험 품질이 신상품 출시의 초기 판매를 촉진하는 능력이 거의 없으며, 특정 탐색 품질은 일반적으로 엔터테인먼트에서 드물다는 것을 보여 주었다. 앞서 경영자들이 흔히 제한된 지속적 경쟁 우위만을 제공하기 때문에 탐색 품질로서 우수한 기술의 힘에 너무 많은 희망을 두어서는 안 된다는 것을 보여 주었다. 그러나 소비자들의 초기 선택 결정은 엔터테인먼트 성공의 비중을 크게 차지한다. 특히 '블록버스터 콘셉트(blockbuster concept)'[14]로 판매되는 상품의 경우 상품의 초기 성공이 소비자들에게 그들이 그것을 선택해야 하는지 여부에 대해 뚜렷한 품질 지표를 보내는 연속 확산 효과(cascading effects)에 의해 더욱 강화된다.

이러한 조건하에 소비자들이 상품의 품질을 추론할 수 있는 지표 역할을 하는 '유사 탐색(pseudo-search)' 품질(추론적 단서라고도 한다)이 강력한 역할을 한다. 이 부분에서는 장르와 주제, 연령 등급 및 상품이 기반을 두고 있는 (논란적인) 콘텐츠, 상품의 원산지 국가, 제작 예산(상품 실행 기준에 관한 다양한 지표)을 포함해 이러한 엔터테인먼트 유사 탐색 품질과 상품 성공과의 각각의 연관성에 대해 논의한다. 다음 장에서 이 요소들에 대한 논의는 스타나 속편과 같은 '브랜드 레이블'을 지닌 지표처럼 특정 유사 탐색 품질에 대해 살펴보겠다.

다양한 지표의 영역으로 들여다볼 때 소비자 행동에 대한 연구에서 얻은 핵심 교훈을 기억하라. 모든 유사 탐색 품질의 효과는 브랜드 여부에 관계없이 결국 잠재 고객에게 제품이 강력한 미적 흥분과 친숙함을 제공

---

14) 엔터테인먼트 상품의 주요 통합 마케팅 전략인 블록버스터 콘셉트에 대한 자세한 내용은 엔터테인먼트 통합 마케팅을 다룬 III권 5장을 참조하라.

할 것이라고 확신시키는 정도에 달려 있으며, 이는 소비자가 엔터테인먼트를 즐기는 (혹은 수요의) 핵심 동인이다.

1) 엔터테인먼트 장르와 테마

장르는 할리우드 역사를 통해 영화가 사전 판매된 한 가지 방법이다.

— 킹(King, 2002: 119)

장르는 종종 우리가 새로운 엔터테인먼트 상품에 대해 가장 먼저 듣는 것이다. 엔터테인먼트 사이언스 학자들이 장르가 상품 성공에 어떤 영향을 미치는지에 대해 조사하기 전에 개념 자체를 조사해 보자. 그런 다음 상품을 단일 장르에 묶는 것이 경제적 입장에서 더 유망한지, 아니면 다른 장르의 요소를 결합하는 것이 더 유망한지 살펴본다. 끝으로 장르 효과에 대한 국제적인 차이점을 잠깐 살펴보기도 한다.

(1) 정확히, 장르란 무엇인가?

장르(genre)는 프랑스어로 'type' 또는 'kind'에서 따온 것으로(King, 2002), 특정 범주의 엔터테인먼트나 예술을 설명하는 추상적인 개념이다. 어떤 장르든 엔터테인먼트 상품이 그 장르에 속한다는 말을 들으면 소비자의 마음에 활성화되는 의미론적 연관성 네트워크와의 연결을 포함한다. 즉, 영화는 스릴러나 서부, 노래는 팝이나 재즈, 게임은 슈터 또는 롤플레잉 게임이 있다(Cutting, 2016). 소비자는 엔터테인먼트 상품을 장르에 대한 정보를 기반으로 매우 고유한 초차원(hyperdimensional) 인지 네트워크에서 대략적으로 분류할 것이다. 소비자의 네트워크는 독특하다. 그리고 우리가 새로운 공포영화가 개봉된다는 소식을 듣고 흥분하는 이유, 무관심하게 반응하는 이유, 그리고 다른 사람들은 공포영화를 생각만 해도 짜증이 나는 이유 등을 설명하는 것은 네트워크 간의 독특한 차이점이다.

그렇다면 우리가 말하는 인지적 연관성은 무엇일까? 장르 연관성은 기본적인 유형의 캐릭터, 극적 루틴, 그리고 심미적 패턴에 관한 것이다. 〈그림 2.3〉에서는 IMDb 사용자가 장르별로 가장 많이 할당한 키워드를 기반으로 3대 영화 장르(서부, 스릴러, 로맨스 영화)에 대한 양식화된 의미의 네트워크를 보여 준다. 경계의 굵기는 개념이 장르와 얼마나 강하게 연계되어 있는지를 보여 준다. 그래서 우리가 영화와 관련해 서부라는 말을 들으면 대부분의 사람들은 카우보이, 보안관, 무법자를 영화 속 인물로 생각한다.

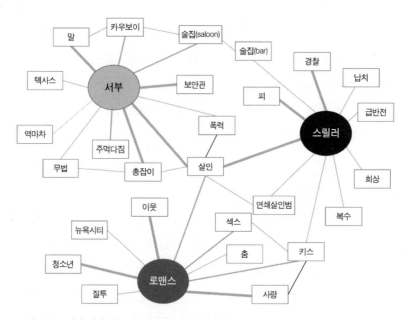

〈그림 2.3〉 3가지 영화 장르의 전형적인 의미 네트워크

주: 그림에서 연관성은 각 장르에 대해 IMDb에서 가장 선택이 높은 키워드를 나타낸다. 연관성 사이의 연결은 순전히 가상적이며 예시적인 목적만을 위한다.
자료: IMDb에서 공개된 데이터 참조.

그들은 총격전과 주먹다짐을 일어날 일의 일부로 생각한다. 그리고 시골의 애리조나나 텍사스 풍경을 액션이 일어날 장소로 생각하고 소비자들의 심미적 기대를 모은다.

〈그림 2.3〉은 장르가 많은 독특한 연관성과 연결되어 있음을 보여 준다. 또한 그 연관성이 때때로 겹친다. 예를 들어, 살인은 스릴러와 서부에서 두드러진 주제이다. 심지어 로맨스 영화조차도 사랑과 같은 주제가 지배적이지만 살인에서 자유롭지 않다. 스릴러와 서부는 서부와 로맨스보다 공통점이 더 많다. 때로는 장르의 미학에는 스릴러가 회상(flashback) 장면을 통해 이야기의 일부를 말하는 것과 같은 특정 서사 스타일이 포함된다. 다른 엔터테인먼트 상품에도 같은 논리가 적용된다. 누군가가 블루그래스 송(bluegrass song)을 녹음했다는 소식을 들으면 밴조와 어쿠스틱 기타가 우리의 마음에 떠올라 어쿠스틱 이미지의 형태로 미적 기대를 불러일으키고, 종종 시각적 이미지(미국 남동부 시골 등)도 자극할 것이다.

상품 성공을 위한 장르의 중요성은 장르가 소비자에게 엔터테인먼트 상품을 판단하기 위한 첫 번째 기준점을 제공한다는 사실에 주로 기반을 두고 있다. 우리가 가지고 있는 연상은 무엇을 기대할지, 그리고 그것을 좋아할지 아닐지에 대해 빠른 판단을 내리는 것을 돕는다(Zhao et al., 2013). 영화학자 킹이 말했듯이 장르 표시는 소비자에게 '암묵적인 약속'이다. 장르 개념은 엔터테인먼트에서 친숙함에서 오는 이점과 밀접하게 연관되어 있다. 그것은 우리가 알지 못하는 것에 대해 친숙함을 제공해 미지의 것에 대한 관념적 그림을 그릴 수 있게 한다. 장르는 우리에게 "편안함과 지향성을 만들어 낼 만큼 친숙하다"(King 2002: 120).

그러나 이러한 소비자 관련 역할을 넘어서도 장르는 엔터테인먼트 산업 조직에 많은 차원으로 기여하기 때문에 중요하다. 자신을 '록 음악(rock music)' 제작자로 정의하거나 SF소설 전문 영화채널[컴캐스트 소유의 '사이파이 채널

(Syfy Channel)' 등], 장르를 중심으로 모이는 팀(예: 음악가들의 '블루스 밴드' 결성), 빌보드의 장르별 차트─예를 들어 핫 컨트리 송(Hot Country Songs)이나 핫 록 송(Hot Rock Songs)과 같은 장르별 차트를 중심으로 엔터테인먼트를 커버하는 뉴스 미디어를 생각해 보라(Silver et al., 2016).

(2) 어떤 장르가 좀 더 성공적일까?

성공하거나 실패하는 것으로 장르를 구분하는 것은 이상하다.

— 베닝턴(Bennington, 2016)

장르 상영을 비교할 때 먼저 한 가지를 명확히 하겠다. 장르의 주관적인 성격을 고려할 때 상품에 대한 결정적인 장르 유형은 없다. 장르적 정의는 흐릿하고 중복되는 반면에 박스오피스 모조(Box Office Mojo)* 관객을 '사이언스 픽션(Science Fiction)'으로 간주한다. 넘버스(Numbers)는 그것을 스릴러/서스펜스(Thriller/Suspense)로 분류하고 IMDb는 영화를 어드벤처·드라마·로맨스(Adventure·Drama·Romance)로 체계화한다. 장르 또한 다층화된다. 그들은 하위 장르 및 주제와 함께 구체화 수준이 증가한다. 그래서 코미디(주요 장르)는 로맨틱 코미디나 슬랩스틱 코미디(부장르)가 될 수 있고, 특히 로맨틱 코미디의 주요 주제는 '짝사랑'이 될 수 있는데, 이 상황은 한 캐릭터가 사랑을 돌려받지 않고 다른 캐릭터를 사랑하는 상황(Sarantinos, 2012)이다. 장르는 서사적 형태의 엔터테인먼트에 대해 좀 더 일관되게 정의되는 경향이 있는 반면, 음악의 장르 유형(가장 넓은 범주를 넘어)은 덜 깔끔하고 일관성도 떨어지는 경향이 있다.[15]

장르가 상품 간 성공에 어떻게 영

* 영화의 박스오피스, 수익 자료를 체계적인 방법으로 수집하여 관리하는 미국의 웹사이트이다. 브랜든 그레이(Brandon Gray)가 만들어 1998년 8월부터 시작되었다.

향을 미치는지 경험적으로 결정하는 것은 어려운 일이다. 왜냐하면 개념의 기본 특성은 장르가 대량으로 다르다는 것을 의미하기 때문이다. 이것이 이 부분에서 소개한 인용문의 논리이다. 장르는 우리가 논의하는 다른 유사 탐색 속성(예: 영화의 주요 스타 캐스팅)과 관련해 다를 뿐만 아니라, 광고 예산과 같은 추가 마케팅 변수와 관련해 액션 영화는 드라마보다 흥행 수익이 높을 수 있지만, 제작자들은 그것들을 만들고 홍보하는 데 더 많은 돈을 쓴다. 따라서 한 장르의 진정한 상업적 매력을 결정하기 위해서는 평균적인 성공 횟수를 보는 것뿐만 아니라 많은 개별 속성과 변수 측면에서 한 장르의 성격을 검토하는 것도 중요하다. 물론 장르마다 비용이 다르기 때문에 수익은 수익/투자 수익률(profit/ROI)과 동일시할 수 없다.

영화에 관한 많은 연구들이 장르와 성공 지표, 주로 박스오피스 결과들을 경험적으로 연결시켰다. 2000~2014년[16]에 북미 극장에서 개봉된 3000여 편이 넘는 영화들의 자체 데이터 세트의 경우 각 장르의 평균 ROI 프록시뿐만 아니라 13개 주요 장르의 평균 북미 박스오피스 수익을 계산한다

---

15) 일부 학자들은 음악 작품 사이의 공통 요소를 조사해 음악 장르 유형론을 개발하기 위해 경험적 데이터와 통계 기법을 사용하려고 시도했다. 슈페르와 세들마이어(Schöfer and Sedlmeier, 2009)는 25개의 대중음악 장르에 대한 소비자의 선호도를 이용해 6개의 음악 장르(즉, 교양, 전자, 록, 랩, 팝, 비트, 포크, 컨트리 음악)에 대한 요인 분석을 압축한다. 실버 등(Silver et al., 2016)은 2007년 300만 명의 음악가들이 소셜 미디어 사이트 MySpace.com에서 자신과 자신의 작업을 어떻게 발표했는지 패턴을 발견하기 위해 네트워크 분석 접근 방식을 선택했다. 이들은 3가지 음악 장르 '집합체'를 발견한다. [저자들이 말하는 반문화(Countercultural), 메인스트림(Mainstream), 펑크 오프슈트(Punk Offshoots) 하위 장르를 포괄하는] 록 집합체, (랩, 힙합, R&B가 지배하는) 힙합 집합체, (일렉트로닉, 어둡고 과격한 메탈, 월드뮤직과 같이 일부 인기가 낮은 음악적 스타일의) 틈새 집합체이다. 이러한 시도는 박수를 받을 수 있지만, 음악 장르의 경험적 결정의 가장 큰 문제는 판매이다. 이러한 유형에 대한 산업 및 소비자 수용을 얻는 것은 어렵지만 실제 영향을 미치는 데 필수적이다.

16) 데이터 세트에 대한 자세한 내용은 I권 〈그림 5.9〉를 참조하라.

(엔터테인먼트 비즈니스 모델에 대한 리스크 분석과 동일한 공식을 사용한다). 이때 우리는 IMDb의 장르 코드를 분석에 적용하는데, 이는 영화를 단일 장르로 제한하지 않고 영화를 여러 장르로 할당할 수 있게 해 주기 때문이다. 이는 오늘날의 하이브리드 엔터테인먼트 세계의 현실에 더 잘 맞고 장르의 임의 할당을 피하는 접근법이다.

〈그림 2.4〉의 패널 A는 영화 장르가 수익과 ROI에서 크게 다르다는 것을 보여 준다. 평균적으로 판타지, 애니메이션, 스릴러 영화는 드라마, 로맨스 영화보다 약 3배, 다큐멘터리 영화보다 거의 10배 높은 최고의 수익을 창출한다. 다큐멘터리(비용이 저렴하기 때문에)가 더 인기 있는 장르인 만큼 수익성이 좋고, 범죄 영화(비용이 더 높기 때문에)가 드라마보다 ROI가 낮다는 점을 제외하면 영화 수익성에 대한 동일한 기본 질서가 유지된다.

패널 B에서는 여러 다른 '성공 동인'의 존재를 제어할 때 각 장르가 영화의 박스오피스 및 ROI에 미치는 영향을 보여 준다.[17] 이들 결과는 다른 그림을 그린다. 단 3개의 장르만이 평균 이상의 흥행(호러, 스릴러, 로맨스)으로 이어지고, 평균 이하의 흥행으로 이어지는 유일한 장르가 드라마라는 점이다. 평균 수익(판타지와 애니메이션)이 가장 높은 두 장르가 영화 흥행에는 큰 영향을 미치지 않는다. ROI와 관련해서는 공포, 로맨스, 다큐멘터리 등도 효과적이며, 범죄 영화와 드라마는 영화의 수익성을 떨어뜨리는 경향이 있다. 여기서 우리가 발견한 3가지 장르 중 가장 높은 평균 ROI를 창출하는 것은 스릴러도 아니고 의미 있는 것도 아니다. 의존적 변수는 로그가

---

17) 특히, 우리는 영화가 주요 스튜디오에 의해 배급되었는지 여부, 광고 예산, 제작 예산, 스타가 등장했는지 여부에 대한 분석을 제어한다[연간 퀴글리(Quigley, 1969~)의 스타 순위 기준(3장의 각주 43 참조)]. 속편인지, 리메이크인지, 이전 영화의 버전인지, 소설, 책, 베스트셀러를 기반으로 한 영화인지, 그리고 비평가들과 IMDb 사용자들에 의한 영화 품질의 등급을 분석하는 것을 평가한다.

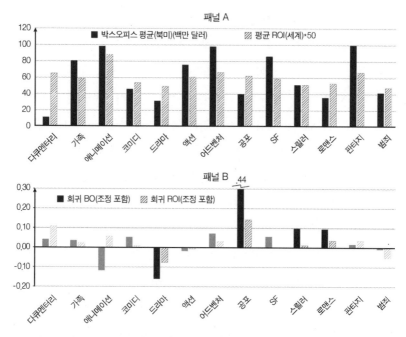

패널 A

박스오피스 평균(북미)(백만 달러)   평균 ROI(세계)*50

120
100
80
60
40
20
0

다큐멘터리 가족 애니메이션 코미디 드라마 액션 어드벤처 공포 SF 스릴러 로맨스 판타지 범죄

패널 B   .44

회귀 BO(조정 포함)   회귀 ROI(조정 포함)

0.30
0.20
0.10
0.00
-0.10
-0.20

다큐멘터리 가족 애니메이션 코미디 드라마 액션 어드벤처 공포 SF 스릴러 로맨스 판타지 범죄

〈그림 2.4〉 주요 영화 장르에 대한 수익, ROI, 회귀분석

주: 패널 B의 숫자는 각각 영화 박스오피스 및 ROI를 종속변수로 해 OLS 회귀분석의 표준화되지
않은 회귀 한도이다. 분석에서 우리는 종속변수를 로그 변환해 정규 분포에 근사치를 구했다.
공포에 대한 실제 회귀값은 실제로 0.44만큼 높다. 그림에서 이 값은 상한치이다. 패널 B에서
드라마·공포·로맨스의 빗금무늬 막대를 제외한 나머지 빗금무늬 막대들은 매개변수가 유의미
하지 않았음을 나타낸다(p<0.05).
자료: The Numbers, Kantar Media, IMDb의 데이터 참조.

포함된 측정치이기 때문에 계수는 다른 모든 영화에 비해 공포영화의 평
균 박스오피스 증가율이 55%(=$e^{0.44}$)와 +15%인 반면, 드라마는 박스오피스
에서 약 15%(그리고 ROI는 8% 작다) 낮은 것으로 나타났다.

기술 분석(패널 A)과 예측 분석(패널 B) 간에 이러한 차이가 나타나는 이유
는 무엇인가? 분석 결과, 이 장르의 영화를 볼 수 있도록 사람들을 끌어들
이는 것은 판타지 장르만의 매력(오크, 요정, 마술사 등)이 아니다. 대신 〈반지의
제왕(The Lord of the Rings)〉(2001)과 같은 판타지가 바탕이 되는 인기 소설과

시각적인 볼거리를 약속하는 제작 및 광고 예산 등 다른 특성에 이끌린다. 회귀 결과는 스릴러, 호러, 로맨스 매력이 데이터 세트의 영화들 중 관객을 극장으로 유도하는 것이 두드러진다는 것을 시사하며, 후자의 두 장르는 증분 수익이 제작 비용을 초과하는 방식으로 이러한 매력을 만들어낸다. 그리고 다큐멘터리가 수익성이 있는 이유는 무엇일까? 아마도 데이터 세트 외에 영화 산업의 공급 측면에서 일어나는 '선택 효과(selection effect)' 때문일 것이다. 제작되는 수많은 다큐멘터리 중 극장에 상영되는 것은 뛰어난 몇 가지 작품들뿐이고, 우리는 이 몇 가지 작품들이 꽤 많은 수익을 낼 수 있다는 것을 알게 된다.[18]

비디오 게임의 경우 우리는 유사한 패턴을 발견한다. 평균 판매량은 장르마다 크게 달라진다. 〈그림 2.5〉는 2005~2014년에 출시된 1898개의 게임 데이터 세트를 기반으로 7세대 콘솔인 마이크로소프트 엑스박스(Microsoft Xbox), 소니 플레이스테이션(Sony Play Station), 닌텐도 위(Nintendo Wii)에서 11개의 비디오 게임 장르(〈그림 2.5〉의 검정색 막대)의 평균 매출을 보여 준다. FPS는 평균적으로 가장 성공적(〈콜 오브 듀티(Call of Duty)〉 게임과 같은 이상적인 타이틀을 설명하기 위한 수단 대신 중앙값을 사용해도 변하지 않는 결과)이며, 북미에서 평균 5500만 달러의 수익을 올렸다. 다음은 플랫폼 게임(예: 〈리틀 빅 플래닛(Little Big Planet)〉)과 스포츠 게임(예: 〈위 스포츠〉 또는 〈매든 NFL(Madden NFL)〉)으로 나타났다.

다시 한번 장르가 다른 상품 특성(성공에 영향을 미치기도 한다)에서 차이가 있

---

18) 데이터 세트는 북미 극장에서 적어도 100만 달러를 벌어들인 영화들로 제한되어 있다. 하지만 이 장벽은 다른 장르의 영화에 거의 문제가 되지 않을 것이기 때문에, 그것은 종종 적은 예산으로 제작되는 다큐멘터리의 높은 ROI에 기여할 수도 있다. 이와는 별도로 연구자들은 장르가 성공에 미치는 영향으로 배급의 역할을 지적해 왔다. 이러한 논리에 따르면 장르는 소비자에게 직접 영향을 미칠 뿐만 아니라 영화관 소유주에 대한 영향과 영화에 대한 스크린 할당 결정[예: 클레멘트 등(Clement et al., 2014)을 통해 영향을 미친다].

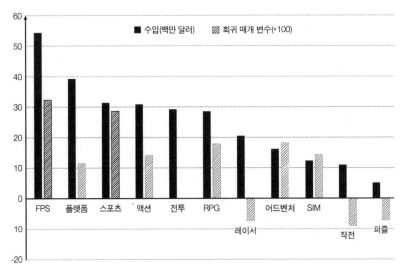

〈그림 2.5〉 주요 게임 장르의 수익 및 회귀 매개변수

주: FPS(First-person shooters)는 1인칭 슈팅게임을 의미한다. 전투기 게임의 회귀 매개변수가 누락되었다. 왜냐하면 그 장르는 방법론적인 이유로 회귀분석에서 제외되었기 때문이다. (FPS와 스포츠 빗금무늬 막대를 제외한) 연한 빗금무늬 막대들은 $p < 0.05$에서 통계적으로 유의미하지 않다. 종속변수는 로그 변환되었다.
자료: Marchand(2016)와 VG Chartz의 데이터 참조.

다는 사실을 설명할 때 우리는 다른 특성들을 넘어 직접적인 효과를 발휘하는 장르가 거의 없다는 것을 알 수 있다. 특히 장르뿐만 아니라 게임의 광고 예산, 가격 및 기타 여러 요소를 포함하는 강력한 표준 오류가 있는 회귀분석에서는 FPS와 스포츠 게임 장르만이 게임 매출의 독특한 점유율을 설명하고 있다(Marchand, 2016). 〈그림 2.5〉의 모든 빗금무늬 막대들은 각 비율을 보여 준다.[19] 비율을 변환하면 FPS는 38%, 스포츠 경기는 33%로

---

19) 분석에 포함된 다른 요인은 게임이 출시된 플랫폼, 가격, 이전 버전의 수, 주요 스튜디오에서 발행한 광고 예산 및 경쟁사, 게임 품질에 대한 소비자 및 전문가 평가, 하드웨어 변수(설치된 기반 및 콘솔 연령), 멀티 플레이어 기능의 존재 등이다. 자세한 내용은 마

다른 게임보다 높은 판매량을 보였다. 그러나 이 숫자들은 다른 콘솔에 걸쳐 평균이며, 그 영향은 상당히 강하게 다르다는 것을 명심해야 한다(추 가 정보는 Marchand, 2017 참조).

책과 음악 장르의 경제적 영향에 대한 경험적 증거는 적다. 네덜란드의 50권의 책 구매자들의 커뮤니케이션 과정을 탐색적으로 분석한 결과 리먼스와 스토크먼(Leemans and Stokmans, 1991)은 책의 장르와 주제가 책 선택에 중요한 영향을 미친다는 사실을 발견했다. 장르와 주제는 모든 응답자들에 의해 대안의 세트 선택을 줄이기 위한 기준으로 지정되며, 고려 대상 제목 중 최종적으로 한 권의 책을 선택하는 다른 모든 기준보다 더 자주 언급된다. 그러나 학자들은 특정 장르와 주제의 상대적 매력에 대한 통찰을 제공하지 않는다.

또한 책을 검사하는 슈미트-스톨팅 등(Schmidt-Stölting et al., 2011)은 독일 시장에서 양장본(하드커버)과 문고판(페이퍼백) 타이틀이 판매에 영향을 미치는 요인을 이해하기 위해 대량의 소설책 데이터 세트를 사용한다. 2003~2006년에 약 3만 8000권의 출판물 중 학자들은 1206권의 책(603권의 양장본 소설과 문고판 버전)의 시장 실적을 연구했다. 장르에 대해서는 소설(즉, 드라마 제목), 스릴러, 판타지, (소설) 전기(biographies), 그리고 포괄적인 범주의 기타 장르를 구분한다. 이들은 문고판과 별도로 양장본 에디션을 분석하는 한편, 관련성이 없어 보이는 등식 회귀(SUR: seemingly unrelated regression analysis) 접근 방식을 사용해 두 형식에 대한 모델을 추정해 다른 많은 성공 동인의 영향을 제어함으로써 관련 특성을 설명했다.[20]

르샹(Marchand, 2016)의 연구를 참조하라.
20) 구체적으로 이 책이 속편인지, 출판인 신분인지, 책값 등 저자의 스타 지위를 위한 대책도 포함되어 있다.

슈미트-스톨팅 등의 결과는 장르가 다른 책의 특징보다 더 중요한 두 가지 형식에서 모두 중요하다는 것을 보여 줬다. 흥미롭게도 장르의 매력은 책의 형식에 따라 다르다. 양장본의 경우 전기는 드라마 소설보다 소비자에게 더 강한 긍정적인 영향을 미치는 반면, 판타지, 스릴러, 그리고 다른 장르는 판매에 아무런 차이가 없다. 그러나 문고판의 경우 전기는 드라마 소설보다 판매량이 낮은 반면(판타지 책처럼) 스릴러는 평균적으로 소비자들에게 더 매력적이다. 즉, (독일) 소비자들은 양장본 버전의 가격이 일반적으로 높음에도 불구하고 초기 출시에 전기를 결정하는 반면, 스릴러에 대한 소비자들의 수요는 더 싼 문고판 형식에 편향되어 있는데, 이는 작가들이 장르의 덜 상징적인 가치에 기인하는 효과이다.

마지막으로 음악을 위해 리 등(Lee et al., 2003)은 사운드스캔(SoundScan)의 주간 판매량을 종속변수로 사용해 245개 음반의 북미 지역에서의 성공 동인을 분석했다. 대대적인 베이지안 통계(Bayesian statistics)를 바탕으로 한 그들의 예측 모델은 아티스트의 이전 판매량, 음반의 품질, 광고 예산을 통제한 후에도 R&B 장르에 긍정적인 장르 효과가 존재함을 시사한다. 이 모형에서 R&B의 판매는 데이터 세트의 다른 음악 유형(컨트리, 팝, 랩, 얼터너티브, 록, 하드 록)에 비해 35% 더 높았다.

우리는 이러한 것들이 흥미로운 초기 통찰력이라는 것에 동의한다고 생각하지만, 엔터테인먼트 상품, 특히 책과 음악의 성공을 위해 다른 장르의 역할에 대해 훨씬 더 많이 배우고 싶어 한다.

(3) 장르가 많을수록 더 즐겁다?!

우리 대부분은 〈스타워즈〉를 SF영화로 생각한다. 그러나 다른 이들은 판타지[제다이의 신비한 힘(the Jedis' mystical powers)], 서부[한 솔로의 사격(the Han Solo shoot)], 전쟁[마지막 전투(the final battle)], 사무라이 영화[광검선전(the lightsaber battles)],

로맨스[그녀를 사로잡기(who gets the girl?)]의 요소를 결합한 다양한 장르의 콜라주라고 주장한다. 또한 다른 많은 장르와도 연결된다. 스타워즈의 모스 에이슬리 칸티나(the Mos Eisley Cantina) 장면은 많은 사람들로 하여금 영화 〈카사블랑카(Casablanca)〉(1942)의 릭의 카페 아메리카(Rick's Café Américain)를 생각하게 했다. 이 결과를 경영상의 관련성에 대한 질문으로 바꿔 보겠다. 엔터테인먼트 상품이 둘 이상의 장르를 가진 요소를 포함하고 있을 때 그것이 엔터테인먼트 상품의 성공에 도움이 되는가 아니면 해가 되는가?

1982~2007년에 북미 스크린에 공개된 약 3000편의 영화를 포함하는 데이터 세트를 사용해, 자오 등(Zhao et al., 2013)은 영화의 장르 수가 (IMDb와 같은 영화 사이트에서 측정한) 박스오피스 결과 개방에 부정적인 영향을 미친다는 것을 발견했다. 학자들은 높은 '장르 스패닝(genre spanning)'이 소비자들이 엔터테인먼트 상품을 인지적으로 분류하는 것을 어렵게 만들기 때문에 우리는 무엇을 기대해야 할지 모르기 때문이라고 주장한다. 다시 말해 적어도 이용 가능한 첫 주에 여러 장르 레이블이 상품에 부착되면 잠재적으로 장르의 성공 향상 효과가 반격되는 것처럼 보인다.[21]

하지만 그러한 부정적인 영향은 영화가 연극을 완전히 상영하는 것에 대한 완전한 성공에도 적용될까? 2000~2003년에 개봉된 949편의 미국 영화 데이터를 이용해 수(Hsu, 2006)도 다양한 '장르 수'에 대한 부정적인 매개변수를 발견했지만, 그녀의 경우 통계적 의의에 도달하지 못했다. 이것은 장르 확장 효과가 적어도 영화의 상영에 따라 희미해질 수 있다는 암시적인 증거를 제공한다. 또한 그녀는 여러 장르의 다른 부정적인 결과를 보고했다. 관객(IMDb)과 전문 비평가들은 장르 수가 증가함에 따라 영화를

---

21) 통계적 주의사항 중 하나는 저자가 장르 자체를 방정식에 포함시키지 않는다. 아래에서 논의하는 수(Hsu, 2006)의 연구에도 동일한 제한이 적용된다.

덜 긍정적으로 평가한다.

수 등(Hsu et al., 2012)은 이번에는 확실한 생존을 모색하는 후속 연구에서 '하이브리드 영화'의 점유율이 높을수록 제작사가 파산할 가능성이 높아진다는 증거를 보고했다. 다시 말해 다장르 영화를 제작하는 것은 경제적 생존을 해친다는 것이다. 하지만 여러분이 장르를 초월하는 엔터테인먼트물을 만들려는 계획을 포기하기 전에 학자들은 적어도 하나의 잠재적으로 흥미로운 장르를 지적한다. 그들은 그렇게 하는 것이 아마도 모든 다양한 장르의 하이브리드 영화팬들을 끌어들이면서 그 해 가장 성공적인 영화를 제작할 확률을 높이는 경향이 있다는 것을 발견했다.

이 연구에서 수 등의 자료는 1914~1948년을 다룬 꽤 역사적인 것이지만, 〈스타워즈〉 영화에 대한 소개 일화는 다음과 같다. 이 발견이 오늘날에도 여전히 유효하다는 것을 알고 있다. 그럼에도 불구하고 우리는 더 최근의 데이터 세트와 영화 외의 다른 엔터테인먼트 상품에 대한 경험적 테스트에 이상적으로 관심이 있을 것이다. 또한 장르 스패닝 효과가 실제로 선형적인지(기존의 연구가 시사하듯이)를 밝혀낼 수도 있다. 아니면 영화에 포함되어야 하는 최적의 장르 수가 있다면 그 수는 얼마일까?

(4) 국제적 차이: 모든 사람이 야구를 좋아하는 것은 아니다.

더 이상 이국적인 것이라고 말하지 마라. 이것은 국제적인 것이다.

— 배우이자 감독인 멜 깁슨(Mel Gibson)(Fleming Jr, 2016 인용)

장르는 가치관, 태도, 의식이라는 문화의 틀 안에 깊이 묻혀 있다. 미국의 근본 신화를 반영하는 서부의 모습을 보고, 모든 역경과 영웅적인 고독에 맞서 야생과 미개척 풍경을 극복한다. 대조적으로 사무라이 영화는 일본의 상징적인 고귀한 전사를 기린다. 이러한 문화적으로 내재된 결과로서 장르가 기념하는 가치와 문화 자체의 가치가 (불일치) 일치하기 때문에 장르의 매력은 국가마다 종종 다르다.[22]

때로는 문화적 불일치를 피하려는 욕구가 엔터테인먼트 상품 제작 방법에 즉각적인 영향을 미친다. 예를 들어, 용감한 저항군이 자국의 원수로부터 고국을 방어하는 침략 판타지의 하위 장르는 미국의 애국주의 문화적 가치와 밀접하게 연관되어 있지만, 러시아와 중국 관객들이 세계를 보는 방식과는 거의 일치하지 않는다. 이러한 문화 충돌을 피하기 위해 홈프론트 게임(Homefront games)과 2012년 리메이크 영화 〈레드 던(Red Dawn)〉(2012)의 제작자들은 침략자들에게 원래 계획했던 러시아나 중국 대신 북한을 배경으로 했다(Totilo, 2011).

전반적으로 장르 선호도에 있어서 그 차이는 얼마나 강할까? 세계 각지에서 영화 장르의 시장 점유율을 기술적으로 분석한 결과 팔로우(Follows, 2016)의 연구는 상당히 실재적이라는 것을 보여 준다. 예를 들어, 2012~2016년 동안 개봉한 3000여 편의 데이터 세트에서 액션 영화의 경우 아시아 대국(예: 중국, 일본)의 평균 시장 점유율은 50% 이상 높았지만 이탈리아에서는 저조한 실적을 보였다. 코미디는 이탈리아에서 다른 나라에 비해 2배 이상 인기가 높은 반면 한국과 일본 소비자들은 유머에 대한 욕구가 적은 편이었다(코미디의 시장 점유율은 각각 65%, 45%로 세계 평균에 못 미친다). 이탈리아와 한국에서도 드라마 인기가 높지만, 일본과 중국 관객은 전 세계 드라마에 비해 극장에서 보는 드라마 수가 절반밖에 되지 않았다.

이런 이해는 유익하지만 인과관계로 해석하는 데 신중할 필요가 있다.

---

22) 문화의 구체적인 가치에 대해서는 이 장의 뒷부분에서 언급한 원산지 표시에 대한 논의도 유의하라.

팔로우가 찾아낸 중국 관객들에게 인기가 전혀 없는 공포영화를 예로 들어 보자(장르 시장 점유율이 세계 평균보다 90% 낮다). 중국에서 공포영화는 검열이 심하기 때문에 그들의 점유율이 낮은 것은 아마도 낮은 수요를 반영하기보다는 공급 측면의 요인 때문일 것이다. 분명히 국내 장르 시장 점유율에도 영향을 미칠 다른 요소들이 있다. 그것들을 이해하는 것은 특정 국가에서 소비자들 사이에서 장르의 인기에 대한 추론을 만드는 데 중요하다.

이에 따라 일부 엔터테인먼트 사이언스 학자들은 좀 더 엄격한 통계 방법을 사용하고 더 많은 요소를 포함시킴으로써 소비자들의 국제적 장르 선호도를 추가로 조명하려고 시도했다. 이 중에는 2007~2011년 27개국에서 개봉한 1116편의 미국 제작 영화 데이터 세트를 탐색하는 아크데니즈와 탈레이(Akdeniz and Talay, 2013)도 있다. 그들은 예산, (미국) 스타들의 참여, 전문적인 검토와 같은 다른 몇몇 영화 요소에 대해 제어하는 계층적 선형 회귀 접근법을 사용한다. 그러나 그들은 (특정 국가의 배급과 같은) 지역적 변수들에 대해서는 통제하지 않는다.

14개국에서 5개의 주요 장르에 대한 회귀분석 매개변수는 제작자들이 생각하는 다른 모든 성공 동인을 넘어서 스칸디나비아, 이스라엘, 네덜란드에서 각각 로맨스와 액션은 긍정적인 흥행 효과를 발휘한다는 것을 시사한다. 스릴러는 네덜란드 관객들에게만 효과적이며, 드라마는 문화 전반에 걸쳐 대부분 부정적인 영향을 미친다. 또한 제작자들은 (미국의) 코미디가 (팔로우의 시장점유율 분석과 일치하는) 한국뿐만 아니라 이스라엘, 오스트리아, 독일에도 부정적인 영향을 미친다는 것을 발견한다.[23]

---

23) 액션과 드라마 영화의 경우 아크데니즈와 탈레이는 이러한 장르의 평균 이상의 시장점유율과 충돌하는 한국에 대해서도 부정적인 영향을 발견하는데, 이는 평균 비교에서 설명되지 않는 이러한 장르의 숨겨진 요소가 존재함을 가리키는 것이다. 이와는 별도로 그들의 결과는 미국 장르 영화에 대한 한 문화의 수신만을 반영한다는 것을 명심하기

우리는 장르 개념이 다층화되어 있다고 주장해 왔고, 학자들은 더 세밀한 주제의 매력에서 문화적 차이를 탐구하기 위해 주요 효과 수준을 넘어섰다. 구체적으로 문상길과 송레오(Moon and Song, 2015)는 2003~2005년 동안 240편의 할리우드 영화의 북미와 외국 박스오피스 흥행을 비교하며, 제작자가 '미국 테마(American theme)'라고 이름 붙인 영화(예: 미식축구, 120개의 그러한 주제가 식별되고 그들의 연구에서 사용되는 것)와 '비미국 테마(non-American theme)'를 가진 영화(예: 사무라이 문화)들을 구별했다.

그런 다음 제작자는 각 영화에 대해 미국 또는 미국 이외의 주제를 다루는 정도를 결정한다. 10만 개가 넘는 소비자 영화 리뷰에 기계 기반 텍스트 분류를 적용해 이를 수행한다. OLS 회귀분석을 사용해 북미 영화 박스오피스에서 미국 및 비미국 테마의 존재가 미치는 영향을 찾지 못했다. 그러나 북미 이외 지역의 영화 상영은 미국 이외의 테마에서 이익을 얻고 미국 테마로 인해 어려움을 겪는다. 즉, 미국의 테마는 영화 수입의 외국 대 국내 비율을 국내 구성 요소로 이동시킨다.

또한 스포츠, 군사, 아프리카계 미국인 테마 등 3가지 특정 미국 테마를 중심으로 영화 속 문화 테마의 경제적 효과에 대해서도 조사했다(Hennig-Thurau et al., 2003). 미국 제작 영화 231편을 표본으로 삼아 우선 각 영화마다 (북미 박스오피스를 예측 변수로 사용하는 회귀분석을 통해) 예상되는 독일 상영을 결정한 다음, 영화의 저성과와 과실성을 3가지 문화 테마로 설명할 수 있는지 조사했다.

바란다. 따라서 독일에서의 코미디의 저조한 연기는 '재미없다'라는 국가의 평판을 확인시켜 주는 것처럼 보이지만(Evans, 2011), 이러한 해석은 〈더 슈 데 마니투(Der Schuh des Manitu)〉(관객 1200만 명), 〈오토 더 필름(Otto-Der Film)〉(관객 900만 명), 〈괴테스쿨의 사고뭉치들(Fack Ju Göhte trilogy)〉(관객 2000만 명)과 같은 토종 코미디의 엄청난 성공을 간과한 것이다.

독일에서 가장 실적이 저조한 할리우드 영화 20편 중 6편이 아프리카계 미국인 주제를 담고 있다는 것을 발견할 수 있었다. 그중 〈말콤 X(Malcolm X)〉(1992)와 〈보이즈 인 더 후드(Boyz in the Hood)〉(1991)가 있었다(19%).

스포츠 영화의 경우 비슷한 편향을 발견하지만 다소 두드러진 편향을 발견하는데, 가장 실적이 저조한 20편 중 4편이 미국에서만큼 독일에서 인기가 없는 스포츠를 다루고 있기 때문이다. 이 영화들 중 3편은 미식 축구[예: 〈제리 맥과이어(Jerry Maguire)〉(1996): 북미 대륙의 26%를 창출]와 야구[예: 〈19번째 남자(Bull Durham)〉(1988): 1%만 반환]를 다루었는데, 이 영화들은 톰 크루즈(Tom Cruise)와 케빈 코스트너(Kevin Costner) 같은 인기 스타들의 참여에도 불구하고 독일 박스오피스에서 실패했다. 그 효과는 다른 주제만큼 군사적 테마에 대해 분명하지 않았지만, 독일 박스오피스에서 가장 강세를 보인 20편[예: 〈맨 오브 오너(Men of Honor)〉(2020), 36%] 중 적어도 2편의 군사 영화가 있었다.

〈그림 2.6〉의 패널 A에서는 북미와 독일의 IMDb 최고 등급의 야구 영화 5편의 상영을 비교하면서 야구 영화에 대한 '테마 편향'을 설명한다. 비교를 위해 우리는 패널 B에 있는 5개의 최고 등급 액션 영화에도 동일한 작업을 수행했다.

요컨대 문화에 의존하는 장르적 효과는 미국 프로듀서가 특정 문화 장르나 주제를 가지고 흥미진진한 이야기를 엔터테인먼트 상품으로 바꾸는 것을 막아서는 안 된다. 그러나 제작자는 그러한 상품이 북미 이외의 시장에서 직면할 것으로 예상할 수 있는 잠재적인 상업적 한계를 깨달아야 한다. 제작자는 프로젝트 자체를 변경(예산을 제한하거나 문화 의존도가 낮은 방식으로 조정)하거나 커뮤니케이션 전략을 변경할 수 있다. 소니는 북미에서 히트한 야구 영화 〈머니볼(Moneyball)〉(박스오피스 7500만 달러)로 후자의 전략을 따랐다. 영화의 매니저들은 스포츠 요소를 강조하지 않고 대신 영화의 '시스템에 맞서 싸우는(man-fights-against-the-system)' 원리를 강조했다. 그러나 〈그림

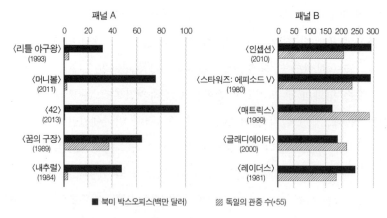

〈그림 2.6〉 북미와 독일에서 야구와 액션 영화의 성공

주: 영화 선정은 핵심 단어(야구용)와 IMDb 장르(행동용)를 기반으로 한다.
자료: The Numbers, Insidekino, IMDb의 데이터 참조.

2.6)에서 알 수 있듯이 효과적인 상품 또는 커뮤니케이션 변경은 결코 쉬운 일이 아니다. 영화 〈머니볼〉은 독일에서 5만 명 미만의 영화 관객을 유치했지만 스튜디오의 재배치 노력에도 불구하고 전 세계 다른 지역에서도 실패했다.

여기에서 우리가 언급했던 것보다 영화 및 기타 형태의 엔터테인먼트에서 다른 테마에 대한 문화적 편견이 거의 틀림없이 존재할 것이라고 말하면서 논의를 끝내고자 한다. 예를 들어 할리우드 제작자인 빅터 로위(Victor Loewy)는 "신념을 바탕으로 한 영화는 잘 돌아가지 않는다"(Cieply, 2014)라고 주장했다. 이러한 주제를 아는 것은 제작자들이 더 정확한 견적을 내는 데 도움이 될 것이기 때문에 해당 주제에 대한 더 많은 엔터테인먼트 사이언스 연구가 바람직하다. 그것은 다른 주제, 엔터테인먼트 형식 및 기타 지역에 대한 훨씬 더 관대한 이해에 기여할 수 있다. 시간이 지남에 따라 그러한 문화적 선호가 안정적인지에 대한 질문은 우리가 다음에 다뤄야 할 또 다른 질문이다.

(5) 문화는 역동적인 형상이다: 시대정신적 요인

스포츠의 경우처럼 문화적 주제에 대한 사람들의 관심은 장기간에 걸쳐 안정적일 수 있다. 예를 들어 야구는 150년 이상 '미국의 경기(America's game)'가 되어 왔으며 독일인의 경기에 대한 매력 부족은 비슷하게 지속되었다. 그러나 문화를 차지하는 다른 테마는 훨씬 덜 안정적이다. 이러한 역동적인 테마는 엔터테인먼트 상품에 더 큰 기회를 제공할 수 있다.

역사는 소설, 영화, 음악이 특정 시대의 라이프스타일을 포착하고 반영하면서 특정 문화의 시대정신(Zeitgeist)이 구현되는 사례를 제공한다. 비틀즈와 롤링스톤스(Rolling Stones)는 반항적인 1960년대의 사운드트랙을 내세웠고, 사이먼 앤 가펑클(Simon and Garfunkel)의 「험한 세상의 다리가 되어(Bridge Over Troubled Water album)」(1970)는 1970년대 초반의 환멸을 담아냈으며, 디스코 시대의 자기표현은 비지스(Bee Gees)의 「스테이인의 라이브(Stayin Alive)」(1977)에 의해 촉발되고, 마이클 잭슨(Michael Jackson)과 마돈나(Madonna)의 리듬은 팝을 지배적인 (하위) 문화 요소로 바꿨다.

엔터테인먼트 상품이 특정 시점의 문화에서 특히 두드러진 태도와 가치를 포착하는 정도는 그 상업적 성공에 큰 영향을 미칠 수 있다. 이 모든 아티스트들과 그들의 노래는 시대정신으로 인해 큰 성공을 거두었고, 또한 최근 몇몇 영화들이 예상치 못한 엄청난 성공을 거둔 이유로도 지목되었다. 〈람보(Rambo)〉는 한국의 충격적인 베트남 전쟁에 대해 매우 단순하고 매우 우익적인 해결책을 제시했다(Nathan, 2006). 미국 저격수의 애국적이고 친군사적인 주제는 세계화와 절망적인 전쟁 경험의 복잡성이 국가의 세계적인 리더십 통치에 이의를 제기했던 2015년 미국 관객들에게 반향을 일으켰다(Barnes, 2015).

하지만 시대정신이 항상 엔터테인먼트 제작자들에게 좋은 것은 아니라는 점에 주목해야 한다. 그것은 또한 시대정신이 결여되었을 때 엔터테인먼트 상품의 상업적인 상영에 해를 끼칠 수 있다. 마이클 치미노(Michael Cimino)의 서사시적 장편 서부영화 〈천국의 문(Heaven's Gate)〉(1980)[자유주의 평론가 전설 로저 에버트(Roger Ebert)조차도 "그가 본 영화 중 가장 추잡한 영화적 낭비라고 불렀다"(Ebert, 1981)]에 대한 증오스러운 반응을 이해하기 위해서는 이 영화의 개봉 당시 베트남 전쟁 이후의 시대정신을 고려하지 않고는 불가능해 보인다. 이 전쟁 트라우마로 연약한 평화를 만든 후 미국은 그 토대 중 하나인 국경 신화가 연예인에 의해 비판 받을 준비가 되어 있지 않은 것 같다. 이 영화는 당시의 시대정신을 지닌 지도자에 대한 모욕으로 소비자들이 이 영화를 보지 못하게 되었고 전설적인 제작 스튜디오인 유나이티드 아티스트(United Artists)들은 소멸되었다.

여기서 우리의 주장은 대체로 일화적이라는 점에 주목했을 것이다. 이는 엔터테인먼트에서 문화적 주제의 역동적인 효과를 다룬 경험적 연구가 아직 없기 때문이다. 시대정신이 엔터테인먼트 사이언스 이론에서 더 두드러진 자리를 차지할 자격이 있기 때문에 그것은 바뀔 필요가 있다. 그러나 지금의 주제를 벗어나 관련 유사 탐색 엔터테인먼트의 특성으로 넘어갈 것이다. 즉, 엔터테인먼트가 만들어지고 그로부터 장르와 주제가 형성되는 내용이다.

2) 엔터테인먼트 등급과 그 근거에 대한 논쟁

엔터테인먼트의 문화적 특성의 한 가지 결과는 상품이 한 나라의 인구에 적합한지, 그리고 그중 어느 부분에 적합한지 결정하는 콘텐츠 평가 기관의 존재다. 이러한 기관들의 권고는 엔터테인먼트 상품의 성공에 이중적인 역할을 한다.

등급의 첫 번째 역할은 이 장의 핵심이다. 엔터테인먼트 등급은 소비자들에게 그들이 기다리고 있는 경험의 '과격성(radicalness)'에 대한 신호를 보낸다. 등급은 주로 미학적 과격함의 3가지 측면, 즉 상품이 폭력, 욕설(공격적인 언어의 형태)을 포함하는 정도, 나체 또는 성적 내용을 다룬다. 소비자들은 이러한 신호를 어떻게 평가하는가? 이것은 사소한 질문과는 거리가 멀다. 어떤 경우에는 이러한 특성에 의해 내키지 않는 영화 속 살인, 또는 모의 성교에 이끌릴 수 있다.

등급의 두 번째 역할은 상품을 인구의 일부로 제한해 잠재 고객 수를 제한하는 것이다. 예를 들어, 독일에서 '16등급'의 영화는 16세 이하의 모든 사람들이 볼 수 없도록 한다. 이 그룹은 모든 극장 이용의 13%를 차지하며, 일부 종류의 영화에는 훨씬 더 높은 비율을 차지한다(FFA, 2016). 다음으로 이러한 등급의 두 가지 역할에 대해 각각 살펴보겠다. 먼저 엔터테인먼트 상품의 다른 장르에 대한 '제한 효과(restriction effect)'를 살펴본 다음 과격한 콘텐츠의 효과를 살펴본다.

(1) 엔터테인먼트 등급과 상품 성공 연계

등급에 대한 대부분의 경험주의 연구는 접근 제한이 가장 두드러지게 적용되는 두 영역인 영화와 게임을 대상으로 수행되었다. 대부분의 연구는 장르 및 광고와 같은 다른 성공 동인 외에도 상품의 성공을 설명하는 것을 목표로 하는 회귀분석에 연령 등급 범주를 포함한다.

영화를 대상으로 한 연구자들은 실제 등급 범주(범주변수) 또는 등급의 제한성을 측정하는 척도(즉, 등급이 제한적일수록 점수가 높아짐)를 포함시켰다. 일부 연구에서는 좀 더 제한적인 등급이 상업적 불이익이라고 보고한다. 예를 들어, 라비드(Ravid, 1999)가 1991~1993년 동안 175편의 영화 데이터 세트에

OLS 회귀를 적용했을 때 그는 G-등급과 PG등급 영화의 수익과 ROI에 긍정적인 영향을 발견했다. 그리고 드 배니와 월(De Vany and Walls, 1999)은 R등급의 영화가 1985~1996년 동안 2000편의 대규모 영화 데이터 세트에 비정규적인 파레토 분포를 적합시킬 때 수익과 수익 면에서 다른 등급보다 성능이 뛰어나다는 것을 발견했다.

이와 같은 결과는 영화 스튜디오가 '제한 효과' 때문에 특히 액션과 드라마 영화의 경우 제한적인 시청률을 피하는 전통적인 경향과 일치한다. 영화 〈데드풀(Deadpool)〉(2016)의 여덟 살 팬 매튜(Matthew)처럼 소비자들이 자신의 상품을 위해 돈을 쓸 수 없다고 불평하는 것은 제작자들에게 상처를 준다(Derisz, 2016). 리들리 스콧 감독이 R등급의 폭력으로 명성을 얻고 있는 그의 SF 고전 〈에이리언〉의 후속작인 영화 〈프로메테우스(Prometeus)〉(2012)의 PG-13등급에 대한 질문을 받았을 때, 그의 답변은 스튜디오의 사고방식을 보여 준다. "문제는 재정적으로 큰 차이를 만드는 PG-13등급으로 선택하는가, 아니면 R등급을 선택하느냐 하는 것이다"(De Semlyen, 2012).[24]

하지만 그 문제는 다소 더 복잡하다. 앞에서 인용한 연구는 다소 오래된 데이터를 사용한다. 그들은 또한 통제의 사용에 제한되어 있다. 최근 연구 결과는 등급의 경제적 효과에 관한 명확한 패턴을 보여 주지 않는다. 일부는 제한 효과를 주목하지만 제한된 기간에만 해당한다. 예를 들어, 9개국의 수집된 데이터에 계층적 회귀를 적용한 린더스와 엘리아시버그(Leenders and Eliashberg, 2011)는 좀 더 제한적인 등급이 영화를 개봉하는 주말에 부정적인 영향을 미치지만 전체 박스오피스에는 영향을 미치지 않는다고 결론지었다. 다른 최근 연구에서는 등급 범주의 성능에 대한 체계적

---

24) 스튜디오의 등급 처리에 관심이 있는 경우 다큐멘터리도 적극 권장한다. 이 영화는 아직 등급화되지 않았다. 하지만 과격한 내용에 대비해야 한다.

인 차이를 발견하지 못했다(예: Clement et al., 2014)[3단계 최소제곱법(3SLS: 3 Stage Least Squares) 회귀분석을 사용해 2000~2010년 동안 약 2000편의 영화에 대해 북미 및 독일 박스오피스를 분석한다].

그리고 일부 연구는 심지어 좀 더 제한적인 등급의 긍정적인 효과를 보고하기도 한다(예: Hennig-Thurau, 2009)(1998~2006년에 202편의 영화를 OLS로 회귀시켰는데, 그중 절반은 속편이다). 비디오 게임의 경우 콕스(Cox, 2013)는 7번째 플랫폼 세대를 위해 출시된 1770개의 데이터 세트의 경우 성인 등급의 타이틀(더미변수로 측정)이 모두가 이용할 수 있는(전체 관람가) 게임보다 북미에서 12% 더 높은 판매량을 가지고 있다는 것을 발견한다. 그리고 도그루엘과 조켈(Dogruel and Joeckel, 2013)은 7세대 게임의 8%에 불과한 M등급 게임이 2008~2010년 베스트셀러 게임의 26%를 차지했다고 보고하고 있다.

그렇다면 왜 상반되는 결과를 나타낼까? 한 가지 설명은 서로 다른 등급 범주의 효과는 선형적이지 않지만, 일부 범주의 경우 뚜렷한 효과가 있다는 것이다. 따라서 등급 제한성의 지속적인 측정은 2진법과 체계적으로 다른 결과를 초래할 것이다.[25] 하지만 등급 효과를 이해하는 데 중요한 것은 등급의 2가지 별개 역할인데, 이는 바로 과격한 콘텐츠의 어필과 관객의 제한이다. 다음으로 엔터테인먼트 상품의 장르와 같은 과격한 콘텐츠가 제공되는 맥락을 살펴보겠다.

---

25) 기본적으로 콕스와 동일한 콘솔 세대를 위해 동일한 데이터 세트를 사용하는 마르샹(Marchand, 2016)은 등급 제한성의 지속적인 측정 효과를 발견하지 못한다. 동일한 데이터를 분석하고 이 측도를 2진법(성인 등급인지 여부)으로 대체할 때 우리는 콕스가 보고하는 것과 동일한 판매 향상 효과를 발견한다.

(2) 과격한 콘텐츠의 '어필 효과'와 '제한 효과'의 구분

'G등급' 영화에서는 아무도 여자를 얻지 못한다. 'PG등급' 영화에서는 선한 남자(영웅)가 여자의 마음을 사로잡는다. 'R등급' 영화에서는 나쁜 남자(악당)가 여자를 사로잡는다. 'NC-17등급' 영화에서는 모든 남자가 여자를 얻는다.

— 인터넷의 밈(Meme on the Internet)

엔터테인먼트 상품의 과격성에 대한 정보는 등급을 통해 배급될 뿐만 아니라 예고편, 포스터 및 기타 자료에 제공된 정보를 통해서도 배급된다. 소비자들은 과격한 콘텐츠에 어떻게 반응하는가?

HBO 시청자를 대상으로 한 홀브룩(Holbrook, 1999)의 연구에서 그는 과격한 콘텐츠가 주류 소비자의 영화 선호에 부정적인 영향을 미친다는 것을 발견했다. 그러나 랭과 스위처(Lang and Switzer, 2008)는 콘텐츠 등급을 영화의 상업적 성공과 연결시키는 것에 대한 효과를 연구하는 것을 넘어 1993~2004년 동안 가족 엔터테인먼트 서비스인 kids-in-mind.com에 의해 만들어진 1160편의 영화에 대한 폭력, 섹스, 욕설 코드들을 사용했다. OLS 회귀분석에서는 G, PG, 그리고 PG-13등급에 대한 더미변수(dummy variables)와 함께 예측 변수로서 3차원의 과격성을 모두 포함한다. 욕설은 관객들을 멀어지게 하고 섹스는 아무런 효과를 보이지 않는 반면, 연구원들은 모든 영화에서 더 높은 수준의 폭력이 실제로 더 많은 소비자들을 끌어당긴다는 것을 발견했다. 이전의 워너 브라더스(Warner Bros: 미국 종합엔터테인먼트 방송국, 영화, 애니메이션, TV, 음악, 게임 등 정보 제공)처럼 우리 중 일부가 제한적으로 등급을 매긴 콘텐츠에 매력을 느끼는 것이 바로 '소비자 어필(consumer appeal)'이다. [26]

내가 십 대 후반이었을 때, 나는 R등급의 영화가 보고 싶었다.

— 영화 제작자 로렌초 디 보나벤투라(Lorenzo di Bonaventura)(D'Alessandro, 2017b)

최신 데이터에서도 동일한 패턴을 찾을 수 있는가? 우리는 이 질문을 2005~2013년 동안 1309편의 영화 데이터 세트에서 PG-13 또는 R등급으로 평가했으며, 이는 '어필 효과(appeal effects)'에 관한 2가지 중요한 등급 범주로 평가되었다. 또한 kids-in-mind.com 코딩을 통해 과격성을 측정하고 등급 범주 및 몇 가지 다른 성공 동인(예: 광고 지출)에 대한 제어를 통해 폭력의 1점 증가(10점 척도)가 3%의 박스오피스 증가로 이어진다는 것을 발견했다. 욕설과 성적인 것은 모두 부정적인 매개변수를 가지고 있지만, 그것들은 미비하고 중요하지 않다.[27]

등급 범주의 제한 효과는 데이터에서 훨씬 더 강력하다. 우리는 영화가 평균적으로 과격성 및 기타 특성들을 통제하고 PG-13등급 대신 R등급으로 수익의 33%를 잃을 수 있다는 것을 알게 된다.[28] 다시 말해 더 높은 수

---

26) 랭과 스위처의 분석이 등급 범주(비평가들의 판단과 유통 분포/스크린뿐만 아니라)를 통제함에 따라 등급변수의 계수는 그들이 지표하는 내용(제한 효과)과는 별도로, 등급 자체가 영화 성공에 어떤 영향을 미치는지 나타낸다. 과격성 차원의 계수는 치수의 평균 '소비자 어필'을 반영한다.

27) 또 다른 연구에서는 1992~2012년 동안 2000편의 필름 데이터 세트를 사용해 바란코 등(Barranco et al., 2015)은 미국영화협회(MPAA: Motion Picture Association of Americ)가 제공한 이유를 기반으로 과격성을 코드화하고 평균 콘텐츠의 매력에 관한 유사한 통찰력에 도달했다. 모든 연령 등급에 걸친 OLS 회귀분석(그러나 분석에서 통제하지 않는 경우)에서 폭력의 성공 향상 효과를 복제한다. 또한 그들은 욕설이 언어에 대한 부정적인 징조를 얻지만, 그것은 의미에 도달하지 않는다.

28) 이러한 제한 효과의 강도는 그러한 등급이 결정되는 프로세스에 의미를 부여한다. 린더스와 엘리아시버그(Leenders and Eliashberg, 2011)는 9개국에 걸쳐 영화 등급 결정 요인에 대한 실증조사를 실시해 영화의 구성요소가 영향(예: 폭력 등)일 뿐만 아니라 등급위원회의 특성(예: 회원 구조, 크기, 나라의 문화)도 있음을 발견했다. 이와 관련해 워그

준의 폭력은 실제로 더 많은 관객을 끌어들일 수 있지만, 제작자들은 그들을 설득하기 위해 비싼 대가를 치러야 한다. 또한 데이터가 포착하지 못하는 제한 등급의 추가 비용이 있을 수 있다. 즉, 등급이 엔터테인먼트 상품과 관련된 잠재적 상품 수익을 해치는 경우이다.[29] 영화감독 제임스 맨골드(James Mangold)는 R등급 영화에 대해 논의할 때 다음과 같은 말을 염두에 두었다. "영화사는 해피밀이 없다는 현실에 적응해야 한다. 액션 피규어도 없다. 영화를 어린이들에게 판매하는 모든 상품화, 교차 수분(cross-pollinating) 측면은 시작하기도 전에 완전히 사라진다"(Hayes, 2017).

하지만 우리는 이것이 모든 종류의 영화에 걸쳐 평균적인 효과라는 것을 명심해야 한다. 그렇다면 조사 결과는 등급 범주에 따라 달라지는가, 아니면 상품 유형과 맥락에 따라 달라지는가? 이 질문에 답하기 위해 각 등급별 과격한 콘텐츠의 매력을 살펴보고 장르 간 어필과 제한 효과의 차이가 존재하는지 살펴봐야 한다.

(3) 과격한 콘텐츠의 어필, 맥락화: 아무도 섹스를 보고 싶어 하지 않는다

먼저 평가 범주와 각 범주의 과격한 콘텐츠 매력에 따른 영향의 차이를 살펴보겠다. 랭과 스위처가 범주별 등급 분석을 실행할 때 더 높은 수준

스팩과 소렌슨(Waguespack and Sorenson, 2011)은 등급 할당 과정에서 잠재적인 편견을 조사한다. 1992~2006년 동안 북미 극장에서 개봉한 2408편의 영화를 분석하고, kids-in-mind.com과 IMDb의 콘텐츠 분류를 사용해 MPAA 회원사를 통한 유통이 유통사의 이전 경험과 마찬가지로 R등급을 받을 가능성을 감소시킨다는 선형 모델을 통해 보여준다. 또한 영화 산업 내에서 잘 연결된 감독과 제작자를 갖는 것이 도움이 된다는 것을 알게 된다. 이와는 대조적으로 R등급의 영화에 대한 평판을 가진 감독을 사용하는 것은 R보다 덜 제한적인 평가를 받을 가능성을 감소시킨다.

29) 엔터테인먼트 브랜드 및 프랜차이즈의 수익 흐름에 대한 자세한 내용은 3장 '엔터테인먼트 상품 결정 3: 품질 지표로서의 브랜드'를 참조하라.

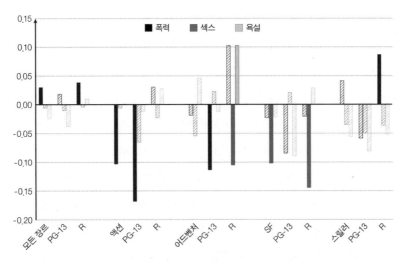

〈그림 2.7〉 다양한 영화 장르에 대한 과격한 콘텐츠의 매력

주: 모든 숫자는 OLS 회귀로부터 표준화되지 않은 회귀 매개변수로, 영화가 속편인지, 비평가들
　의 영화 품질 등급, 개봉 주간 극장의 수, 광고 예산, 주요 스튜디오 배급 등을 예측 변수로 포
　함시켰다.
자료: kids-in-mind.com, MPAA, The Numbers에서 공개 가능한 데이터 참조.

의 폭력이 R등급 영화와 PG-13등급 영화의 매력을 증가시킨다는 것을 발
견했다.

　욕설은 R등급의 영화에 피해를 입히고, 높은 수준의 성적 내용은
PG-13등급의 영화에 피해를 준다. 좀 더 최신 데이터를 사용한 분석에서
는 R등급의 영화에만 폭력은 사업에 도움이 되는 효과가 존재한다는 것을
발견할 수 있고, 성에 대한 매개변수와 욕설 같은 매개변수는 재분석에서
대부분 부정적이지만 어떤 등급 범주에 대해서도 통계적으로 유의하지
않는다. 이 모든 2차 시장 데이터의 결과는 할리우드가 과거에 과격성을
어떻게 사용해 왔는지, 즉 더 많은 과격한 요소를 덜 제한적인 등급으로
제한하는 것에만 의미가 있다는 것을 명심해야 한다. 따라서 이러한 발견
은 존재하지 않는 시나리오(예: G등급 영화의 과도한 노출)에 대한 일반화를 허용

하지 않는다.

다음은 과격한 콘텐츠의 장르별 효과이다. 장르별 분석을 실시해 연구하는데, 한 번에 특정 장르의 영화만을 고려하는 것이다(다른 모든 영화들은 분석에서 제외). PG-13 또는 R등급으로 평가된 1309개의 영화 데이터 세트에서 등급 범주의 제한 효과와 과격한 콘텐츠의 매력 효과는 장르마다 다르다. R등급의 부정적인 제한 효과는 공포영화의 경우 -8%(통계적으로 중요하지 않은 경우)에서 로맨틱 영화의 경우 약 -54%이다. SF 및 판타지 영화에서도 중요하지 않다. 이러한 차이는 수익을 상품화하는 것에도 존재할 것이다. 모든 PG-13등급 영화가 버거킹에서 개봉될 예정이기 때문에 상품화 가능성을 제한하는 것은 거의 중요하지 않다(분명히 다른 사람들에게는 큰 문제가 되지 않는다). 일부 엔터테인먼트 상품의 경우 비싸고 부유한 소비자들에게 고가의 '수집가용 세트(Collectors' sets)'를 파는 것이 진짜 거래일 수도 있다. 즉, 연령제한의 영향을 받지 않고 (과격한) 콘텐츠의 매력에 근거할 것이다.

욕설은 대부분의 장르 등급에 큰 영향을 미치지 않는 반면, R등급의 어드벤처 영화는 적어도 데이터 세트에서 그들의 관객들을 찾는 데 도움을 준다. 이러한 발견은 2016년 북미에서 1억 3500만 달러의 개봉 주말 수익을 창출한 〈데드풀〉의 업계 기대치가 2배로 늘어난 것과 일치한다(Fritz, 2016). 이 영화의 상영은 제한 효과가 동전의 양면 중 한 면에 불과하다는 주장을 뒷받침한다. 그리고 "부모 없이는 영화를 볼 수 없는 십 대 관객들에게 결코 손해를 보는 일이 없을 때 그들은 R등급이 허용하는 끔찍하고 재미있는 자료에 끌리는 17세 이상의 관중들을 보충할 수 있다"(Fritz, 2017).

장르 외에도 엔터테인먼트 상품이 소비되는 맥락에 따라 과격한 콘텐츠의 가치도 달라진다. 영화 연구는 극장 방문과 홈 엔터테인먼트가 등급효과와 관련해 별개의 논리를 따른다. 1999~2001년 동안 331편의 영화 데이터 세트에 부분 최소제곱 추정치를 적용했을 때 영화의 제한성이 영화의 비디오 대여에 긍정적인 영향을 미친다는 것을 발견했다(Hennig-Thurau et al., 2006). 이러한 결과는 요제포비치(Jozefowicz, 2008)의 결과와 일치한다. 극장에서 매우 성공적이었던 그들의 데이터 세트를 위해 PG-13과 R등급의 영화는 모든 연령대에 접근할 수 있는 영화보다 대여 시장에서 더 좋은 성적을 거두었다(가정용 비디오테이프 레코더 방식(VHS: Video Home System) 임대료는 +20%, DVD 임대료는 +50%].

비디오 게임의 경우 다른 무엇보다도 맥락을 정의하는 것은 콘솔이다. 2016년 3월까지 사용된 게임들의 데이터 세트를 쪼개면서 좀 더 제한적인 등급이 평균 엑스박스나 플레이스테이션 3 게임의 매력을 더해 주지만, 콘솔이 일반적인 영화와 유사한 닌텐도 위일 때, 게임 매출에 피해를 준다는 것을 알게 되었다. 폭력은 비디오 게임에서 가장 제한적인 시청률의 원동력으로서 엑스박스와 플레이스테이션 3 플레이어를 유혹하는 경향이 있지만 위 플레이어를 멀리하게 한다.

일부 다른 질문들은 여전히 답이 없다. 다양한 형태의 엔터테인먼트를 위한 최적의 과격함은 어느 정도인가? 우리의 자체 분석은 대부분의 다른 분석과 마찬가지로 과격한 콘텐츠의 선형 효과를 의미한다. 그러나 폭력, 섹스, 욕설의 매력은 비선형적이어서 비록 영화 〈쏘우(Saw)〉(2004)와 같은 초폭력적인 비중의 성공이 적어도 공포 장르에 대해서는 그렇게 명백하지 않은 영향을 미치지만, 적당한 수준의 과격함은 낮은 레벨이나 (매우) 높은 레벨보다 더 선호될 수 있다. 엔터테인먼트 사이언스 학자들은 이 문제에 대해 계속 탐구하기를 바라며, 일부 사람들이 엔터테인먼트의 어두운 측면이라고 생각하는 것에 대해 더 많은 것을 밝혀줄 것이다.

(4) 끝으로 위험과 과격함에 대한 몇 마디

제한 등급이 영화의 성공 가능성을 해칠 수 있다면 왜 그중 많은 수가 과격한 내용을 다루고 제한 등급을 매기는가? 학자들은 이를 영화계의 R 등급 퍼즐로 명명하면서 이 문제를 엔터테인먼트 제작자들을 위해 위험 요소의 중요성을 언급했다.

학자들이 지적한 한 가지 잠재적인 설명은 과격한 콘텐츠 요소를 포함하고 있는 영화들이 더 높은 수익을 창출하지는 못하지만, 위험을 더 적게 수반할 수 있다는 것이다. 1991~1993년 동안 175편의 영화를 표본으로 한 라비드와 바수로이(Ravid and Basuroy, 2004)는 MPAA의 등급 설명을 사용해 서로 다른 수준의 폭력적인 내용과 성적 내용을 포함하는 영화의 ROI 표준 편차를 비교했다. 학자들은 매우 폭력적인 필름의 ROI 표준 편차가 샘플의 평균 영화의 표준 편차에 비해 낮다는 것을 발견한다. 폭력과 섹스를 동시에 담고 있는 영화들도 마찬가지이다. 이러한 발견에 기초해 라비드와 바수로이는 과격한 내용이 영화 제작의 위험을 회피하는 수단이 될 수 있다고 제안했다.

하지만 과격한 콘텐츠에 대한 위험이 왜 낮아졌을까? 우리는 그것이 급진적인 내용이 사람들의 가장 기본적인 요구에 호소하기 때문일 수 있다고 추측한다. 이러한 요구는 좀 더 문명화된 과정에 의해 억제되기는 하지만 최소한 삶의 다른 부분들과 마찬가지로 엔터테인먼트물을 소비할 때 우리의 행동 대부분에 약간의 영향을 미친다. 비록 그러한 욕구를 만족시키는 것이 엔터테인먼트물이 우리를 즐겁게 하는 충분한 이유가 되지는 않지만, 다른 품질 기준에 관계없이 항상 성인 엔터테인먼트물에 대한 수요가 있는 것처럼 그러한 근본적인 욕구를 다루는 '저렴한 스릴'과 다른 자극의 시장은 항상 존재한다. 그렇지 않으면 거의 관심을 끌지 않는 영화의 존재를 설명할 수도 있다.30) 그러나 이 논리는 적어도 현재로

---

30) 앞서 영화 제작에 대한 캐논(cannon) 그룹의 접근 방식을 언급했으며, 엔터테인먼트 혁

서는 여전히 추측으로 남아 있다.

3) 엔터테인먼트의 원산지

(1) 'Made in Hollywood'

세계화된 세계에서 원산지는 직접적인 품질의 지표이다. 우리는 'Made in the USA'와 같이 스티커와 레이블을 통해 원산지를 표현하는 많은 상품들 때문에 그것을 알고 있다. 원산지 표시의 힘은 상품 부류마다 다르다. 독일은 고급차로, 이탈리아는 유행을 선도하는 패션으로, 콜롬비아는 프리미엄 커피로 유명하다. 마케팅 및 관리 학자들에 의한 광범위한 연구는 다양한 조건(예: Peterson and Jolibert, 1995)에서 원산지가 고객의 품질 인식과 실용적 소비자 상품 및 산업용 상품에 대한 구매 의도에 영향을 미친다는 증거를 수집한다.

많은 사람들에게 그러한 나라와 관련된 품질 협회는 엔터테인먼트 상품에도 적용된다. 영화가 '할리우드 영화'라는 말을 들을 때 어떤 종류의 연상이 일어나는가? 영화감독 로버트 알트먼(Robert Altman)은 영화 〈플레이어(The Player)〉(1993)에서 영화사 임원 그리핀 밀(Griffin Mill)이 조수에게 방금 자신에게 던져진 이야기가 영화를 성공적으로 마케팅하는 데 필요한 어떤 요소들이 부족한지 말하도록 허용하면서 할리우드의 고정관념에 대한

신에 대한 논의에서 더 자세히 다룰 것이다. 이 시점에서 이 회사의 대부분의 작품들은 거의 항상 '저렴한 이끌림(cheap attractions)', 즉 높은 수준의 착취적 폭력, 섹스, 불경스러운 것을 특징으로 하기 때문에 '성적 착취 영화(exploitation film)'라는 딱지가 붙었다는 것은 유익하다. 이러한 사실에도 불구하고, 혹은 그 때문에, 회사가 파산한 지 약 25년이 지난 지금도 캐논의 창작물을 기념하는 헌신적인 팬층을 페이스북(예: Cannon Films Appreciation Society) 등에서 양성한다.

날카로운 묘사를 제시했다. 구체적으로 어떤 요소를 생각하고 있었느냐는 질문에 밀의 대답은 긴장감, 폭력, 희망, 마음, 웃음, 섹스, 해피엔딩 등 명사의 연속이다. 그리고 밀은 현실이 아니라 해피엔딩이 주요 관심사라고 설명한다.

비록 볼멘소리로 제공되지만 알트먼의 특징 있는 몇 가지 요소들은 사실 우리가 앞서 논의한 엔터테인먼트 특성과 겹친다.[31] 할리우드 영화와 종종 관련되는 서사적 관습과 연결되는 것은 그들의 축적물이다. 널리 공유되는 다른 할리우드 협회들은 미국의 가치들[즉, 〈록키(rocky)〉(1977), 〈행복을 찾아서(The Pursuit of Happyness)〉(2006), 〈독신자 폴리의 사랑(Rags to Riches)〉(1987)과 같은 개인 영웅 또는 업적의 중요성을 반영]과 높은 예산과 스타의 사용이다(Hennig-Thurau et al., 2001). 이는 다음 페이지에서 논의할 것이다.

다른 국가의 엔터테인먼트 상품에 의해 매우 다른 연관이 시작된다. 프랑스 영화는 재미라기보다는 '아트 하우스(art house)'로 여겨지며, 특수효과 대신 비순응적인 캐릭터, 해피엔딩 대신 삶의 실망, 복잡하고 야심 찬 이야기와 스타일에 중점을 둔다(예: Porter, 2010). 대조적으로 발리우드(Bollywood)의 인도 영화는 복합적인 성격으로 유명하다. 대부분의 음모에는 러브스토리가 포함되지만 노래와 춤도 포함된다.[32] 또한 그들은 무거운 멜로드라마와 슬랩스틱 유머를 결합시킨다. 그리고 러시아 작품은 종종 직접적이고 낙관적인 서술보다는 깊은 철학적 질문과 비관적 전망과 관련이 있다.

그러나 원산지 개념이 영화에 국한된 것은 아니다. 또한 팝송(영국 밴드나

---

31) I권 3장에서 '훌륭한' 스토리라인에 대한 설명을 참조하라.
32) 또는 인터넷 유저들이 유머러스하게 제안했듯이 발리우드 영화에는 항상 소년, 소녀, 나무가 있다. 소년은 소녀에게 반하고, 그 소녀는 어떤 장애를 극복하고, 소년에게 넘어간다. 그 다음 그들은 다양한 장소에서 나무 주변에서 노래하고 춤을 춘다(Valan, 2010).

프랑스 가수들의 다양한 선율과 사운드를 기대한다.), 비디오 게임(미국 게임이 최첨단으로 들리지 않는가?), 소설(영국 작가와 같은 어두운 유머와 러시아 소설가의 거장들이 반성에 사로잡혀 있지 않는가?)에도 적용된다.

이러한 미적 차이 외에도 훨씬 더 실용적인 차이점이 있다. 바로 언어이다. 한 나라의 엔터테인먼트 상품이 소비자가 실천하는 언어와 다른 언어를 사용한다면 소설이 번역되고 영화와 게임이 더빙되거나 자막 처리되어야 하며 음악 가사는 의미 전달체 대신 건전한 요소가 된다. 그러나 원산지 개념을 언어로 축소해서는 안 된다는 것을 명심해야 한다. 영국과 대부분의 캐나다 영화 제작자들은 캘리포니아 출신의 동료들과 같은 언어를 사용하지만, 관객 집단들은 같지 않을 것이기에 그들의 상품은 '할리우드 영화'로 인식되는 혜택을 받지 못할 것이다.

(2) 엔터테인먼트 원산지가 성공에 미치는 영향에 대한 경험적(실증적) 연구

언어의 영향은 원산지의 실용적 계층으로서 소비자들에게 더빙을 싫어하는 나라들(미국의 경우와 마찬가지로)에게 명백하다. 자막이 있는 대만 액션영화 〈와호장룡(Crouching Tiger, Hidden Dragon)〉(2000), 멜 깁슨의 〈패션 오프 크라이스트(Passion of the Christ)〉(2004)(순전히 고대 성경 언어로 대화를 제공)를 제외하고는 북미 극장에서 1억 달러 이상을 창출한 외국어 영화는 거의 없다. 단 10편만이 최소 2000만 달러를 벌었다. 미국에서 히트한 비영어권 팝송의 수도 상당히 적으며, 주로 독일어 가사임에도 불구하고 1986년 빌보드 차트 1위를 차지한 오스트리아 가수 팔코(Falco)의 「록 미 아마데우스(Rock Me Amadeus)」와 같은 특이한 예외는 거의 없다. 통계적 관점에서 이러한 예외는 복제할 수 없는 '분리물(outliers)' 또는 '인공물(artifact)'이므로 학습의 근거를 제공하지 않는다.

이런 드문 현상을 모방하려고 애쓰는 대신, 엔터테인먼트 제작자들은 이 원산지에 대한 전개심을 해결하기 위해 전략을 개발해 왔다. 음악가들은 때때로 그들의 히트곡의 '현지화'된 버전을 녹음한다.[33] 그리고 미국 영화 제작자들은 정기적으로 그들의 국내 시장을 위해 외국어 영화의 영어 리메이크를 제작한다[예를 들어, 고어 버빈스키(Gore Verbinski)의 〈더 링(The Ring)〉(2002)은 일본 공포영화 〈링〉(1998)의 리메이크였다]. 이 영화는 언어적 격차를 극복하는 것 외에도 원산지의 다른 상품을 수입하는 것과 관련된 다른 단점들을 없앨 수 있게 해 주며, 원작의 '미국화'된 버전을 제작했다.[34]

언어 편견은 미국 소비자들에게 배타적인 것이 아니라 모든 문화에 존재한다. 슈미트-스톨팅 등(Schmidt-Stölting et al., 2011)은 독일 독자들이 번역된 양장본에 대한 편견을 가지고 있음을 보여 준다. 그들은 독일어로 쓰인 책들과 비교했을 때 번역된 책들의 판매량이 다른 몇몇 책들의 특성을 설명하는 정교한 SUR을 사용해 16% 더 낮다는 것을 발견했다. 그러나 그들의 결과는 또한 문맥의 역할을 지적한다. 연구 결과는 종이책에 대한 언어의 영향을 보여 주지 않았다.

그러나 원산지 효과는 언어보다 훨씬 크다. 가즐리 등(Gazley, 2011)은 뉴질랜드 영화팬들의 영화적 특성의 중요성을 파악하기 위해 컨조인트 분

---

33) 예를 들면 독일 가수 네나(Nena)는 자신의 1983년 노래 「99 루프트발롱스(99 Luftbal lons)」의 영어 버전을 「99 레드 벌룬스(99 Red Balloons)」라는 제목으로 발매했다. 독일어 버전이 미국에서 2위로 올라선 반면, 영어 버전은 영국, 아일랜드, 캐나다에서 1위가 되었다. 1950년대, 1960년대, 1970년대의 세계화 이전 세계에서는 비틀즈의 「쉬 러브즈 유(She Loves You)」(독일어: Sielibt dich)와 비치 보이즈(The Beach Boys)의 「인 마이 룸(In My Room)」(독일어: Ganz allein)과 같은 많은 국제적인 스타들의 노래가 녹음되었다. 1980년대 후반까지 마이클 잭슨이 1988년 「아이 저스트 캔 스탑 러빙 유(I Just Can't Stop Loving You)」의 스페인어 버전으로 녹음한 것과 같이 일부 스타들은 여전히 그들의 노래 버전을 다른 언어로 녹음했다.

34) 그러나 기존 엔터테인먼트 제품을 리메이크할 때마다 존재하는 과제는 여기에도 적용된다.

석(conjoint analysis)을 사용해 특정 원산지 국가 영화에 대한 분명한 선호도를 찾아냈다. 225명의 소비자를 대상으로 한 그들의 표본에서 'Made in Hollywood'라는 상표는 영화의 장르만큼이나 중요하며, 심지어 가장 좋아하는 스타의 존재보다 더 중요하다. 이와는 대조적으로 뉴질랜드 출신 국가는 영화의 매력을 강하게 감소시킨다.

1998~2001년 동안 북미와 독일에서 개봉된 231편의 영화에 대한 2차 데이터를 사용해 'Made-in-Hollywood' 협회의 영향을 연구했다(Hennig-Thurau et al., 2003). Reel.com의 영화 '할리우드 스타일' 측정 값을 사용해 영화의 '할리우드 스타일' 등급과 두 지역의 흥행 성공 사이에 중요한 긍정적인 연관성을 발견했다. 이 변수는 북미에서 성공의 약 13%를 설명하고 있으며, 독일 박스오피스 성과의 8%를 설명한다.

다른 연구자들은 엔터테인먼트 상품의 성공을 설명할 때 하나 이상의 국가별 원산지 변수를 모델에 포함시켰다. 영화에 대한 일관된 결론은 미국 출신의 영화가 미국 관객들 사이에서 경쟁 우위를 제공한다는 것이다. 예를 들어, 리트먼과 콜(Litman and Kohl, 1989)은 1981~1986년 동안 697편의 영화에 OLS 회귀를 실시했다. 극장 임대료는 560만~850만 달러 사이의 영화가 북미 원산지로 추정되며, 이는 전체 박스오피스 효과의 약 2배에 해당한다. 월리스 등(Wallace et al., 1993)은 1956~1988년 동안 1687편의 영화를 이용한 단계적 회귀(stepwise regression)에서 유사한 결과를 얻었으며, 평균 대여 효과는 5달러에 달한다고 추정한다. 이런 편견과 일치해 1998~2002년 동안 575편의 영화를 부분적 최소제곱(그리고 다른 요소들의 광범위한 목록을 통제한다)으로 조사할 때 유럽 작품과 북미-북유럽도 아닌 작품은 모두 북미 극장에서 불리하다는 것을 알게 되었다(Hennig-Thurau et al., 2013). 추가적인 연구 결과는 북미 이외의 세계 규모의 엔터테인먼트 협회 사이에 존재하는 이질성을 지적한다. 2007~2008년 15대 영화 제작국들의 미국 영화

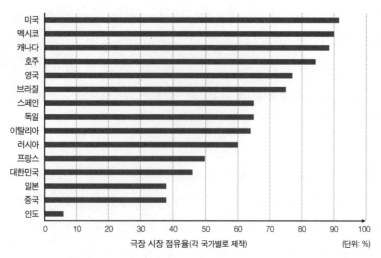

〈그림 2.8〉 다른 국가에서의 미국 제작 영화의 시장 점유율

자료: Epstein(2011)의 산출 결과(2007~2008년 데이터) 참조.

들의 시장 점유율을 나열한 〈그림 2.8〉을 보라. 할리우드 제작진(produc-
tions)은 멕시코와 캐나다에서 판매된 티켓 10장 중 9장 정도, 스페인, 독일,
이탈리아에서 판매된 티켓의 약 3분의 2를 포착하고 있음을 보여 준다.
그러나 미국 영화는 일본과 중국에서 티켓 판매의 약 3분의 1만을 차지하
고 있으며, 인도에서는 더 낮다(Epstein, 2011). 공급 측면 문제 외에도 이러한
큰 불일치는 'Made in Hollywood' 이미지의 다양한 매력을 지적한다.

따라서 일반적으로 미국, 특히 할리우드의 이미지는 미국 엔터테인먼
트 상품들을 크게 도울 수 있지만, 세계적인 성공에는 분명히 더 많은 것
이 있다. 이러한 엄청난 차이를 어떻게 설명할 수 있는가? 학자들은 엔터
테인먼트의 문화적 특성을 바탕으로 생산국과 소비국 간 '문화적 거리(cul-
tural distance)'가 엔터테인먼트 제조국 관련 협회와 그것이 성공에 미치는 영
향을 설명하는 데 중요하다고 주장했다. 이 문제에 대해 살펴보겠다.

(3) 양측 문제: 문화 할인

여기서 기본적 아이디어는 우리가 소비자로서 우리가 살고 있는 문화와 상품이 만들어지는 문화 사이의 거리를 바탕으로 '할인'하는 것이다. 호스킨스와 미러스(Hoskins and Mirus, 1988: 500)는 미국 TV 프로덕션의 지배를 세계의 여러 지역에서 설명하기 위해 이 아이디어를 도입했다. 그들은 그러한 문화 할인은 소비자 자신의 것과 다른 문화적 맥락에서 제작된 콘텐츠의 감소된 매력을 반영한다고 설명한다. 이러한 할인 혜택은 사람들이 "문제가 되는 자료의 유형, 가치, 신념, 제도 및 행동 패턴을 식별하기 어렵다는 것을 알기 때문에 존재한다"라고 했다.

문화 할인(cultural discount)의 개념은 생산국과 소비국 사이의 문화적 거리가 멀수록 소비자가 외국 제작에 대한 가치가 적다는 것을 암시한다. 예를 들어, 문화 할인은 미국 문화가 인도 문화보다 독일 문화와 더 비슷하기 때문에 〈그림 2.8〉에서 볼 수 있듯이 할리우드 영화가 인도에서보다 독일에서 훨씬 더 잘 판매되는지를 설명해 준다고 주장한다. 그리고 그것은 미국 영화 관객들이 애국심 때문이 아니라 미국 영화와 관객 사이의 더 높은 문화적 유사성 때문에 다른 나라의 영화보다 할리우드 영화를 선호한다는 것을 암시한다.

엔터테인먼트 사이언스가 이 논리에 대해 실증적 지원을 제공할 수 있을까? 많은 연구들이 문화 할인과 관련 요인들이 엔터테인먼트 상품 성공에 미치는 영향을 실증적으로 시험해 봤다. 크레이그 등(Craig et al., 2005)은 8개국에서 미국 제작 영화 300편(1997~2002년 미국 '톱 50')의 성과를 분석했다. 회귀분석에서 종속변수는 영화 1인당 흥행, 즉 한 나라에서 벌어들인 영화 수입(인구 규모를 통제하기 위해 시민 1인당 표현)이다. 그런 다음 그들은 이 영화 성공 척도가 호프스테더(Hofstede, 1991)의 문화 차원(즉, 개인주의, 권력 거리, 불확실성 회피, 남성성)을 바탕으로 크레이그와 그의 동료들이 측정한 미국과 각 나라 사이의 문화적 거리로 설명할 수 있는지 여부를 조사한다. 영화의 장르를 통제하면서(다른 영화 요소는 없다) 문화적 거리가 높으면 영화의 박스오피스를 감소시킨다는 것을 확인했다. 거리의 1점 증가는 1인당 수익의 15.7% 감소에 해당한다. 이 연구 결과는 한 나라의 '미국화(Americanization)' 수준(한 나라의 맥도날드 식당 수로 측정한 수준) 사이에 긍정적인 연관성을 보여 준다. 한 나라가 미국화될수록 미국 영화들이 그곳에서 더욱 잘 상영된다.

다른 학자들은 이러한 발견을 확증하고 우리의 이해를 확장시킨다. 문상길 등(Moon et al., 2016)은 2SLS(2 stage least squares)•를 사용해 48개국에서 2008~2015년 동안 846개의 미국 영화의 성과를 분석할 때 호프스테더의 문화 차원을 사용했다. 또한 그들은 문화적 거리가 한 국가의 영화 상영과 부정적인 관련이 있음을 발견했다. 그러나 그들은 문화적 거리의 영향이 비선형적임을 보여 준다. 그것은 거리가 낮은 수준에서 중간 수준으로 증가할 때 박스오피스를 가장 크게 손상시키지만 더 높은 거리 수준으로 증가할수록 훨씬 적었다. 그리고 문상길과 그의 동료들의 연구에서 우리가 배운 또 하나의 흥미로운 발견이 있다. 그들은 영화 리뷰에서 문화적 용어를 찾는 텍스트 마이닝(text mining)•• 접근 방식을 사용해 각 영화의 문화적 '호환성(compatibility)'을 수출되는 국가와 결정한다. 그들의 결과는 더 높은 호환성이 제작과 소비 국가 간 문화적 거리를 넘어서 영화 흥행에 도움이 된다는 것을 보여 줬다.

• 종속변수의 오차항이 설명변수와 독립이 아닐 때, 종속변수의 오차항과 독립관계인 도구변수를 활용하여 2단계에 걸쳐 선형회귀분석을 수행하는 통계분석 모듈.

•• 비/반정형 텍스트 데이터에서 자연어처리(Natural Language Processing)기술에 기반해 유용한 정보를 추출, 가공하는 것을 목적으로 하는 기술이다.

또 다른 연구에서 핸슨과 시앙(Hanson and Xiang, 2009)은 46개국에서 284편의 미국 영화(1995~2006년)의 상영을 연구하며, 언어의 다른 점과 지리적 거리를 국가 간 문화적 거리의 대용물로 삼았다. 국가 차원에서 OLS 회귀를 실행하면서 그들은 언어의 다른 점이 평균 성능의 20% 이상을 설명한다는 것을 발견한다. 지역 영화의 상영과 관련된 미국 영화, 더 큰 지리적 거리는 또한 한 나라에서 미국 영화의 (상대적인) 성공과 부정적인 관련이 있다.

끝으로 문화적 거리는 '수입(import)' 관점을 사용할 때 효과가 있다. 즉, 한 국가의 영화는 성공하고 다른 국가의 영화는 특정 문화에서 개봉될 때 실패하는 이유를 설명한다. 후와 리(Fu and Lee, 2008)는 이 논리를 싱가포르 (수입국)에 적용해 2002~2004년에 441편의 영화 성능을 싱가포르와 개봉한 22개국 간의 문화적 거리(호프스테더 관점으로 다시 측정)를 실증적으로 설명한다. 국가 수준의 OLS 회귀는 문화적 거리가 높을수록 수입되는 영화의 수가 적고 (문화적 거리의 공급 효과) 수입되는 영화에 대한 수요 감소(수요 효과)라는 2가지 결과가 있음을 보여 준다.[35]

4) 제작 예산

브랜드 지표로 이동하기 전에 경험적 연구에서 품질 지표로도 간주되는 마지막 요소인 엔터테인먼트 상품의 예산을 살펴보겠다. 소비자들은 상품의 예산에 관한 정보를 상품 제작에 관련된 재능의 지표(영화, 위대한 연기, 대화, 특수 효과에 반영되어야 한다) 또는 상품의 대중적 매력의 지표(또한 '고품질'을 암시한다)로 취급한다는 논리이다. 결국 프로젝트가 많은 사람들에게 흥미롭지 않다면 어떤 종류의 제작자가 영화에 2억 달러를 지출할 것인가? (Hennig-Thurau et al., 2001)

---

35) 박소라(Park, 2015)는 호주에서 영화 222편의 수요와 공급 모두 비슷한 결과를 보고했다. 그러나 그녀의 연구 결과는 국가 수준이 아닌 영화 수준에서 분석을 수행하고 데이터의 계층적 특성을 고려하지 않기 때문에 약간의 주의를 기울여야 한다.

몇몇 학자들은 상품 성공을 설명하기 위해 회귀 모델에 제작 비용을 포함시켰다. 이 연구의 대부분은 영화를 다룬다. 예산은 게임, 음악 제작물 또는 소설에 대해 공개되는 빈도가 훨씬 적다. 기존 결과는 예산 규모가 엔터테인먼트 상품의 수익과 긍정적인 상관관계가 있다는 강력한 증거를 제공했다. 예를 들어 라비드(Ravid, 1999)는 여러 유통 채널(북미 및 국제 극장, 홈 비디오 대여)을 통해 얻은 수익에 대해 +1 이상의 탄력성을 보고했다. 유사한 효과를 보여 주는 다른 연구로는 리트먼과 콜(Litman and Kohl, 1989), 드 배니와 월(De Vany and Walls, 1999)(더 높은 예산은 적중 확률과 관련이 있다), 람펠과 샴지(Lampel and Shamsie, 2000)가 있다.

그러나 우리는 엔터테인먼트 상품의 예산이 실제로 소비자에게 품질 지표로 작용할 수 있다는 생각에 동의하지만 이러한 결과를 인과적 효과로 해석해야 한다는 것에 회의적이다. 이러한 논리는 주류 소비자가 특정 상품의 제작 예산을 알고 있음을 의미한다. 그러나 우리는 이것이 사실이라는 증거라고 볼 수 없다. 영화의 예산이 과도하거나 초기 예산을 초과한 경우 언론이 가끔 보도하지만 소비자는 특정 엔터테인먼트 상품을 선택하는 이유로 예산을 거의 언급하지 않는다. 인터넷에서 팬 사이트(예: Whedonesque, 2011)에서 기록적인 예산을 논의하는 열광적인 사람들을 찾았지만, 예산이 소비자의 소셜 미디어 대화의 일반적인 주제가 되지 않는다. 이런 종류의 잡담은 예산 정보가 입소문을 통해 마니아로부터 일반적인 소비자에게 전파되는 데 필수적이다.[36] 요컨대 우리는 소비자들이 엔터테인먼트적 선택을 할 때와 마찬가지로, 적어도 다른 정보를 이용할 수 있을 때 상당한 비중의 소비자들이 영화의 예산을 알고 있거나 그것에 높은

---

36) 엔터테인먼트에서 입소문의 역할에 대한 논의는 III권 2장 '엔터테인먼트 커뮤니케이션 결정 2: 언드 채널'을 참조하라.

관심을 가질 것이라고 생각하지 않는다. 그리고 누군가 무언가를 모르고 있다면, 누구라도 그것을 의사결정 과정의 일부로 사용하지 않을 것이다.

인과적 효과로 취급되는 대신 예산과 성공 사이의 상관관계를 복잡하고 다면적인 관계의 결과로 해석하는 것이 훨씬 더 그럴듯해 보인다. 엔터테인먼트 상품의 경영자는 사업의 상업적 잠재력에 대해 제작과정 초기에 마음을 정한다. 그들의 판단에 영향을 받은 첫 번째 결정 중에는 제작 예산이 있는데, 이것은 상품 제작 방식에 영향을 미친다(작성, 브랜드 인수, 스타들을 위해 얼마나 많은 돈을 쏠 것인가). 그러나 이 판단은 광고와 유통에 사용되는 돈의 양과 같은 마케팅 믹스(marketing mix)의 주요 요소에 관한 이후 결정에서도 반영된다. 이 책에서 논의한 바와 같이 이 모든 후속 결정은 인과관계에 있는 상품에 대한 소비자의 인식과 기대에 영향을 미친다.

이러한 '다른' 변수들이 통계 모델에서 빠진다면 예산변수는 실제로 다른 변수들에 기인한 성공의 변화를 흡수할 것이고, 우리는 예산이 실제보다 소비자에게 더 중요한 직접적인 영향을 미친다고 잘못 결론지을 것이다. 이 상황은 누락된 변수 편향으로 인한 가짜 상관관계의 전형적인 경우이다. 이 논리에 대한 실증적 지원은 학자들이 다른 요인을 통제하고 통계적 모델이 더 포괄적일수록 제작 예산의 효과가 작다는 것을 지속적으로 보여 주는 연구에서 비롯된다. 일부 연구는 심지어 그것이 보잘것없는 것으로 보고한다(예: Elberse and Eliashberg, 2003; Hennig-Thurau et al., 2007; Liu, 2006). 그리고 그러한 모델에서 예산이 실제로 상당하다고 해도 예산이 고품질의 특수효과나 이국적인 장소와 같이 포함되지 않는 추가적인 요소들을 의미하기 때문이 아니라 소비자들이 예산 때문에 엔터테인먼트 상품을 직접 구입하기 때문이라고 의심한다.

그렇다면 엔터테인먼트 성공의 경험적 모델에서 제작 예산의 역할은 무엇일까? 예산은 일찍이 결정되기 때문에 경영자의 기대치에 대한 좋은 대용품이다. 따라서 예산은 광고나 스타 사용과 같은 다른 요소(표준 회귀 모델로 독립적으로 선택되는 것이 아니라 경영상 성공 기대치에 영향을 받는 둘 다)에 유용한 도구가 될 수 있으며, 이런 다른 요소들에 대한 편파적인 측정을 가능하게 하는 접근 방식이 될 수 있다. 예를 들어 바수로이(Basuroy, 2006)는 예산 정보를 광고 지출의 수단으로 사용한다. 루안과 수디르(Luan and Sudhir, 2010)도 동일한 작업을 수행했으며, 가격 등 다른 DVD 특성을 설명하기 위해 이를 사용했다. 카르니우치나(Karniouchina, 2011)는 이 예산을 분석에서 영화의 '버즈(buzz: 입소문 전략)'의 도구로 사용했고, 우리는 그것을 영화 성공을 위한 영화 스타들의 역할에 대한 편견 없는 척도를 만들어 내는 데 사용했다 (Hofman et al., 2016). 예산을 활용하는 또 다른 방법은 새로운 영화가 개봉하는 극장의 수와 같은 신상품에 대한 배급사의 결정을 설명하는 것이다 (Elberse and Eliashberg, 2003; Clement et al., 2014; De Vany and Walls, 1999). 이 업계 전문가들은 소비자들에 비해 새로운 엔터테인먼트 상품의 구성에 대해 훨씬 더 잘 알고 있다.

이 모든 것은 예산이 성공의 관련 요소가 아니라는 것을 의미하는가? 앞서 설명한 것처럼 재정 자원은 엔터테인먼트에서 경쟁 우위를 위한 핵심 원천이다. 그러나 상품 제작 예산을 늘리는 것이 소비자에게 미치는 영향은 간접적이고 복잡한 종류이기 때문에 반드시 소비자 수요를 높이는 것은 아니라는 것을 의미한다. 예산은 엔터테인먼트 성공의 직접적인 동인 중 하나 이상에 영향을 미칠 때만 효과가 있다.

3. 맺음말

엔터테인먼트 상품의 '진정한 품질'이 소비 경험 속에 숨겨져 있는 상황에서 엔터테인먼트 소비자로서 우리가 즐길 수 있는 무수한 상품 중 '올바른 상품'을 선택하기 위해 무엇을 할 수 있을까? 이 장에서 우리는 먼저 탐색 품질에 대해 살펴봤다. 탐색 품질은 수적으로 제한되어 있으며 엔터테인먼트와 관련이 있다. 놀라운 특수효과와 더불어 가상현실 및 3D 프레젠테이션과 같은 기술은 소비자들에게 특정 혜택을 보장할 수 있으며, 이 장에서 다양한 형태의 엔터테인먼트에 대한 주요 성과 및 개발에 대해 논의했다. 우리의 논의는 어떤 기술도 성공을 보장할 수 없음을 보여 주었다. 중요한 것은 기술을 제공하는 사람들과 그것을 소비하는 데 돈을 지불해야 하는 사람들을 위해 비용이 초과된 기술에 의해 의미 있는 소비자 이익이 만들어지는가 하는 것이다.

나머지 부분에서는 상품 품질 또는 유사 탐색 품질의 지표에 관한 연구를 조사했다. 제작자가 소비자에게 새로운 엔터테인먼트 상품이 우리가 즐길 수 있는 상품이라는 것을 추론할 수 있도록 유도하기 위해 제공하는 요소는 이전의 경험을 기반으로 했다. 과거에는 로맨틱 코미디를 즐겼는가? 영화, 비디오 게임, 소설 또는 노래의 장르를 아는 것은 장르에서 기대할 것을 배우고 장르 기반 선호도를 형성해 다른 사람들을 경멸하면서 일부 장르를 좋아하기 때문에 소비자의 영역을 좁힐 수 있었다. 여러 장르에 걸쳐 있는 것은 위험할 수 있으며, 시장에서 더 넓은 문화적 선호를 가진 상품의 장르 적합성이 중요하다고 보고했다. 한 국가에서 성공하는 장르는 다른 시장에서 큰 패배가 될 수 있다. 또한 장르 선호도 시간이 지남에 따라 그리고 사회적 변화와 함께 진화한다.

연령 등급과 이들이 규제하는 논란이 되고 있는 콘텐츠는 (소비자의 일부가 상품을 소비하는 것에 제약을 받기 때문에) 시장 규모에 대한 제한이 특정 대상 관객에게 더 매력적으로 변함으로써 상쇄될 수 있는 점에서 동전의 양면이 된다. 우리는 평균적으로 이러한 매력에 대한 제한이 우세한 것으로 보였지만,

효과마다 매우 다르기 때문에 장르에 대해 좀 더 자세히 살펴보는 것이 바람직하다. 엔터테인먼트 상품의 원산지는 또 다른 유사 탐색 품질을 뜻한다. 소비자들은 다양한 원산지에서 나오는 엔터테인먼트 상품에 대한 강한 기대와 선호를 가지고 있다(할리우드 vs. 발리우드). 상품의 제작 예산이 단지 다른 지표로 종종 취급되지만, 엔터테인먼트 상품을 구성하고 그것의 성공을 예측하는 데 더욱 복잡한 역할을 하고 있다고 주장한다.

엔터테인먼트 제작자의 경우 이러한 다양한 지표의 효과를 통해 고려하는 것은 좀 더 현명한 상품 결정을 할 수 있게 한다. 좁은 틈새시장이나 시장을 확보하고 고객 부문과 시장을 전반에 걸쳐 폭넓게 활용하는 것이 목표인가? 지표는 일부 선택사항을 열고 다른 선택사항을 차단할 것이다. 이는 특히 다음 장에서 논의할 지표의 유형, 즉 소비자들이 부착한 새로운 엔터테인먼트 제품의 품질을 추론할 수 있도록 다양한 종류와 기원의 브랜드를 사용하는 지표의 유형에 해당된다.

참고문헌

Akdeniz, B. M., & Talay, M. B. (2013). Cultural variations in the use of marketing signals: A multilevel analysis of the motion picture industry. *Journal of the Academy of Marketing Science*, *41*, 601-624.

Avery, B., Pickarski, W., Warren, J., & Thomas, B. H. (2006). Evaluation of user satisfaction and learnability for outdoor augmented reality gaming. *Proceedings of the 7th Australasian User Interface Conference*, *50*, 17-24.

Barranco, R. E., Rader, N. E., & Smith, A. (2015). Violence at the box office: Considering ratings, ticket sales, and content of movies. *Communication Research*, *44*, 1-19.

Barnes, B. (2015). 'Sniper' rules weekend box office. *The New York Times*, January 18, https://goo.gl/8yKNZd.

Basuroy, S., Kaushik Desai, K., & Talukdar, D. (2006). An empirical investigation of signaling in the motion picture industry. *Journal of Marketing Research*, *43*, 287-295.

Bauer, C. (2010). The making of Katy Perry's cotton candy scented packaging. *Unified Manufacturing*, September 3, https://goo.gl/mwbtET.

Bennington, C. (2016). Chester Bennington: Quotes. *IMDb*, January 20, https://goo.gl/bM3M5s.

Block, A. B., & Wilson, L. A. (2010). *George Lucas's blockbusting: A decade-by-dec-ade survey of timeless movies including untold secrets of their financial and cultural success*. New York: Harper Collins.

Busch, A. (2017). Christopher Nolan shows off 'Dunkirk,' says "The Only Way To Carry You Through" the film is at a theater — CinemaCon. *Deadline*, March 29, https://goo.gl/L6QhGz.

Cho, E. J., Lee, K. M., Cho, S. M., & Choi, Y. H. (2014). Effects of stereoscopic movies: The positions of stereoscopic objects and the viewing conditions. *Displays*, *35*, 59-65.

Cieply, M. (2014). Hollywood works to maintain its world dominance. *The New York Times*, November 3, https://goo.gl/3adCoQ.

CJ (2017). Website of CJ 4DX. Accessed December 12, https://goo.gl/W8whqk.

Cobb, S. V. G., Nichols, S., Ramsey, A., & Wilson, J. R. (1999). Virtual reality-in-duced symptoms and effects (VRISE). *Presence*, *8*, 169-186.

Cox, J. (2013). What makes a blockbuster video game? An empirical analysis of US sales data. *Managerial And Decision Economics*, *35*, 189-198.

Clement, M., Wu, S., & Fischer, M. (2014). Empirical generalization of demand and supply dynamics for movies. *International Journal of Research in Marketing*, *31*, 207-223.

Craig, S. C., Greene, W. H., & Douglas, S. P. (2005). Culture matters: Consumer acceptance of U.S. films in foreign markets. *Journal of International Marketing, 13*, 80-103.

Croghan, N. B. H., Arehart, K. H., & Kates, J. M. (2012). Quality and loudness judgments for music subjected to compression limiting. *The Journal of the Acoustical Society of America, 132*, 1177-1188.

Cutting, J. E. (2016). Narrative theory and the dynamics of popular movies. *Psychonomic Bulletin & Review, 23*, 1713-1743.

D'Alessandro, A. (2017a). As exhibitors fret over studios' push to crush windows, here's the sobering reality about PVOD—CinemaCon. *Deadline*, March 27, https://goo.gl/iWRTjd.

D'Alessandro, A. (2017b). Lorenzo di Bonaventura on moviegoing in a streaming world: "We Still Have The Advantage Of Spectacle". *Deadline*, October 19, https://goo.gl/MW5Ye2.

De Semlyen, P. (2012). Exclusive: Ridley Scott on Prometheus. *Empire*, March 28, https://goo.gl/M5XzL9.

De Vany, A., & Walls, W. D. (1999). Uncertainty in the movie industry: Does star power reduce the terror of the box office? *Journal of Cultural Economics, 23*, 285-318.

Derisz, R. (2016). This child's adorable letter stating why he wants to see 'Deadpool' has launched a PG-13 petition. *Movie Pilot*, January 20, https://goo.gl/uwz4j8.

Dogruel, L., & Joeckel, S. (2013). Video game rating systems in the US and Europe: Comparing their outcomes. *International Communication Gazette, 75*, 672-692.

Ebert, R. (1981). Heaven's Gate movie review and film summary. *RogerEbert.com*, January 1, https://goo.gl/qrFHSY.

Ebert, R. (2011). Why 3D doesn't work and never will. Case closed. *Roger Ebert's Journal*, January 23, https://goo.gl/uFNbsT.

Elberse, A., & Eliashberg, J. (2003). Demand and supply dynamics for sequentially released products in international markets: The case of motion pictures. *Marketing Science, 22*, 329-354.

Epstein, J. (2011). World domination by box office cinema admissions. *GreenAsh*, July 18, https://goo.gl/DcMi4L.

Evans, M. (2011). Germany officially the world's least funny country. *Telegraph*, June 7, https://goo.gl/c3gY1B.

FFA Filmförderungsanstalt (2016). Kinobesucher 2015 — Strukturen und Entwicklungenauf Basis des GfK-Panels, April, https://goo.gl/LuouGA.

Follows, S. (2016). The relative popularity of genres around the world, September 19, https://goo.gl/ipQNCq.

Follows, S. (2017). Are audiences tiring of 3D movies? November 20, https://goo.gl/YvCQyJ.

Fleming Jr, M. (2016). Mel Gibson on his Venice festival comeback picture 'Hacksaw Ridge' — Q&A. *Deadline*, September 6, https://goo.gl/xKRp9R.

Fritz, B. (2016). Hollywood now worries about viewer scores, not reviews. *The Wall Street Journal*, July 20, https://goo.gl/K8CR95.

Fritz, B. (2017). Why more movies will be R rated this summer. *Wall Street Journal*, April 26, https://goo.gl/geD4sn.

Fu, W. W., & Lee, T. K. (2008). Economic and cultural influences on the theatrical consumption of foreign films in Singapore. *Journal of Media Economics*, *21*, 1-27.

Fuchs, A. (2014). Earthshattering: FJI salutes the 40th anniversary of Sensurround's quakes and battles. *Film Journal*, August 15, https://goo.gl/EpXFwM.

Gazley, A., Clark, G., & Sinha, A. (2011). Understanding preferences for motion pictures. *Journal of Business Research*, *64*, 854-861.

Gomez-Uribe, C. A., & Hunt, N. (2015). The Netflix recommender system: Algorithms, business value, and innovation. *ACM Transactions on Management Information Systems*, *6*, 13-19.

Grierson, T. (2014). 8 things you need to know about the 4DX theater experience. *Rolling Stone*, May 19, https://goo.gl/gQ66Nh.

Hanson, G. H., & Xiang, C. (2009). Trade barriers and trade flows with product heterogeneity: An application to US motion picture exports. *Journal of International Economics*, *83*, 14-26.

Hayes, D. (2017). 'Logan' director James Mangold: If Fox film fades out post-merger, "That Would Be Sad To Me". *Deadline*, December 11, https://goo.gl/bHZ5Pb.

Hennig-Thurau, T., Walsh, G., & Wruck, O. (2001). An investigation into the factors determining the success of service innovations: The case of motion pictures. *Academy of Marketing Science Review*, *1*, 1-23.

Hennig-Thurau, T., Walsh, G., & Bode, M. (2003). Exporting media products: Understanding the success and failure of Hollywood movies in Germany. Working Paper, Bauhaus-University of Weimar.

Hennig-Thurau, T., Houston, M. B., & Walsh, G. (2006). The differing roles of success drivers across sequential channels: An application to the motion picture industry. *Journal of the Academy of Marketing Science*, *34*, 559-575.

Hennig-Thurau, T., Houston, M. B., & Walsh, G. (2007). Determinants of motion picture box office and profitability: An interrelationship approach. *Review of Managerial Science*, *1*, 65-92.

Hennig-Thurau, T., Houston, M. B., & Heitjans, T. (2009). Conceptualizing and measuring the monetary value of brand extensions: The case of motion pictures. *Journal of Marketing*, *73*, 167-183.

Hennig-Thurau, T., Fuchs, S., & Houston, M. B. (2013). What's a movie worth? Determining the monetary value of motion pictures' TV rights. *International Journal of Arts Management*, *15*, 4-20.

Hofmann, J., Clement, M., Völckner, F., & Hennig-Thurau, T. (2016). Empirical generalizations on the impact of stars on the economic success of movies. *International Journal of Research in Marketing*, *34*, 442-461.

Hofstede, G. (1991). *Cultures and organizations: Software of the mind*. London: McGraw-Hill.

Holbrook, M. B. (1999). Popular appeal versus expert judgments of motion pictures. *Journal of Consumer Research*, *26*, 144-155.

Holbrook, M. B., & Hirschman, E. C. (1982). The experiential aspects of consumption: Consumer fantasies, feelings, and fun. *Journal of Consumer Research*, *9*, 132-140.

Hoskins, C., & Mirus, R. (1988). Reasons for the US dominance of the international trade in television programmes. *Media, Culture and Society*, *10*, 499-515.

Howell, M. J., Herrera, N. S., Moore, A. G., & Mcmahan, R. P. (2016). A reproducible olfactory display for exploring olfaction in immersive media experiences. *Multimedia Tools and Applications*, *75*, 12311-12330.

Hsu, G. (2006). Jacks of all trades and masters of none: Audiences' reactions to feature film production. *Administrative Science Quarterly*, *51*, 420-450.

Hsu, G., Negro, G., & Perretti, F. (2012). Hybrids in hollywood: A study of the production and performance of genre-spanning films. *Industrial & Corporate Change*, *21*, 1427-1450.

Itzkoff, D. (2016). The real message in Ang Lee's latest? 'It's Just Good to Look at'. *The New York Times*, October 5, https://goo.gl/k56XAM.

Ji, Q., & Lee, Y. S. (2014). Genre matters: A comparative study on the entertainment effects of 3D in cinematic contexts. *3D Research*, *5*, 5-15.

Jozefowicz, J., Kelley, J., & Brewer, S. (2008). New release: An empirical analysis of VHS/DVD rental success. *Atlantic Economic Journal*, *36*, 139-151.

Karniouchina, E. V. (2011). Impact of star and movie buzz on motion picture distribution and box office revenue. *International Journal of Research in Marketing*, *28*, 62-74.

King, G. (2002). *New Hollywood cinema*. New York: Columbia University Press.

Knapp, A.-K., & Hennig-Thurau, T. (2014). Does 3D make sense for Hollywood? The economic implications of adding a third dimension to hedonic media products. *Journal of Media Eco-*

nomics, *28*, 100-118.

Lampel, J., & Shamsie, J. (2000). Critical push: Strategies for creating momentum in the motion picture industry. *Journal of Management*, *26*, 233-257.

Lang, D. M., & Switzer, D. M. (2008). Does sex sell? A look at the effects of sex and violence on motion picture revenues. Working Paper, California State University and St. Cloud State University.

Lasseter, J. (2015). Technology and the evolution of storytelling. *Medium*, June 24, https://goo.gl/dRsCxd.

Lee, J., Boatwright, P., & Kamakura, W. A. (2003). A Bayesian model for prelaunch sales forecasting of recorded music. *Management Science*, *49*, 179-196.

Leemans, H., & Stokmans, M. (1991). Attributes used in choosing books. *Poetics*, *20*, 487-505.

Leenders, M. A. A. M., & Eliashberg, J. (2011). The antecedents and consequences of restrictive age-based ratings in the global motion picture industry. *International Journal of Research in Marketing*, *28*, 367-377.

Lin, J. J., Duh, H. B. L., Parker, D. E., Abi-Rached, H., & Furness, T. A. (2002). Effects of field of view on presence, enjoyment, memory, and simulator sickness in a virtual environment. In *Proceedings of the IEEE Virtual Reality 2002* (pp.164-171). Los Alamitos: IEEE Computer Society.

Litman, B. R., & Kohl, L. S. (1989). Predicting financial success of motion pictures: The 80s experience. *Journal of Media Economics*, *2*, 35-50.

Liu, Y. (2006). Word of mouth for movies: Its dynamics and impact on box office revenue. *Journal of Marketing*, *70*, 74-89.

Luan, Y. J., & Sudhir, K. (2010). Forecasting marketing-mix responsiveness for new products. *Journal of Marketing Research*, *47*, 444-457.

Mangen, A., & Kuiken, D. (2014). Lost in an iPad: Narrative engagement on paper and tablet. *Scientific Study of Literature*, *4*, 150-177.

Mangen, A., Walgermo, B. R., & Brønnick, K. (2013). Reading linear texts on paper versus computer screen: Effects on Reading comprehension. *International Journal of Educational Research*, *58*, 61-68.

Marchand, A. (2016). The power of an installed base to combat lifecycle decline: The case of video games. *International Journal of Research in Marketing*, *33*, 140-154.

Marchand, A. (2017). Multiplayer features and game success. In R. Kowert & T. Quandt (Eds.), *New perspectives on the social aspects of digital gaming: Multiplayer* (2nd ed., pp.97-111). New

York: Routledge.

Mathur, M. B., & Reichling, D. B. (2016). Navigating a social world with robot partners: A quantitative cartography of the uncanny valley. *Cognition, 146*, 22-32.

Michelle, C., Davis, C. H., Hight, C., & Hardy, A. L. (2017). The Hobbit hyper-reality paradox: Polarization among audiences for a 3D high frame rate film. *Convergence, 23*, 229-250.

Moon, S., & Song, R. (2015). The roles of cultural elements in international retailing of cultural products: An application to the motion picture industry. *Journal of Retailing, 91*, 154-170.

Moon, S., Mishra, A., & Mishra, H., & Young Kang, M. (2016). Cultural and economic impacts on global cultural products: Evidence from U.S. Movies. *Journal of International Marketing, 24*, 78-97.

Mori, M. (2012). The uncanny valley. *IEEE Robotics and Automation Magazine, 19*, 98-100.

Nathan, I. (2006). Rambo: First Blood Part II review. *Empire*, July 31, https://goo.gl/hpcQaY.

Nichols, S., Haldane, C., & Wilson, J. R. (2000). Measurement of presence and its consequences in virtual environments. *International Journal of Human-Computer Studies, 52*, 471-491.

Nowotny, B. (2011). Aroma-Scope? A history of 4-D Film sensations. *Movie Smackdown*, August 14, https://goo.gl/wgYKTF

Park, S. (2015). Changing patterns of foreign movie imports, tastes, and consumption in Australia. *Journal of Cultural Economics, 39*, 85-98.

Patton, D. (2015). George Lucas slams Hollywood & 'Circus Movies' at Sundance panel. *Deadline*, January 29, https://goo.gl/4K4S5S.

Perez, S. (2016). Pokémon Go tops Twitter's daily users, sees more engagement than Facebook. *Techcrunch*, July 13, https://goo.gl/zjfc1Q.

Peterson, R. A., & Jolibert, A. J. P. (1995). A meta-analysis of country-of-origin effects. *Journal of International Business Studies, 26*, 883-900.

Plowman, S., & Goode, S. (2009). Factors affecting the intention to download music: Quality perceptions and downloading intensity. *Journal of Computer Information Systems, 49*, 84-97.

Porter, H. (2010). French films glow with confidence and culture. Ours should do the same. *The Guardian*, August 8, https://goo.gl/RnXWMn.

Pras, A., Zimmerman, R., Levitin, D., & Guastavino, C. (2009). Subjective evaluation of MP3 compression for different musical genres. *Audio Engineering Society Convention Paper 127*.

Plumb, A. (2015). The most ludicrous DVD/Blu-ray box sets ever. *Empire*, October 9, https://goo.gl/5n9w1g.

Ravid, S. A. (1999). Information, blockbusters, and stars: A study of the film industry. *The Journal of*

Business, 72, 463-492.

Ravid, S. A., & Basuroy, S. (2004). Managerial objectives, the R-rating puzzle, and the production of violent films. *Journal of Business*, *77*, 155-192.

Richardson, M. (2013). Does vinyl really sound better? *Pitchfork*, July 29, https://goo.gl/KoTdrK.

Rooney, B., & Hennessy, E. (2013). Actually in the cinema: A field study comparing real 3D and 2D movie patrons' attention, emotion, and film satisfaction. *Media Psychology*, *16*, 441-460.

Sarantinos, J. G. (2012). Types of romantic comedies. *Script Firm*, June 13, https://goo.gl/s62gY5.

Schäfer, T., & Sedlmeier, P. (2009). From the functions of music to music preference. *Psychology of Music*, *37*, 279-300.

Schmidt-Stölting, C., Blömeke, E., & Clement, M. (2011). Success drivers of fiction books: An empirical analysis of hardcover and paperback editions in Germany. *Journal of Media Economics*, *24*, 24-47.

Shelstad, W. J., Smith, D. C., & Chaparro, B. S. (2017). Gaming on the rift: How virtual reality affects game user satisfaction. In *Proceedings of the Human Factors and Ergonomics Society 2017 Annual Meeting* (pp.2072-2076).

Silver, D., Lee, M., & Clayton Childress, C. (2016). Genre complexes in popular music. *PLOS ONE*, *11*, 1-23.

Strange, A. (2016). Apple's Tim Cook says augmented reality, not VR, is the future. *Mashable*, October 4, https://goo.gl/W8yAR8.

Tang, A. K. Y. (2017). Key factors in the triumph of Pokémon Go. *Business Horizons*, *60*, 725-728.

The Economist (2017a). Alternative realities still suffer from technical constraints, February 11, https://goo.gl/e79idH.

The Economist (2017b). Better than real. *The Economist*, February 4, 67-69.

Totilo, S. (2011). China is both too scary and not scary enough to be video game villains. *Kotaku*, January 13, https://goo.gl/KaYyfb.

TRCG (2015). Why we love (& listen to) vinyl records. *The Record Collectors Guild*, July 2, https://goo.gl/t72zEF

Valan, G. (2010). Answer to thread "What Are Defining Characteristics of a Bollywood Movie?". *Quora.com*, May 14, https://goo.gl/R7mqsb.

Waguespack, D. M., & Sorenson, O. (2011). The ratings game: Asymmetry in classification. *Organization Science*, *22*, 541-553.

Wallace, W. T., Seigerman, A., & Holbrook, M. B. (1993). The role of actors and actresses in the success of films: How much is a movie star worth? *Journal of Cultural Economics*, *17*, 17-27.

Wikipedia (2016). Fusion camera system. https://goo.gl/urQ63C.

Yamato, J. (2012). The science of high frame rates, or: Why 'The Hobbit' looks bad at 48 FPS. *Movieline,* December 14, https://goo.gl/5UZbUP

Zhao, E. Y., Ishihara, M., & Loundsbury, M. (2013). Overcoming the illegitimacy discount: Cultural entrepreneurship in the US feature film industry. *Organization Studies*, *34*, 1747-1776.

3장

엔터테인먼트 상품 결정 3
품질 지표로서의 브랜드

소비자 패키지 상품과 달리 영화는 확고한 브랜드 리더도 없고, 소비자들 사이에 브랜드 충성심도 없으며, 실제로 사실상의 브랜드도 없다.

— 오스틴(Austin, 1989: 8)

할리우드의 모든 이들은 영화가 극장에서 개봉되기 전에 브랜드라는 것이 얼마나 중요한지 알고 있다. 예를 들어 해리 포터(Harry Potter)나 스파이더맨(Spider-Man) 같은 브랜드가 있다면 이미 멀찌감치 앞선 유리한 고지에 서 있는 셈이다.

— 제임스 카메론(Oehmke and Beier, 2011 인용)

몇 년 전까지만 해도 엔터테인먼트 경영자들은 널리 적용되는 비즈니스 개념이자 핵심 마케팅 자산을 가리키는 용어인 '브랜드'라는 단어를 거의 사용하지 않았다. 아마도 이 용어는 엔터테인먼트 업계의 '어떻게 될지 아무도 몰라요'라는 통설, 그리고 단순한 상거래가 아닌 예술로서의 엔터테인먼트의 개념 및 (다른 '일반적인' 비즈니스와는 다른) 자체적인 고유성과 너무 노골적으로 충돌했을 터이다. 엔터테인먼트 업계에서 브랜드의 가능성을 거부하는 것은 그저 너무 손쉬운 일이었고, 업계의 경영자들이 이 개념을 부정하는 데 너무 확신에 찬 나머지 일부 저명한 엔터테인먼트 학자들까지도 이에 동의했을 정도이다(이 장 도입부의 오스틴의 인용문 참조).

이후로 엔터테인먼트 업계는 브랜드와 유사한 현상을 설명하기 위해 자체적인 어휘를 만들었고, '프랜차이즈'라는 용어가 엔터테인먼트 경영자들 사이에서 가장 두드러지게 부각되었다. 그러나 최근 들어 업계의 용어가 바뀌면서 '브랜드'라는 용어가 꽤나 유행하고 있다. 우리는 이러한 발전을 마블과 그 모기업인 디즈니가 2006년 소개한, 영화 및 엔터테인먼트 산업 내부뿐만 아니라 외부에도 널리 알려진 브랜드 관리 우수성 사례인 '마블 시네마틱 유니버스(Marvel Cinematic Universe)'를 구축하면서 일궈 낸 엄청난 성공과 밀접하게 연관시키는 바이다. 할리우드의 거장 제임스 카메론을 인용한 이 장의 도입부의 두 번째 인용문은 이러한 변화의 증거를 제시한다.

독자인 여러분은 '브랜드'라는 용어를 쓰든 다른 용어를 쓰든 큰 차이가 있을까 의아할 수도 있을 것이다. 사랑스러운 줄리엣(Juliet)이 '어떤 다른 이름으로 불러도 장미는 여전히 향기롭다'라고 말했을 때 셰익스피어(Shakespeare)가 그 질문에 대답한 셈이 아니겠는가? 그녀의 신념은 비극을 야기했지만[우리 모두가 알고 있듯이, 그녀의 성을 캐풀릿(Capoulet)에서 몬태규(Montague)로 바꾸는 것은 엄청난 차이를 빚고야 말았다], 또한 우리는 '브랜드'라는 용어 자체의 사용에 관해서는 그다지 걱정하지 않지만, 오히려 브랜드의 막대한 권력을 관리하는 데 있어 비즈니스와 마케팅에서 일궈 낸 광대한 지식을 우리가 맘껏 활용하는 데 대해서는 걱정이 앞선다. 이 학자들은 반세기 동안 브랜드가 소비자와 기업의 성공에 어떤 영향을 미치는지 이해하고 기록하는 데 막대한 자원을 쏟아부었다. 그리고 비록 그들이 그들의 이론을 개발할 때 엔터테인먼트 상품을 염두에 두지는 않았지만, 우리는 그 이론들을 엔터테인먼트의 영역에도 적용함으로써 많은 것을 배울 수 있다는 것을 보여 줄 것이다. 즉, 우리는 '브랜드'라는 용어를 주로 언어적 장치로서가 아니라 지적재산권(IP)이 어떻게 효과적으로 관리될 수 있는지에 대한 광대한 이론으로서의 세계의 문을 열기 위해 사용할 것이다. 우리가 제시할 바와 같이 브랜드 관리 개념은 프랜차이즈에 대한 우리의 이해를 높이고, 시퀄(sequel)이 리메이크와는 다른 논리를 따르는 방법과 이유를 설명하며, 또한 왜 스타 배우들과 베스트셀러 작가들이 그들이 관여한 엔터테인먼트 상품의 성공에 그렇게 중요한 기여를 하는지 이해하는 데 도움을 준다.

이어질 섹션에서 우리는 독자 여러분을 브랜드 이론의 핵심 요소들로의 짧은 여행으로 데려가 그 요소들을 엔터테인먼트의 맥락에 적용할 것이다. 우리는 우리가 무엇을 엔터테인먼트 브랜드라고 간주하는가를 명확히 하고 그러한 브랜드를 관리하기 위해 존재하는 전략적 옵션을 제시할 것이다. 이미 존재하는 브랜드 자산을 경영자가 전략적으로 어떻게 활용할 수 있는지 살펴보기 전에 새로운 브랜드를 생성하는 단계에서 우리는 여행을 멈출 것이다. 라인 확장(예: 시퀄 및 리메이크)과 범주 확장(예: 베스트셀러 도서의 성공적인 영화로의 전환)에 대해서뿐만 아니라, 엔터테인먼트 상품의 '재료' 역할을 하는 휴먼 브랜드(예: 배우)에 대해서도 논의할 것이다.

비록 우리의 논의는 개별 상품 생성과 관련된 결정에 초점을 맞출 것이지만, 또한 좀 더 전체적인 관점을 가지고 어떤 브랜드 이론이 우리에게 브랜드의 장기적인 관리에 대한 가르침을 줄 수 있는지 살펴볼 것이다. 또한 지적재산권을 소유하고 있는 엔터테인먼트 업계 종사자들은 재무적 가치 측정에 도움을 줄 수 있는 잘 발달된 계량 경제학적 접근법에 대해 학습할 용의가 있을지도 모르겠다.

1. 엔터테인먼트 브랜딩의 기초

1) 엔터테인먼트 브랜드에는 무엇이 포함되는가?

약 10년 전 수드와 드뢰즈(Sood and Drèze, 2006: 352)는 "할리우드는 소비자 패키지 상품 제조업자들이 그들의 제품을 브랜드화하는 것과 비슷한 방식으로 영화를 브랜드화하기 시작했다"라고 언급했다. 그들의 발언은 엔터테인먼트 업계 내의 핵심적인 변화를 예고했다. 업계의 많은 부분들이 이제 브랜드 중심으로 재편되었다. 전 디즈니 임원 제이 라즐로(Jay Rasulo)는 다음과 같이 말한 바 있다. "우리가 요즘 하는 모든 일은 브랜드와 프랜차이즈에 관한 것이다. 10년 전과는 확연히 다르다"(seekingalpha.com, 2014).

그렇다면 엄밀한 의미에서 브랜드를 정의하는 것은 무엇일까? 대부분의 추상적인 개념과 마찬가지로 모든 학자들이 동의하는 단 하나의 정의는 존재하지 않는다. 브랜드에 대한 초기 정의는 경쟁사와 차별화되는 특징(로고나 이름 등)에 초점을 맞췄던 반면, 좀 더 현대적인 정의는 소비자를 집중 조명하고 무엇이 브랜드가 될 수 있는가에 대한 이해를 넓힌다. 이 책의 목적을 위해 우리는 최근의 논리를 따라 엔터테인먼트 브랜드를 ① 소비자 또는 기타 관련 이해관계자(예: 엔터테인먼트에 투자하는 투자자)에게 인지적인 연상을 불러일으키는 ② 전문적으로 관리될 수 있는 모든 것으로 간주하기로 한다(Thomson, 2006).

앞에서 정의한 '모든 것'이라는 요소에는 상품 및 서비스뿐만 아니라 사람도 포함된다. '연상' 요소는 브랜드의 본질은 '모든 것'에 대해 사람들이 마음속에 품고 있는 의미적 네트워크라는 것을 의미한다. 유용한 브랜드가 되기 위해서는 그런 인지 네트워크가 존재해야 한다. 우리는 〈스타워즈〉를 생각할 때 영웅, 테마 주제곡, 우주선을 떠올린다. 제임스 본드

(James Bond)는 우리에게 "젓지 않고 흔들어서 만든(shaken, not stirred!)" 보드카 마티니, 첨단 장비, 카리스마 있는 악당들을 상기시킨다. 레이디 가가(Lady GaGa)는 팝 음악, 화려한 드레스, 놀라운 헤어스타일 같은 수많은 연상들을 떠올린다.

정의의 마지막 요소는 상품, 서비스 및 사람(예: 스스로 또는 에이전시에 의해 관리되는 스타)에 적용되는 전문적으로 관리할 필요의 중요성을 지시한다. 그러나 이전 장에서 우리가 논의한 개념에는 관리의 필요성이 적용되지 않는다. 서부극과 같은 장르, 야구와 같은 테마, 또는 영화의 원산지를 생각해 보라. 그와 관련된 협회도 존재하긴 하지만 (그들의 지표 전달 역할의 핵심에 있는) 이들 중 어느 것도 전문적으로 관리될 수 없으며, 적어도 단일한 엔터테인먼트 기업의 경영자에 의해서는 관리될 수 없다.[1]

그렇다면 브랜드가 가치 있는 이유는 무엇일까? 브랜드에는 2가지 주요 기능이 있다(Keller, 1993). 첫 번째는 '인식 기능'이다. 브랜드는 즉각적인 관심을 불러일으킬 수 있다. 소비자에게 연관성이 없는 어떤 것의 이름은 대체로 눈에 띄지 않을 것이지만 브랜드는 소비자의 이목을 끈다. 이런 이유로 제품 출시 시 이미 알려진 브랜드 이름을 붙임으로써 기업들은 신제품에 대한 소비자의 인식을 높일 수 있다. 엔터테인먼트의 짧은 수명주기와 막대한 광고비용을 감안하면 이러한 '기본 탑재된' 인식은 특히 중요한 경쟁 우위를 제공할 수 있다.

브랜드의 두 번째 주요 기능은 '이미지 기능'이다. 소비자의 뇌리에서는 브랜드를 둘러싼 의미 네트워크가 의미를 저장하는데, 이는 소비자가 브

---

[1] 한 국가의 경우 실제로 브랜드로 간주될 수 있다고 주장하는 이도 있다(Kotler and Gertner, 2002: 249). 그러나 이 경우 브랜드 관리자는 국가의 정치인 또는 전담 국가 마케팅 담당자로, 엔터테인먼트 상품 제작자의 영역을 훨씬 넘어선다. 유사한 논리가 '메이드 인 할리우드'와 같은 국가 표기와 유사한 표기에도 적용된다.

랜드를 식별하고 해당 브랜드를 다른 제품과 구별하는 근거를 제공한다. 소비자들이 경험 전에 품질을 평가할 수 없어 겪는 문제들 때문에 엔터테인먼트에서 이러한 이미지 기능의 의미는 특히 중요하다. 강력한 브랜드 이미지는 그러한 평가의 어려움을 극복하는 데 도움이 되는 신뢰를 촉진할 수 있다.

베스트셀러 작가 제임스 패터슨(James Patterson)의 예를 들어 보자. 패터슨은 스스로의 브랜드로 인해 독자들이 자신의 책을 끝까지 내려놓을 수 없을 것임을 확신하게 된다고 주장한다. 그는 자신의 브랜드 이미지를 다음과 같이 표현한다. "긴장을 느낄 것이다. 그리고 속도도. 또한 영웅들뿐만 아니라 악당들에게도 일종의 인간적 정체성이 있다. 무엇보다도 내 브랜드는 이야기를 상징한다. 나는 문장을 쓰는 것을 멈추고 이야기를 쓰기 시작했을 때 성공할 수 있었다"(Streib, 2009). 엔터테인먼트 도서 콘텐츠 제작사 빅 5 중 하나인 하셰트(Hachette)는 패터슨의 브랜드에 1억 5000만 달러로 보답했다. 영상 엔터테인먼트의 경우 마블은 주제와 분위기가 일관되는 지속적인 콘텐츠 흐름과 전문성으로 고품질의 엔터테인먼트 제공자로서 강력한 브랜드 이미지를 구축했다. "[마블]이 미지의 [지적 자산]에 대한 위험을 감수할 때마다 관객들은 경이로운 결과의 탄생을 신뢰한다" (D'Alessandro, 2017).

브랜드의 인식과 이미지 기능은 브랜딩에서 중요한 문제는 어떤 것을 브랜드라고 불러야 하는지 혹은 부르지 말아야 하는지에 대한 것이 아니라 브랜드가 얼마나 강한가에 대한 것임을 보여 준다. 소비자로서 우리는 많은 것들과 연계되지만 우리가 행동의 변화를 일으키는 때는 무언가에 대해 강하고, 긍정적이고, 독특한 연상을 느낄 때이다(Keller, 1993). 어떤 엔터테인먼트 상품들은 많은 사람들의 이목을 끄는 반면, 어떤 상품들은 거의 흔적도 남기지 못한다. 약 750명의 독일 소비자들에게 39편의 동등한 수준으로 성공한 영화들 중에서 어떤 영화에 대해 들어본 적이 있는지 물었을 때(모두 독일에서 개봉 당시 그 해의 10번째로 성공한 영화), 각 영화에 대해 알고 있는 소비자의 비율은 영화별로 5% 미만에서 80% 이상까지 다양했다(Hennig-Thurau et al., 2009).

마찬가지로 소비자 연상의 풍부함과 긍정의 정도는 엔터테인먼트 상품마다 크게 달라지며, 강한 브랜드와 약한 브랜드의 차이를 더욱 극대화한다. 엔터테인먼트 분야에서 브랜드 인지도에 있어 시간이 중요한 역할을 하는 것은 분명하지만,[2] 브랜드 관리자가 주로 좌우하는 다른 요인들도 신제품 출시 전과 상품의 생애주기 전반에 걸쳐 크게 영향을 미친다. 이에 대해 이 장의 뒷부분에서 살펴보도록 하겠다.

2) 엔터테인먼트 브랜딩의 전략적 선택

엔터테인먼트 브랜드는 전략적으로 관리가 가능하며 또한 관리가 되어야만 한다. 이를 위해서는 엔터테인먼트 경영자가 보유하고 있는 브랜드의 레퍼토리와 적용할 수 있는 전략의 유형의 철저한 이해가 수반되어야 한다. 우리는 우선 엔터테인먼트 분야의 브랜드 유형 분류 체계 설명을 위해 '엔터테인먼트 브랜드 경관'을 제시한다. 그런 후에 우리는 엔터테인먼트 제작자들이 새로운 상품에 대한 브랜드 전략을 선택함에 있어 지침이 될 단계적 프레임에 대한 설명을 진행하기로 한다.

---

[2]   간단한 OLS 회귀분석을 실행해 소비자 사이에 영화를 종속변수로 인식했을 때 개봉 연도에는 인식 변동의 60% 이상이 설명되었다.

(1) 브랜드 유형 분류 체계: '엔터테인먼트 브랜드 경관'

엔터테인먼트 제작자들은 그들의 엔터테인먼트 상품을 디자인할 때 다양한 브랜드 중 하나를 선택할 수 있다. 우리는 공존 관계에 있으며 매우 창의적인 방법으로 결합될 수 있는 엔터테인먼트 브랜드를, 상품 브랜드, 캐릭터 브랜드, 기업 브랜드, 휴먼 브랜드의 4가지 유형으로 구분한다.[3]

※ 상품 브랜드

상품 브랜드는 명확하다. 소비자가 기존 상품에 대한 인지 연관성을 유지할 때마다 이 상품은 브랜드화된다. 이에 따라 이미 존재하는 영화, 책, 만화, 게임, 뮤지컬 등은 소유주나 관리자에 상관없이 상품 브랜드가 된다. 상품 브랜드는 제목이나 주인공의 캐릭터가 아니라 상품 고유의 '세계적' 요소이며 특성이다. 예를 들어, 기존 영화의 경우 상품 브랜드에 의해 전체적인 방식으로 결합된 캐릭터, 장소 및 기본적인 서사 구성과 같은 요소들에 대해 소비자가 명확한 연상을 떠올릴 수 있다. 앞에서도 거론했듯이 인식 수준과 이미지 기능은 기존 상품마다 크게 차이가 나며, 각각의 재무적 브랜드 가치도 크게 다르다.

※ 캐릭터 브랜드

때때로 캐릭터들은 그들을 담고 있던 원래 상품들보다 더 크게 성장하며 그 고유의 생명력을 얻는다. 〈스파이더맨〉, 〈인디아나 존스(Indiana Jones)〉, 〈라라 크로프트(Lara Croft)〉를 생각해 보라. 그들은 모두 관객들에게 잘 알려져 있고, 관객들은 종종 그들과 연결된 강한 유대감을 가지고 있다. 캐릭터 브랜드 아이디어가 중요해지는 순간은 캐릭터가 각각의 '세계'에서

---

3) 이 목록의 처음 2가지 유형은 엔터테인먼트 경영진이 흔히 말하는 '지적재산권'이다.

추출될 때이다. 마블의 〈캡틴 아메리카: 시빌 워(Captain America: Civil War)〉에 스파이더맨이 등장할 때 이것은 엄청난 사건이다. 상품 브랜드(즉, 영화 〈스파이더맨〉)와 캐릭터 브랜드(스파이더맨 캐릭터)는 여기서 서로 분리되어 있다. 마블/디즈니는 슈퍼 히어로 집단인 어벤저스 팀에 스파이더맨을 추가하기 위해 경쟁 스튜디오 소니로부터 스파이더맨 캐릭터를 빌린 것이다.

이것이 가능하게 하기 위해 소니는 마블에 광범위한 권리를 요청해 허락을 받았다. 그들은 스파이더맨 캐릭터의 브랜드 이미지를 보호하기 위해 스파이더맨 캐릭터 브랜드가 관여된 각각의 장면에 거부권을 행사할 수 있었다(Gonzales, 2015). 어벤저스와 같은 캐릭터 조합(코믹스에서 오랜 전통을 보유한) 외에도 많은 '스핀오프'는 조연 캐릭터에게 주연으로 활약할 상품을 부여한다는 아이디어에서 착상되었다. 예를 들어, 〈핑크 팬더(Pink Panther)〉의 조연인 어설픈 클루조(Clouseau) 경감은 〈어둠 속에 총성이(A Shot in the Dark)〉의 주인공이 되었고, 이 영화는 이어지는 더 많은 핑크 팬더 시리즈의 분위기(와 서사)를 형성했다. 〈슈렉(Sherek)〉의 장화 신은 고양이 역시 동명의 영화의 주인공이 되었고, 〈스타워즈〉의 한 솔로(Han Solo)는 〈솔로: 스타워즈 스토리(Solo: A Star Wars Story)〉에서 시리즈의 주된 서사에서 벗어난 자신만의 모험을 경험한다.

※ 기업 브랜드
많은 산업에서 대부분의 제품들의 브랜딩에 그 제조업체의 이름이 사용된다('하인즈 토마토케첩'이나 '쉐보레 크루즈'를 생각해 보라). 이런 기업 브랜드는 엔터테인먼트에서는 상대적으로 덜 사용되어 왔다. 그러나 몇몇 두드러진 예외들이 있다. 디즈니는 프리미엄 가족 엔터테인먼트로 유명하고, 자회사인 픽사(Pixar)는 현대적인 애니메이션으로, 마블은 슈퍼히어로 시리즈로 유명하다. 소비자들은 HBO와 지금은 넷플릭스에 대해서도 '품질 좋은'

영상 엔터테인먼트 제작사라는 강한 인상을 갖고 있다. 그리고 음악의 경우 그들만의 영혼의 '모타운 사운드(Motown Sound)'를 만든 모타운과 같은 레이블도 기업 브랜드의 사례이다(Landau, 1971).

기업 브랜드를 구축하는 데 있어 대부분의 엔터테인먼트 회사들이 직면하게 되는 어려움은 그들의 상품 포트폴리오가 콘텐츠와 품질 면에서 너무 이질적이어서 소비자들이 그 회사에 대해 알고 있을 수는 있지만 일관된 브랜드 연관성을 확보할 수는 없다는 것이다. 강력한 기업 브랜드가 되기 위해서는 다음과 같은 의도적인 전략적 선택이 필수적이다. 세심한 프로젝트 선정 과정과 그 자체로는 성공적일 수 있지만 기업 브랜드의 의도된 브랜드 이미지와 상충될 수 있는 프로젝트는 거부하는 결단이 필요하다. 디즈니의 션 베일리(Sean Bailey)가 말하듯이 어떤 프로젝트에 대한 기업 브랜드 지향에서 비롯되는 핵심 질문은 '그것이 흥행에 성공할 것인가'가 아니라 '디즈니스러운가'가 된다(Fleming, 2017a). 마블 영화가 항상 수많은 난장판, 볼거리와 함께 '감동과 코미디'를 수반한다는 것은 우연이 아니다(D'Alessandro, 2017). 마블 영화를 강력한 브랜드로 만드는 것은 관객들이 마블 영화로부터 무엇을 기대해야 하는지 이미 알고 있다는 사실이다. 기업 브랜드 차원에서 보면 그러한 이미지의 초점은 야심 찬 프로젝트에는 오히려 방해가 될 수도 있다. 디즈니 브랜드는 확실히 새로운 SVOD 서비스를 확립하는 데 기여하지만, 폭스(Fox) 인수를 통해 획득된 것을 포함해 다양한 타이틀들을 제공하는 문제와는 상충된다. 디즈니 라이프와 같은 서비스를 구독할 때 여러분은 자녀들이 이질적인 생명체와 포식자들에게 겁을 집어먹기를 기대하지는 않을 것이다.

※ 휴먼 브랜드

마지막으로 소비자들에게 알려지고 가치가 평가되는 엔터테인먼트의 인간 참여자들이 또한 존재한다. 이런 휴먼 브랜드는 스타 배우[예: 해리슨 포드(Harrison Ford)]나 음악가[예: 레이디 가가, 혹은 영화음악 작곡가인 존 윌리엄스(John Williams)]로서 엔터테인먼트 상품에서 눈으로 보거나 귀로 들을 수 있다. 또는 영화감독(예: 스티븐 스필버그), 프로듀서[예: 제리 브룩하이머(Jerry Bruckheimer)], 작가[예: 제임스 패터슨, 스티븐 킹(Stephen King)], 음악 프로듀서[예: 마이크 윌(Mike Will)] 또는 기타 역할에서처럼 들리거나 보이지 않는 영역에서도 상품 제작에 참여할 수도 있다.

창작자들의 기여에 좌우되고 변덕스러운 소비자 취향에 맞춰 출시되는 창작 상품에 대해 이야기하고 있기 때문에 시간이 지남에 따라 엔터테인먼트 기업 브랜드를 지속적으로 운영하는 것은 분명 어려운 과제이다. 그러나 강력한 브랜드의 엄청난 잠재력은 엔터테인먼트 경영자들에 의해 실증적으로 증명되었다. 다음 섹션에서는 제작자가 새로운 상품을 개발하고 마케팅할 때 이러한 유형의 브랜드를 어떻게 활용할 수 있는지 알아보겠다. 브랜딩 전략은 경영자로 하여금 엔터테인먼트 브랜딩의 이점과 그 복잡성의 균형을 맞출 것을 요구하기 때문에 복잡다단하다.

(2) 엔터테인먼트 브랜딩 전략

신상품을 출시할 때 엔터테인먼트 제작자는 항상 2가지 전략적 브랜드 차원에 대한 결정을 내려야 한다(Sattler and Völckner, 2013). 첫 번째는 기존 브랜드명을 신상품에 통합할지 여부이다(만약 통합한다면 어떤 브랜드명을 통합할 것인지). 우리는 이 결정을 '브랜드 통합 전략'이라고 칭하기로 한다. 본질적으로 전략적 대안은 처음부터 아예 새로운 브랜드를 구축하거나 아니면 기존 브랜드를 확장하는 것인데, 확장을 어떻게 구현할 것인가에 관해서는 수많은 선택이 수반된다.

브랜드화의 두 번째 전략적 차원은 새로운 상품이 독립 브랜드로 기능해야 하는지 아니면 기존 브랜드와 결합되어야 하는지 여부이다. 우리가 '브랜드 제휴 전략'이라고 부르는 이러한 제휴 방식은 공동 브랜딩 또는 성분 브랜딩의 형태를 취할 수 있다. 이 섹션의 나머지 부분에서는 브랜드 통합 및 브랜드 제휴 전략과 이들의 비즈니스 잠재력(및 한계)에 대해 간략히 살펴보기로 한다. 그런 다음 엔터테인먼트 브랜딩의 다른 측면과 함께 각 전략의 세부 사항에 대해 논의할 것이다.

① 브랜드 통합 전략

〈그림 3.1〉은 엔터테인먼트 제작자가 신제품에 대해 사용할 수 있는 전략적 브랜드 통합 옵션을 보여 준다. 모든 엔터테인먼트 상품의 성공은 이러한 상품을 식별하고 긍정적으로 기대하는 소비자와 밀접하게 연관되어 있기 때문에 새로운 상품이 브랜드가 되기를 원하는지 아닌지에 대한 질문은 사실 질문 거리가 아니다. 드문 예외가 있긴 하지만, 상품이 강한 브랜드의 성격을 띠지 않는 한 엔터테인먼트 분야에서 성공하기는 쉽지 않다. 오히려 신상품이 오리지널 브랜드로 거듭나기를 원하는지(즉, '오리지널 브랜드 전략'을 적용할 것인지), 아니면 기존 브랜드를 사용하는 것을 선호하는지('브랜드 확장 전략'을 적용할 것인지)를 결정하는 것은 훨씬 더 생각할 가치가 있다. 후자의 전략에서 기존 브랜드의 이전의 사용 경험에 따른 친숙함 때문에 새로운 엔터테인먼트 상품은 소비자들이 이미 잘 알고 있는 소위 '모 (parent)' 브랜드를 확장한다.

브랜드 확장 전략을 설계할 때 어떤 종류의 모 브랜드를 사용해야 하고 어떤 상품 범주를 대상으로 해야 하는가에 대한 2가지 중요한 결정이 내려져야 한다. 상위 브랜드 선택에 있어서의 2가지 선택 유형을 자세히 살펴보기로 한다. 브랜드 확장의 한 유형은 '창작자 브랜딩'이다. 이 경우 확장되는 브랜드는 상품 창작자 중 하나이다. 창작자는 신상품의 제작을 허

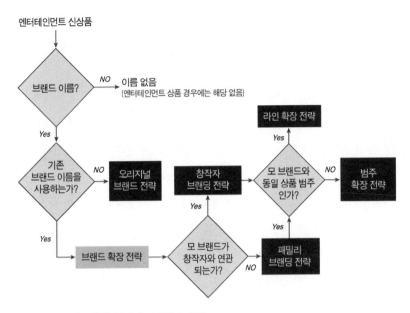

엔터테인먼트 신상품

브랜드 이름? ── NO ──→ 이름 없음
(엔터테인먼트 상품 경우에는 해당 없음)

Yes

기존 브랜드 이름을 사용하는가? ── NO ──→ 오리지널 브랜드 전략

Yes

브랜드 확장 전략 ──→ 모 브랜드가 창작자와 연관 되는가?

Yes ──→ 창작자 브랜딩 전략

NO ──→ 패밀리 브랜딩 전략

Yes ──→ 모 브랜드와 동일 상품 범주 인가?

Yes ──→ 라인 확장 전략

NO ──→ 범주 확장 전략

〈그림 3.1〉 브랜드 통합 전략의 단계별 프레임

자료: Hansen et al.(2001), Sattler(1999) 참조.

가한 회사(디즈니, 픽사 또는 현재 넷플릭스, 아마존 등)일 수도 있다. 혹은 상품을 제작하고 연출하거나, 혹은 다른 방식으로 스스로의 이름을 남기는 휴먼 브랜드일 수도 있다. 스스로의 이름을 앨범 제목에 포함한 〈비욘세 바이 비욘세(Beyoncé by Beyoncé)〉,[4] 또는 〈히치콕 주간(Alfred Hitchcock Presnets)〉, 〈팀 버튼의 크리스마스의 악몽(Tim Burton's The Nightmare Before Christmas)〉, 〈피의 삐에로(Stephen King's It)〉처럼 창작자의 이름이 제목에 포함된 영상 엔터테인먼트를 떠올려 보라.[5]

---

4) 데마라리스(Demararis, 2009)는 언제 그런 사기 표제가 효과가 있고 언제 효과가 없는 가에 대해 매우 흥미로운 (비록 추정적이기는 하지만) 관점을 보여 준다.

브랜드 확장의 또 다른 유형은 '패밀리 브랜딩'이다. 여기서 신상품은 다른 엔터테인먼트 상품 또는 시장 제공물의 기존 브랜드를 활용한다. 예를 들어, 새로운 영화는 영화 〈토이 스토리(Toy Story)〉〈시퀄 〈토이 스토리 2〉의 경우〉나 도서 『헝거 게임(The Hunger Games)』〈영화 〈헝거 게임〉의 경우〉처럼 이전 엔터테인먼트 매체의 브랜드로부터 탄생할 수 있다. 하지만 모 브랜드는 미디어 엔터테인먼트를 넘어 다른 분야에서도 채택될 수 있다. 보드 게임을 영화화하거나(〈클루(Clue)〉나 〈배틀십(Battleship)〉), 장난감을 영화화한 경우(〈트랜스포머〉, 〈우주의 거장들(Master of the Universe)〉, 또는 〈레고 무비(Lego Movie)〉)를 생각해 보라.

브랜드 확장 전략 역시 확장될 상품의 대상 범주의 선택에 의해 형성된다. 모 브랜드가 가장 잘 알려진 범주와 대상 범주가 동일할 경우(시퀄 및 리메이크) 우리는 이러한 신상품을 '라인 확장'이라고 부른다. 대조적으로 대상 범주가 모 브랜드의 범주와 다를 경우(예: 책이나 게임이 영화로 변환되거나 그 반대의 경우) 브랜딩 이론은 보통 이것을 '범주 확장'이라고 부른다.

〈표 3.1〉 브랜드 확장 전략의 전형적 조합

		모 브랜드	
		창작자 브랜딩	패밀리 브랜딩
대상 상품 범주	라인 확장	• 〈겨울왕국(Disney's Frozen)〉: 영화 범주와 밀접히 연결된 디즈니 브랜드의 확장	• 〈백 투 더 퓨처 2(Back to the Future Part II)〉: 〈백 투 더 퓨처〉의 확장
	범주 확장	• 〈디즈니 인피니티(Disney's Infinity)〉: 영화 범주 및 비디오게임 범주와 밀접히 연결된 디즈니 브랜드의 확장 • 디즈니랜드(Disneyland): 테마파크 범주와 밀접히 연결된 디즈니 브랜드의 확장	• TV 시리즈 〈왕좌의 게임(Game of Thrones)〉: 『얼음과 불의 노래(A Song of Ice and Fire)』의 확장

---

5) 페덴(Peden, 1993)은 몇 가지 예를 더 들며 영화 제목의 요소 중 하나로 '휴먼 브랜드'를 사용하는 관행에 대한 배경 정보를 제공한다.

모든 브랜드 확장에는 상위 범주와 대상 범주 모두에 대한 결정이 필요하며, 〈표 3.1〉의 예와 같이 모든 조합이 가능하다. 확장에는 다단계 전략의 일부로 실제의 상위 범주 또는 가상 범주가 결합될 수도 있다. 스포츠 시뮬레이션 게임에서의 확장을 마케팅하기 위해 다단계 전략을 사용하는 게임 제조사 EA(Electronic Arts)의 예를 들어 보자. EA 스포츠 〈FIFA 17〉은 FIFA 브랜드와 EA 스포츠 브랜드 양자 모두의 라인 확장이다. 또한 'EA 스포츠'라는 패밀리 브랜드에 게임 제조사 EA의 브랜드를 포함시킴으로써 창작자 브랜딩도 활용한다. 특정한 새로운 엔터테인먼트 상품에 가장 적합한 전략이 무엇인지 알고자 하는 경우 다음 섹션에서 이러한 전략의 장단점에 대해 알아보기로 한다.

② 브랜드 제휴 전략

이 두 번째 브랜딩 전략 차원은 제작자에게 언뜻 더 적은 선택을 제공하는 것처럼 보일 수 있지만, 자세히 살펴보면 이러한 전략이 브랜드 통합과 마찬가지로 똑같이 복잡한 브랜딩 구성을 생산하는 데 사용될 수 있다는 것을 알 수 있다. 본질적으로 브랜드 제휴에는 '공동 브랜딩'과 '성분 브랜딩'이라는 2가지 기본 제휴가 가능하다.

공동 브랜딩에서는 2개 이상의 브랜드가 공동 상품을 표시한다. 엔터테인먼트에서는 공동 브랜딩이 창작자 차원에서 이뤄질 수도 있지만('디즈니와 픽사가 선사합니다…'와 같이), 둘 이상의 유명 인사가 협력해 상품을 실현할 때도 가능하다. 엔터테인먼트에서의 '창작자 공동 브랜딩'의 예로는 다이애나 로스(Diana Ross)와 라이오넬 리치(Lionel Richie)가 함께 부른「엔들리스 러브(Endless Love)」(9주 동안 빌보드 차트 정상을 차지한), 또는 마이클 잭슨과 폴 매카트니(Paul McCartney)가 함께 부른 히트곡「세이 세이 세이(Say Say Say)」를 떠올릴 수 있다.6) 공동 브랜딩의 이러한 유형은 음악이 아닌 다른 엔터테인먼트 분야에서도 나타난다. 예를 들어, 에르제(Hergé)의 만화를 각색한 영화이자 범주 확장의 경우인 『탱탱의 모험(The Adventures of Tintin)』이 '스필버그와 잭슨이 선사합니다'로 브랜드화되었을 때처럼 말이다.

공동 브랜딩은 '2개 이상의 별개의 텍스트 또는 일련의 텍스트에서 등장인물 또는 설정을 끌어오는' '크로스오버(crossover)'라고 불리는 상품에서 캐릭터가 때때로 패밀리 브랜드 역할을 맡을 때에도 사용된다(Nevins, 2011). 영화 〈배트맨 vs. 슈퍼맨: 저스티스의 시작(Batman vs. Superman: Dawn of Justice)〉의 예를 들어 보자. 이 영화의 마케팅 캠페인에서 강조했듯이 이 영화의 주요 매력은 슈퍼맨과 배트맨 캐릭터의 공동 출연이다. 이 영화가 아니었다면 이 두 캐릭터는 분리된 '세계'에 속한다. 마찬가지로 〈에이리언 vs. 프레데터(Alien and Predator)〉의 만화, 게임 및 영화인 〈에이리언 vs. 프레데터〉 프랜차이즈에서의 종들의 결합(또는 충돌) 역시 이러한 '캐릭터 공동 브랜딩'의 사례이다.7)

두 번째 브랜드 제휴 전략인 성분 브랜딩은 미국 산타클라라(Santa Clara)

---

6) 콜필드 등(Caulfield et al., 2011)은 음악 역사상 가장 주목할 만하고 가장 성공적인 듀엣에 대한 멋진 개요를 정리해 놓았다.

7) 크로스오버는 대중문화에서 오랜 역사를 가지고 있다. 네빈스(Nevins, 2011)는 카스토르(Castor), 폴룩스(Pollux), 헤라클레스(Heracles)를 포함한 여러 신화 속 영웅들이 제이슨(Jason)과 함께 황금 양털을 찾는 그리스 신화로 그 기원을 거슬러 올라간다. 크로스오버의 다른 역사적 사례로는 캐롤린 웰스(Carolyn Wells)의 소설 『하우스보트의 추구(Pursuit of the Houseboat)』(1905)와 그 시퀄에서의 전설적인 탐정 캐릭터들의 결합, DC 코믹스의 『저스티스 리그 오브 아메리카(The Justice League of America)』를 형성하는 무수한 슈퍼히어로들, 드라큘라, 프랑켄슈타인, 울프맨 등의 1930년대와 1940년대 유니버설 스튜디오의 공포 캐릭터의 결합 사례[예: 〈하우스 오브 프랑켄슈타인(House of Frankenstein)〉(1944)에는 상기 세 종류의 '괴물들'이 모두 등장한다] 등이 있다. 이러한 크로스오버들은 때때로 그들 스스로의 패밀리 브랜드와 오늘날의 메타 프랜차이즈 진화의 기초가 되기도 한다.

에 본사를 둔 프로세서 제조업체인 인텔(Intel)의 '인텔 인사이드(Intel Inside)' 성분 브랜딩 캠페인 덕에 유명해졌다. 이 접근 방식에서 전체 상품은 그 상품의 브랜드와는 관계없이 하나 이상의 구성 요소 또는 성분의 브랜드 강점을 활용하려고 시도한다. 또한 전체 상품은 '호스트'로 명명되며, 성분은 보통 따로 구매하지 않거나 따로 구매하는 것이 불가능하다는 점에서 다른 상품과는 구분된다. 인텔 프로세서 자체로는 소비자에게 큰 가치를 제공하지 못한다.

엔터테인먼트에서 가장 대중적인 성분 브랜드는 스타(또는 '휴먼 브랜드')이다. 예를 들어 아널드 슈워제네거(Arnold Schwarzenegger)가 출연하는 영화 〈터미네이터〉나 〈왕좌의 게임〉의 스타인 피터 딘클리지(Peter Dinklage)가 초고가인 〈데스티니(Destiny)〉 게임에서 인공지능 음성으로 눈에 띄게 등장했을 때처럼 말이다.[8] 〈캡틴 아메리카: 시빌 워〉에서 스파이더맨이 게스트로 출연하는 경우와 같이 단순히 스토리에서 추가적 역할만을 맡는 경우 가상의 캐릭터도 브랜드 성분으로 간주될 수 있다.

③ 어떤 브랜드 전략이 가장 잠재력 있는가?

그렇다면 브랜드 엔터테인먼트를 위한 가장 유망한 전략은 무엇일까? 다음 섹션에서 논의하겠지만 각 전략에는 고유한 장점이 있을 뿐만 아니라 특정한 어려움과 한계도 수반된다. 일반적으로 이러한 전략의 가장 큰 장점은 소비자가 엔터테인먼트 상품을 선택하는 주요 동인 중 하나인 기존의 친숙함을 브랜드가 제공한다는 것이다. 집단적 정서를 생각해 보라.

---

[8] 이와는 별도로 딘클리지의 연기는 게임 커뮤니티의 일부에서 특별히 인정받지는 못했으며, 나중에 다른 배우에 의해 다시 더빙되었다(게임 제작자는 이러한 결정에 대해 다른 이유를 제시하긴 했지만)(Philips, 2015).

〈스타워즈: 에피소드 VII〉의 최근 예고편에서 포드가 우주 카우보이 한 솔로 역을 다시 연기하면서 "츄이(Chewie), 우리 집에 왔어"라고 말했을 때 인터넷을 달궜던 집단 정서를 떠올려 보라. 이는 솔로가 우키족 동료인 츄바카에게 건넨 대사이긴 하지만, 스타워즈 팬 군단에게 전하는 그의 메시지는 명확했다. 포드가 표현한 대로 "그 순간 친숙함의 포문이 열린 것이다"(*The Hollywood Reporter*, 2016).

브랜드에 대한 익숙한 과거의 경험을 소비자들이 기억하기 때문에 브랜드가 강력할 수 있는 것이지만, 우리의 흥분-친숙(성) 체계는 또한 소비자를 즐겁게 하기 위해 더 많은 것이 필요하다는 것을 분명히 한다. 엔터테인먼트 브랜드에 대한 일반적인 도전 과제는 충분한 수준의 새로운 흥분을 창출할 만큼 충분히 새로운 것을 제공하는 것이다. 메건 콜리건(Megan Colligan)이 파라마운트(Paramount)의 마케팅 이사로 재직 시 말했듯이, "사람들은 자신이 기대하는 것을 재현해 줄 무언가를 찾고 있지만, 동시에 자신들에게 매우 익숙한 것들을 원한다"(Fritz and Schwartzel, 2017). 따라서 브랜드 엔터테인먼트 상품은 브랜드화되지 않은 대안보다 경쟁 우위를 확보할 수 있는 잠재력을 갖고 있지만, 그 성공 여부는 브랜드를 어떻게 활용하는가에 달려 있다. 다음 섹션에서 브랜드 활용의 맥락적 요인을 살펴보기로 한다.

그럼에도 불구하고 전반적으로 엔터테인먼트 업계 의사 결정자들은 브랜딩에서 어느 정도 가치는 발견하게 되기 마련인데, 이는 그들이 종종 엔터테인먼트 마케팅의 블록버스터 콘셉트의 핵심 기제로서 상품의 브랜드 활용을 강력히 끌어안았기 때문이다.9) 소비자들도 그 뒤를 따랐다. 예를

---

9) 블록버스터 콘셉트에 대한 심도 있는 논의는 엔터테인먼트 통합 마케팅을 다룬 III권 5장에서 제공하기로 한다.

순위	영화	콘솔 게임	음악	소설
1	〈아바타〉	〈콜 오브 듀티: 블랙 옵스〉	「마이클 잭슨: 스릴러」	「다빈치 코드」
2	〈타이타닉〉	〈그랜드 테프트 오토 5〉	「이글스: 그레이티스트 히트」	「해리 포터와 죽음의 성물」
3	〈스타워즈: 깨어난 포스〉	〈콜 오브 듀티: 모던 워페어 3〉	「빌리 조엘: 그레이티스트 히트 1, 2」	「해리 포터와 마법사의 돌」
4	〈쥬라기 월드〉	〈콜 오브 듀티: 모던 워페어 2〉	「레드 제플린 4」	「해리 포터와 불사조 기사단」
5	〈어벤저스〉	〈콜 오브 듀티: 블랙 옵스 2〉	「핑크 플로이드: 더 월」	「그레이의 50가지 그림자」
6	〈분노의 질주: 더 세븐〉	〈그랜드 테프트 오토 4〉	「AC/DC: 백 인 블랙」	「해리 포터와 불의 잔」
7	〈어벤저스: 에이지 오브 울트론〉	〈콜 오브 듀티: 고스트〉	「가스 브룩스: 더블 라이브」	「해리 포터와 비밀의 방」
8	〈해리 포터와 죽음의 성물〉	〈콜 오브 듀티 4: 모던 워페어〉	「플리트우드 맥: 루머스」	「해리 포터와 아즈카반의 죄수」
9	〈겨울왕국〉	〈콜 오브 듀티: 월드 엣 워〉	「샤니아 트웨인: 컴 온 오버」	「천사와 악마」
10	〈아이언맨 3〉	〈기타 히어로 3: 레전드 오브 락〉	「비틀즈: 화이트 앨범」	「해리 포터와 혼혈 왕자」
11	〈미니언즈〉	〈저스트 댄스 3〉	「건즈 앤 로지즈: 애피타이트 포 디스트럭션」	「그레이의 50가지 그림자: 심연」
12	〈캡틴 아메리카: 시빌 워〉	〈배틀필드 3〉	「보스턴: 보스턴」	「트와일라잇」
13	〈트랜스포머 3〉	〈EA 스포츠 매든 NFL 10〉	「엘튼 존: 그레이티스트 히트」	「밀레니엄: 여자를 증오한 남자들」
14	〈반지의 제왕: 왕의 귀환〉	〈레고 스타워즈: 콤플리트 사가〉	「가스 브룩스: 노 펜스」	「그레이의 50가지 그림자: 해방」
15	〈007 스카이폴〉	〈기타 히어로: 월드 투어〉	「비틀즈: 비틀즈 1967-1970」	「로스트 심벌」

□ 오리지널　■ 라인 확장　■ 범주 확장　■ 창작자 브랜딩　■ 성분 브랜딩　■ 공동 브랜딩

〈그림 3.2〉 엔터테인먼트 성공 간 브랜드 전략

주: 영화 순위는 전 세계 극장 수입(The Numbers 기준)을 반영한다. 콘솔 게임 순위는 2대 이상의 7세대 콘솔에서 출시된 모든 게임의 글로벌 단위 판매량(VG Chartz 기준)을 반영한다. 음악 순위는 미국의 '인증된(certified)' 단위 판매량(RIAA/Business Insider 기준)을 반영한다. 소설 순위는 1998~2012년의 영국 내 판매량을 반영한다(Nielson BookScan/The Guardian 기준).

들어 2011년에는 북미에서 최고 수익을 올린 10편의 영화 중 8편이 시퀄이었다(그리고 다른 2편은 코믹스의 각색으로서, 일종의 범주 확장에 해당했다). 30년 전에는 상위 10편의 영화 중 2편만이 시퀄이었고, 다른 영화들은 모두 브랜드 통합의 관점에서 '원작'에 해당했다(Allen, 2012). 〈그림 3.2〉는 다양한 형태의 엔터테인먼트 분야에서 브랜드화된 상품이 현재 부각되는 정도를 좀 더 포괄적으로 제시한다. 각 분야에서 흥행작의 상당 부분이 우리가 강조하

는 브랜드 전략을 하나 이상 사용하는 상품으로 이뤄져 있다.

이 수치는 우리가 〈아바타〉와 〈타이타닉〉의 경우 카메론이 보유한 창작자 브랜드의 역할을 무시하고 오리지널로 간주한다 하더라도, 가장 성공적인 15편의 영화 중 13편이 기존 브랜드를 활용하고 있다는 것을 보여준다. 단 1편의 예외 없이 모든 베스트셀러 게임은 브랜드로 분류되며, 상위 15개 앨범 중 오직 한 앨범만이 브랜드를 이루고 있지 않았다(즉, 밴드 보스턴(Boston)의 데뷔 음반만이 오리지널이었다). 15위권 중 10편만이 브랜드를 이루고 있어, 원작의 비중은 소설에서 가장 높았다. 이 수치는 또한 모든 브랜딩 전략이 일정 수준으로는 활용되지만 그 빈도는 상품마다 다르다는 것을 보여 준다. 라인 확장은 모든 형태의 엔터테인먼트에서 두드러지는 반면, 게임에서 특히 우세하다. 많은 흥행 영화들은 우리가 범주 확장이라고 명명한 전략인 영화 이외의 다른 범주(만화, 소설)의 브랜드를 각색한 결과물이다. 흥행에 성공한 소설은 보통 스타 작가를 창작자 브랜드로 두고 있으며, 음악 히트곡들은 스타 실연자들, 즉 휴먼-성분 브랜드와 밀접하게 연관되어 있다.

그러나 이러한 성공의 요인을 해당 상품과 명백히 관련된 브랜드 구성요소의 덕분이라 인정하기 전에 유의해야 할 사실이 있다. 우리는 엔터테인먼트 제작자들이 오리지널 상품을 다루는 방식과 비교해서 그러한 브랜드 상품을 어떻게 다루는지 확인해야 한다. 엔터테인먼트 제작자들은 브랜드에 많은 투자를 하기 때문에, 어쩌면 경쟁 우위를 창출하는 것은 단순히 브랜드 자체가 아니라 더 높은 지출일 수도 있으며, 그렇다면 이는 근본적인 상관관계를 거짓으로 만들어 버릴 것이다. 그러므로 우리는 브랜드에 직접적으로 (그리고 유일하게) 귀속될 수 있는 그들의 재무 실적의 역할을 분리시킨 채 엔터테인먼트에서의 다양한 브랜딩 전략을 더 자세히 살펴볼 필요가 있다.

더불어 동등하게 중요한 사실로서, 〈그림 3.2〉가 일부 브랜드 상품의 흥행력이 우수하다는 것을 보여 주기는 하지만, 우리 독자들은 그다지 성과가 좋지 않았던 브랜드 엔터테인먼트의 사례를 확인하는 것에도 관심이 있으리라 믿는다. 따라서 우리는 각 브랜딩 전략의 성공을 좌우하는 우발적 요인을 식별하면서 그러한 차이의 원인에 대해 확인할 필요가 있다. 하지만 그러기 전에 '오리지널' 상품으로서 모든 브랜드가 어떻게 탄생하는지 간략하게 살펴보기로 한다. 이 시작의 순간에도, 그 이름만으로도 차이를 만들 수 있는 것일까?

2. 브랜드 요소: 좋은 브랜드명이란 어떤 것인가?(그리고 그것이 재무적인 차이를 만드는가?)

이름이 무슨 대수인가요? 우리가 장미라고 부르는 것을 다른 이름으로 부른다 해도 그 향기는 마찬가지죠.

― 「로미오와 줄리엣」 중 줄리엣의 대사

모든 브랜드의 시작에는 이름이 있다. 많은 다른 산업들과 마찬가지로 엔터테인먼트에서도, 상품에 대한 훌륭한 브랜드 이름을 생각해 내는 것은 종종 미래의 시장 성공을 위해 중요한 것으로 여겨진다. 엔터테인먼트 제작사들은 제목을 뽑아내는 전문가들이 멋진 제목들을 내놓을 수 있도록 많은 관심을 기울이지만 '어떻게 될지 아무도 몰라요'라는 격언과 마찬가지로 무엇이 제목을 위대하게 만드는가를 정의하는 일에 있어서는 미스터리가 분석을 능가한다.

그리고 제목의 평가란 것은 성과를 알고 나서 훗날 판단하게 되는 것이기 때문에 미스터리를 키워나가기는 더없이 쉽다. 〈쇼생크 탈출(Shawshank Redemption)〉이라는 훌륭한 영화는 제목이 어색하다는 이유만으로 실패하지 않았는가?[팀 로빈스(Tim Robbins)조차 영화 제작 현장에서 그 제목을 외울 수 없었다.] 그리고 〈해리가 샐리를 만났을 때(When Harry Met Sally)〉와 〈시애틀의 잠 못 이루는 밤(Sleepless in Seattle)〉의 경우는 그 기발한 제목 때문에 성공하지 않았던가? 적어도 이것이 바로 매튜 코헨(Matthew Cohen) 같은 업계 전문가들(엔터테인먼트 상품의 브랜드 이름을 만들어 생계를 유지하는)이 주장하는 내용이며, 언론인들도 지지하는 사실["위대한 제목이 좌우한다(A great title matters)", Patterson, 2008]이다.

브랜드 작명의 대가들은 종종 제목의 품질을 설명할 때 과학적인 주장을 끌어들이곤 하지만, 그들이 인용하는 증거는 일화적일뿐만 아니라 많은 반증이 존재한다. 예를 들어, 코헨은 〈해리가 샐리를 만났을 때〉의 경우는 '운율(라임)을 가지고 있기에' 좋은 제목이라고 설명한다. 인간은 운율을 더 잘 기억하기 때문에 말이다. 하지만 흥미롭게도 그 영화의 독일 제목에는 어떤 운율도 없었지만, 1989년 북미에서는 이 영화가 흥행 12위를 차지한 것에 비해, 독일에서는 9번째로 성공한 영화가 되는 것을 막지 못했다. 〈시애틀의 잠 못 이루는 밤〉의 경우는 그것의 '두운의 2개의 'S' 때문에 흥행했다고 한다. 하지만 그렇다면 왜 스타 배우들이 출연한 훌륭한 영화이자 클린트 이스트우드(Clint Eastwood)의 사운드트랙을 갖춘 〈굿바이 그레이스(Grace Is Gone)〉는 비슷한 언어적 특징을 갖추고 있음에도 불구하고 흥행에 처참하게 실패한 것일까?

아마도 실증적인 연구는 무엇이 훌륭한 엔터테인먼트 브랜드 이름을 만들고 그 이름이 어떻게 상품 흥행에 영향을 미치는지 밝혀낼 수 있을 것이다. 엔터테인먼트 외의 분야에 대해서도 브랜드 이름의 몇 가지 언어적 측면을 연구해 이름이 브랜드에 대한 소비자 반응에 실제로 영향을 미칠 수 있다는 것을 발견한 연구들이 있다. 이러한 연구의 대부분은 엄격하게 통제된 실험실 환경에서 수행된 실험이다(개요 파악을 위해서는 Lowrey et al., 2003 참조). 소비자가 반응하는 방법에 영향을 미치는 브랜드 이름의 측면에는 이름의 음성학(모음과 자음의 사용을 통한 것과 같은 이름에 반응을 촉발하는 특정 소리), 그 철자법(예: 틀에 박히지 않은 철자법), 형태론(이름이 접두사를 추가하거나 단어를 결합하는 것과 같은 특별한 방법으로 형성되는 경우가 좋다), 그리고 의미론(이름이 은유법을 통해 무언가를 '의미하는' 경우가 좋다)이 포함된다. 이러한 측면은 브랜드에 대한 소비자의 인지 추론을 지원하고 이미지 프로세스를 촉발해 소비자의 브랜드 관련 태도와 행동에 영향을 미칠 수 있다.

그러나 엔터테인먼트 상품의 특수성(전체적 평가 및 짧은 수명주기)과 시장(높은 혁신 수준과 소비자들이 선택해야 하는 넓은 상품 폭)을 고려할 때 우리는 그러한 결과가 엔터테인먼트로 이전될 수 있다는 것을 당연하게 여겨서는 안 된다. 그리고 실제로 실증적 결과를 고려하면 브랜드 이름 효과에 대한 회의론이 적절할 수도 있겠다고 보인다. 영화의 경우, 자오 등(Zhao et al., 2013)은 3000여 편의 영화 제목에 대한 소비자의 친숙성을 코드화하고 이러한 '제목 친숙성'을 영화의 성공과 연결시킨다. 두 명의 독립된 참여자가 영화의 어떤 제목이 이전 영화와 비슷하다고 판단했을 때 (동일한 시리즈나 프랜차이즈의 일부가 아닌) 친숙성은 1(다른 모든 경우 0)로 설정되었다. 연구진은 그런 다음 OLS와 2SLS 회귀분석을 통해 이 친숙성을 영화의 북미 개봉 주말 흥행 성적과 연결시켰다. 그 결과 제목 친숙성의 유의미한 효과는 발견되지 않았다. 심지어 박스오피스 흥행과 친숙성의 분리된 상관관계조차 거의 0에 가까웠다.

슈미트-스톨팅 등(Schmidt-Stölting et al., 2011)은 도서의 성공에 관한 연구에 유사한 조사를 포함시켰다. 연구진은 4명의 참여자에게 데이터 표본에 있는 1000권 이상의 양장본과 문고판 도서들의 제목에 대한 '호소력'을 5포인트 척도로 평가해 줄 것을 요청했다. 그런 후 연구진이 그들의 연구 모델의 일부로서 이 호소력 측정과 책의 흥행 성공을 연결시켰으나(도서들의 여러 다른 성공 동인은 통제한 SUR 회귀모형 활용), 제목이 양장본과 문고판 도서들의 판매에 미치는 영향에 대해 유의미한 결과는 역시 발견되지 않았다.

이러한 연구들이 2차적 데이터에 의존했던 반면, 우리는 300편의 독일 영화들의[10] 과거 정보와 1063명의 독일 소비자의 서베이 데이터를 결합해 이 문제에 대한 추가 조명을 시도했다(Pahler vor der Holte et al., 2016). 해당 서베이 접근 방식을 통해 우리는 이름이 소비자의 인식에 미치는 영향을 이해할 수 있었다. 우리는 제목에 근거한 인지적 추론('이 영화는 내가 좋아하는 장르일 것이다', '내가 좋아하는 스타 배우가 나올 것이다' 등을 포함)과 제목의 이미지적 잠재력(제목의 선명한 느낌 등)으로 소비자가 어떤 영화에 대해 행하려는 정보 검색과 영화를 보려는 의도에 대해 많은 것이 설명됨을 발견했다. 그러나 우리가 영화 제목들의 평균적인 추론과 이미지적 잠재력을 영화의 실제 주말 흥행 성과와 연관시킬 때 그것들이 다른 '성공 동인들'(예: 스타 배우, 장르, 광고) 이상으로 성공과 상관있지는 않았다. 이는 제목이 새로운 엔터테인먼트 상품의 출시 초기 단계(투자 심의 통과 등)에서 실제로 중요한 역할을 할 수 있으며 소비자의 초기 화제성과 관심을 자극하는 데 도움이 될 수 있음을 시사하지만(즉, 현란한 광고 캠페인의 확대 이전에), 우리의 결과는 제목의 어떤 영향도 출시일이 다가옴에 따라 스타 배우나 트레일러와 같은 다른 신호들에 의해 구축 효과(crowding out)를 보인다는 것을 시사한다.

마지막으로 우리의 연구는 오리지널 브랜드 이름에 초점을 맞췄던 반면, 수드와 드뢰즈(Sood and Drèze, 2006)는 시퀄만 살펴보았다. 그들의 연구

---

10) 그 300편의 영화들은 2000~2008년 사이에 극장 개봉되었던 독일의 공동 제작 작품들이었는데, 그중 그 인기 때문에 우리가 빼놓은 가장 성공적인 영화와 시퀄들은 제외되었다. 응답자들은 서베이 전에 들어본 적이 없는 영화만을 평가했다.

문제는 '영화 기저의 패밀리 브랜드로 인해 소비자들에게 포만감을 줄 수 있는가?'였다.11) 1957~2005년 동안 개봉된 317편의 영화 시퀄들을 분석한 결과 수드와 드뢰즈는 이 특정한 맥락에서 제목이 정말로 중요하다는 것을 확인했다. 그들은 이름이 붙은 시퀄(〈인디아나 존스: 미궁의 사원(Indian Jones and the Temple of Doom)〉 등)이 번호가 붙은 시퀄(〈록키 2(Rocky 2)〉 등)보다 IMDb에서 더 높은 소비자 평점을 기록했다는 것을 발견했다. 브랜드 확장의 명명(번호 대비)은 친숙함을 줄임으로써 영화 브랜드에 대한 소비자의 포만감을 감소시키는 것으로 보인다.

따라서 제목은 어느 정도(성공적인 엔터테인먼트 브랜드를 구축하고 또한 나중에 확장할 때) 중요할 수 있지만, 그 역할은 시간과 맥락에 따라 다르다. 적어도 새로운 브랜드에 대해서 아직 알 수 없는 것은 어떤 '종류'의 이름이 다른 브랜드보다 우수하냐는 것이다. 연구자들이 확인한 여러 언어적 변종 중 어떤 종류의 이름이 초기 단계에 어떤 종류의 엔터테인먼트에 가장 효과적인가? 앞으로의 연구가 이에 대해 더 많은 답을 줄 수 있기를 바라며, 면책 조항을 추가해 보겠다. 2차적 데이터를 사용하는 연구는 '선택 효과'에 의해 편향될 수 있다. 이는 상품화된 제목만 비교하고 상품화에 실패한 제목은 비교하지 않기 때문이다. 따라서 역사적 데이터베이스에 있는 모든 제목들이 훌륭하다는 주장도 나올 수 있다. 그리고 차이점들은 오직 이 엘리트 목록들 사이에서 더 눈에 띄는 것들만을 가리킬 것이다.

이제부터는 브랜드 확장에 대해 좀 더 자세히 알아보기로 한다. 앞에서 설명한 바와 같이 브랜드 확장 전략은 대부분의 주요 엔터테인먼트 성공을 뒷받침하는 하나의 브랜드 전략이다. 먼저 2가지 주요 라인 확장 유형

---

11) I권 3장 '엔터테인먼트 상품이 독특한 이유: 주요 특성'에 언급된 포만감 현상에 대한 논의도 참조하기 바란다.

(즉, 시퀄 및 리메이크)의 경제적 논리를 탐색한 다음, 범주 확장을 살펴보기로 한다.

3. 엔터테인먼트 라인 확장: 시퀄과 리메이크의 경우

(영화 관객 중) 51%가 그들이 좋아하는 프랜차이즈의 일부이기 때문에 〈스타 트렉 비욘드(Star Trek Beyond)〉를 관람했다고 답했다.

— 부슈와 달레산드로(Busch and D'Alessandro, 2016)

1) 시퀄과 리메이크의 공통점과 차이

'시퀄'이라는 용어는 대중과 학술 담론 모두에서 동일한 패밀리 브랜드 내의 이전 제품에 연이어 라인을 확장한 엔터테인먼트 상품을 일컫는다 (Basuroy and Chatterjee, 2008). 이들을 라인 확장으로 분류한다는 것은 시퀄이 이전 제품과 동일한 상품 범주에 속한다는 것을 의미한다.

영화와 소설 시퀄은 각각 이전 영화나 소설의 이야기를 이어간다. 종종 '시리즈'라고 불리는 TV 시리즈와 코믹스는 지속적인 스토리텔링이라는 동일한 논리를 따른다. TV 시리즈의 한 시즌은 지난 호의 코믹스 내용을 이번 호가 이어가듯이 이전 시즌에 기초해 만들어진다. 제작 결정도 시즌/ 호별로 내려진다. 때때로 시퀄은 서사적 연속성보다 설정, 등장인물, 일반적인 '콘셉트'와 같은 다른 요소에서 더 밀접하게 전편과 연관되어 있다. 세월이 흘러도 자라지 않고, 그의 아버지, 가족, 그리고 〈심슨 가족(The Simpsons)〉의 '스프링필드(Springfield)라는 세계'의 다른 구성원들과 끝없이 투쟁 중인 바트 심슨(Bart Simpson)을 생각해 보라.

게임 시퀄 역시 종종 이전 게임의 '콘셉트'를 추구한다. 〈그랜드 테프트 오토(GTA) 5〉가 설정, 등장인물 및/또는 줄거리에 있어 약간의 변화와 함께 범죄자 순위에서 캐릭터의 상승에 초점을 맞춰 이전 〈GTA〉 시리즈를 따르는 것처럼 말이다. 그리고 음악에도 시퀄들이 있다. 그러한 음악 시퀄들은 이전 앨범의 사운드와 음악 스타일을 따른다[심지어 앨범에 번호를 매기면서 시퀄을 암시하기까지 했던 그룹 시카고(Chicago)의 경우에서 보듯이]. 때때로 음악 시퀄은 또한 가사로 표현된 이전 노래의 서사를 지속한다.[12]

시퀄의 개념은 영화의 맥락에서 비롯되었다. 1920년대와 1930년대에 할리우드 스튜디오는 'B 팀'을 운영했는데, 이들은 찰리 찬(Charlie Chan), 미스터 모토(Mr. Moto), 시스코 키드(Cisco Kid)와 같은 인기 있는 캐릭터의 모험 에피소드들이 느슨하게 연결된, 당시 '시리즈'라고 불리던 연재물을 제작했다. 이 연재물들은 적은 예산과 제한적인 예술적 야망을 위해 제작되었다. 1970년 20세기 폭스사가 제작한 〈혹성 탈출: 지하 도시의 음모(Beneath The Planet Of The Apes)〉는 종종 최초의 '현대적인' 시퀄로 여겨지는데, 이 시퀄은 폭스의 이전 흥행작인 〈혹성 탈출(Planet of the Apes)〉의 시퀄이며, 그 자체가 피에르 불(Pierre Boulle)의 고전 소설을 각색한 영화이다. 경영자들이 기존 자산을 활용할 수 있는 방법을 찾도록 만든 것은 전략적·경영적 사고의 결과라기보다는 당시 문제가 있었던 스튜디오의 재무 상태였다. 시퀄이 기본적으로 예술적으로 열등하고 상업적으로 매력적이지 않은 것으

---

12) 이런 연곡의 예로 데이비드 보위(David Bowie)가 「스페이스 오디티(Space Odity)」의 톰 소령(Major Tom)이라는 페르소나를 11년 후에 「애시즈 투 애시즈(Ashes to Ashes)」에서 재소환한 예, 에미넴(Eminem)의 「배드 가이(Bad Guy)」 싱글에서 그의 이전 음반의 페르소나인 스탠(Stan)의 동생으로 매튜(Matthew)를 소개한 예, 오스트리아 가수 팔코(Falco)의 「커밍 홈(Coming Home: Jeanny Part II, One Year Later)」에서 그의 문제적인 히트곡 「지니(Jeanny)」의 타이틀 캐릭터를 1년 후에 애도하고 추적하는 예 등이 있다.

로 여겨졌던 시기에 폭스는 그 이후로도 수십 년 동안 진화하는 지적재산권을 수많은 상품들이 결속된 패밀리 브랜드로 만들었다.[13]

리메이크는 시퀄과 연관성은 있지만 차이를 지니는 일종의 라인 확장이다. 이 개념은 이전 엔터테인먼트 상품의 여전히 동일한 상품 범주에서의 새로운 버전, 또는 '재표상(re-representation)'을 설명한다(Horton and McDougal, 1998). 시퀄과 마찬가지로 리메이크도 대부분의 엔터테인먼트 형태에서 찾아볼 수 있다. 대표적인 예로는 거스 반 산트(Gus van Sant) 감독이 히치콕의 고전 스릴러를 리메이크한 영화 〈사이코(Psycho)〉(1998), 2013년 버전의 게임 〈툼 레이더(Tomb Raider)〉(1996년 원작을 리메이크)와 새로운 음악 히트곡의 편곡[록 밴드 디스터브드(Disturbed)가 사이먼 앤 가펑클의 「사운드 오브 사일런스(Sound of Silence)」을 2015년에 리메이크한 것 등] 사례 등이 있다. 리메이크는 소설에서는 드물지만 가끔 일어나기도 한다. 그 예로는 앤 타일러(Anne Tyler)와 마가렛 애트우드(Margaret Atwood) 같은 현대 작가들이 셰익스피어의 고전 소설을 다시 쓰는 '호가스(Hogarth) 셰익스피어 프로젝트'가 있다(Smiley, 2016). 리메이크의 다른 이름으로는 '리부트'(영화나 게임에서 여러 편의 시퀄로 확장된 후 브랜드의 시초 편이 재탄생할 때 종종 사용)와 음악 리메이크의 경우 '커버 버전'이 있다.

수사학을 넘어 시퀄과 리메이크를 구별하는 것이 중요한가? 우리는 이론적으로나 우리가 나중에 제시할 것처럼 매우 실용적이고 실증적인 수준 모두에서 그러하다고 주장한다. 첫째, 시퀄과 리메이크 모두 기존 브랜드와 제휴해 소비자들에게 친숙함(이미 우리가 설명했던 대로 감정과 이미지를 촉발해

---

13) 추천 영화 다큐멘터리 〈알파에서 오메가까지: 시퀄을 만드는 것(From Alpha to Omega: Building a Sequel)〉은 엔터테인먼트 사이언스 학자들과 팬들에게 그 자체로 풍부한 텍스트이며, 오늘날의 산업이 '자연적인' 힘보다는 경영자들에 의해 얼마나 강하게 형성되고 있는지를 우리에게 상기시켜 준다. 이에 관해서는 엔터테인먼트 통합 마케팅 전략으로서의 블록버스터 개념의 개발에 대해 논의할 때 III권 5장에서 자세히 설명한다.

궁극적으로 만족감을 줄 수 있는)을 제공할 수 있기 때문에 오리지널 상품보다 잠재적으로 중요한 이점을 포함한다는 점을 강조하고자 한다. 하지만 친숙한 자극의 이점에 대한 논의의 일환으로, 우리는 또한 친숙함만이 소비자를 즐겁게 하는 데 중요한 요소가 아니라는 것을 강조해 왔다. 성공적인 엔터테인먼트는 또한 신선한 흥분을 필요로 한다. 그리고 시퀄과 리메이크는 소비자들에게 그러한 신선한 흥분을 제공할 수 있는 잠재력과 관련해 본질적으로 다르다.

시퀄은 등장인물의 새로운 면을 탐구하거나, 새로운 영역을 개척하거나, 이전 이야기들의 연속에서 놀라운 서술적 전환을 택함으로써 신선한 흥분을 제공할 수 있다. 이와는 대조적으로 신선한 흥분을 제공함에 있어서의 리메이크의 가능성은 본질적으로 제한된다. 정의상 기존 스토리를 동일한 형식으로 다시 반복해야 하기 때문이다(Bohnenkamp et al., 2015). 멘델슨(Mendelson, 2013)의 표현처럼 "이런 리메이크 작품이 만들어지는 바로 그 이유(브랜드 인지도)가… 스스로를 차별화하는 능력을 짓밟는다. 같은 이야기를 반복함으로써 여러분은 스스로를 쓸모없게 만드는 셈이다. 상당히 다른 방향으로 가면 하드코어 팬들은 한편으로는 여러분의 존재를 비난하고 다른 한편으로는 원작에의 충실도가 떨어지는 것을 비난할 것이다".

이 2가지 핵심 유형의 엔터테인먼트 라인 확장의 재무적 영향은 어떠한가? 시퀄과 리메이크는 평균적으로 원래의 엔터테인먼트 상품보다 흥행 성과가 더 좋은가? 서로의 결과는 다른가? 이러한 라인 확장의 재무적 성과를 확인한 후 우리는 전작과 연장이 얼마나 밀접하게 유사해야 하는지에 관해 지대한 관심을 가지고 성공한 라인 확장 사례와 실패한 라인 확장 사례의 차이점을 면밀히 살펴볼 것이다.

2) 엔터테인먼트 라인 확장의 '평균적' 수익 및 리스크 효과

우리는 '평균적' 효과를 살펴봄으로써 라인 확장의 재무적 성과에 대한 탐색을 시작한다. 물론 그런 것은 존재하지 않지만, 우리는 일반적으로 라인 확장이 엔터테인먼트의 제작자들에게 경제적 이익을 제공하는지를 배우는 것이 여전히 유익하다고 여긴다(일반적으로 교육의 성과가 고소득으로 이어지는지를 알고 싶은 것처럼, 또는 디지털 미디어를 사용하면 더 똑똑해지거나 더 행복해지는지 확인하고 싶은 것처럼 말이다). 그러한 일반화된 관점은 차별화를 위한 여지를 남기는데, 우리는 이 섹션의 후반부에서 좀 더 정교한 통찰력으로 이를 채워나갈 것이다. 시퀄부터 분석을 시작한 후 그 성과를 리메이크 성과와 비교해 보기로 한다.

(1) '평균적인' 시퀄에서 엔터테인먼트 제작자들이 얻을 수 있는 것은 무엇인가?

① 시퀄의 가치에 대한 몇 가지 기본적인 통찰

시퀄에 대한 대부분의 실증적 연구는 영화의 맥락에서 수행되어 왔다. 우선 시퀄들을 그들의 전작들과 비교하는 것으로 시작해 보자. 바수로이와 채터르지(Basuroy and Chatterjee, 2008)는 1991~1993년에 개봉한 11편의 영화 시퀄의 주차별 성과를 일반화 추정 방정식(GEE: Generalized Evaluation Equations) 접근 방식을 사용해 분석하고, 시퀄이 평균적으로 전작들의 수입에 필적하지 않는다는 사실을 발견했다.

다르 등(Dhar et al., 2012)은 1983년과 2008년 북미 극장에서 광역 개봉된 2000편의 훨씬 더 큰 데이터 표본을 통해 동일한 결과를 확인했으며,[14] 시퀄이 전체 극장 상영 기간에 걸쳐 평균 2050만 명의 북미 관객을 끌어

모은 반면, 그 전작들은 평균 2400만 명을 유인했다고 보고했다. 그러나 시퀄은 개봉 첫 주 평균 820만 명의 관객 수를 기록하며, 전작의 660만 명 관객보다 개봉 첫 주에 한해서는 더 좋은 성적을 거두었다(전작보다 더 높은 배급 노력을 통해 2100개 상영관 대비 2700개 상영관에서 개봉, 평균 1900만 달러 대비 3200만 달러의 제작비를 들였다).

그러나 시퀄로 전환되는 엔터테인먼트 상품이 대체로 더 성공적인 경향이 있기 때문에 시퀄이 아니라는 사실을 제외하고 시퀄과 모든 면에서 유사한 다른 상품의 성과와 시퀄과의 흥행 성과 사이에 더욱 강력한 비교가 가능할 수 있다. 많은 연구가 상품의 흥행 성공이라는 경제학적 모델에 '시퀄' 변수를 추가함으로써 이러한 비교를 목표했다. 초기 연구들은 다른 상품적 요소와 마케팅 활동을 통제하지 않았다. 따라서 이러한 변수들의 모든 영향이 시퀄 변수에 의해 흡수되었고, 이러한 논문들은 종종 엄청난 효과 규모를 제시한다.

그러나 더 최근의 연구들은 그러한 통제 변수의 더 큰 표본을 사용함에 따라 좀 더 현실적인 추정치를 산출한다. 일반적으로 이러한 연구들은 시퀄 영화가 시퀄이 아닌 영화보다 20~30% 더 많은 수익을 낸다는 것을 발견한다. 바수로이 등(Basuroy et al., 2006)은 3단계 최소제곱법(3SLS)으로 175편의 영화로 구성된 라비드(Ravid, 1999)의 데이터 표본을 재분석해 시퀄들이 개봉 첫 주에 시퀄이 아닌 영화들보다 24% 더 높은 수익을 발생시킨다는 것을 발견했다. 클레멘트 등(Clement et al., 2014)은 훨씬 더 크고 더 최근의 영화 샘플에 동일한 방법을 적용, 북미 개봉 주말 수입에 있어 시퀄의 프리미엄이 20% 정도라고 추산했다. 그리고 악데니즈와 탈레이(Akdeniz and

---

14) 연구진의 데이터 표본 중 시퀄의 정확한 개수에 대해서는 언급하지 않았지만 100개를 초과하는 것으로 보인다.

Talay, 2013)는 14개국을 대상으로 한 공동 연구 결과 영화가 시퀄일 경우 개봉 첫 주 박스오피스에서 평균 31%의 증가율을 보임을 발견했다.

악데니즈와 탈레이, 그리고 클레멘트 등의 연구 결과는 흥미로운 통찰로 이끈다. 우리가 장르와 다른 변수들에 대해 관찰했던 사실과는 대조적으로 시퀄의 효과는 전 세계적으로 동일한 성질의 것으로 보인다. 그러나 시퀄 효과의 강도는 나라마다 다르다. 악데니즈와 탈레이는 그 차이가 10%(일본)에서 90%(칠레)까지 다양하다고 보고한다. 국가 수준에서는 학자들은 그러한 차이가 한 국가의 '불확실성 회피' 경향과 관련이 있다는 실증적 단서를 발견한다. 즉, 일부 국가의 사람들은 불확실한 상황에 불안감을 느낄 때 엔터테인먼트 상품의 시퀄의 성격이 제공하는 편안함을 특별히 선호하는 것으로 보인다(Hoffstede et al., 2010: 191).

이러한 연구들이 대부분 영화 개봉 주의 성공을 살피는 반면, 점점 더 많은 다른 품질 단서들이 노출됨에 따라 시퀄이 이후에 힘을 잃게 된다는 몇몇 증거도 있다. 바수로이와 채터르지(Basuroy and Chatterjee, 2008)는 개봉 직후의 시퀄 효과가 가장 높고 영화 상영 첫 9주에 걸쳐(극장에서 이보다 더 오래 상영되는 영화는 거의 없다) 그 절반 정도로 줄어든다는 것을 보여 준다. 다르 등 (Dhar et al., 2012)은 25년간의 데이터 표본의 분석에서 시퀄 효과가 개봉 주 (총수익에 포함된다)에 비해 총 극장 수입에서는 3분의 1로 약화된다는 것을 알아냈다. 그들의 연구는 또한 2가지 추가적인 통찰을 제공한다. 첫째, 시퀄들의 영향을 받는 것은 관객뿐 아니라 배급업자들도 마찬가지이다. 배급업자들은 시퀄들을 다른 영화들보다 더 많은 수의 극장에 배치하는 경향이 있다. 둘째, 이들은 1983~2008년 개봉 첫 주 관객 기준에서는 시퀄 효과가 증가했다는 것을 발견한다. 그러나 영화의 총 극장 수입에는 변화가 없었다.

평균적인 시퀄 효과는 영화가 아닌 다른 형태의 엔터테인먼트에 대해서도 역시 추정되어 왔다. 일반적으로 시퀄은 장점을 제공하지만, 상품의 종류마다 그 수준이 다르다고 알려져 있다. 책의 경우 슈미트-스톨팅 등은 후속 효과가 상당히 강할 수 있지만 그것은 책의 형태에 따라 다르다고 제시한다. 책의 시퀄(오리지널 대비)은 문고판의 판매량은 46%나 크게 늘렸지만 양장본 시장에는 전혀 영향을 미치지 않았다.[15] 비디오 게임의 경우 콕스(Cox, 2013)는 게임 시퀄이 6% 더 높은 수익을 창출함을 발견했다. 마르상(Marchand, 2016)은 약 2000개의 비디오 게임을 분석하는 데 있어 추가 요인을 통제한 결과 총 게임 판매량에 대해 0.07의 시퀄 탄성을 추정한다. 이는 오리지널 게임에 비해 약 5% 더 높은 시퀄 판매량으로 환산할 수 있는 수치이다.

우리는 일찍이 대부분의 게임 슈퍼 흥행작들이 시퀄이라는 것을 봤는데(〈그림 3.2〉 참조) 왜 이토록 비교적 약한 '시퀄 프리미엄'이 게임들에 적용되는 것일까? 한 가지 가능한 설명은 평균적인 효과의 크기인 만큼 '엉성한' 시퀄이 시퀄 효과를 희석시킬 수 있다는 것이다. 또한 이러한 결과는 시퀄과 오리지널 간에 상이하게 존재할 다른 요인의 성공 영향을 제어하는 다변량 분석에서 도출된다는 점을 유념해야 한다. 이는 몇 편의 고예산 게임 시퀄의 강력한 흥행 성과에 대한 추가적인 설명을 제시해 준다.

그러나 후자의 주장은 연관이 있기는 하지만 훨씬 더 민감한 경제학적 문제로 이끈다. 즉, 시퀄이 오리지널과 다른 방식으로(더 유리하게!) 제작 체계상에서 대우될 경우 이는 '처우 편향(treatment bias)'으로 알려진 경제학적 부산물을 확립할 수도 있다. 모든 2D 영화와 3D 영화의 통계학적 비교가 우리를 오도할 수 있듯이 '처우 편향' 때문에 우리는 시퀄 효과를 과대평가하게 될 가능성이 있다. 이러한 편향과 함께 엔터테인먼트 사이언스 연

---

15) 해당 연구진은 책 판매량의 대용물로서 Amazon.de의 도서 순위를 사용하고 있다.

구자들이 시퀄의 재무적 영향에 대한 왜곡이 없는 추정치를 도출하기 위해 적용한 몇 가지 해결 방법을 자세히 살펴보기로 한다.

② '처우 편향' 문제 및 해결 방법

엔터테인먼트 경영자들은 시퀄의 힘을 믿고 있기 때문에 오리지널 제품보다 체계적으로 '더 나은' 처우를 하는 것이 분명해 보인다. 그들은 시퀄에 더 높은 제작비와 광고비를 쏟고, 일반적인 브랜드화되지 않은 상품보다 더 널리 유통한다. 다르, 선, 와인버그(Dhar, Sun and Weinberg)의 광범위한 데이터 표본은 시퀄에 대한 이런 선처의 규모를 알려 준다. 평균적으로 시퀄은 다른 모든 영화보다 약 50% 더 높은 (인플레이션 조정됨, 영화 제작비 2100만 달러 대비 3200만 달러) 제작비 규모를 보이며, 35% 더 많은 스크린(2000개 대비 2700개)에서 개봉된다.

경영자들이 더 높은 성공 가능성이 있다고 생각되는 상품에 선처를 하는 것은 확실히 아무런 잘못이 없지만, 이는 예측 분석에서 통계적 문제를 야기한다. 기본 회귀분석 방법은 처리 변수들(예: 시퀄의 더 높은 예산, 더 높은 광고비, 더 큰 배급 규모)의 성공 효과의 일부를 해당 상품이 시퀄이라는 사실에 잘못 할당한다. 따라서 브랜드 효과를 과장하는 경향이 야기되는 것이다. 현실적인 제어 변수의 포함은 이 문제를 완화할 수 있지만 불행히도 이를 완전히 제거하지는 못한다.

자, 그럼 어떻게 해야 할까? 이 문제를 해결하기 위한 한 가지 방법은 '통계적 일치(statistical matching)'이다. 통계적 일치에서 경영자에 의해 다른 상품보다 더 나은 대우를 받은 것으로 추정되는 상품(즉, 우리의 경우 시퀄)은 다른 모든 상품과 비교되는 것이 아니라, 재무성과에 중요한 모든 다른 관점에서 유사한 대우를 받은 상품하고만 비교된다. 이러한 상품은 시퀄이 아니더라도 시퀄로서 유사한 대우를 받은 셈이다.

우리는 1998~2006년 북미 극장에서 개봉된 101편의 영화 시퀄(어떤 복잡성도 피하기 위해 시리즈의 첫 번째 시퀄만)에 대한 통계적 일치점을 찾음으로써 영화 시퀄에 이 접근 방식을 적용했다(Hennig-Thurau et al., 2009). 이러한 쌍둥이를 찾기 위해 우리는 동시대의 시퀄이 아닌 1536편의 극장 개봉 영화를 다변량 분석 절차를 사용해 추출했다.16) 통계적으로 일치시키기 전 데이터 표본 중 시퀄은 시퀄이 아닌 영화들과 상당히 달랐다(예: 다르 등의 연구 결과와 유사하게 예산과 개봉관은 각각 37%와 35% 더 높았다). 통계적 일치 공정은 이러한 차이를 거의 완전히 제거함으로써 사과를 배가 아닌 사과와 비교할 수 있게 해 주었다.

그렇다면 처우 편향을 제거하고 나서도 남아 있는 후속 효과는 무엇일까? 〈그림 3.3〉의 패널 A는 시퀄과 통계적으로 매칭된 시퀄 아닌 영화들의 평균 총수익을 비교한다. 시퀄이 평균적으로 훨씬 더 성공적이긴 하지만 27% 차이는 어떤 종류의 통계적 일치도 적용하지 않은 다르 등(Dhar et al., 2012)이 보고한 144%보다는 확실히 작다. 시퀄의 데이터 표본에 대해 회귀분석을 실행하며 우리가 또한 수많은 제어를 추가하고 그들의 직접적인 성공 효과를 걸러내자, 이 아주 엄격한 분석의 결과를 통해 우리는 시퀄이 북미 총수입의 14% 증가를 야기한다는 사실을 발견할 수 있었다(극장, 홈비디오 소매 및 대여 포함, 인플레 조정 수치).

패널 B는 시퀄과 통계적으로 매칭된 시퀄이 아닌 영화들의 재무 위험을 비교함으로써 경영자에게 재무적 유의미성을 갖는 시퀄의 두 번째 측

---

16) 구체적으로 우리는 영화의 제작 예산, 배급 규모(개봉관 수 기준), 상영 등급, 스타 파워, 다른 상품 범주에 패밀리 브랜드의 존재, 장르 등 일련의 주요 성공 변수를 바탕으로 101편의 시퀄과 모든 시퀄 아닌 영화들 사이의 '거리'를 계산했다. 그러고 나서 우리는 샘플의 각 시퀄에 대해 가장 가까운 3개의 '이웃들'을 골랐다. 이 절차에 대한 자세한 내용은 헤니그-투라우 등(Hennig-Thurau et al., 2009)을 참조하기 바란다.

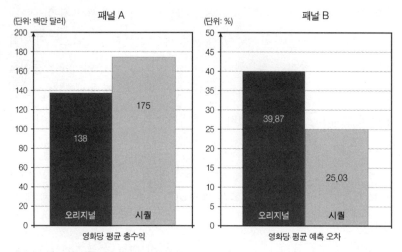

〈그림 3.3〉 영화 시퀄의 평균 수익 및 위험

주: 시퀄 결과는 101편의 시퀄과 301편의 시퀄 아닌 영화 결과를 바탕으로 만들어졌다. 패널 B에
   서 평균 예측 오차는 두 번의 개별 회귀분석(시퀄용으로 한 번, 오리지널 영화용으로 한 번)의
   평균 백분율 오차(MAPE: Mean Average Percentage Error)이다. MAPE 값은 각 영화의 실제
   총 수익에 따라 가중치를 부여한다.
자료: Hennig-Thurau et al.(2009) 참조.

면을 제시한다.[17] 구체적으로 우리는 데이터 표본의 시퀄과 시퀄이 아닌
영화들에 대해 별도의 회귀분석을 실행한 다음 결과 방정식을 사용해 데
이터 표본에 포함된 각 영화들의 총수익을 예측했다. 우리의 재무적 리스
크의 척도는 영화의 실제 흥행 성과와 비교했을 때 이러한 예측의 평균 백
분율 오류이다. 결과는 시퀄이 아닌 영화를 제작하는 것에 비해 시퀄 제
작 시 15%p(또는 37%) 낮은 예측 오차가 발생한다는 것을 보여 주며, 이는
가장 큰 장점이다.

---

17) 엔터테인먼트에서 리스크의 중요한 역할과 이를 체계적으로 관리해야 하는 필요성에
   대한 우리의 논의는 엔터테인먼트 비즈니스 모델에 대한 I권 5장을 참조하기 바란다.

통계적으로 매칭된 시퀄 데이터 표본을 기반으로 한 우리의 연구 결과는 우리가 분석에서 비용 요인을 중화시킨다는 것을 의미한다. 결론적으로 우리의 연구 결과는 시퀄들이 평균적으로 더 많은 매출을 창출하고 리스크가 더 낮다는 것을 보여 줄 뿐만 아니라 더 많은 이익도 낸다는 것을 보여 준다. 이러한 해석은 시퀄과 수익성의 연관성에 대한 다른 학자들의 연구 결과와 일치한다(Hofmann, 2013; Gong et al., 2011, 두 연구 모두 시퀄의 더 높은 투자 수익률(ROI) 효과를 제시했지만 처우 편향을 제어하지는 않았다).[18]

(2) 그리고 '평균' 리메이크 작품에서 얻을 수 있는 것은?

우리는 시퀄과 리메이크 모두 엔터테인먼트 브랜드의 라인 확장이지만, 서로 다른 경제 논리를 따른다고 앞에서 주장한 바 있다. 그렇다면 기존의 연구들은 리메이크의 가치에 대해 우리에게 무엇을 알려주는가? 리메이크는 시퀄과 마찬가지로 상업적으로 매력적인가, 아니면 제한된 신선한 자극의 잠재력으로 인해 엔터테인먼트 마케팅 전략으로서 매력도가 떨어지는가?

리메이크를 연구한 학자들은 분명 만족스럽지는 않을 것이다. 비록 서로 다른 창구에서의 영화 성공 동인 간의 차이점에 대한 우리 연구의 중심이 리메이크에 대한 것은 아니었지만(Hennig-Thurau et al., 2006), 그럼에도 우리는 리메이크라는 사실과 (리메이크가 아닌 영화 대비) 극장에서의 초기 및 장기간의 흥행 사이의 상관관계를 계산한 바 있다. 우리는 리메이크 여부와 장기/단기 흥행변수 사이의 상관관계가 문자 그대로 0이라는 것을 발견했는데, 이는 영화의 흥행 변동성 중 20% 이상을 책임지고 있는 시퀄의 결

---

18) 공 등(Gong et al., 2011)은 실제로 이런 편향을 통제하려고 시도하지만, 시퀄의 전편들의 속성 중 일부(스타 파워, 상영 등급, 개봉 시즌 및 연도)를 일치의 기준으로 사용한다.

과와는 대조적이다.

우리는 오로지 영화 리메이크 및 그 경제적 영향에만 집중한 연구에서 1999~2011년 북미 극장에서 개봉된 모든 리메이크 207편의 북미 박스오피스를 거의 2000편의 다른 영화, 즉 '리메이크 아닌 영화들'의 샘플과 비교했다(Bohnenkamp et al., 2015). 여기서는 여러 다른 영화 변수의 성공 효과도 제어했지만, 처우 편향이 결과를 왜곡하는 것을 방지하기 위해 정교한 일치 방식['성향 점수 매칭'(2장 3D의 연구 경우에 사용한 방식과 동일)]도 사용했다. 이러한 접근 방식을 통해 우리는 제작비 및 광고/배급비(리메이크하는 경우가 일반적으로 더 높음), 시퀄 등의 브랜드 확장의 다른 종류(리메이크의 경우가 더 적음), 코미디(리메이크하는 경우가 흔하지 않음), 공포 또는 스릴러 영화(우리의 데이터 표본에서는 다른 장르들에 비해 더 자주 리메이크됨)와 같은 다른 종류의 브랜드 확장에 대한 처우 편향을 발견(및 제거)한다.[19]

리메이크의 성과는 어떠할까? 평균 리메이크 박스오피스가 모든 리메이크가 아닌 영화들의 박스오피스보다 약 800만 달러 (또는 30%) 더 높지만(3480만 달러 vs. 2670만 달러), 이 차이는 처우 편향을 제거할 때 거의 완전히 사라져 리메이크가 아닌 영화들의 박스오피스가 평균 3310만 달러가 된다. 이것은 리메이크 변수를 가중 최소제곱 회귀분석에 포함시킬 때도 발견된다.[20] 변수의 모수(母數, parameter)는 매우 작으며(0.013) 유의미하지 않다. 즉, 영화 리메이크는 시퀄과 달리 적어도 평균적으로는 흥행 수입 면에서 이점을 제공하지 못하는 것으로 보인다. 아래 절에서 이를 좀 더 면밀히 살펴보기로 한다.

---

19) 일치 추정에서 우리는 또한 영화의 스타 파워, 전문적인 비평가들의 판단, 상영 등급, 액션, 드라마, SF 장르에 의한 잠재적 편향을 발견하지는 못한다.
20) 일치 가중치는 회귀 가중치의 역할을 했다.

그럼에도 오리지널보다 리메이크가 선호되는 또 다른 재무적인 이유가 있다. 우리가 시퀄의 사례에서도 발견했듯이 리메이크는 오리지널 영화보다 리스크가 적다. 리스크 척도로서 수익과 ROI의 표준 편차는 리메이크의 경우 통계적으로 매칭된 리메이크가 아닌 영화들의 경우보다 확실히 낮다(각각 14%와 41%씩). 다시 말하자면 오리지널 대신 리메이크 영화를 제작할 경우 많은 추가 수익을 창출하지는 못할 수도 있지만, 돈을 잃을 가능성은 줄어든다.

3) 엔터테인먼트 사업 확장의 성공 동인에 대해 자세히 살펴보기

이전 토론에서는 '평균적인' 시퀄 및 리메이크 작업에 대해 다루었지만, 이제 라인 확장이 흥행 성공 측면에서 '평균 이상의' 성능을 발휘하도록 하는 요인들에 대해 자세히 알아보기로 하겠다. 엔터테인먼트 사이언스 연구자들은 패밀리 브랜드나 모 브랜드의 특성, 패밀리/모 브랜드와의 연장의 '적합성' 특성, 그리고 확장의 특성이라는 중요한 3가지 종류의 상황적 요인(contingency factors)을 실증적으로 밝혀냈다. 〈그림 3.4〉에는 이러한 기본적인 상황적 요인 범주가 나타나 있으며 각 요인에 대한 2가지 대표적인 예시적 변수도 나열되어 있다. 이제 엔터테인먼트 사이언스의 연구를 통해 이러한 상황적 요인에 대해 무엇을 파악할 수 있는가에 대해 살펴보겠다.

(1) 패밀리(또는 모) 브랜드의 특성

신상품의 성공에 대한 패밀리 브랜드의 브랜드 요소의 역할에 대한 연구는 2가지 개념, 즉 패밀리 브랜드에 대한 소비자의 인지 수준과 해당 브랜드 이미지에 초점을 맞추고 있다. 꽤나 종종 학자들은 '패밀리'라는 더

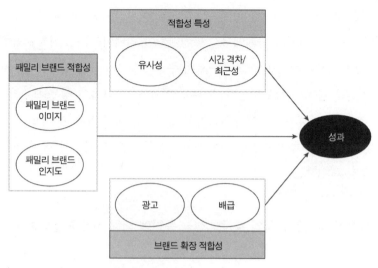

〈그림 3.4〉 엔터테인먼트 라인 확장 성공의 상황적 요인

자료: Hennig-Thurau et al.(2009) 참조.

추상적인 개념 대신 특정한 이전의 모체가 되는 상품(예를 들어, 오리지널 〈록키〉
는 〈록키 2〉의 모체일 것이다)을 끌어온다.

먼저 브랜드 인지도에 대해 설명해 보기로 한다. (최초의) 영화 시퀄에 대
한 우리의 연구에서 우리는 시퀄의 모 브랜드에 대한 인지도를 북미 극장
에서의 총수익과 개봉관 수의 조합으로 측정해 이 인지도 측정 기준을 '망
각의 곡선' 함수에 의해 시간이 지남에 따라 발생하는 인지도 저하 수준으
로 조정했다(Hennig-Thurau et al., 2009).[21] 〈그림 3.4〉에 표시된 다른 변수도
포함하는 OLS 회귀분석을 사용할 때 시퀄의 성공에는 브랜드 인지도가

---

[21] 이러한 처리에 깔린 기저 논리는 3억 달러의 흥행 수익을 올린 영화의 시퀄이 1억 달러
의 흥행 수익에 불과했던 영화의 시퀄보다 더 높은 인지도를 가지리라는 것이다. 그러
나 예를 들어 1985년에 개봉된 모 영화와 2015년에 개봉된 모 영화를 비교한다면 상황
은 반전될 수도 있다.

단연코 가장 큰 영향을 미친다는 것을 알게 되었다. 특히 인지도의 표준화된 계수는 두 번째로 가장 영향력 있는 변수보다 2배 이상 크다.[22]

영화 리메이크 맥락에서는, 우리는 영화의 리메이크가 보도된 시점의 모 영화의 IMDb의 무비미터(MovieMeter) 검색 순위를 이용해 모 브랜드 인지도를 확보했다. 그런 후 데이터의 하위 부분 집합에 대해 회귀분석을 수행했다(Bohnenkamp et al., 2015). 각 하위 부분 집합에는 특정 유형의 리메이크작 및 통계적으로 매칭된 리메이크가 아닌 영화들에 대한 데이터가 포함되었다. 이러한 세밀한 분석에서 우리는 리메이크에 관한 한 최대 인지도는 흥행 성공의 가장 좋은 전제 조건이 아니라는 것을 확인할 수 있었다. 대신, 우리는 중간 수준의 브랜드 인지도를 가진 모 영화의 리메이크 성과가 가장 뛰어나 리메이크가 아닌 영화들보다 6% 더 높은 수익을 창출했음을 확인했다. 낮은 인지도를 가진 모 영화의 리메이크 성과가 그 다음으로 높았고, 높은 인지도를 가진 모 영화들의 경우의 모수는 심지어 부정적인 결과를 보였다(비록 통계적으로 유의미하진 않았지만). 이 결과는 오늘날의 영화팬들 대상으로 높은 인지도를 가진 영화를 리메이크하는 것은 다른 영화들에 비해 손해를 볼 가능성이 있다는 것을 시사한다.

영화 제작자인 스티븐 소더버그(Steven Soderbergh)는 스튜디오들이 "때때로 리메이크처럼 단순한 문제들을 잘못 생각하는 경우가 있습니다. 무슨 말인고 하니, 대체 왜 항상 유명한 영화들을 리메이크하는 거죠?"라고 반문했을 때 이러한 사실을 염두에 둔 듯했다(The Deadline Team, 2013). 마틴 라킨(Martin Rackin)은 존 포드(John Ford)의 고전 〈역마차(Stagecoach)〉를 리메이크

---

22) 브랜드 인지도에 대한 우리의 망각 조정 측정만 해도 전체 계수의 합의 3분의 1 이상을 차지한다. 변수들의 표준화된 버전을 사용했기 때문에 이 분석에 탄성을 사용할 수는 없었다.

할 때 이 문제에 대해 고심했다. 그는 자신의 리메이크 영화가 출시되기 전 몇 년 동안 원작 영화가 대중을 대상으로 배급되지 못하도록 했다(Pfeiffer, 2015: 33). 이것은 우리의 학술적인 관점에서 표현하자면 모 브랜드에 대한 목표 관객의 인지도를 낮추기 위한 노력에 해당한다.

그러나 라킨의 노력은 거의 성과를 거두지 못했다. 그의 리메이크 작품은 겨우 제작비를 회수하는 데 그쳤다. 그러나 이 결과는 어쩌면 영화의 모 브랜드 이미지인 패밀리/모 브랜드의 두 번째 주요 측면과 더 많은 관련이 있을 수도 있겠다. 잠시 후에 다시 〈역마차〉 리메이크 사례로 돌아가기로 한다. 영화 시퀄에 대한 연구에서 우리는 전문가, 소비자, 그리고 업계 구성원에 의한 모 영화의 품질 판정의 조합으로서 영화의 브랜드 이미지를 측정한다. 우리의 회귀분석 결과 브랜드 이미지는 추정에 포함된 모든 변수 중 세 번째로 높은 표준화된 회귀 모수를 보였다. 이러한 통찰은 업계의 상식과 어느 정도 일치한다. 경쟁 스튜디오의 한 관리자는 디즈니가 '첫 번째 영화가 그리 좋지 않았다'라는 사실에도 불구하고 영화의 상업적 성공(또는 브랜드 인지도)만으로 실사 영화 〈이상한 나라의 앨리스(Alice in Wonderland)〉의 시퀄을 제작하기로 결정한 것에 대해 놀라움을 표현했다(D'Alessandro, 2016).[23] 제작비 1억 7000만 달러의 시퀄 〈거울나라의 앨리스(Alice Through the Looking Glass)〉는 북미 극장에서 5000만 달러도 벌어들이지 못하면서 어마어마한 재무적 실패로 끝났다.

모 브랜드 이미지의 중요한 역할은 프랜차이즈 관리를 위한 제작자들에게도 귀중한 교훈을 제공한다.[24] 할리우드 분석가 더그 크로이츠(Doug Creutz)는 디즈니가 향후의 〈스타워즈〉 시리즈에 대한 계획의 포석으로 간

---

23) 예를 들어, 이 영화는 로튼 토마토(Rotten Tomatoes)에서 52%의 긍정적인 평가를 받았다.
24) 또한 이 장 뒷부분의 프랜차이즈 개념에 대한 좀 더 자세한 논의를 참조하기 바란다.

주한 〈스타워즈: 깨어난 포스〉의 성공을 논하며 흥행 성적 이상의 것을 바라본 디즈니의 전략이 옳았다고 평했다. 크로이츠는 "이번 주말에 〈스타워즈: 깨어난 포스〉가 아무리 많은 수익을 올리더라도… 우리는 강력한 리뷰가 프랜차이즈의 장기적인 지속가능성에 더 중요한 영향을 미친다고 생각한다"라고 평하며 브랜드 이미지와 관련된 반응의 중요성을 강조했다(Lieberman, 2015).

그러나 리메이크의 경우 모 브랜드 이미지의 효과는 또다시 더 복잡한 양상을 보인다. 우리는 모 영화에 대해 소비자가 IMDb에 매긴 평점을 통해 이미지를 측정했는데, '좋은' 이미지를 가진 모영화의 리메이크는 리메이크가 아닌 영화들보다 평균 9% 낮은 수익을 창출했음을 발견했다. 반면, 중간이나 나쁜 이미지를 가진 영화의 리메이크는 훨씬 더 성공적이었고, 리메이크가 아닌 영화들보다 7% 더 많은 수익을 올렸다(Bohnenkamp et al., 2015).

그리고 모 브랜드가 감독("히치콕의 영화!")이나 스타("실베스터 스탤론(Sylvester Stallone)은 록키 그 자체다!")와 같이 호평을 받는 아티스트와 결부되어 있다면 성공적인 리메이크 제작은 훨씬 더 어렵다. 우리는 그러한 '시그니처' 브랜드의 리메이크 영화들이 리메이크가 아닌 영화들보다 자그마치 38%나 덜 성공적이었다는 것을 발견했다. 반면, 그러한 시그니처 요소가 없는 리메이크는 리메이크가 아닌 영화들보다 평균적으로 5% 더 높은 수익을 올린다(Bohnenkamp et al., 2015). 이것이 라킨의 〈역마차〉 리메이크 사례에서 가장 큰 문제였을지도 모른다. 포드의 원작 〈역마차〉는 역대 가장 훌륭한 서부극 중 하나로 널리 인정받는 영화였을 뿐만 아니라, 또한 저명한 연출자의 작품 목록에서 핵심 요소이기도 했다.[25]

---

25) 일례로, 2008년 미국영화연구소(AFI: American Film Institute)는 이 영화를 역대 모든

(2) '적합성' 특성

엔터테인먼트 라인 확장에 대한 연구는 확장된 상품(즉, 리메이크 또는 시퀄)과 패밀리/모 브랜드 사이의 '적합성(fit)'의 2가지 측면, 다시 말해, 그들 사이의 유사성(내용 관련 측면)과 시간 간격(즉, 확장의 최신성, 시간 관련 측면)의 영향력을 강조한다.

'유사성 적합도(similarity fit)'와 관련해 우리는 영화 시퀄 연구에서 11개의 서로 다른 적합성 변수의 중요도를 테스트했는데, 각각의 변수는 모 영화 및 확장 상품이 얼마나 유사한지의 특정한 한 측면과 관련되었다(예: 스타 배우, 개봉일, 예산 및 제목 측면에서). 단계적 회귀분석 절차 결과 같은 주연배우를 기용하는 것이 시퀄의 성공에 엄청난 긍정적인 영향을 미칠 수 있다는 사실이 밝혀졌다. 그리고 이러한 통찰에 대한 확증적인 증거가 있다. 오리지널 〈분노의 질주(Fast and the Furious)〉 이후 첫 6편의 시퀄 중 원작의 주연배우인 빈 디젤(Vin Diesel)과 폴 워커(Paul Walker)가 주연을 맡았던 4편의 영화는 북미에서 원작(1억 4400만 달러)보다 더 많은 수익을 올렸다(1억 5500만 달러에서 3억 5300만 달러 사이). 이와는 대조적으로 워커만 출연한 작품은 수익이 약간 더 적었고(1억 2700만 달러), 둘 중 누구도 출연하지 않은 시퀄은 원작의 절반도 안 되는 수익을 냈다(6300만 달러).[26]

서부영화 중 9위로 선정했다.

26) 가장 최근작인 〈분노의 질주: 더 익스트림(The Fate of the Furious)〉은 예외적인 경우이다. 워커가 죽은 후 개봉되었기에 디젤만이 출연할 수 있었지만, 그럼에도 불구하고 이 영화는 성공을 거두었다. 이러한 주연배우 연속성의 상업적 효과는 영화 제작자들뿐만 아니라 스타 배우들에게도 도움이 될 수 있음을 덧붙인다. 슈워제네거가 〈터미네이터 3〉에 출연할 당시 전례 없는 2925만 달러의 출연료에 (손익분기점 이후) 전 세계 총수익의 20%를 약속 받고, 감독 및 기타 주요 직책과 관련해 '사전 승인권'을 부여하는 계약을 체결할 수 있었던 것은 영화의 주요 투자자들이 이 프로젝트 참여 조건으로 그의 출연을 내걸었기 때문이다. 한마디로 슈워제네거 없는 〈터미네이터〉의 시퀄은 있을 수

또한 동일한 배급사가 시퀄을 배급한다는 점에서의 유사성, 유사한 포스터 디자인 및 제목, 동일한 제작자, 연중 비슷한 시기에 개봉되는 것은 최종 회귀분석에는 포함되지 않았지만 시퀄의 흥행 성과와 긍정적인 상관성을 보였다(영향력의 내림차순으로 나열된다). 그리고 회귀분석 결과는 또한 유사성 적합도가 확장의 성공에 대한 모 영화 이미지의 주요 영향의 크기에 영향을 미칠 수 있음을 보여 준다. 다시 말해 동일한 상영 등급에 모 영화와 같은 장르라는 사실은 긍정적인 모 브랜드 이미지가 시퀄의 흥행 성공에 전이될 수 있도록 촉진한다.

여전히 리메이크는 유사성에 관해서도 다른 양상을 보인다. 원작과 '제한적' 수준(본넨캄프 등(Bohnenkamp et al.)에서 우리는 장르, 캐릭터, 서사, 설정을 고려한 '누적' 점수로 이를 측정]으로 유사한 리메이크는 흥행 성과에 긍정적인 영향을 미쳤다. 반면, 원작과 매우 유사한 리메이크는 리메이크가 아닌 평균 영화들보다 10% 정도 낮은 관객 수를 기록했다. 이러한 결과는 포화 효과에 대한 우리의 이전 논의와도 연결될 수 있다. 시퀄은 친숙한 브랜드 요소(캐릭터 등)와 신선한 흥분(예: 새로운 극적 전환)을 결합해 '포만감의 함정'을 피할 수 있기에 높은 유사성이 일반적으로 경제적 미덕으로 간주될 수 있는 반면, 유사성이 높으면 소비자의 뇌리에 포만감을 일으키기 쉬운("이전에 본 적이 있는데 왜 다시 봐야 하나?") 리메이크의 경우에는 흥분과 친숙성을 결합하는 것이 훨씬 더 어려운 문제이다.[27]

모 영화와 확장 사이의 시간 간격은 또 다른 적합성의 측면이다. 시퀄의 경우 바수로이와 채터르지(Basuroy and Chatterjee, 2008)는 모 영화 이후 조속

___

없다는 것이다[자세한 내용은 엡스타인(Epstein, 2010)을 참조].
[27] 시퀄의 경우조차도 높은 유사성은 시간이 지남에 따라 문제가 될 수 있다. 라인 확장의 역학을 논의할 때 다시 이 문제로 돌아가기로 한다.

히 개봉될 때 성과가 더 좋다는 결과를 제시한다. 이는 브랜드 인지도의 맥락에서 앞에서 논의된 우리의 '망각' 논리와도 일치한다. 반대로 리메이크의 경우 원작이 너무 오래되어서는 안 되며('망각 효과'가 여전히 적용된다) 너무 새롭지도 않아야 한다. 모 영화가 너무 '최신'인 경우 리메이크는 소비자들에게 충분한 흥분을 제공하지 못한다. 대신, 제작된 지 '중간' 정도 오래된 영화를 리메이크하는 것이 가장 성공 가능성이 높다. 우리의 표본에서는 원작 개봉으로부터 11~30년 후 리메이크가 개봉될 때 (리메이크가 아닌 영화에 비해) 가장 성공적이라는 것을 발견했다(Bohnenkamp et al., 2015). 이 시간 간격 내에서는 제작자가 유사한 수준의 리메이크가 아닌 영화들에서 예상할 수 있는 것보다 약 8% 더 많은 수익을 낼 수 있다.

(3) 라인 확장의 특성

확장 상품을 제작할 때, 제작자들은 강력한 패밀리 브랜드를 보유하고 그에 적합하게 확장함과 동시에 엔터테인먼트 사이언스의 기본을 제대로 활용해야 한다. 이 책의 다른 장에서 설명한 상품, 커뮤니케이션, 유통 및 가격 결정에 대한 규칙들이 엔터테인먼트 브랜드 확장에도 적용된다.

우리는 시퀄 연구를 통해 시퀄의 배급 규모(즉, 개봉관 수)가 모든 요인 중 브랜드 인지도에 이어 시퀄의 흥행 성과에 두 번째로 강력한 상관성을 가지며 누적 중요도의 18%를 설명한다는 사실을 발견했다(Hennig-Thurau et al., 2009). 제작비도 상관관계가 있지만 다소 낮은 수준(중요도의 5%를 설명)이다.[28]

대부분의 학자들의 연구는 마케팅 변수가 라인 확장과 오리지널 상품에 유사하게 영향을 미친다고 암묵적으로 추정하는 반면, 바수로이 등

---

28) 이 제작비에 관한 결과를 인과적 방식으로 해석하기 전에, 2장에서 제시된 엔터테인먼트 분야의 유사 탐색 품질로서의 제작비에 관한 논의도 참조하기 바란다.

(Basuroy et al., 2006)은 그 중요성이 달라질 수 있음을 제시한다. 그들은 광고 비용이 오리지널보다는 시퀄에 더 효과적이라는 증거를 제시하는데, 이는 시퀄의 브랜드 인지도와 이미지로 인한 잠재적 이점이 제작자가 광고비를 더 많이 지출할수록 더 커진다는 것을 의미한다. 이런 유형의 상호 작용이 더 존재할 것으로 예상되지만 아직 체계적으로 연구된 바는 없다.

(4) 상황적 정보를 사용해 수익-리스크 포트폴리오 개발하기

이 장의 앞 섹션들에서 우리는 어떻게 엔터테인먼트 브랜드 확장의 성과가 모 상품, 적합성 및 확장 특성에 따라 달라지는지에 대한 학술적 연구 결과를 종합적으로 제시했다. 이제 엔터테인먼트 경영자가 어떻게 이러한 다양한 정보를 결합해 확장을 위한 맞춤형 마케팅 전략을 개발할 수 있는지 설명하고자 한다. 앞서 제시한 수익 효과에 대한 통찰과 여러 종류의 리메이크 리스크에 대한 세밀한 조사 결과를 결합해 영화 리메이크에 대한 설명부터 시작한다(Bohnenkamp et al., 2015).

〈그림 3.5〉는 수평 축에 리스크, 수직 축에 수익을 두고 리메이크에 대한 수익-리스크 포트폴리오를 보여 준다. 이 수치는 경제적 측면에서 어떤 종류의 리메이크가 가장 유망한지에 대한 명시적인 지침을 제공한다. 오른쪽 상단 사분면에 배치된 리메이크들은 평균 이상의 수익을 제공할 뿐만 아니라, 통계적으로 매칭된 데이터 표본의 리메이크가 아닌 영화보다 평균적으로 리스크가 낮기도 하다. 이 사분면에는 공포영화의 리메이크, 원작으로부터의 중간 수준의 시간 간격, 중간 수준의 인지도 및 이미지를 가진 브랜드의 리메이크 영화 등이 포함되어 있다. 이와는 대조적으로 왼쪽 아래 사분면에 있는 리메이크들은 상대적으로 높은 리스크 수준과 낮은 수익의 경향을 결합하기 때문에 재무적인 관점에서 덜 매력적이다. 즉, SF 리메이크나 원작으로부터의 오랜 시간 간격, 높은 인지도를 보

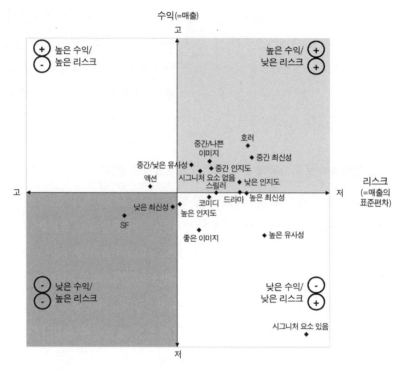

〈그림 3.5〉 서로 다른 종류의 영화 리메이크로 구성된 수익-리스크 포트폴리오

주: 해당 논문에서 연구된 리메이크 종류들만을 반영한 자료이다. 그림의 수익은 하위 표본 회귀분
　　석에서 리메이크 더미 변수에 대한 회귀 매개 변수이며, 리스크 매개변수는 특정 리메이크 유
　　형의 수익에 대한 표준 편차이다.
자료: Bohnenkamp et al.(2015)를 수정 후 재인용.

유한 브랜드의 리메이크 등이 여기에 해당된다.

　물론 각 엔터테인먼트 제작자/투자자는 자신의 개인적 선호도에 따라
2가지 재무 기준의 중요성을 따져보고 그에 따라 결정을 내려야 한다. 예
를 들어, 리스크를 회피하려는 성향이 큰 경우 그림의 수평 축에 더 많은
주의를 기울일 것이다. 제작자들은 또한 다른 유형의 확장, 즉 시퀄을 위
한 유사`한 포트폴리오를 개발하는 것을 고려할 수도 있다. 또한 이 섹션

(그리고 이 책의 다른 부분에서도)에서 제시한 엔터테인먼트 사이언스 연구자들이 도출한 통찰을 바탕으로 수익(매출 대신 ROI 등) 및 리스크에 대해 다른 측정치를 사용할 수도 있다. 현실에서는 리메이크 작품마다 우리가 앞에서 제시한 확장의 측면이 각기 다르게 조합된다는 점도 강조될 필요가 있다. 비록 〈그림 3.5〉에는 개별적으로 열거되어 있지만, 특정 리메이크 프로젝트의 재무적인 매력은 그 '모든' 측면을 기준으로 판단되어야 한다.

〈신데렐라(The Cinderella)〉(2015), 〈정글북(The Jungle Book)〉(2016), 〈미녀와 야수(Beauty and the Beast)〉(2017)와 같은 고전 브랜드를 리메이크하는 디즈니의 최근 전략을 예로 들어 보자. 앞에서 설명한 통찰에 따르면 모 브랜드의 뛰어난 이미지와 높은 인지도는 리메이크에 어려움을 야기한다. 왜냐하면 이러한 요소들은 신선한 자극 면에서의 제약이라는 리스크를 의미해 포만감을 유발하기 때문이다. 그러나 디즈니는 이를 창의적으로 극복, 애니메이션 원작으로부터 엄청난 예산을 들여 제작된 실사 화면과 최첨단 디지털 렌더링 기술의 혼합물로 전환함으로써 낮거나 중간 수준의 유사성을 지닌 리메이크를 제작해 낸다(Barnes, 2017).

따라서 이러한 리메이크는 원작을 아는 사람들에게는 '새로운 경험'을 약속하는 동시에, 모 브랜드에 대한 인지도/지식이 제한적인 새로운 집단을 목표로 한다. 새로운 관객들은 그들의 부모가 매우 사랑하는 무언가의 리메이크 작품을 보고자 하는 동기를 부여 받는 듯하다. 지금까지의 재무 성과를 보면 포만감의 위협에 맞서고 많은 소비자를 끌어들이기에 충분한 흥분을 제공하는 새로운 기술 모드가 동반된 디즈니의 전략이 효과가 있음을 알 수 있다.[29]

---

29) 〈신데렐라〉는 전 세계 박스오피스에서 5억 달러 이상을 벌어들였고, 〈정글북〉은 거의 10억 달러, 〈미녀와 야수〉는 개봉 6일 만에 5억 달러를 벌어들임으로써 3편의 리메이크

4) 라인 확장 유사성의 역학: 시간에 따라 달라지는 임계점에 관하여

라인 확장 적합성의 유사성 측면에 관한 상기의 연구 결과에 따르면 너무 큰 유사성은 리메이크에는 해가 될 수 있지만, 일반적으로 시퀄의 경우에는 유사성이 더 높은 편이 더 유리하다. 그러나 시퀄의 유사성 수준에도 임계점이 있다고 가정하는 이유가 있다. 일단 임계점을 통과하면 높은 유사성으로 인해 새로운 자극의 여지가 제한되기 때문에 시퀄의 성공을 해칠 수도 있다.

우선 317편의 시퀄에 대한 품질 평가를 다룬 수드와 드뢰즈(Sood and Drèze, 2006) 연구를 살펴보자. 그들은 IMDb로부터 장르 분류를 수집했는데, IMDb는 보통 영화 1편에 3개의 다른 장르를 할당한다. 예를 들어, 〈사이코(Psycho)〉는 스릴러이지만 또한 공포와 미스터리이기도 하다. 수드와 드뢰즈는 전편의 장르 분류와 완전히 동일한 시퀄과 적어도 하나의 장르 분류에서 상이한 시퀄들을 비교했다. 그 결과 소비자들이 전편과 정확히 같은 장르를 가진 시퀄들을 적어도 하나의 장르에서 전편과 다른 시퀄보다 더 나쁘게 평가했다는 사실이 발견되었고, 이는 시퀄 유사성에 한계가 있다는 아이디어를 지지하는 결과이다.

별도의 연구에서 우리는 92개 영화 브랜드(사실상 50년의 기간 동안 존재했던 모든 주요 프랜차이즈)로부터 제작된 341편의 영화를 포함하는 일련의 실험과 영화 데이터를 통해 '너무 높은' 유사성의 임계점이 브랜드의 수명주기에 따라 변하는 움직이는 대상이라는 것

• 합리적 기대를 이용해 관찰 가능한 표본으로부터 모수를 추정하는 방법이다. 추정 대상에 대한 확률 분포의 정보 없이도 일치 추정량(一致 推定量, Consistent Estimators)의 속성을 지니는 모수를 추정해 낼 수 있다는 면에서 매우 효과적이다.

는 각각 9500만 달러, 1억 7500만 달러, 1억 6000만 달러의 제작비를 쉽게 회수했다.

을 입증한다(Heath et al., 2015). GMM(Generalized Method of Moments) 회귀분석•
결과는 프랜차이즈 초기 시퀄의 경우 높은 수준의 유사성이 더 높은 수익
과 ROI를 생성하지만, 이후의 시퀄의 경우는 유사성이 적을수록 유리함
을 보여 준다. 또한 이런 결과는 이전 연구에서는 왜 유사성이 더 높을 경
우 더 유리하다는 결과를 얻었는지에 관한 이유를 설명한다(Hennig-Thurau et
al., 2009). 왜냐하면 해당 연구에서 우리는 '최초의' 시퀄만 활용했기에 높은
유사성이 권장되는 접근법이라는 결과가 얻어진 것이다.

회귀분석 결과에 기초한 시뮬레이션에 따르면 유사성의 영향과 시간에
따른 그 변화가 모두 상당하다는 것이 발견된다. 특히, '평균적인' 최초의
시퀄은 북미 박스오피스에서 약 2500만 달러를 벌어들인 반면, 같은 영화
의 유사성이 낮은 버전은 7가지 요소(스타, 장르, 상영 등급 등)가 변할 경우 300
만 달러밖에 벌지 못한다. 그러나 시리즈에서 3번째 시퀄의 평균적인 흥
행 성과는 그 유사성의 수준에 거의 영향을 받지 않는다. 하지만 5번째 시
퀄의 경우에는 너무 많은 유사성이 오히려 성공을 해칠 수 있다. 시리즈
에서 그렇게 늦게 등장하는 시퀄의 경우 변화가 전혀 적용되지 않을 경우
('최대 유사성') 평균 박스오피스는 200만 달러에 불과할 것으로 추정된다. 이
는 7개의 요소를 변화시킨 시퀄에 대해 우리가 예상하는 2600만 달러의
수익보다 훨씬 적은 금액이다. 확실히 동일한 볼거리를 다시 보는 데 대
해 관객들이 매기는 가치는 시간이 지남에 따라 감소하는데, 그러므로 제
작자는 브랜드의 레시피를 더 광범위하게 변형함으로써 관객의 포만감과
싸워야 한다.

이러한 측면에서 소니는 본드 시리즈 중 〈스카이폴〉(최초의 본드 영화 이후 50
년 만에 제작된 23번째 '공식' 시퀄)에 대해 옳은 결정을 했다. 〈스카이폴〉은 이전
영화들과는 확연히 달랐고, 새로운 시작과 새로운 탐험을 목표로 삼았다.
이 영화의 엄청난 성공(북미 극장 매출에서만 3억 달러 이상을 벌어들였으며, 이는 다른 어떤

본드 영화보다 높은 수치이다)은 흥분-친숙(성) 체계에 기초한 이 논리를 확인시켜 주었다.30) 본질적으로 '최종 편집권을 고수하는 작가 감독' 쿠엔틴 타란티노(Quentin Tarantino)가 여러분이 사랑했던 성공작의 첫 시퀄을 감독하게 하는 것은 최고의 선택은 아니지만, 해묵은 프랜차이즈의 시퀄을 타란티노가 추가한다면 신선한 자극을 제공하고 브랜드 포만감을 퇴치할 수도 있을 것이다. 따라서 엔터테인먼트 사이언스는 10년 넘은 〈스타 트렉〉 브랜드에 타란티노가 연출하는 새 영화를 추가하려는 파라마운트의 아이디어를 승인하는 바이다(Fleming, 2017b).

라인 확장의 성공을 위한 유사성의 역할에 대해 우리가 알고 있는 많은 것들에도 불구하고 여전히 배워야 할 것들이 많다. 유사성에 대한 정확한 임계점을 찾아야 할 필요 외에도 여전히 답변이 필요한 질문들로는 다음과 같은 것들이 있을 것이다. 대체 어느 정도의 유사성이 너무 지나친 것인가, 그리고 어떻게 하면 그러한 시퀄/리메이크의 유사성을 상품의 수많은 요소들을 비교하는 방식을 넘어서 '객관적이고' 일반화된 방식으로 가장 잘 측정할 수 있는가?

4. 엔터테인먼트 범주 확장

라인 확장은 기존 상품과 동일한 범주에 존재하지만, 브랜드의 범주 확장은 가장 잘 알려진 상품의 범주를 넘어 친숙한 브랜드 이름을 확장한다. 이러한 접근은 엔터테인먼트에 널리 이용되고 있다. 책(예: 『헝거 게임』), 코믹

---

30) 엔터테인먼트 소비에 관해 I권 6장에 제시된 흥분-친숙(성) 체계에 대한 심도 있는 논의를 참조하라.

스(예: 마블/DC 슈퍼히어로 영화), 게임(예: 〈툼 레이더〉), TV 시리즈(예: 〈스타 트렉〉, 〈미션 임파서블(Mission: Impossible)〉), 장난감(〈레고 무비〉와 〈트랜스포머〉), 심지어 음악에 기반한 영화도 있다(〈핑크 플로이드: 더 월(Pink Floyd: The Wall)〉 또는 C. W. 맥콜(C. W. McCall)의 동명의 노래에 기반을 둔 〈콘보이(Convoy)〉를 떠올려 보라).

그러나 범주 확장은 영화를 훨씬 뛰어넘는다. 게임의 경우 영화(예: 〈에이리언: 아이솔레이션(Alien: Isolation)〉), 책(예: 『데스티네이션: 트래저 아일랜드(Destination: Treasure Island)』), TV 콘텐츠[예: 〈로우 앤 오더: 데드 온 더 머니(Law & Order: Dead on the Money), 〈댄싱 위드 더 스타(Dancing With the Stars)〉]를 각색해 제작된다. 그리고 많은 성공한 영화들이 '소설화(novelized)' 각색을 진행하고, 책 시리즈를 탄생시키고(수많은 『스타워즈』 소설), 때로는 코믹스 시리즈에 영감을 준다(역시 『스타워즈』 코믹스). 이런 현상은 이제 TV 시리즈[예: 시리즈 〈무정부 상태의 아들들(Sons of Anarchy)〉의 확장으로서의 소설 『브라트바(Sons of Anarchy: Bratva)』]에서도 나타나기 시작하고 있다(Alter, 2015).

이제 이러한 범주 확장이 어떻게 작동하는지 살펴보고 잠재적인 이점과 한계를 확인해 보겠다. 라인 확장과 마찬가지로, 우리는 범주 확장을 통해 실현할 수 있는 재무적인 결과에 대해 엔터테인먼트 사이언스 연구자들이 제시한 통찰도 요약할 것이다.

1) 범주 확장을 수행하는 이유

책이 팔리면 영화표도 팔려요.

— 라이온스게이트(Lionsgate)의 공동 COO이자 〈헝거 게임〉 영화 담당 조 드레이크(Joe Drake)(Orden and Kung, 2012 인용)

엔터테인먼트 제작자들은 2가지 주요 이유로 다른 상품 범주의 브랜드를 채택한다. 첫 번째는 기업이 라인 확장을 하도록 동기를 부여하는 것과 같은 근거이다. 기존 브랜드는 수용자가 상품에 대해 강한 긍정적인 연관성을 형성하도록 도울 뿐만 아니라 새로운 상품을 인지하도록 돕는다. 타깃은 대개 이미 브랜드의 팬인 소비자이다. TV 프로듀서 미셸 로브레타(Michelle Lovretta)가 말했듯이 "각색은 의사 결정자들에게 고정 관객이라는 안전망을 제공할 수 있다"(Liptak, 2017). 우리는 이것을 범주 확장의 '브랜드 효과'로 분류한다.

다른 범주의 제품을 각색하는 두 번째 이유는 이미 입증된 품질이며, 이는 모든 신상품의 재생 가능성을 결정하는 중요한 요소이다. 이 '품질 효과'는 범주 확장이 원래 범주에서 품질이 검증된 상품을 기반으로 한다는 것을 의미한다. 이런 기존의 품질 감각은 상품 품질을 사전에 판단하기 어렵기로 악명 높은 산업 환경에서 중요하며, 특히 흥행 성공이 소비자에 의한 고품질 판단과 밀접한 관련이 있는 상품의 경우 더욱 그렇다.[31]

하지만 브랜드를 새로운 범주로 확장하는 것이 우수한 재무적인 결과를 이끄는가 하는 점은 확실하지 않다. 흥분-친숙(성) 체계를 통해 범주 확장 전략을 해석하면 새로이 확장된 제품이 오리지널 신제품보다 친숙하다는 것을 알 수 있다. 그러나 이러한 장점이 소비자에게 긍정적인 영향을 미치기 위해서는 확장에 있어 '범주 격차'가 극복되어야 한다. 소비자들은 신제품의 브랜드를 인지할 수도 있지만, 브랜드의 품질 연관성이 새로운 범주에서도 소비자들에게 합당하게 여겨질 때에만 긍정적인 감정과 이미지가 생겨날 것이다. 다양한 상품 범주의 경우 브랜드 확장 실패의 주된 이유로 종종 '범주 적합성'의 부족이 언급되며[빅(BIC)과 지포(Zippo)가 브랜

---

31) I권 3장 '엔터테인먼트 상품이 독특한 이유: 주요 특성'에 제시된 엔터테인먼트의 핵심적 특징으로서의 품질 판단의 어려움에 대한 우리의 논의를 참고하기 바란다.

드의 확장으로 향수를 출시한 것을 생각해 보라] 보드 게임이 영화화된 사례인 〈배틀십〉과 같은 엔터테인먼트 상품의 상업적인 실패의 원인을 범주 적합성 부족으로 돌리는 것은 마땅해 보인다. 각 엔터테인먼트 상품 범주에는 고유의 특성이 있으며(예: 보드 게임은 상호작용적이고 적극적인 소비자 참여가 필요하다), 엔터테인먼트 제작자는 이러한 특성이 결여될 수 있는 범주에서도 상품의 주요 매력을 주입하는 방법을 찾아야 한다.

그리고 라인 확장과 마찬가지로 소비자에게 새로운 감각을 제공하는 범주 확장의 기능에 있어서의 본질적 한계도 존재한다. 개념적으로 범주 확장은 시퀄보다는 리메이크에 더 가깝다. 왜냐하면 이 상품들은 보통 이전에 다른 범주에서 이야기된 것과 같은 이야기를 전달하기 때문이다. 그러나 새로운 매체는 『해리 포터』라는 책의 캐릭터가 영화 버전에서 색채와 목소리와 함께 움직이거나, 비디오 게임 버전의 호그와트(Hogwarts) 홀을 지날 때 소비자(플레이어)들의 안내를 받거나 하는 순간들처럼 소비자에게 보상의 여지를 제공한다. 우리가 디즈니 영화 리메이크에서 중요한 요소로 확인했던 것과 유사하게 새로운 범주 설정은 스스로 흥분을 제공할 수 있는 잠재력을 가지고 있다.

2) 범주 확장이 수익과 리스크에 미치는 영향: 평균 및 우발성

라인 확장과 마찬가지로 범주 확장에 대한 기존의 실증적 연구 역시 영화에 초점을 맞추고 있다. 배급 창구에 대한 우리의 연구는 범주 확장 효과에 대한 첫 번째 개요를 제공한다(Hennig-Thurau et al., 2006). 북미 박스오피스와 비디오 대여를 통해 측정된 영화의 흥행 성공 결과와 책 각색(베스트셀러와 비베스트셀러 모두 포함) 간의 상관관계는 발견하지 못했다. 그러나 우리는 영화가 TV 시리즈 원작으로 각색되었다는 사실과 개봉 첫 주 수익 사이에서는 중요한 상관관계를 발견했다(r=0.23).

그러나 훨씬 더 체계적인 심층 연구로는 조시와 마오(Joshi and Mao, 2012)가 있다. 그들은 영화의 성공에 미치는 영화 각색에 있어 일반적인 책의 효과와 베스트셀러의 효과를 구별했고, 또한 베스트셀러 지위의 다른 면들을 면밀히 살펴보았다. 일반 도서와 베스트셀러 간의 차별화는 중요하다. 베스트셀러가 아닌 책은 범주 확장의 '품질 효과'를 드러내는 반면, 베스트셀러는 전략의 '브랜드 효과'에 근접한 효과를 나타낸다. 조시와 마오는 1973~2007년 사이 북미에서 광역 개봉된 482편의 책을 원작으로 한 영화의 샘플과 1990년대 후반의 242편의 오리지널 영화의 편의적 표본을 사용한다.

원작 도서의 각색 및 오리지널 영화의 OLS 회귀분석을 통해 (여기서 연구진은 예산, 배급, 장르 등 다른 영화변수를 통제했다) 조시와 마오는 영화가 책에 기반을 두었다는 사실이 영화가 개봉하는 주말 흥행에는 도움이 되지만 이후 흥행에는 아무런 영향을 미치지 않는다는 것을 밝혀냈다. 그러나 절대적인 관점에서는 영향력이 다소 미미하다. 원작 도서의 각색은 평균 23만 달러, 즉 샘플의 평균 개봉 박스오피스의 1.8%에 해당하는 추가 수익을 제공한다.32) 책 변수에는 베스트셀러가 아닌 도서들뿐만 아니라 베스트셀러도 포함되기 때문에 이 결과는 책의 품질 효과를 과대평가해서는 안 된다는 지표로 읽힐 수도 있다.

'브랜드 효과'에 대해서 조시와 마오는 명백히 더 강한 연결 고리를 발견한다. 그들은 책 각색에 대해서만 별도로 시행한 회귀분석에서 ≪USA 투데이(USA Today)≫, ≪뉴욕타임스(New York Times)≫ 또는 아마존 차트의 정

---

32) 조시와 마오는 그들의 연구에 박스오피스 변수를 로그 변환하지 않는다. 그래서 회귀분석 모수는 백분율 효과가 아니라 절대 값을 구성한다.

상에 오른 도서를 원작으로 한 영화가 해당 차트들에 오른 적이 없는 도서를 원작으로 할 경우에 비해 개봉 첫 주에 800만 달러 더 높은 박스오피스, 이후로는 400만 달러를 더 벌어들일 것이라는 것을 발견했다. 또한 베스트셀러가 소비자에게서 잊히지 않도록 신속하게 영화로 각색될 경우일수록 유리하다. 데이터 표본 중 즉각적인 각색작의 개봉의 경우는 10년 전에 베스트셀러였던 책을 각색한 경우보다 거의 1100만 달러나 높은 박스오피스 수익을 창출했다. 조시와 마오가 책의 저자를 영화 제작에 포함시킨 것으로 측정한 '유사성' 역시 영화 흥행에 도움이 된다. 그러한 '높은 유사성'을 갖춘 각색의 경우는 평균적으로 개봉 첫 주에 다른 영화들보다 50만 달러 더 많은 돈을 벌게 된다.

후속 연구에서 우리는 또한 ≪USA투데이≫ 차트의 누적된 '베스트셀러 포인트'를 사용해 베스트셀러 영화 각색에 따른 브랜드 효과를 조사했다(Knap et al., 2014).[33] 1998~2006년 사이 개봉된 책을 원작으로 한 영화 446편을 포함한 좀 더 포괄적인 데이터 표본에 OLS 회귀분석을 시행했으며, 영화의 광고비용을 제어 변수 목록에 추가했다. 조시와 마오와 마찬가지로 우리의 연구도 베스트셀러가 평균적으로 박스오피스에서 더 성공적이라는 것을 발견했다(우리는 종속변수로서 총 박스오피스 수익을 활용했다). 그러나 우리는 또한 이러한 이점이 확고부동하지는 않다는 것을 확인했다. 영화의 광고비용이 분석에 포함되면 베스트셀러 효과는 미약해진다.

이것은 베스트셀러가 영화 제작자들에게 재무적인 이점을 제공하지 않는다는 것을 의미하는가? 그렇지는 않다. 오히려 우리의 연구 결과에 따르면 베스트셀러는 여전히 차이를 가져오긴 하지만 각색이 바로 이뤄지

---

33) 이 연구는 영화 각색이 책에 미치는 영향을 설명하는 '피드백 효과'에 초점을 맞췄다. 이에 대해서는 이 장 뒷부분 '상호적 파급 효과'에 관한 섹션에서 상세히 다루기로 한다.

는 경우에만 그렇다. 베스트셀러와 최신성 변수(영화의 광고 캠페인이 시작되기 직전 해에 책이 베스트셀러였는지 여부를 측정한)의 상호작용은 0.125의 탄성을 보였는데, 이는 어떤 영화가 최근 베스트셀러를 원작으로 삼는다면 10% 더 높은 '베스트셀러 포인트'가 1.2% 더 높은 수익과 연동된다는 것을 의미한다. 2배 높은 점수(즉, 100% 추가)는 평균 9%의 수익 증가와 연동된다.

책을 원작으로 삼은 영화의 경쟁적 이점은 또한 책을 원작으로 삼은 TV 시리즈에도 존재한다고 주장되어 왔으며, 일부 각색은 큰 성공을 거두었다[조지 R. R. 마틴(George R. R. Martin)의 연작 소설에 기반을 둔 HBO의 〈왕좌의 게임〉과 딕의 대체 현실 소설에 기반을 둔 아마존의 〈높은 성의 사나이(The Man in the High Castle)〉를 떠올려 보라]. 그러나 모든 종류의 범주 확장과 마찬가지로, 이런 종류의 범주 확장의 경우에도 창작상의 제한으로 인해 '범주 적합성' 문제가 발생할 수도 있다. 예를 들어, 소설의 한정적 내러티브는 스크린 너머까지 지속적으로 뻗어나가도록 이야기를 발전시키는 TV 제작자의 능력을 방해하거나 복잡한 문제를 야기할 수 있다.

헌터 3세 등(Hunter III et al., 2016)은 TV 시리즈 시청률에 대한 책과 기타 상품 범주의 각색의 영향력에 대한 초기 실증적 통찰을 제공한다. 이들의 데이터는 2010~2014년에 방영된 98개의 신규 TV 시리즈의 에피소드 1441편을 포함한다. 이들은 TV 시리즈가 다른 원작에 기초하는가와 그 시청자 수 사이의 부정적인 상관관계($r = -0.21$)를 보고하며,[34] 시청률을 설명하는 최소제곱 회귀분석의 변수의 모수 역시 음수임을 설명한다(하지만 해당 회귀분석에는 시리즈 자체의 특성 제어는 많이 포함되지 않는다). 그들의 결과에 따르면 각색된 시리즈는 오리지널 시리즈보다 평균 10% 더 적은 시청자를 끌어모

---

34) 헌터 3세 등은 다양한 원천들을 별도로 연구하지 않고 '사전 원천 재료(prior source material)' 변수로 집계했기에 원천별 결과는 보고되지 않았다.

은다. 이 효과는 더 많은 에피소드가 방영될수록 더 강해지는 경향이 있다(에피소드 11~15편에 이르면 -14%).

　범주 적합성의 결여나 다른 요인이 이러한 결과에 영향이 있는지는 분명하지 않다. 그러나 흥분-친숙(성) 체계를 다시 한번 강조하자면, 캐릭터와 설정에 대한 친숙함이 내재된 TV 시리즈 환경에서(이것은 이러한 프로그램의 여러 에피소드에 걸쳐 등장하는 캐릭터에서 비롯됨) 독창적인 캐릭터와 스토리에서 파생될 수 있는 흥분은 소비자들에 의해 범주 확장으로 야기된 추가적인 친숙성보다 더 높게 평가될 수 있다. 헌터 3세 등의 분석에서 모수가 시리즈 진행도에 따라 커진다는 사실(사람들이 시리즈의 설정과 캐릭터에 점점 더 익숙해 진 경우)은 이러한 주장과 일치한다. 우리는 이들 중 어떤 점이라도 톨킨(Tolkien)의 『반지의 제왕』 소설을 여러 시즌에 걸친 시리즈물로 각색하려는 아마존의 야심찬 (그리고 엄청나게 제작비가 많이 드는) 계획에 방해가 될지 지켜볼 것이다 (Andreeva, 2017). 엔터테인먼트 사이언스가 우리에게 알려줄 수 있는 바에 의거하면 이미 나온 소설과 영화의 플롯을 반복하지 않고, 대신 해당 유니버스를 배경으로 한 새로운 줄거리를 개발하는 것이 현명한 결정이다.

　일반적으로 브랜드 확장과 브랜드 통합 전략에 대해 배워야 할 것이 훨씬 더 남아 있다. 그럼에도 불구하고 우리는 이제 엔터테인먼트 상품에 대한 브랜드 제휴 전략, 더 구체적으로는 스타들의 휴먼 브랜드로서의 역할에 관심을 돌리기로 한다.

5. 휴먼 엔터테인먼트 브랜드로서의 스타

초창기 영화의 배우들은 크레디트(credited)에 이름도 올리지 못했지만, 관객들은 그럼에도 불구하고 좋아하는 배우들을 갖게 되었다.⋯ 경영진은 브랜드 이름을 확립할 수 있는 잠재력을 확인했고, 군중을 즐겁게 해 주는 배우와의 계약에 서명했다. ⋯ 스타 시스템이 탄생한 것이다.

— 브랜즈(Brands, 2016: 23)

스타는 엔터테인먼트 생태계의 필수적인 요소이다. 그들은 산업의 창작물을 의인화해 그들이 아니었다면 물질적 또는 디지털 제품에 불과할 영화, 음악, 소설에 생명을 불어넣는다. 스타들은 포스터에서 우리의 시선을 사로잡고, 전문 평론가들의 마음을 사로잡으며, 트위터나 페이스북 게시물을 통해 우리와 소통한다. 우리 모두는, 각기 다른 수준으로, 스타들에 매료되어 있다. 엔터테인먼트 경영진들조차 늘 이 매력에 면역이 되지는 않아서 스타들로 인해 그들의 경제적 의사결정을 방해받기도 한다[메나헴 골란(Menahem Golan)-요람 글로버스(Yoram Globus) 사촌 형제와 그들의 회사 캐논의 몰락에서 보듯이 말이다].[35]

이 섹션에서는 휴먼 브랜드로서의 역할에 대한 스타들의 영향력에 대해 알아보기로 한다. 엔터테인먼트 사이언스의 사고 체계에서 스타는 브랜드를 정의하는 핵심 요소를 가지고 있기 때문에 브랜드라 할 수 있다.

---

35) 스타들의 유혹과 많은 관련이 있는 혁신 관리 결정의 맥락 부분에서 캐논[1980년대 〈오버 더 톱(Over the Top)〉, 〈슈퍼맨 4: 최강의 적(Superman IV: The Quest for Peace)〉 등 스타 배우들이 출연함에도 형편없는 시나리오와 제작 관리 능력으로 인해 악명 높은 졸작들을 무더기로 쏟아 낸 스튜디오이다. 이스라엘 영화계를 주름잡았던 사촌 형제 골란과 글로버스가 1979년에 인수해 다사다난한 운영을 거친 후 1993년 〈스트리트 나이트(Street Night)〉를 마지막 영화로 내놓았다—옮긴이]의 흥망성쇠에 대한 향후 논의를 참조하기 바란다.

즉, 소비자가 그들과 관련된 연상을 떠올릴 수 있고, 전문적으로 관리될 수 있기 때문이다(Luo et al., 2010). 이러한 관점을 엔터테인먼트 업계 스타들 스스로도 공유하고 있다. 일례로 배우 케빈 하트(Kevin Hart)는 SNS 인스타 그램을 통해 팬들에게 보낸 메시지 "저는 제 자신을 브랜드로 봅니다… 제 브랜드는 저의 소유입니다… 저는 제 브랜드를 위해 현명한 결정을 합니다… 저는 제 브랜드를 보호합니다…"에서 이 점을 분명히 했다(Stedman, 2014).[36]

우리는 먼저 휴먼 브랜드로서 스타들이 엔터테인먼트 상품에 대한 소비자의 반응에 영향을 미칠 수 있는 심리적 메커니즘, 즉 그들로 인해 흥행 성공 가능성이 향상되는 '경로(roads)'에 대해 논의할 것이다. 그런 다음, 우리는 평균적으로 그리고 상황적 요인을 더 면밀하게 살펴볼 때 스타 효과와 관련해 학자들이 실증적으로 발견한 결과들을 공유할 것이다. 마지막으로 여러분이 스스로 스타 역할을 맡을 준비가 되어 있다면, 우리는 스타가 되기 위해 필요한 것은 무엇인가에 대한 계량적인 대답도 제공하려고 노력할 것이다. 그것은 재능인가, 아니면 단순한 행운인가?

1) 스타들은 어떻게 소비자에게 가치를 창출하는가?

스타들은 소비자의 엔터테인먼트 선택에 있어 어떤 역할을 하는가? 우리는 먼저 소비자가 엔터테인먼트 상품의 품질에 대해 추론을 할 수 있도

---

36) 자신의 영화 중 하나를 소셜 미디어를 통해 팬들에게 홍보하는 대가로 하트가 추가 비용을 요청하자 소니 경영진이 유출된 이메일에서 하트를 '매춘부'라고 부른 데 대한 응수로 해당 메시지를 게재했다(Stedman, 2014). 또한 온드(소유) 엔터테인먼트 커뮤니케이션에 집중된 III권 1장에서 스타들의 SNS상에서의 커뮤니케이션에 대한 논의도 함께 참조하기 바란다.

록 하는 품질 지표, 즉 단서로서의 스타의 역할에 대해 논의할 것이다. 이 인지적 해석은 스타들을 휴먼 성분 브랜드의 역할로 간주한다. 두 번째 해석을 위해서는 엔터테인먼트 소비자로서 우리가 스타들과 형성하는 (준)사회적 관계를 집중 조명하면서 우리가 (적어도 우리 중 일부라도) 라이언 고슬링(Ryan Gosling)이나 제니퍼 로렌스(Jennifer Lawrence)가 주연을 맡은 영화를 보게 만드는 감정적·사회적 요인을 강조할 것이다.

(1) '인지적 경로': 성분 브랜드로서의 스타

이 해석에 따르면 소비자들은 스타들이 상품의 높은 품질을 지시하기 때문에 휴먼 브랜드와 스타에 관심이 있다. 스타 배우가 영화에 참여하면 둘(영화와 배우)은 스타가 브랜드 성분의 역할을 담당하는 브랜드 제휴를 형성한다. 따라서 성분 브랜딩 이론은 스타의 가치에 대해 더 많은 것을 말해 줄 수 있다. 〈그림 3.6〉에서 그 논리를 설명한다(Hennig-Thurau and Dallwitz-Wegner, 2004).

따라서 스타가 영화(즉, '상품')에 성분 브랜드로 참여하면서 영화 자체 브랜드(우리가 '호스트 브랜드'라고 부르는)와 브랜드 제휴를 맺을 때, 이것은 영화 제작자가 인지도 효과를 얻기 위해 의도한 것이다. 스타를 이미 인지하고 있는 소비자들도 그 스타가 속한 브랜드 제휴 상품에 대해서도 인지해야 한다.

게다가 그 스타의 이미지는 전체 패키지의 매력에 그 자신의 매력을 더하면서 제휴 상품에 '파급되도록' 기대된다. 앨버트(Albert, 1998)에 따르면 스타의 엔터테인먼트 상품으로서의 파급력에는 2가지 측면이 있는데, 바로 스타의 '흡인력(drawing power)'과 '표상력(making power)'이다. 흡인력은 그 스타의 브랜드 이미지의 우수성을 뜻한다. 특정 스타의 팬인 사람들은 또한 그 스타가 출연하는 영화를 더 긍정적으로 생각하는 경향이 있다("나는

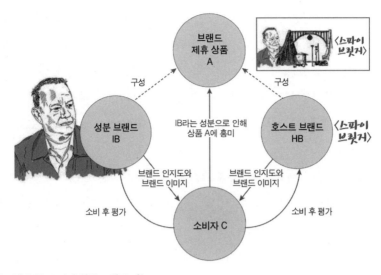

〈그림 3.6〉 스타의 성분 브랜드 기능

주: Studio Tense 그래픽 지원.
자료: Hennig-Thurau and Dallwitz-Wegner(2004) 참조.

톰 행크스(Tom Hanks)의 영화를 좋아한다!"]. 따라서 스타는 자신이 출연한 영화에 일부 즉각적인 소비자 팬층을 제공한다(Luo et al., 2010: 1115).

　이와는 대조적으로 표상력은 신상품이 얼마나 좋은지 나쁜지에 대한 것이 아니라 어떤 종류의 상품을 기대할 수 있는지에 관한 것이다. 각각의 스타들은 제휴 상품으로 파급될 특정한 이미지 프로파일을 가지고 있다. 예를 들어, 슈워제네거 브랜드는 〈터미네이터〉와 같은 히트작을 바탕으로 한 액션과 SF 영화와 밀접하게 연관되어 있다. 이와는 대조적으로 행크스는 그의 가장 성공적인 영화(〈포레스트 검프(Forrest Gump)〉와 〈캐스트 어웨이(Cast Away)〉 등)를 바탕으로 주로 드라마틱하고 더 야심찬 형태의 엔터테인먼트로 소비자의 연상을 활성화할지도 모른다.

　이러한 성분 브랜드의 인지도와 이미지 때문에 소비자들은 제휴 상품에 더 높은 관심을 갖게 될 것이고, 이것은 더 높은 판매로 이어질 수 있다. 〈그림 3.6〉에서 우리는 소비자로부터 제휴 상품인 드라마 장르의 영화 〈스파이 브릿지(Bridge of Spies)〉에 이르는 연결 고리로 이를 설명한다. 행크스가 주연을 맡았다는 사실이 특정 관객들에게 그 배우에 대한 사전 인지도와 이미지를 바탕으로 영화의 본질과 야심에 대해 이해하도록 도울 것이다.

소비자로부터 제휴의 두 구성 요소(호스트 브랜드와 스타/브랜드 성분)에 이르는 화살표는 성분 브랜딩이 여기서 멈추지 않음을 보여 준다. 상품을 경험한 후 소비자들은 호스트/패밀리 브랜드에 대해 재평가하게 될 것이다(추가적인 시퀄 및 기타 확장에 중요하다). 그러나 소비자들은 호감도와 콘텐츠 연관성 측면에서 스타의 이미지에 대한 스스로의 인식도 조정할 것이다. 루오 등(Luo et al., 2010)은 48명의 영화 스타들의 이미지 등급을 종단 연구한 결과 스타의 이미지가 매우 역동적이고, 그 스타가 제휴 파트너로 선택한 호스트 브랜드에 따라 다르다는 증거를 제시했다. 시뮬레이션된 적률 회귀분석으로부터 나온 연구 결과는 다른 종류의 성분 브랜드와 마찬가지로 여러 장르에서 일련의 실패가 거듭된 후에는 스타 브랜드가 희석된다는 것을 보여 준다.

성분 브랜딩 이론은 또한 엔터테인먼트 상품에 스타들이 가장 효과적일 수 있는 조건에 대한 더 깊은 통찰을 제공한다. 연구에 따르면 브랜드 성분을 사용하는 것은 다음 4가지 조건에서 호스트 브랜드에 특히 효과가 있다. 첫째, 성분 브랜드는 기존의 고품질 연상이 존재하지 않는 호스트 브랜드에 유리하다. 예를 들어, 영화에서는 로버트 랭던(Robert Langdon) 캐릭터가 등장하는 영화 시리즈의 일부로서 높은 인지도와 뚜렷한 브랜드 이미지를 지닌 〈천사와 악마〉와 같은 시퀄들에 비해 〈스파이 브릿지〉와 같은 오리지널 영화는 알려진 것이 거의 없다.

둘째, 성분 브랜드는 다른 품질 지표가 상대적으로 거의 존재하지 않는 호스트 브랜드에서 강력한 힘을 발휘한다. 예를 들어, 영화에 해당 스타를 능가하는 더 잘 알려진 다른 성분 브랜드가 포함되어 있는가? 〈스파이 브릿지〉는 전설적인 감독 스필버그의 연출작이기도 하다. 셋째, 성분 브랜드는 성분이 좋은 이미지(나쁘거나 어중간한 이미지와 대비해)를 가지고 있을 때 더 효과적이다. 네 번째 조건은 해당 성분의 이미지와 호스트 브랜드의 이미지 사이에 높은 적합성이 있을 때이다(〈스파이 브릿지〉가 그러했듯이, 그러나 아마 슈워제네거의 부녀 드라마 〈매기(Maggie)〉에서는 효과가 덜했을 것이다).[37]

(2) '감정적 경로': 준사회적 관계의 파트너로서의 스타

하지만 스타들은 품질 지표를 부여하는 것 이상의 가치를 제공한다. 보완적이긴 하지만 소비자를 위한 스타의 가치에 대한 해석은 스타들이 사람들의 관계적인 동기를 충족하도록 돕는다는 것이다. 우리는 인간으로서 본질적으로 타인과 관계를 맺어야만 하는 존재이다. 그리고 이런 경향으로 말미암아 심지어 가상의 인물들과 관계를 형성하기까지 한다. 우리는 가수나 다른 엔터테인먼트 스타들과 영화, 책, 그리고 게임에서 그들이 생명을 불어넣는 캐릭터들과 개인적인 수준에서 스스로를 연결시킬 수 있다. 그들과 우리의 관계는 스타들의 전문적인 연기를 초월하는 것이다.

이런 휴먼 브랜드와의 관계는 '우정', 우상 숭배, 팬덤, 심지어 연예인 숭배를 포함한 다양한 형태를 취할 수 있다.[38] 이러한 관계의 공통된 요

---

37) 우리는 그러한 스타-상품의 적합성에 대해 이 장의 후반부에서 더 자세히 논의한다.

38) 볼페일과 휄란(Wohlfeil and Whelan, 2012)은 몇 년에 걸쳐 여배우 제나 말론(Jenna Malone)을 숭배하는 연구자 중 1명의 내적 탐험을 통해 이러한 팬 관계의 본질에 대한 독특하고 풍부한 통찰을 제공한다. 그리고 보완적인 그들의 2008년 연구(Wohlfeil and Whelan, 2008)는 이 팬 관계가 해당 스타가 출연하는 영화에 어떻게 영향을 미칠 수 있

소는 소비자가 관계를 맺은 파트너에 대한 상당한 수준의 애착, 즉 정서적 유대감을 느낀다는 것이다. 그러한 유대가 소비자에게 제공할 수 있는 가치는 관계에 대한 인간의 깊은 필요성, 즉 다른 사람들과 친밀감을 느끼고 그들과 연결되어 있으며 그들에게 보살핌을 받는다는 것에서 비롯된다. 휴먼 브랜드에 대한 세미나 연구에서 마케팅 학자인 톰슨(Thomson, 2006)은 164명의 학생들을 대상으로 실험을 수행했다. 구조 방정식 모델링을 사용한 그의 연구 결과는 관계에 대한 휴먼 브랜드의 가능성이 소비자가 해당 브랜드에 대해 느끼는 애착 강도의 주요 동인이라는 것을 입증한다.

커뮤니케이션 학자들은 이러한 연결을 '준사회적 관계(parasocial relation-ships)'라고 부르는데, 이는 그들의 매개적이고 비현실적인 본성을 감안하는 명칭이다. 호튼과 월(Horton and Wohl, 1956)은 TV, 라디오 및 영화의 (당시에는 새로운) 대중매체의 청중들이 미디어에 등장하는 인물에 대해 종종 '진짜' 사회적 친구를 가진 사람들과 유사한 감정적 연결, '관계와도 같은' 감정을 발전시킨다는 그들의 관찰에 기초해 이 용어를 만들어 냈다.39) 그들은 소비자가 마치 현실에서 실제 사람들을 알고 이해하는 것처럼 (미디어) 스타를 알고 이해한다고 느끼는 '친밀함의 환상'으로 준사회적 관계를 정의했다. 소비자들은 심지어 준사회적 관계 파트너인 스타들이 실수를 했을 때조차 그들에게 공감한다. 그런데 그러한 환상을 단순히 스타들이 아니었더라면 고립되었을 소비자들의 삶의 방식의 결과로 치부해서는 안 된다. 루빈 등(Rubin et al., 1985)은 '사회적 박탈' 또는 '보상' 가설을 실험하고 실증적으로 기각했다.

는지에 대한 질적인 통찰을 제공한다.
39) 더 상세히 알고 싶은 독자들을 위해 자일스(Giles, 2002)는 준사회적 관계에 관한 더 최근의 선행 연구 분석을 제공한다.

준사회적 관계에 대한 연구 결과는 소비자들이 그들의 엔터테인먼트 '친구'와 함께 시간 보내기를(바라보기, 상호작용하기, 목소리 듣기 등을 통해) 기대하기 때문에 그러한 관계가 소비자의 엔터테인먼트 선택에 영향을 미친다는 것을 제시하고 실증적 증거를 제공한다. 메타 분석 방식을 통해 준사회적 관계에 대한 총 15개의 연구를 요약하며, 시아파 등(Shiappa et al., 2007)은 소비자의 텔레비전 스타와의 준사회적 관계 수준과 전체 TV 소비량 사이의 0.22의 평균 상관관계를 얻었다. 개별 프로그램 수준에서 ('일반적인' 소비 행동 대신) 토크 라디오 쇼 235명의 청취자로부터 얻은 데이터를 OLS 회귀분석한 루빈과 스텝(Rubin and Step, 2000)은 소비자의 쇼 진행자와의 준사회적 관계가 '여가 시간'이나 '즐기기 위해서'와 같은 다른 동기들보다 더 강한 청취 행동 결정 요인이었음을 보여 준다.

소비자들은 준사회적 관계 파트너들이 등장하는 콘텐츠를 더 많이 볼 뿐만 아니라 더 좋아하게 된다. 애디스 및 홀브룩(Addis and Holbrook, 2010)은 IMDb 사용자들이 주연배우가 ① 소비자에게 이성일 때, ② 소비자보다 더 어릴 때(또는 같은 나이) (오스카 수상작 및 후보작 440편의 데이터 표본의) 영화에 더 높은 평점을 매긴다는 것을 보여 준다. 애디스와 홀브룩은 영화가 주연배우들과 준사회적인 관계를 맺을 수 있는 여지를 제공하는 것이 바로 이러한 조건이라고 설명한다.

오늘날 디지털 미디어와 소셜 미디어가 널리 보급된 것과 더불어 준사회적 상호작용은 전례 없는 현실성과 사회성의 수준에 도달했을지도 모른다. 스타들은 이제 팬들의 댓글과 애정을 담은 편지에 직접적으로 반응할 수 있게 되었다. 이는 준사회적 관계와 실생활에서의 관계의 구별이 모호함을 의미하며, 엔터테인먼트 상품의 마케팅, 특히 그 커뮤니케이션 요소에 시사점을 제공하는 대목이다. 소비자와의 '관계'는 이제 엔터테인먼트 상품을 위해 스타를 고용하는 제작자들이나 스타들 자신에 의해 어느 정도 적극적으로 관리될 수 있다. 우리는 그러한 기회와 그러한 기회들이 시사하는 바를 온드(소유) 엔터테인먼트 커뮤니케이션에 관한 III권 1장에서 설명한다.

2) 스타가 제품 성공에 미치는 재무적 영향

그러나 「시너(Thinner)」가 저자 이름이 바크먼(Bachman)이었을 때는 2만 8000부가 팔렸고 **스티븐 킹(Stephen King)**[*]이 되었을 때는 28만 부가 팔렸다는 사실이 여러분에게 뭔가 말해 줄 수 있지 않을까요?

― 소설가 스티븐 킹(Levin et al., 1997: 179 인용)

소비자의 엔터테인먼트 상품에 대한 인식, 선택, 평가에 스타들이 영향을 미치는 이론적 메커니즘을 살펴보았으니, 스타를 고용하는 것이 실제로 수익성에 유리한 전략인지, 어떤 조건에서 고용해야 하는지를 알아보자. 이것이 당연시되는 사업 전략처럼 들릴 수도 있지만, 우리는 적어도 2가지 이유로 사실 그렇지 않다고 주장하는 바이다.

첫째, 스타들은 대개 그들의 브랜드 지위가 엔터테인먼트 제작자들을 위한 드문 전략적 자원이 된다는 것을 잘 알고 있기 때문에 그들의 참여에 높은 수수료를 부과하는 경향이 있다. 세계에서 가장 높은 출연료를 받는 20명의 배우들은 2016년 합계 7억 달러를 벌었고(*Forbes*, 2016a), 가수 테일러 스위프트(Taylor Swift)는 혼자서 음반, 투어, 그리고 광고로 1억 7000만 달러를 벌었다(*Forbes*, 2016b). 둘째,

• 스티븐 킹은 대중 문학 작가라는 이유로 자신을 평가절하하는 평단에 대한 반발과 자신이 누리는 인기는 순전히 운이 아닌가라는 의구심에 대한 실험으로서 1970년대 말과 1980년대 초 리처드 바크먼(Richard Bachman)이라는 필명으로 「시너」 등의 단편소설을 발표했고, 이 작품들은 평단의 호평을 받았다. 일부 단편은 존 스위든(John Swithen)이란 필명으로도 발표했다.

일부 사람들은 스타덤이 적어도 영화에서는 구시대적인 개념이라고 주장해 왔다(Bernardin, 2016). 스타 딘클리지가 대규모 게임 〈데스티니〉에 고용되었을 때 벌어진 일이 이 논쟁의 방증으로 여겨질 수도 있다.

그렇다면 스타의 기여에 대해 엔터테인먼트 사이언스는 우리에게 무엇을 말해 줄 수 있을까? 스타는 그들이 요구하는 재무적 투자의 가치를 지니는가? 그리고 그러한 투자는 어떤 특정한 조건에서 성과를 거두는가?

(1) '평균적인' 스타 파워 효과

스타들의 매력은 비단 관객에만 국한되지 않는다. 학자들 또한 영화나 다른 형태의 엔터테인먼트에서의 스타의 역할이 대부분의 다른 엔터테인먼트 사이언스 주제보다 더 많은 연구를 자극했다는 사실을 부인하기 어렵다. 다음에 이어질 내용은 엔터테인먼트의 성공에 대한 스타들의 '평균적인' 영향에 대해 학자들이 발견한 내용들의 요약이다. 그런 뒤 우리는 엔터테인먼트에서의 스타 브랜드들의 평가를 방해하는 상황적 영향과 처우 편향의 문제를 살펴보기로 한다.

① 스타 가치에 대한 기본 통찰

스타의 역할은 엔터테인먼트의 다양한 형태에 따라 상당히 다르고, 엔터테인먼트 사이언스 학자들이 스타 효과에 대해 엄청나게 많은 관심을 기울여왔기 때문에 스타의 평균적인 효과를 상품별로 제시하고자 한다. 음악과 소설로 넘어가기 전에 우선 영화로부터 시작하기로 한다.

※ 영화

우리는 영화 속 스타가 영화의 성공에 미치는 영향을 실증적으로 조사한 60개 이상의 연구를 살펴보았다. 일반적인 접근 방식은 회귀분석 유형

분석에서 영화 성과를 설명하는 요소 목록에 일종의 '스타 변수'를 추가하는 것인데, 이는 스타가 그러한 스타가 등장하지 않는 영화 대비 가져오는 '평균적인' 이점을 밝히는 접근법이다(예: Basuroy et al., 2003; Wallace et al., 1993). 이러한 연구의 대부분은 스타의 참여가 영화의 성공에 도움이 된다는 결과를 발견하지만, 그 영향의 크기는 연구마다 상당히 다르다.

이러한 변동을 이해하고 이러한 스타 효과의 평균을 결정하기 위해 우리는 무엇보다도 연구 전반에서 스타 값이 측정되는 다양한 방법을 고려해 기존 연구에 메타 분석 접근 방식을 적용했다(Hofmann et al., 2016). 메타분석 결과 스타의 참여와 영화 수익 사이의 평균 상관관계는 유의하지만 유의한 정도는 상당히 약한 것으로 나타났다(r=0.10). 하지만 좀 더 자세히 살펴보니 스타 효과의 크기가 스타의 힘에 따라 체계적으로 다르다는 것을 알게 되었다. 스타 효과는 상업적인 스타 파워(스타의 이전 영화들의 상업적인 성과로 평가된다)에서는 분명히 더 높았고(r=0.16), 예술적인 스타 파워에서는 더 낮았다(스타가 이전에 수상했던 상으로 측정된다. 상관관계는 0.07에 불과했다).

또한 우리는 광고나 배급과 같은 다른 중요한 영화변수들이 분석에서 제외되었을 때 스타 효과가 더 높고 과장될 가능성도 있다는 것을 알게 되었다. 스타 효과는 데이터 표본에 따라 달라지기도 한다. 성공한 영화만 고려했을 때는 성공의 변동성이 적고 스타 효과는 낮은 경향이 있다. 스타 파워 효과는 개봉 주말과 그 이후에 달라지지는 않았다. 이것은 아마도 우리가 이전에 설명한 2개의 스타 메커니즘이 시간이 지남에 따라 서로의 균형을 맞추기 때문일 것이다. 즉, 영화의 수명주기 초기에 성분 브랜딩 메커니즘이 더 강할 수 있지만, 스타들의 관계적인 파트너 역할은 나중에 더 영향력이 커질 수 있다.

그리고 국가적인 영향도 있다. 우리는 북미의 데이터에서 다른 나라들의 데이터에 비해 체계적으로 더 높은 스타 효과를 확인할 수 있었다. 그것은 북미 외 지역에서는 스타들이 별로 중요하지 않다는 것을 의미할까? 그렇게 단정 지을 수는 없다. 대부분의 실증적 연구는 할리우드 스타들에게만 초점을 맞추었기 때문에 그 결과는 그들의 영향이 지역적으로 다를 수 있다는 것을 의미한다. 하지만 다른 나라들에는 북미에서 상업적인 매력을 덜 인정받는 다른 스타들이 존재한다. 역대 가장 성공적인 독일 영화 중 3편의 주연을 맡았던 틸 슈바이거(Til Schweiger)는 독일 관객들 사이에서는 슈퍼스타로 여겨지지만 미국 영화팬들에게는 그다지 크게 알려지지 않은 배우임을 상기해 보라.

할리우드 제작자들은 〈인디펜던스 데이: 리서전스(Independence Day: Resurgence)〉에 중국 여배우 양잉[일명 '안젤라베이비(Angelababy)']과 같은 주요 지역의 현지 스타들을 캐스팅하고, 때로는 현지 스타들을 출연시킨 '로컬 버전'을 만들어 이러한 지역적 스타덤에 대처하는 것을 목표로 한다.[40] 그러한 접근법의 효과에 관한 실증적 증거는 아직 존재하지 않지만, 어떤 이들은 '꽃병 같은 소품'이나 다름없는 미미한 분량을 위해 지역 스타들을 캐스팅하는 전략은 실패로 돌아갈 수 있으며, 심지어 해당 지역 관객에게 배신감을 안겨줄 위험을 안고 있다고 주장해 왔다(Schwartzel, 2016). 제작자들에게 있어 관련된 또 다른 문제는 로컬 스타의 내수 시장이 아닌 다른 시장의 관객들이 이러한 전략적 캐스팅 접근법에 어떻게 반응할 것인가 하는 것이다.

전반적으로 스타 파워의 상황적 요인(예: 우리가 앞서 언급한 것들과 같이 어떻게 스타 파워를 측정했는지, 다른 성공 변수도 포함되었는지 여부, 북미 또는 북미 이외의 스타들을 연구했는지 여부)은 연구들 사이의 스타 파워 효과 변동의 42%를 설명했다. 제어 변

---

40) 〈아이언맨 3〉은 후자의 접근법에 대한 사례를 제공한다. 판빙빙과 다른 중국 스타들이 이 영화의 중국 버전에만 포함된 악명 높은 장면에서 아이언맨을 수술한다.

수가 포함되고 오로지 성공한 영화들에만 데이터 표본이 국한되지 않은 상태에서 시행한 회귀분석 결과에 따르면 우리는 북미에서 상업적인 할리우드 스타의 평균 상관관계를 0.29로 추정한다.[41] 일부 학자들은 스타 효과는 관객 반응에만 국한되지 않으며, 배급사의 결정이나 영화 사업의 '공급 측면'에도 영향을 미친다고 지적했다. 특히 클레멘트 등(Clement, 2014)은 어떤 스타의 IMDb 무비미터 순위가 10% 상승하면 북미 지역에서 한 영화에 할당된 스크린 수가 1% 증가하는 것과 거의 일치한다는 것을 알아냈다. 연구진은 독일 극장에 대해서도 비슷한 규모의 효과를 발견했다.

※ 음악

학자들은 영화 이외의 다른 형태의 엔터테인먼트에 대한 스타 파워 효과에 다소 관심을 덜 쏟았지만, 선행 연구는 스타들이 음악과 책에 있어서도 중요하다는 것을 보여 준다. 음악에서 가수와 밴드는 스타의 역할을 하며, 그 결과는 우리에게 스타가 개입된 상품이 지속적으로 더 잘 팔리고 차트에서 더 오래 머무른다는 것을 말해 준다. 예를 들어, 음악 앨범 판매에 대한 베이지안 분석(Bayesian analysis) 결과 리 등(Lee et al., 2003)은 뮤지션이 과거에 획득한 플래티넘 앨범• 하나당 새 앨범의 시장 잠재력이 약 8% 증가한다는 사실을 발견했다. 그리고 고팔 등(Gopal et al., 2006)은 OLS

• 미국에서는 미국음반산업협회(RIAA: Recording Industry Association Of America)가 매달 전국의 음반 판매량을 총결산해 골드(Gold), 플래티넘(Platinum), 멀티 플래티넘(Multi-Platinum), 다이아몬드(Diamond) 네 부분에서 시상을 한다. 골드는 50만 장 이상의 판매량을 달성한 음반에 수여되며, 플래티넘은 100만 장 이상, 멀티 플래티넘은 200만 장 이상, 그리고 다이아몬드는 1000만 장 이상 판매된 앨범에 주어지는 상이다.

---

41) 우리는 호프먼 등(Hofmann et al., 2016)에 보고된 회귀 방정식에 각 값을 삽입해 이러한 평균 상관관계를 파악했다.

회귀분석을 적용해 1995년부터 발매된 314장의 앨범 데이터 표본을 통해 아티스트의 과거 평판이 새 앨범의 성과에 영향을 미치는가를 연구한 결과 뮤지션의 평판은 새 앨범의 성공을 발매 첫 주에는 8%, 그 이후에는 10% 설명하는 변수임을 확인했다. [42]

다른 작가들은 스타 파워가 차트에서의 유지 기간을 향상시킨다는 것을 보여 주었다. 아사이(Asai, 2008)는 새 싱글과 앨범이 전년도 판매량에서 문턱을 넘었는가 여부로 스타인지 아닌지를 판단해 이 뮤지션이 스타인 경우 더 오래 일본 차트에 머물렀음을 발견했다. 그녀는 두 해(1990년, 2004년)의 데이터를 사용해 상품이 차트에 남아 있는 주 수에 대한 스타 변수의 영향을 측정했다. 연구 방법으로는 지수 회귀분석을 사용했고 레이블과 장르 요인에 대해서도 통제했다. 스타 파워는 싱글보다는 앨범에 더 큰 영향을 미쳤다(앨범의 경우 차트 유지 시간이 45% 더 길다). 바타차지 등(Bhattacharjee et al., 2007)은 덜 제한적인 스타 변수(이미 과거 앨범으로 차트에 오른 경험이 있는 모두를 스타로 간주)와 더 큰 제어 표본을 사용해 앨범의 차트 생존 기간을 연구했다. 1995~1997년 또는 2000~2002년 동안 빌보드 차트에 등장한 거의 1500장의 앨범 데이터 표본에 대해 그들은 '가속 실패 시간(AFT: Accelerated Failure Time)' 생존 모델을 적용했고, 스타들의 앨범이 상위 100위 안에 약 35% 더 오래 머무른다는 것을 발견했다.

※ 소설

저자들이 스타 역할을 담당하는 책의 맥락에서 슈미트-스톨팅 등(Schmidt-

---

42) 그들은 1991~1994년에 빌보드 200 차트에 머무른 시간을 통해 아티스트들의 과거 명성을 측정한다. 아티스트들의 새 앨범의 성과는 빌보드 차트상 최초 진입 순위로 측정되었으며, 그 이후의 성과 역시 빌보드 차트상 순위로 측정되었다.

Stölting et al., 2011)은 스타 효과를 연구하기 위해 실제 성공 데이터를 사용한 유일한 연구자들이다. 그들은 독일에서 판매를 위해 발매된 1000권이 넘는 책들의 데이터 표본에서 작가의 스타 파워를 책 판매량과 연결시킨다. 연구진은 그러한 스타 파워의 '명성(fame: 작가의 전작의 베스트셀러 점수)'과 '유명세(celebrity: 저자가 출판 이외의 분야에서도 명성이 있는 경우)' 2가지 측면을 연구했다. 그들은 SUR 분석을 통해 명성은 양장본과 문고판 모두에 강한 영향을 미치지만 유명세는 양장본의 경우에만 도움이 된다는 것을 발견했다.

다른 학자들은 실험과 서베이를 통해 스타 저자와 책의 성공 사이의 연관성에 대한 추가 증거를 제공한다. 러빈 등(Levin et al, 1997)은 실험 설계의 일환으로 138명의 마케팅 전공 학생들에게 새 책이 얼마나 마음에 들 것 같은가를 질문한 결과 마이클 크라이튼(Michael Crichton)과 같은 '스타' 저자의 책이 특히 비평이 부정적인 경우 확실히 더 높은 평점을 받았다는 것을 확인했다. 그리고 캄푸이스(Kamphuis, 1991)는 네덜란드 서적 고객 218명 중 55%가 구매를 촉진하는 주요 동인에 대해 저자라고 자가 응답했다는 사실을 발견했다. 마찬가지로 리만스와 스톡만스(Leemans and Stokmans, 1991)의 네덜란드 서적 구매자 50명의 의사결정 과정 연구 결과 '이미 알고 있는 저자'는 소비자 선택 과정의 초기 단계에서 가장 많이 언급된 구매 이유였고, 모든 고려된 대안 사이에서 전반적인 비교를 할 때의 경우에는 세 번째로 가장 많이 언급된 구매 이유였다.

② 한 번 더 '처우 편향' 문제

시퀄로 선정된 모 브랜드와 마찬가지로 스타들도 엔터테인먼트 제작자들에 의해 어떤 이유로인가 선정되는데, 그들의 '선택(assignment)'은 무작위가 아니다. 따라서 스타들의 참여와 상품의 성공을 연계시키는 실증적 결과 역시 '처우 편향'의 영향을 받을 가능성이 있다. 제작자들은 스타들의 기용이 프로젝트에 특히 이익이 될 것으로 기대하기 때문이다. 그들은 스타들에게 더 좋은 물질적 혜택과 더 강력한 마케팅을 제공한다(Liu et al., 2014). 앞서 살펴본 바와 같이 이러한 더 나은 처우는 사업적으로 이치에 맞을 수도 있지만 스타가 출연하는 상품의 성공이 어느 정도나 스타의 존재로 인한 것인지 아니면 더 나은 처우로 인한 것인지를 구분하는 어려움도 가중시킨다.

스타 브랜드의 경우 이러한 편향이 얼마나 강할까? 우리는 다시 한번 스타 파워의 편향되지 않은 추정치를 계산하기 위해 통계 일치 접근법을 적용했다(Hofmann et al., 2016). 우리는 1545편의 영화 표본을 사용했는데, 이들은 1998~2006년 사이에 북미에서 개봉되었고, 최소 100만 달러를 벌어들였으며, 시퀄도 애니메이션도 아니었다. 리메이크 영화를 검토하기 위해 사용했던 것과 같은 방식을 따라 우리는 성향 점수 매칭 기법을 통해 각 스타 영화마다 '하이브리드' 쌍둥이 영화를 만들어 냈다. 이 연구에서는 이 작업을 두 번 했다. '상업적' 스타[43]가 출연한 361편의 영화 각각에 대해서 한 번, 그리고 오스카 상을 수상한 '예술적' 스타가 출연한 334편의 영화 각각에 대해서도 한 번 시행했다.

〈그림 3.7〉은 스타가 출연하는 영화와 출연하지 않는 영화의 평균 흥행 성적을 비교한다. 우리는 상업적인 스타들이 평균 1300만 달러(또는 25%)의 흥행 수익을 더 끌어낸다는 것을 발견했다. 이와는 대조적으로 예술적

---

43) 더 구체적으로 우리는 '상업적' 스타들을 해당 영화 출연 전 소위 '퀴글리 스타 파워 목록(Quigley star power list)'에서 그들의 이전 작품들로 인정받은 배우들로 정의했다. 이 목록은 1932년부터 매년 퀴글리 출판사(Quigley Publishing)에 의해 출판되었다. 이 목록은 극장 소유주들과 영화 구매자들을 대상으로 '올 한 해 동안 그들의 극장에서 가장 많은 흥행 수익을 창출했다고 생각되는 10명의 스타들'을 선정하도록 한 서베이에 기초하고 있다(QPMedia, 2013). 해당 서베이는 2013년에 마지막으로 시행된 듯하다. 역대 목록은 https://goo.gl/U9ube2에서 확인할 수 있다.

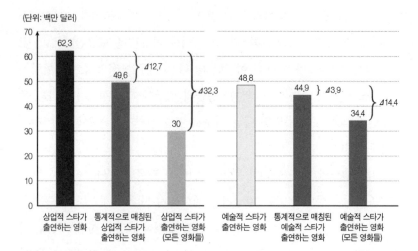

(단위: 백만 달러)

<그림 3.7> 영화 스타의 평균적 재무 가치

자료: Hofmann et al.(2016) 참조.

스타들은 영화 수익을 400만 달러(9%)'밖에' 증대시키지 않지만, 이러한 스타 파워 효과는 상업적인 스타들에 의한 것과 마찬가지로 여전히 0보다 훨씬 더 크다. 이 결과는 또한 스타 값을 측정할 때 처우 편향을 해결하는 것이 얼마나 중요한지를 강조한다. 편향을 고려하지 않은(즉, 사과 vs. 오렌지의 비교) 비교 결과에 따르면 평균 스타의 영향은 3200만 달러(1300만 달러 대비)와 1400만 달러(400만 달러 대비)로 훨씬 더 높게 나온다.

후속 분석에서 우리는 또한 처우 편향뿐만 아니라 영화 마케팅 믹스의 다양한 다른 측면(기본적으로 II권과 III권에서 논의하는 모든 것)을 제어할 때 영화 스타들의 이러한 점진적인 재무적 기여가 얼마나 남아 있는지 확인했다. 가중 최소제곱법을 실행했을 때(데이터 표본의 각 영화에 대해 매칭 점수를 '가중치'로 사용) 상업적인 스타의 참여는 여전히 영화의 북미 박스오피스를 거의 13% 증가시키는 반면, 오스카 상을 수상한 스타를 참여시키면 수익이 8% 더 늘어난다는 것을 발견했다.

(2) 스타 파워의 상황적 요인

그렇다면 제작자가 차기작에서 스타를 캐스팅하는 것은 효과가 있을까? 앞서 제시된 내용은 우리에게 스타들이 얼마나 가치 있는 존재인지에 대한 일반적인 개념을 제공하는 반면, 이 질문에 완전한 대답을 주지는 못한다. 엔터테인먼트 상품은 예산과 많은 다른 요소들의 측면에서 저마다 매우 다르기 때문에 스타들의 가치 기여가 다양한 종류의 상품에 어떻게 영향을 미치는지 탐구하는 상황적 접근이 필요하다.

우리는 영화에 대해 이러한 접근 방식을 실시한 바 있으며(Hennig-Thurau et al., 2014), 호프먼 등(Hofmann et al., 2016)에서 사용한 것과 동일한 데이터 표본을 바탕으로 영화 스타의 처우 편향을 다시 제어했다. 우리는 스타가 영화에 얼마나 기여하는가에 영향을 미칠 수 있는 요인을 ① 스타 본인의 특성, ② 영화의 특성, ③ 스타와 출연하는 영화 사이의 적합성의 특성의 3가지 그룹으로 나누어 살펴보았다. 각 특성에 대해 데이터 표본을 하위 부분 집합으로 나누고 각 부분 집합에 대해 별도의 회귀분석을 실행한 다음 서로 다른 부분 집합 간 스타 효과의 크기를 비교했다. 결과를 다음에 요약해 보겠다.

① 스타 본인의 특성

영화의 성공에 대한 스타의 영향에 관한 한 우리가 이야기하고 있는 스타의 '종류'가 매우 중요하다. 우리의 분석에 따르면 스타가 새 영화가 개봉되기 이전 3년 이내에 퀴글리 스타 파워 목록에 포함된 '최근'까지도 영향력 있는 스타일 때 북미의 수익은 평균 33% 증가했다. 스타가 4년 혹은 그 이전에 목록에 올랐을 때 해당 스타의 참여는 어떤 유의미한 방법으로도 흥행 수익을 불리지 못했다. 우리는 주연과 조연의 기여에 대해서도 유사한 차이가 존재한다는 것을 발견했다. 크레디트 맨 앞에 이름을 올리는 스타는 평균 24%의 수익을 더하는 반면, 동일한 스타가 맨 앞에 이름을 올리지 않았다고 해도 유의미한 차이는 없었다.

우리는 또한 관객들이 나이든 스타들(통계적으로 유리하지 않은)보다 더 어리거나(24~41세) '중간'(43~53세) 스타들을 선호한다는 것을 확인했다. 적어도 우리의 데이터에서는 관객들은 다른 모든 사항들이 동등할 경우 남성과 여성 스타들을 차별하지 않는다. 이는 '할리우드 임금 격차'(즉, 여배우들이 개런티를 덜 받는다)의 정당화로 종종 인용되는 남성 스타들이 더 가치 있다는 가정과 상충하는 결과이다(Berg, 2015). 린드너 등(Lindner et al., 2015)도 비슷한 결과를 보고했는데, 일단 예산 규모와 다른 영화 요소가 통제되면 영화팬들이 여성 스타가 나오는 영화를 차별하지는 않는다는 사실을 발견했다. 마지막으로 결과는 영화에 한 명의 스타를 출연시키는 것이 물론 유리하지만 한 명 이상의 스타를 출연시키는 것은 훨씬 더 유리하다는 것을 보여 준다. 두 번째 스타는 스타의 효과를 2배가 아니라 3.7배로 불린다!

② 영화의 특성

스타들이 제공하는 가치는 또한 다양한 특성의 영화들마다 크게 달라진다. 영화가 중앙값 미만 제작비(< 3700만 달러), 혹은 중앙값 미만 광고비(< 1800만 달러), 혹은 중앙값 미만 극장 수(< 2500개)로 개봉할 때 스타의 출연 여부는 의미 있는 차이를 만들지 못한다. 이와는 대조적으로 중앙값을 초과하는 제작비 규모의 영화의 경우 스타는 평균 40%나 흥행 수익을 더한다. 그리고 광역 배급된 영화들(49%의 수익 추가)과 광고 지출이 중앙값 이상인 영화들(+68%)의 경우는 스타 효과가 더욱 강력하다!

이러한 상품 및 마케팅 특성이 스타의 높은 영향력에 기여하는 반면, 휴먼 스타 브랜드에 더해 모 브랜드를 가지는 것은 스타의 점진적인 기여를 감소시킨다. 다른 영화들에 비해 이런 경우 스타 효과는 브랜드/라인 확장(즉, 시퀄)의 영향력의 절반으로 떨어진다. 확실히 다른 브랜드들은(모 영화와 스타) 각각의 효과를 잠식한다고 볼 수 있으며, 이는 우리가 성분 브랜드로서의 스타들의 역할을 논할 때 지적한 것이다. 장르 측면에서 스타 출연으로 인해 가장 큰 이익을 얻는 것은 평균적인 가족 영화이며, 스릴러, 액션과 어드벤처가 그 뒤를 잇는다. 이와는 대조적으로 스타들은 코미디와 로맨스에서 그 영향이 가장 적었다.

③ '적합성' 특성

스타 캐스팅에 관한 한 적합성도 중요하다. 스타의 '장르적 이미지'와 스타가 캐스팅된 영화의 장르가 겹치는 부분이 적다면 스타가 아무런 가치도 더하지 않는다는 것을 알게 된다. 스타와 영화 사이의 적합성이 '중간'이었을 때 스타는 영화의 흥행 성적을 평균 21% 증가시켰고, 스타의 장르 이미지와 영화의 장르 사이에 높은 적합성이 있을 때는 29%로 증가시켰다.

이것은 우리가 수행한 영화 스타 효과의 실험적인 분석 결과와도 일치한다(Hennig-Thurau and Dallwitz-Wegner, 2004). 우리가 달리는 '브랜드를 갖지 못한' 영화 프로젝트에 코미디 배우 짐 캐리(Jim Carrey)를 추가했을 때 해당 영화에 대한 응답자들의 태도와 관람 의향이 향상되었다. 하지만 이 영화가 액션 스릴러일 경우 캐리의 이미지와 영화의 장르 사이의 적합성 결여는 응답자들의 태도와 그들의 관람 의향의 감소를 야기했다.[44]

부분 집합 회귀분석에서 우리는 또한 스타와 영화감독이 이전에 함께

---

44) 이것은 또한 박스오피스에서 일어난 일이다. 캐리가 우리의 실험적인 연구 몇 년 후 공포 스릴러 영화 〈번호 23(Number 23)〉에 출연했을 때 이 영화는 상당히 저조한 성적을 보였으며, 이는 이 배우의 가장 큰 실패작 중 하나이다.

스타 특성

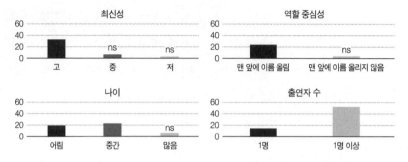

영화 특성

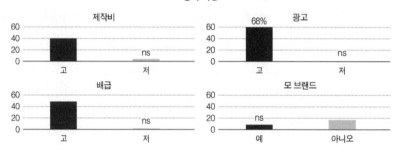

적합성 특성

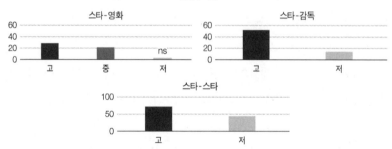

〈그림 3.8〉 영화배우 가치의 상황적 요인

주: 모든 숫자는 특정 조건이 충족될 경우(다른 조건상으로는 동일한데 스타가 참여하지 않는 영화 대비) 해당 영화의 북미 박스오피스의 백분율 변화 추정치이다. 스타 및 적합성 특성에 대한 모든 추정치는 '스타가 출연하지 않는' 영화와 특정 조건을 만족하는 영화의 부분 집합을 결합한 OLS 회귀분석을 기반으로 한다. 영화 특성에 대한 추정치는 샘플 분할을 기반으로 한다.
자료: Hennig-Thurau et al.(2014) 참조.

성공한 영화에 참여했던 적이 있다면 그로 인한 차이가 발생한다는 것을 확인했다. 이 경우 스타 출연 없는 유사한 영화보다 수익이 50% 이상 확대되었다. 그리고 마지막으로 한 영화에 한 명 이상의 스타가 참여하고 이 스타들이 이전에 성공한 영화에 공동으로 출연한 적이 있다면 제작자는 (스타 출연 없는 유사한 영화에 비해) 심지어 72%나 더 큰 흥행 수익을 기대할 수 있다.

〈그림 3.8〉은 스타 효과에 대한 상황 분석의 주요 결과를 제시한다. 여기 제시된 것과는 다른 상황도 존재할 수 있다는 사실에 유의하자. 예를 들어 악데니즈와 탈레이(Akdeniz and Talay, 2013)는 그들의 대규모 데이터 표본에서 스타 파워의 영향은 한 나라의 문화와 불확실성을 회피하려는 경향에 따라 체계적으로 차이가 난다는 것을 발견한다. 게다가 높은 불확실성 회피가 특징인 나라일수록 관객들이 스타의 존재에 더 많이 의존한다.

(3) 스타가 재무적 리스크에 미치는 영향

그러나 스타들의 장점은 단지 더 높은 수익을 가져오는 것에만 국한되지 않는다. 패밀리/모 브랜드와 마찬가지로 휴먼 스타 브랜드는 엔터테인먼트 상품의 리스크도 줄일 수 있다. 조시(Joshi, 2015)는 41명의 스타들의 데이터 표본으로 1981년에서 2007년까지 26년간 개봉된 467편의 영화에 대한 이들의 참여에 대해 조사한 결과, 이러한 리스크 감소 역할에 대한 증거를 확인했다. 조시는 5주간의 시간 동안 주차별 영화 수익의 변동성(스타가 출연한 영화와 스타가 출연하지 않은 영화의 제작비를 구분)을 각 영화마다 분석했다. 그 결과는 스타가 출연한 영화의 수익은 실제로 같은 장르의 다른 영화들에 비해 주차별 변동의 폭이 적으며, 평균 수익 변동은 34% 낮다는 것을 보여 준다. 개별 스타의 수준에서 조시는 자신의 데이터 표본에 있는 41명의 스타 중 32명(78%)에 대한 낮은 변동 패턴을 발견했다. 그중에서도 조지

클루니(George Clooney), 브루스 윌리스(Bruce Willis), 러셀 크로우(Russell Crowe)가 그들이 출연한 각 영화들의 리스크 수준을 가장 크게 감소시키는 배우들로 드러났다.

우리는 또한 영화 스타 효과 분석의 리스크를 조사했다(Hennig-Thurau et al., 2014). 데이터 표본에 '상업적인' 스타를 가진 363편의 영화에 대한 회귀분석의 예측 정확도를 통계적 '쌍둥이' 영화를 사용한 회귀분석과 비교했다. 영화의 북미 박스오피스를 종속변수로 사용해 우리는 스타가 출연하는 영화들의 회귀분석의 회귀 추정치의 표준 오차(SEE: standard error or the regression estimate)가 스타가 출연하지 않은 영화들의 회귀분석의 표준 오차보다 24% 작으며, 이 차이가 유의미하다는 것을 발견했다. 이 패턴은 종속변수로 '전 세계 매출'을 활용한 회귀분석 결과와 상당히 유사한데, 여기서는 스타가 출연한 경우 회귀분석의 예측 정확도가 29% 더 높다. 예측 가능성이 재무적 리스크에 대한 확실한 상쇄 대안이 되기에, 이러한 결과는 일반적으로 스타가 출연한 영화가 스타를 등장시키지 않는 영화보다 제작하기에 리스크가 적다는 증거를 제공한다.

3) 스타가 되고 싶다면: 논쟁의 여지가 있는 재능과 기회의 역할

스타들이 엔터테인먼트 소비자들(그리고 제작자들)에게 제공하는 가치를 연구하는 것 외에도 학자들은 스타라는 개념 자체를 설명하려고 노력해 왔다. 그렇다면 어떤 사람은 스타가 되는 반면 다른 사람은 상대적으로 덜 알려진 채 활약하게 만드는 차이는 무엇일까? 2가지 대안적인 이론이 제시되었는데, 첫 번째 이론은 재능의 역할을 강조하는 반면, 두 번째 이론은 '기회'를 강조한다. 그리고 어떤 쪽이 실증적 증거에 의해 지지되는지를 알아내기 위해 데이터를 비교하는 학자들도 있다. 두 이론의 지지자들 모두 훈련된 경제학자들로서 소비자에 대한 경제학적 사고방식이 뚜렷하게 형성된 이들이라는 것을 기억하기 바란다.

(1) 로젠의 '재능 이론'

로젠(Rosen, 1981)의 '슈퍼스타 이론'에 따르면 스타로 만드는 것은 한 인물의 재능이며, 자신의 공헌에 따른 엄청난 돈을 요구할 수 있는 능력을 뒷받침하는 힘이다. 로젠은 능력의 작은 차이가 수요 측면과 공급 측면의 2가지 메커니즘을 통해 '성공'에서의 큰 차이로 바뀐다고 주장한다.

수요 측면과 관련해 로젠(Rosen, 1981: 845)은 스타를 발굴할 수 있는 '특정 종류의 경제 활동'에서 개인의 능력의 품질이 그 재능의 함수라고 주장한다. 소비자들이 요구하는 것은 바로 이런 품질이다. 그러나 소비자들은 가장 재능 있는 사람의 자질을 독립적으로 판단하지 않는다. 대신 로젠에 따르면 소비자들은 항상 다른 이들이 제공할 수 있는 자질과 관련해 스타들의 능력을 평가한다. 또한 소비자들은 어떤 사람이 제공하는 (낮은 수준의) 자질은 약하고, 다른 사람의 (높은 수준의) 자질에 대비해 '불완전한' 것으로 간주한다. 즉, 재능이 적다는 것은 더 큰 재능을 대체할 수 없다는 것이다. 결과적으로 한 아티스트가 다른 아티스트보다 단지 10% 뛰어나다 해도 소비자들은 '더 나은' 아티스트를 위해 그저 10%를 추가로 지불하는 것보다 훨씬 더 많은 비용을 지불할 용의가 있다. 그리고 가격이 비슷하다고 가정하면 재능에 대한 수요는 선형이 아니라 개인의 자질 수준에 따라 기하급수적으로 증가한다. 10% 더 뛰어난 재능을 갖춘 사람은 경쟁자보다 10% 더 높은 시장 점유율을 차지하게 될 것이다. 우리는 모두 여러 명의 '그런대로 준수한' 재능보다는 단 하나의 압도적으로 뛰어난 재능을 선호한다.[45] 그렇지 않은가?

공급 측면과 관련해서 로젠은 엔터테인먼트 상품의 복제 비용 특성을 인정하고 있다. 엔터테인먼트의 초판 비용 특성상 대부분의 비용이 초판을 만드는 데 소요되기 때문에 아티스트들은 복제본에서는 낮은 한계 비용으로 자신들의 성과를 재현할 수 있다. 이것은 많은 소비자들이 두 번째로 나온 상품을 우회해 최고의 아티스트의 성과를 저렴하게 경험할 수 있게 해 준다.

로젠의 논리에 따르면 우수한 재능을 가진 사람들이 그들의 출연에 대한 불균형적으로 높은 수요를 충족시킬 수 있는지를 설명하는 것은 수요와 공급의 결합이다. 수요와 공급의 결합은 종종 덜 재능 있는 연기자들을 기용하는 것보다 더 높은 가격대에서 이뤄지기 때문에 재능은 스타로 인한 이익에 곱셈 효과를 불어넣게 된다.

(2) 애들러의 '기회 이론'

애들러(Adler, 1985)는 슈퍼스타덤에 대한 재능의 중요성을 반박했다. 그의 논리는 (클래식이나 팝 음악 같은) 특정한 종류의 문화 상품을 즐길 수 있으려면 이러한 종류의 상품에 대한 지식을 확보하는 것이 필수적이라는 가정에 기초한다.[46] 이 가정은 집중의 과정을 의미한다. 상품에 대해 지식을 얻기 위해 소비자들은 다른 소비자들과 동일한 아티스트에 '집중(patronize)'할 동기를 얻는다. 그 이유는 가장 인기 있는 아티스트에 대한 정보와 지식은 언제나 인기가 더 떨어지는 대안 아티스트에 대한 지식보다 접근하기 훨씬 쉽기 때문이다. 왜 그럴까?

만약 여러분이 훌륭한 대중음악을 찾고 있고 그에 대해 배우고 싶다면

---

45) 로젠의 이론은 엔터테인먼트에만 국한된 것이 아니라 인간이 의료와 교육과 같은 창조적인 행위를 서비스로 제공하는 일상의 다른 측면에도 적용된다.

46) 부차적으로 이 이론은 문화 상품을 즐기기 위해 '문화 자본'이 필요하다는 피에르 부르디외(Pierre Bourdieu)의 생각과 약간 유사하다.

잘 알려지지 않은 지역 대중음악 가수보다는 비욘세로 시작하는 것이 타당하다. 이는 단지 여러분의 친구들을 통해서든 ≪롤링스톤(Rolling Stone)≫ 잡지와 같은 미디어 매거진을 통해서든 비욘세를 검색하는 비용이 훨씬 더 저렴하기 때문이다. 그리고 다른 아티스트들이 극단적으로 더 뛰어나지도 않고 (가장 인기 있는 아티스트에 관한 지식을 얻는 저렴한 비용을 보상하기에 충분할 정도로) 극단적으로 더 저렴하지도 않다면 가장 인기 있는 아티스트에 집중하는 것은, 경제적으로 말하자면, 소비자들에게 있어 합리적인 선택이다.

애들러의 이론은 중요한 의미를 지닌다. 스타들은 다른 아티스트들보다 더 뛰어난 재능을 가지고 있기 때문이 아니라 비슷한 수준의 재능을 가진 다른 이들보다 해당 시점에 더 인기가 있기 때문에 스타가 되는 것이다. 따라서 소비자들은 더 낮은 검색 비용으로 인해 그들을 선호하게 된다. 더불어 애들러는 비슷한 재능을 가진 사람들 사이에서 스타덤을 결정하는 것은 단순한 행운(애들러에 따르면 '재능 이외의 모든 것'을 지칭)이라고 주장한다. 애들러의 이론대로라면 애당초 운이 좋은 사람은 누구든 시간이 흐르면서 그저 '두둥실 스타로 떠오르게(snowball into the star)' 될 것이다.[47]

(3) '재능 대비 기회' 논쟁에 대해 데이터 분석으로 파악 가능한 정보

데이터 분석은 상반되는 슈퍼스타 이론 중 어느 것이 '옳다고' 알려 줄 수 있을까? 학자들은 스타의 재능, '행운', 혹은 둘 모두를 측정함으로써 이 문제를 밝히기 위해 노력해 왔다.

윌리엄 햄런(William Hamlen, 1991)은 1955년에서 1987년까지 107명의 인기

---

47) 이 논리는 III권 2장에서 논의하는 '성공이 성공을 부르는' 연속적 흐름의 단계적 현상과 매우 유사하다는 것을 주목하자. 그러나 애들러는 스타들 사이에서의 소비자의 선택을 논하는 반면, '성공이 성공을 부르는' 연속적 흐름은 엔터테인먼트 상품들 사이의 선택을 다룬다.

가수들의 누적 판매량 자료에 대해 가수의 재능을 포착하기 위한 시도로서 '평균 고조파 진폭(average harmonic amplitude: '고조파'는 기본 주파수의 정수의 배수에 해당하는 주파수 파형을 의미한다)'을 이용해 모든 가수의 '목소리 품질'을 측정했다. 햄런은 목소리의 품질과 다른 변수들에 대한 판매의 회귀분석 결과 재능이 아티스트의 성공과 긍정적인 상관관계가 있다는 것을 발견했다. 그러나 탄성도를 보면 10% 더 뛰어난 재능이 오직 누적 판매량의 1.4% 증가에 해당함을 가리키며, 이는 뛰어난 재능일수록 수익을 늘린다는 로젠의 이론을 뒷받침하지 못한다.[48] 프랭크와 뉘에슈(Frank and Nüesch, 2012)는 프로축구 분야에서 유사한 접근 방식을 사용해 20개의 객관적인 경기 지표로 선수의 경기력을 측정했다. 이들도 역시 일부 지표들이 선수들의 미래의 금전적인 시장가치와 긍정적으로 상관되어 있다는 것을 발견한다. 그러나 이 연구에서도 역시 그 연관성은 전혀 완전무결하지 않다.

비르츠 등(Wirtz et al., 2016)은 재능과 성공 사이의 연관성을 확인하기 위해 서베이 방법을 사용해 이러한 재능 측정과 관련된 문제를 회피한다. 554명의 독일 영화배우들에 대해 그들은 배우로서의 다재다능함의 폭, 신체적 외모, 언어 능력 및 배우들의 예술적·상업적 성공과 같은 다양한 재능의 측면들 사이에서 0.53부터 0.37에 이르는 실질적인 상관관계를 발견한다. 이러한 결과는 로젠의 주장과 또 한 번 일치하는 반면(공유 분산은 한 번 더 완벽과는 거리가 멀지만), 일부 방법론적 한계가 적용된다.[49]

---

48) 그러나 햄런의 연구에서 발견된 낮은 탄성도 또한 측정 오류의 결과일 수 있다. 바바라 스트레이샌드(Barbra Streisand)가 해당 재능 순위의 상위권일 것임은 당연해 보이지만, 종종 '그녀 세대의 가장 위대한 목소리'(Gill, 2012)로 여겨지는 휘트니 휴스턴(Whitney Houston)이 훨씬 낮은 재능 점수를 받는 것은 다소 직관에 어긋나는 것으로 보인다. 그리고 어쨌거나 음악적 재능이란 것은 가수의 목소리 이상을 의미하지 않는가?

49) 비르츠 등의 연구 방법에서 재능과 성공 모두를 설문 응답자가 자가 기록한다는 특성은

다른 학자들은 애들러의 기회 이론에 대한 실증적인 지지를 찾아냈다. 정과 콕스(Chung and Cox, 1994)는 가수가 획득한 골드 레코드 수(매출의 척도)를 설명하기 위해 순전히 확률적 분포('율-사이먼 분포(Yule-Simon distribution)'로 알려져 있다]를 사용해 '행운'에 초점을 맞췄다. 그들은 어떠한 재능 요소도 포함하지 않는 확률적 모델이 아티스트들 사이에 골드 레코드의 실제 분포의 약 94%를 설명한다는 것을 발견했다. 하지만 이 분석은 전반적으로 아티스트들의 성공 패턴만을 살필 뿐이고, 시간이 지남에 따른 발전 양상은 확인하지 않는다. 또한 더 큰 데이터 표본에 대해 자일스(Giles, 2006)는 동일한 확률적 모델이 가수 활동 중에 얼마나 많은 1위 히트곡을 달성하는지 설명하기에 적합하지 않음을 보여 준다.

애들러 논리의 또 다른 핵심 요소는 어떤 아티스트가 인기로 인해 훨씬 더 성공하게 된다는 것이다(소비자의 검색 비용을 낮추기 때문이다). 일부 연구자들은 이 주장에 대한 증거를 수집했다. 루오 등(Luo et al., 2010)은 영화 스타의 가치에 대한 서베이 기반 종단 분석에서 스타에 대한 언론 보도량이 스타의 브랜드 가치에 긍정적으로 영향을 미친다는 것을 보여 준다. 그리고 프랭크와 뉘에슈는 축구 선수의 경기력과 관련이 없는 신문과 잡지의 보도가 재능 요인 이상으로 그들의 시장가치를 증가시킨다는 사실을 발견한다.

따라서 두 이론 모두 어느 정도 타당한 것 같다. 실제로 스타 파워는 재능과 행운의 결합을 필요로 한다. 그러나 결합된 상태로 고려하더라도 이러한 요소들이 스타의 현상에 대한 포괄적인 설명을 제공하는 것 같지는

'동일 출처 편향' 때문에 재능의 기여도를 부풀릴 위험이 있다. 이러한 편향은 한 사람이 내린 2가지 주관적인 판단이 실질적인 이유를 넘어 체계적으로 상관관계가 있다는 통계적 법칙에서 비롯된다.

않다. 대신에 더 많은 요소들이 또한 스타 파워에 영향을 미치는 것으로 나타났다. 여기에는 스타 개인의 작품 결정력도 포함된다. 루오 등은 배우의 영화 선택이 소비자, 비평가, 업계 동료들에게 얼마나 잘 받아들여지는가에 따라 스타의 가치가 영향을 받는다는 사실을 보여 준다.[50] 유사하게 마티스 등(Mathys et al., 2015)은 2004~2010년 동안 161명의 배우에 대한 소비자의 관심도를 분석한 결과 배우들이 출연하는 영화의 상업적 성공과 배우들의 이미지와 영화의 적합성은 배우에 대한 관심을 불러일으킨다고 보고한다. 이러한 결과는 캐스팅 디렉터와의 관계를 효과적으로 관리할 수 있는 배우의 능력이 배우의 성공과 높은 상관관계가 있다는 비르츠 등의 연구 결과와 일치한다.

이것으로 스타들과 다른 브랜드들의 세부 사항 및 엔터테인먼트 제작사들이 새로운 프로젝트에 대한 소비자들의 인식을 환기시키고 품질 신호를 보내기 위해 사용할 수 있는 브랜딩 전략에 대한 논의를 종결하기로 한다. 엔터테인먼트 분야에서 브랜드는 오늘날 단일 상품의 성공 가능성을 높이기 위해 채택될 뿐만 아니라 복합 상품, 복합 범주 프랜차이즈로서 좀 더 추상적이고 총체적인 관점에서 접근되고 있다.

---

50) 루오 등에 따르면 배우들이 좋은 선택을 할 때보다 나쁜 선택을 할 때 더 강한 인상을 남기는 것이 발견되었다. 이러한 측면에서 해당 연구에서 드러난 배우들을 위한 한 가지 교훈은 리스크가 큰 결정이 이러한 맥락에서 결코 성과를 거두지 못한다는 것이다.

6. 프랜차이즈 관리: 엔터테인먼트 브랜드 총체적으로 살펴보기

> 지난 2년간 영화와 관련된 첫 회의들은 하나같이 그 영화 자체에 관한 것이 아니라 해당 영화를 필두로 한 프랜차이즈에 관한 회의였다.
>
> — 〈박물관이 살아 있다(Night at the Museum)〉시리즈의 연출자인 숀 레비(Shawn Levy)(Suderman, 2016 인용)

엔터테인먼트 브랜드 관리에 대해 앞서 논의된 대부분의 내용은 '상품 수준'의 관점을 취했다. 우리는 제작자가 '오리지널' 상품을 개발하는 대신 차기 엔터테인먼트 상품에 브랜드 전략을 적용할 때 직면할 수 있는 잠재력과 문제점에 대해 논의했다. 그러한 관점은 브랜드가 어떻게 엔터테인먼트 환경에서 소비자의 의사결정에 영향을 미치는지를 강조하기 때문에 분명 가치 있고 중요하다.

그러나 이러한 상품 수준의 관점과 더불어 중요한 두 번째 관점은 개별 브랜드 상품을 엔터테인먼트 경영자 및 학자들에 의해 종종 프랜차이즈로 분류되는 더 큰 개념의 일부로 간주한다. 여기서의 관심은 더 이상 브랜드가 아닌 오리지널 상품에 대비한 브랜드의 이점에 관한 것이 아니라, 그러한 프랜차이즈를 어떻게 관리해 최대의 '프랜차이즈 가치'를 창출해야 하느냐에 관한 것이다.

다음에서 우리는 먼저 그러한 관점의 변화가 어떻게 엔터테인먼트 경영의 경제적 논리를 변화시키고, 어떤 결정의 효율성을 증대시키면서 다른 결정들이 차선책이 되도록 하는지에 대해 논한다. 그 후, 프랜차이즈의 확장 상품이 모 브랜드의 가치에 어떤 영향을 미치는지 상호 간의 파급효과를 살펴볼 것이다. 그런 후 우리는 디즈니와 '마블 시네마틱 유니버스'가 성공적으로 시사한 대로 최초의 〈스타워즈〉 영화에서 현재의 '메가 프랜차이즈'로의 연결을 만들어 내는 프랜차이즈 개념의 역사적 진보에 대해 분석함으로써 이 섹션을 끝맺을 예정이다.

1) 프랜차이즈 사고가 경제적 논리를 형성하는 방식

〈그림 3.9〉는 엔터테인먼트 사업에 대한 프랜차이즈 접근법의 경제적 논리를 보여 준다. 프랜차이즈에서 제작자는 패밀리/모 브랜드를 만들 수 있도록 추가 상품을 확장하려는 생각을 가지고 브랜드 엔터테인먼트 상품을 만든다. 결과적인 상품 집합 전체가 '프랜차이즈'를 구성한다. 최초의 상품이 최초의 『헝거 게임』 소설과 같은 오리지널 상품(즉, 새로운 브랜드)인지, 혹은 기존 브랜드의 확장 상품(예: 소설에서 각색된 『헝거 게임』 시리즈의 첫 번째 영화)인지는 중요하지 않다. 프랜차이즈를 구축하고 관리하는 회사는 특정 형태의 엔터테인먼트 또는 다른 상품 범주에서만 브랜드를 이용할 수 있는 권리를 보유할 수 있다(예: 라이온스게이트는 〈헝거 게임〉 영화 시리즈를 개발하고 있지만, 출판사인 스콜라스틱(Scholastic)은 책 권리를 지켰다). 프랜차이즈 논리에 있어 중요한 것은 성공은 단지 초기 제품의 성공만으로 판단되는 것이 아니라 프랜차이즈 전체의 성공에 달려 있다는 것이다.

프랜차이즈 논리는 제작자가 나중에 초기 상품을 확장할 수 있는 권리를 투자 옵션으로 취급한다는 것을 의미한다(Gong et al., 2011). 이러한 확장 옵션은 향후 라인 확장(즉, 시퀄, 리메이크) 및 범주 확장의 생성을 의미할 수 있다. 옵션에는 또한 테마파크 놀이기구(예: 유니버설 스튜디오의 '백 투 더 퓨처 라이드') 또는 통합 테마파크[예: 라이온스게이트가 〈헝거 게임〉 관련 하나를 한국에 열 계획(Swertlow, 2017)]와 같은 비미디어 범주로 브랜드를 확장하는 것이 포함된다.[51] 엔터

---

51) 다른 범주 확장과 마찬가지로 프랜차이즈 소유자가 직접 확장 상품을 운영하느냐 다른

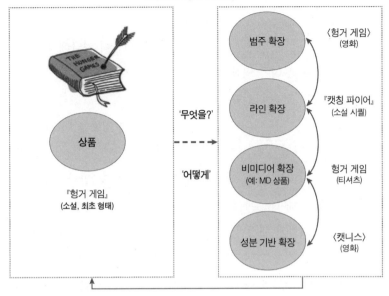

〈그림 3.9〉 프랜차이즈 논리

주: 그림에 제시된 확장 상품 일부는 가상의 상품이다(예: 주인공 '캣니스'를 활용한 영화 스핀오프).
　　Studio Tense 그래픽 지원.

테인먼트 상품의 정규 확장 범주 중 하나는 티셔츠에 브랜드 로고를 붙이
는 것부터 광선 검 장난감에서 액션 피규어와 의상에 이르기까지 광범위
한 MD 상품화(merchandising)이다. 이러한 MD 상품화로는 현재 "할리우드
블록버스터 제작비의 절반까지 상회할 수 있다"(Follows, 2016). 라이온스게
이트는 2012년 〈헝거 게임〉의 최초 영화를 개봉하면서 모조 활, 도시락,

사람에게 라이선스 권한을 부여하느냐의 여부는 프랜차이즈 논리와 관련이 없다. 유니
버설은 '백 투 더 퓨처 테마파크 놀이기구'를 자체 운영하는 반면, 워너 브라더스는 〈해
리 포터〉 영화 기반 브랜드와 관련된 테마파크 놀이기구를 운영할 수 있는 라이선스 권
한을 유니버설에 부여했다.

액션 피규어, 각종 기념품 등 160여 가지 상품에 대한 브랜드 사용 허가를 받았다(Orden and Kung, 2012).

옵션의 주요 특성은 다른 이벤트에 좌우되어 시간이 지남에 따라 값이 변한다는 것이다. 우리가 영화 시퀄의 성공은 모 브랜드의 인지도와 이미지에 달려 있다는 것을 확인했듯이 다른 요인들 중에서도 초기 영화의 반응은 시퀄 권리의 옵션 가치와 다른 확장 권리들에 영향을 미친다(Van der Stede, 2015). 옵션 관점은 옵션 가치가 실질적으로 0보다 높을 것으로 추정될 때 제작자들이 더 많은 금액을 투자할 수 있게 한다. 만약 스튜디오가 영화의 시장성(marketability)과 호응성(playability)의 증대로 이어질 수 있다고 믿는다면 초기 영화의 제작비에 더 많은 돈을 쓰고 스타들을 고용하는 것이 타당할지도 모른다. 왜냐하면 그러한 증대는 또한 브랜드의 옵션 가치로 파급될 것이기 때문이다. 같은 논리에 따라 브랜드 인지도를 높이기 위해 초기 영화의 배급과 광고에 더 많은 돈을 쓰는 것이 이치에 맞을 수 있는데, 나중에 시퀄과 범주 확장으로 보상받을 수 있기 때문이다.

할리우드 영화사들은, 적어도 암묵적으로, 이러한 옵션 논리에 따라 행동하기 시작했다. 스튜디오 카날(Studio Canal)의 CEO인 디디에 루퍼(Didier Lupfer)는 회사가 두 번째 영화, 시퀄, 스핀오프 등으로부터 더 많은 돈을 벌기 위해 "첫 번째 영화에 많은 돈을 투자했다"라고 언급했다(Jaafar, 2016). 이러한 옵션 논리는 또한 라이온스게이트가 브랜드 인지도를 더욱 넓히기 위해 원작 소설의 첫 두 챕터에 대한 온라인 무료 제공을 후원하는 것을 포함해 엄청나게 세심한 자세로 첫 〈헝거 게임〉 영화를 개발하도록 이끌었다. 라이온스게이트는 최초의 〈헝거 게임〉 영화의 성공이 3편의 시퀄을 만드는 데 (그리고 또한 많은 양의 브랜드 MD 상품을 파는 데) 필수적이라고 생각했다. 유사한 행동들이 다른 형태의 엔터테인먼트에서도 관찰된 바 있다. 게임 스튜디오 유비소프트(Ubisoft)는 다른 엔터테인먼트 분야로 확장하기 위한 사전 계획을 가지고 게임을 개발한 바 있다(Graser, 2013).

그러나 프랜차이즈의 관점은 또한 어떤 상품이 가치 있다고 여겨지는지 그 여부를 변화시킨다. 프랜차이즈 접근 방식은 단일 상품의 성공 가능성뿐만 아니라 '확장 잠재력'도 고려하면서 장기적인 관점을 의미한다. 이 확장 잠재력은 이를 둘러싼 불확실성을 고려해 가치를 매길 필요가 있으며, 확장 수익이 발생할 것으로 예상되는 시기까지 남은 시간만큼 할인될 필요가 있다.

예를 들어, 디즈니는 현재 전체 제작비의 최소 80%를 시퀄과 MD 판매로의 강력한 확장 가능성이 점쳐지는 영화들에 할애하고 있다. 디즈니의 CEO로서 로버트 아이거(Robert Iger)는 픽사 영화 〈카(Car)〉의 시퀄을 만들기로 한 결정은 "상당히 프랜차이즈 논의의 연장선상에 있었다"라고 인정했다(Smith, 2011). 디즈니는 복합 상품 범주에서 매출을 진작하는 데 있어 이상적인 모델로 장난감 자동차와 영화 속 사랑받는 캐릭터의 조합을 고려했다. 판매 실적은 이러한 결정이 옳았음을 뒷받침한다. 2011년 시퀄 〈카2〉가 개봉되었을 때 이 브랜드의 MD 상품은 이미 약 100억 달러의 총수익을 축적했고, 그중 12억 달러가 디즈니로 되돌아왔다(Smith, 2011). 이 수치는 디즈니가 이 영화의 극장 개봉으로 벌어들인 약 2억 3000만 달러의 몇 배에 달했다.

그러나 모든 것이 장난감 자동차처럼 팔리는 것은 아니며, 프랜차이즈 논리를 적용한다는 것은 일부 상품이 단지 제한된 확장 가능성만을 가지고 있다고 판단된다면 절대 만들어지지 않을 것이라는 것을 암시한다.[52]

---

52) 프랜차이즈 논리를 비즈니스의 실질적인 표준으로 삼는 것은 투자자와 비즈니스 파트너의 기대에 영향을 미치며, 프랜차이즈 가능성이 제한된 상품의 생산을 정당화하기 더욱 어렵게 만든다. 예를 들어, 디즈니는 픽사의 영화 〈업(Up)〉을 개봉할 때 재무 분석가와 소매업체들로부터 비난을 감수해야 했다. 이 영화에는 자동차뿐만 아니라 'MD 상

앞서 논의된 단일 엔터테인먼트 상품의 브랜드 전략과 관련해 어떤 상품은 다른 상품보다 체계적으로 더 높은 프랜차이즈 잠재력을 가지고 있다. 특히 흥분-친숙(성) 체계에 의하면 리메이크 및 베스트셀러 각색과 같은 범주 확장은 연장의 가능성이 제한적임을 알 수 있다. 리메이크나 각색의 시퀄이 가지는 문제는 (원작 도서 자체의 시퀄에 기반을 두지 않을 경우) 그 전작인 리메이크나 각색 작품에 대비해 낮은 친숙성을 제공한다는 것이다. 오리지널 책이나 영화의 인기 있는 캐릭터들은 더 이상 소비자들에게 직접적인 기준점 역할을 하지 못한다.

따라서 리메이크/각색이 강력한 브랜드로 이미 자리 잡지 않았다면 ('오래된 것'을 새로운 형태로 본다는 호기심으로 극장을 찾는 관객들을 끌어들이는 것을 넘어), 이러한 후속작들은 브랜드의 친숙함의 혜택을 받지 못할 뿐 아니라 전작들의 '감질나고 역설적인 친근하고도 신선함'이 결여될 것이다(Bramesco, 2016). 이것이 아마도 디즈니의 〈거울나라의 앨리스〉가 실패한 이유일 것이다. 이 영화는 (고전 소설)의 각색의 시퀄이자 (사랑받는 영화 고전)의 리메이크의 시퀄이다. 아마도 디즈니는 그 이후로 리메이크의 프랜차이즈의 한계에 대해 깨닫게 된 것 같다. 〈미녀와 야수〉 등과 같은 고전들을 실사로 리메이크해 엄청난 성공을 거둬들였음에도 불구하고, 이 글이 쓰인 시점상으로는 이 영화들을 위한 시퀄 제작 계획은 없다고 디즈니는 발표했다(Fleming, 2017a).

엔터테인먼트 상품의 프랜차이즈 가능성은 또한 이야기의 여정에 의해 결정된다. 만약 이야기의 결말에 영웅이 죽는다면 프랜차이즈 옵션 가치의 많은 부분은 그와 함께 사라진다. 엔터테인먼트 사이언스가 우리에게 시퀄 성공을 위한 동일 스타 연속성의 가치에 대해 알려 준 것을 기억하라. 프랜차이즈 영화의 감독들에게 이것은 〈로건(Logan)〉의 연출자 맨골드

품 제작이 가능한' 어떤 종류의 캐릭터도 등장하지 않기 때문이다(Barnes, 2009).

의 말을 인용하자면 "그놈의 돈을 엄청나게 벌어들이는 가치가 있기 때문에 캐릭터들을 죽일 수 없다"라는 것을 의미한다(Hayes, 2017). 그러나 엔터테인먼트 상품은 결코 2진법이 아니기 때문에 그들의 서사를 수정하면 프랜차이즈의 잠재력에 영향을 미칠 수 있다. '록키' 캐릭터를 성공적인 프랜차이즈로 만들고 있던 스탤론은 소설 『퍼스트 블러드(First Blood)』의 각색작인 영화 〈람보〉 촬영 중 딜레마에 직면했다. 원작 소설의 결말에서 주인공은 결국 죽는다. 스탤론은 소설 원작의 결말을 따르지 않기로 결정했다. 이미 주인공이 죽는 장면을 촬영했음에도 불구하고,[53] 그는 영화에 람보 캐릭터가 살아 있는 다른 결말을 붙여야 한다고 주장했다[대학에서 연극을 전공한 스탤론은 〈람보〉 시리즈 전체의 각본 크레디트에도 이름을 올렸으며, 〈클리프행어(Cliff-hanger)〉 등 자신이 주연을 맡은 영화들의 상당수 각본 작업에 참여했다. 〈록키 2〉와 〈록키 3〉를 비롯한 일부 작품에서는 각본, 주연, 감독까지 도맡았다—옮긴이]. 프랜차이즈 개발 측면에서 이는 현명한 결정으로 판명되었는데, 이는 베트남 전쟁의 베테랑인 존 람보(John Rambo)가 등장하는 엄청난 성공을 거둔 여러 편의 영화뿐만 아니라 관련 '람보' 상품들도 출시될 수 있는 기반을 마련했기 때문이다.

이런 변화들은 엔터테인먼트 상품의 본질적인 구성 요소인 예술 작품으로서의 완결성을 침해할 수 있기 때문에 예민한 문제라는 점에 주목해야 한다. 〈블레이드 러너〉의 제작자들이 확연히 디스토피아적인 영화에 억지로 블루스카이 해피엔딩을 추가했을 때처럼 부조화가 새어 나와 비평가들과 관객들이 상품에 등을 돌릴 수도 있다. 그리고 엔터테인먼트 업계의 역대 최고 성공작들 중 일부는 결단력 있게 부정적인 결말을 택하곤 하는데, 이것이 성공과 밀접하게 연관되어 있는 경우도 있다. 레오(Leo)와

---

53) 이 책의 집필 당시인 2017년 겨울 일부 DVD/블루레이 버전과 유튜브에서도(예: https://goo.gl/Yym7YV) 영화의 오리지널 엔딩을 찾을 수 있다.

케이트(Kate)가 행복하게 살아남는 〈타이타닉〉이나 알리 맥그로우(Ali MacGraw)의 제니(Jenny) 캐릭터가 막판에 암에서 완치되는 〈러브 스토리(Love Story)〉를 떠올리기란 어렵다. 엔터테인먼트 경영자들은 일부 이야기들은 '프랜차이즈'화될 수 있도록 손보지 않고 단일 상품 방식으로 전달할 때 더 잘 전달된다는 사실을 받아들여야 한다.

마지막으로 프랜차이즈의 일부인 서로 다른 상품들이 하나 이상의 방식으로 서로 영향을 미치기 때문에 프랜차이즈 접근 방식은 경영자들이 전체적인 관점을 채택해야 한다는 것을 시사한다. 향후 모든 프랜차이즈 매출의 '전력원' 역할을 하기 때문에 모든 확장 활동에 있어 모/패밀리 브랜드의 이미지는 중추적인 역할을 한다. 이는 확장 결정에 영향을 미치는데, 확장성이 대개 모 브랜드의 가치에도 영향을 미치기 때문이다. 이를 두고 브랜딩과 엔터테인먼트 사이언스 학자들은 '상호적 파급 효과(reciprocal spillover effects)'라고 부른다. 따라서 향후 확장을 결정하는 문제에 있어 상품별 임기응변 접근 방식 대신 확장 활동을 아우르는 조화롭고 통합된 계획이 필요하다.

성공적인 프랜차이즈 경영을 위해 필수적인 이러한 상호적 파급 효과에 대해 좀 더 자세히 논의한 후 초대형 엔터테인먼트 프랜차이즈로서 '유니버스'를 살펴보도록 한다.

2) 확장이 모 브랜드에 영향을 미치는 경우: 상호적 파급 효과

상호적 파급 효과는 확장에 기인할 수 있는 모 브랜드의 수익 변화를 설명한다(Balachander and Ghose, 2003). 프랜차이즈 경영자들은 이와 같은 상호적 효과가 긍정적이기를 원한다. 시퀄의 개봉은 소비자들이 원작을 다시 즐기거나 처음으로 향유하기 위해 새로이 진입하도록 동기 부여하기 때문에 전작의 홈 엔터테인먼트 판매량을 증가시킬 것이다. 마찬가지로 큰 스크린을 위한 소설의 각색은 영화 티켓의 판매뿐만 아니라 책의 판매도 촉발시킬 것으로 예상된다. 두 경우 모두 확장 상품과 모 상품이 보완재의 구실을 한다.

그러나 상호 효과는 부정적일 수도 있다. 엔터테인먼트에서 우리는 이런 상황이 일어날 수 있는 2가지 방법을 생각해 볼 수 있다. 첫째, 확장 상품이 모 상품을 대체할 수 있다. 오늘날 소비자들이 〈스카페이스(Scarface)〉에 대해 이야기할 때 대개 1983년 제작된 브라이언 드 팔마(Brian de Palma) 감독의 영화 각색을 염두에 두는데, 이 리메이크의 문화적 존재감으로 인해 1932년의 원작 영화는 잊혀졌다. 「아이 윌 올웨이즈 러브 유(I Will Always Love You)」라는 노래가 언급될 때면 휘트니 휴스턴의 목소리가 떠오르는 반면, 돌리 파튼(Dolly Parton)의 원곡은 대체로 잊혀졌다. 물론 대체 효과라는 것이 오리지널 작품이 리메이크되지 않았더라면 더 많이 기억될 것이라는 사실을 함의할 수도 있지만, 이는 실증적으로 확인되기는 어렵다.

둘째, 확장 상품의 품질 부족이나 모 상품과의 일관성 부족은 소비자들을 모 상품으로부터 멀어지게 할 수 있다. TV 시리즈 〈로스트(Lost)〉를 떠올려 보라. 시리즈의 극적인 해결에 대한 만연한 실망감이 아마도 시리즈 전체의 평판을 해쳤을 것이다. 〈트루 디텍티브(True Detective)〉의 두 번째 시즌의 문제들은 그 드라마의 첫 번째 시즌에 대한 관심을 해쳤을 것이라고 추측된다. 또한 〈매트릭스〉 시퀄들이 제작 발표되고 개봉되었을 때 오리지널 〈매트릭스〉 영화에 대한 소비자들의 수요를 촉발시켰을 수도 있지만, 이들의 불균일한 품질은 장기적으로는 팬들 사이에서 오리지널 영화의 지위를 위협하고 있다. 다시 말하지만 이러한 효과에 대한 실증적 증거는 존재하지 않지만, 브랜딩 이론은 이를 강력하게 뒷받침한다. 이 문제는 적어도 일부 경영진에 의해서도 인정된다. 디즈니가 저예산의

DVD로 직행된 시퀄들(⟨라이온 킹 1 1/2⟩과 같은)을 제작하느라 그 핵심 브랜드를 이용했을 때 이러한 저품질의 시퀄들이 원작 영화의 명성에 흠집을 낸 것에 대해 당시 디즈니 이사였던 잡스는 (확장판이 '창피하다'라고 표현하며) 혹독한 비판을 가하기도 했다(Spence, 2007).

우리는 이제 영화와 책의 맥락에서 그러한 상호적인 파급 효과를 실증적으로 시험하고 정량화한 실증적 연구를 살펴볼 것이다. 그 결과들은 '평균적인' 효과와 더불어 상황적 요인도 조명한다. 어떤 요인들이 긍정적인 상호적 파급 효과를 야기하고, 어떤 요인들이 그것을 해쳤을까?

(1) 라인 확장의 상호적 파급 효과: 영화 시퀄의 사례

엔터테인먼트 상품의 짧은 수명주기를 고려할 때 시퀄이 어떻게 전작의 성공에 영향을 미칠 수 있을까? 영화의 경우 상호적 파급 효과는 모 브랜드의 홈 엔터테인먼트 성능에 영향을 미칠 수 있다. 영화 시퀄 효과에 대한 연구에서(Hennig-Thurau et al., 2009) 우리는 또한 시퀄의 DVD 발매가 전작의 DVD 판매에 미치는 영향에 대해서도 살펴보았다. 전작의 DVD 판매 데이터를 사용할 수 있는 76편의 초기 시퀄들에 대해, 우리는 닐슨의 실제 판매 데이터(총 매출의 약 65%에 해당)를 사용해 '이벤트 연구'를 실시했는데, 이는 재무 학자들이 특정 이벤트로 인한 주식 가치의 '이상 변화'를 결정하기 위해 개발한 접근 방식이다.

우리의 경우 행사는 시퀄 영화의 북미 개봉이었다. 본질적으로 우리는 먼저 각각의 모 영화에 대해 매주 누적된 DVD 판매 데이터를 사용해 시퀄이 없었다면 얼마나 많은 DVD가 팔렸을지 추정했다. 그런 다음 시퀄 개봉으로 인해 발생한 '비정상적인' 판매량을 추정하기 위해 추정된 '정상적인' 판매량을 실제 판매량에서 차감했다. ⟨그림 3.10⟩은 ⟨러시아워(Rush Hour)⟩와 ⟨언더월드(Underworld)⟩ 2편의 예시 영화에 대한 해당 접근 방식을

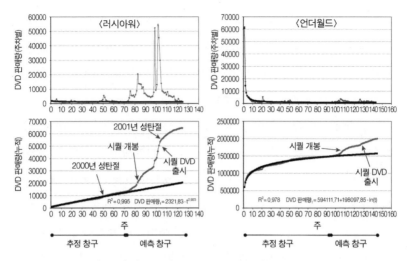

〈그림 3.10〉 2편의 시퀄로 인한 '비정상적인' DVD 판매량의 판단

자료: Hennig-Thurau(2009: 167~183)를 수정 후 재인용.

보여 준다.

그 결과 76편의 모든 모 영화가 시퀄 개봉으로 혜택을 받았고, 평균 21만 7000개의 DVD 판매량 증가로 약 400만 달러[54]의 추가 수익이 났지만 우리의 연구 결과는 또한 영화들 사이에 상호적 파급 효과가 상당히 많이 다르다는 것을 보여 준다. 〈스테이트 프로퍼티(State Property)〉의 경우 고작 219개의 DVD가 추가 판매된 것에 반해, 〈슈렉〉은 단지 속편 시퀄 덕에 140만 부가 더 팔렸다. 그렇다면 왜 이런 차이가 생길까?

비정상적인 DVD 판매량의 차이를 일으키는 요인이 무엇인지 알아보

---

54) 400만 달러는 다음과 같은 방정식의 결과이다. 217,000달러×20달러(개당 평균 소매가격)×0.6(소매가격 중 평균 스튜디오 지분)/0.65(예를 들면 월마트 매장의 매출 정보 등이 누락되어 있는 닐슨으로부터 얻은 불완전한 데이터를 보정하기 위해서이다).

기 위해 추가 판매량을 종속변수로 채택해 단계적·단면적 OLS 회귀분석을 실행했다. 설명변수로는 속편의 성공을 좌우하는 요소들 — 전작과 속편의 특성, 그 적합성, 또한 DVD 자체적 특이 변수(예: 시간적 격차, DVD 버전의 가지 수, 공동 프로모션의 여부 등)를 사용했다.

분석 결과는 영화들 사이의 비정상적인 DVD 판매량의 약 70%를 설명해 준다. 가장 영향력 있는 요인은 모 브랜드 자체의 인지도이다(확장 혜택을 받는 데 도움이 되며, 이것이 변동의 약 25%를 설명한다). 그 다음으로 가장 큰 영향을 미치는 요인은 극장에서의 확장 영화의 흥행 성공이다(높은 성공은 더 높은 상호 효과를 유발해 추가적인 전작 판매량의 약 20%에 기여한다). 세 번째로 중요한 요인은 모 브랜드의 이미지이다. 인기가 많았던 모 브랜드들일수록 확실히 확장 제품의 더 많은 혜택을 기대할 수 있다(이 또한 약 20%를 설명한다). 그리고 마지막으로 긍정적인 이미지와 높은 인지도의 결합 역시 전작의 추가적인 판매를 유발한다. 적어도 우리의 데이터 표본에서는 다른 변수가 상호적 파급 효과를 발휘하지 않는다.

이 결과들은 영화 다음에 시퀄 영화가 등장하는 라인 확장에 대한 것이다. 이제 책이 '영화 스크린'에 적합하게 각색된 경우의 범주 확장에 대해 상황이 달라지는지 살펴보기로 한다.

(2) 범주 확장의 상호적 파급 효과: 도서 각색 사례

영화만큼 책을 팔아 주는 것은 없다.

— 마인즈샤이머(Minzesheimer, 2004)

책 작가와 출판업자들에게 그들의 상품을 영화 범주로 확장시키는 것은 수익성이 좋은 시도로 널리 여겨진다. 그러나 모 브랜드 상품 범주 밖에서 확장이 일어날 때 이러한 상호적 파급 효과는 정확히 얼마나 강하며, 그 강도를 결정하는 요인은 무엇일까?

1998~2006년에 북미에서 영화로 제작되어 개봉된 446권의 소설을 모두 살펴보자(Knap et al., 2014). 영화 각색본이 개봉된 후 ≪USA투데이≫ 톱 150 베스트셀러 목록의 도서 순위를 OLS 회귀분석에서 종속변수로 사용해(그리고 각색 영화 개봉 전 순위를 제어한다),[55] 확장 요소(즉, 각색 영화의 성공과 광고비)와 영화 개봉 전 원작 도서의 판매량뿐만 아니라 원작-각색 영화의 적합도에 초점을 맞췄다. 우리는 또한 '통합적인' 판매 전략이 도움이 되는지도 알고 싶었다. 영화가 개봉되면 책 표지에서 영화를 언급하거나("본격 영화화!") 표지를 영화 포스터로 대체해 '모 브랜드 역할'을 적극적으로 홍보하는 것이 중요할까? 만약 중요하다면 얼마가 중요할까?

이 요소들을 종합하면 영화 개봉 후 '추가적인' 원작 도서 성공의 약 63%를 설명할 수 있다. 상호적 파급 효과는 확장판(즉, 각색된 영화)에 대한 광고 노력에 의해 강화되며, 확장판의 광고가 증가하면 거의 동일한 규모의 원작 도서의 성공으로 이어진다. 원작 도서는 또한 각색 영화의 성공으로 큰 이익을 얻는데, 10% 더 높은 각색 영화 성공이 4% 더 높은 원작 도서 판매로 이어진다. 적합성은 추가 도서 판매에 직접적인 영향을 미치지 않지만, 높은 적합성은 상당한 방식으로 광고와 확장판 성공이 도서 판매에 미치는 영향을 강화한다(각각 75%, 50%씩). 연구 결과는 또한 통합적인 판매

---

55) 더 구체적으로 우리는 목록에 있는 책의 각 주간 위치를 '포인트 점수(point score)'로 변환한 다음 시간 경과에 따라 각 책의 점수를 합산했다. 영화 각색 후 기간과 영화가 개봉되기 전 기간(실제로 영화 광고가 시작되기 전)에 대한 점수를 계산했다. 이를 수행할 때 우리는 최상위 순위가 하위 순위보다 불균형적으로 높은 포인트 점수를 획득하도록 보장하는 지수 변환 접근 방식을 사용해 베스트셀러 목록의 순위가 소비자들로부터 얻는 관심의 비선형 분포를 설명했다.

노력이 모 브랜드 관리자들에게 좋은 결과를 가져다준다는 것을 보여 준다. 책 표지가 각색 영화 개봉을 언급할 때 각색 영화 개봉으로 인한 추가적인 원작 도서 판매는 평균 약 50% 더 높아진다. 이러한 통합적 조치는 확장 상품의 성공과 광고로 인한 파급 효과를 더욱 증가시킨다.

별도의 분석을 통해 우리는 또한 상호적 파급 효과가 영화의 원작 도서에만 국한되지 않는다는 것을 발견했다. 동일한 프랜차이즈/시리즈의 다른 책들도 또한 이익을 얻을 수 있다. 이 다른 책들에 대한 상호적 파급 효과는 각색된 책들에 비해서는 약하지만 여전히 상당하다(각색된 책들에 대한 약 절반 크기의 탄성도). 단일 모 상품뿐만 아니라 더 넓은 상품 범위로 효과가 파급될 수 있기 때문에 더 복잡한 프랜차이즈의 제작자들은 훨씬 더 많은 경영상의 주의를 기울여야 한다.

3) 〈스타워즈〉에서 마블까지: 엔터테인먼트 유니버스의 부상

이제 시간이 지남에 따라 개념이 어떻게 발전했는지 살펴보고, 확립된 개념의 측면을 검토하고, 새로운 발전을 강조함으로써 엔터테인먼트 프랜차이즈에 대한 탐색을 마무리하도록 하겠다. 우리는 〈스타워즈〉의 루카스로부터 시작해서 '마블 시네마틱 유니버스'의 배후에 있는 경영의 브레인인 케빈 파이기(Kevin Feige)로 끝맺기로 한다. 오늘날 〈스타워즈〉와 마블 스튜디오가 모두 하나의 동일한 엔터테인먼트 스튜디오에 속해 있다는 것은 우연이 아니라고 여겨진다. 디즈니가 프랜차이즈 개념을 너무 급진적인 방식으로 활용하는 나머지 다른 엔터테인먼트 회사들이 보조를 맞추는 데 어려움을 겪고 있다. 2015년 디즈니의 소비재 부문이 엔터테인먼트 부문과 거의 동일한 매출을 창출했으며, 심지어 훨씬 더 높은 수익률(39% 대비 27%)을 기록했다는 사실은 많은 것을 함의한다.

(1) '롱 타임 어고': 최초의 엔터테인먼트 프랜차이즈로서의 〈스타워즈〉

루카스는 유명한 시나리오 작가, 감독, 제작자일 뿐만 아니라 어쩌면 더 나아가서는 매우 혁신적인 사업가이다. 그의 〈스타워즈〉 영화가 대중문화에 미친 엄청난 영향과 비슷하게 〈스타워즈〉 브랜드에 대한 그의 책임감은 영화와 엔터테인먼트 산업을 극적으로 변화시켰다. 다스 베이더(Darth Vader)는 루크 스카이워커(Luke Skywalker)의 아버지인 반면 루카스의 〈스타워즈〉는 프랜차이즈 개념의 아버지인 셈이다.

루카스가 20세기 폭스 스튜디오와 첫 〈스타워즈〉 영화의 조건을 논의할 당시, 당시로서는 1950년대 청춘영화에서 영감을 받은 흥행작 〈청춘낙서(American Grafiti)〉의 감독으로 가장 잘 알려져 있던 그는 〈스타워즈〉 영화 시퀄의 권리를 확보하기 위해 더 높은 인건비를 마다했다. 시퀄 제작이란 아주 드문 예외적인 상황에 불과했던 1976년이었기에, 폭스는 '다부작 거대서사(multi-part saga)'는커녕 단 하나의 속편도 만들어지지 않을 것이라 예상하며 〈스타워즈〉의 시퀄 권리의 가치를 0보다 조금 높은 수준으로만 평가했다. 하지만 루카스는 여러 편의 연작 영화들로 구성된 거대서사의 정확한 청사진을 그리고 있었음에 틀림없다. 첫 번째 〈스타워즈〉의 엄청난 성공 이후 그는 폭스에 7년간 첫 번째 시퀄의 배급권을 제공하는 대가로 MD 상품화에 대한 모든 권리를 확보함으로써 프랜차이즈의 야심을 확장했다.

J. E. 스콰이어(J. E. Squire)의 말처럼 이 거래들은 루카스가 자신의 〈스타워즈〉 영화를 조직적으로 개발해 최초의 진정한 프랜차이즈로 활용할 수 있게 해 주었기 때문에 "영화 사업의 경제성을 재정의한"(Squire, 2006: 7) 수준의 중요성을 지닌다. 루카스는 시퀄과 프리퀄을 기획하는 것 외에도, 영화 외에도 수많은 도서 및 코믹스를 포함한 여러 상품 범주로 브랜드를 체계적으로 확장했다. 루카스의 이름이 작가로 등재된 소설화된 첫 번째

소설 한 권만으로도 2억 달러의 매출을 올렸다. 2017년 기준으로 총 170여 편의 공식 소설이 출판되었고(*Yodasdatapad*, 2016), 거의 2000편의『스타워즈』코믹스가 제작되었다(*Wookieepedia*, 2017). 여러 해가 지나면서 게임이 또한 해당 프랜차이즈의 핵심 요소로 자리 잡으며, 140개 이상의 다양한 게임들이 다양한 플랫폼으로 출시되었다.

　루카스가 시도하기 전까지 MD 상품은 엔터테인먼트 제작자들에 의해 거의 수입원으로 인식되지 않았다. 그렇지 않았다면 그는 애당초 폭스로부터 MD 상품화의 권리를 얻지도 못했을 것이다. 시리즈의 두 번째 영화가 개봉되었을 때까지도 소매상들은 여전히 주저했음에도 불구하고 루카스의 프랜차이즈 계획에서는 처음부터 MD 상품 판매가 중추적인 역할을 했다. 명백히 루카스의 판단은 옳았다. 시간이 지남에 따라 〈스타워즈〉 브랜드는 320억 달러 이상의 MD 상품 판매 수익을 올렸는데(Taylor, 2015), 〈스타워즈〉 브랜드의 평균 로열티 약 12%를 가정했을 때 해당 수치는 루카스와 디즈니가 2006년에 프랜차이즈 판권을 구입한 후 2015년까지 약 40억 달러를 벌어들였다는 추정을 가능하게 한다. 2015년 〈스타워즈: 깨어난 포스〉 개봉 후로는 12개월 이내에 MD 상품 판매에서 50억 달러의 추가 판매가 예상되었다(Rohbemed, 2015). 이에 비해 〈스타워즈〉 영화 시리즈의 첫 9편[공식 '에피소드' 7편, 스핀오프 1편, 〈스타워즈: 클론 전쟁(Star Wars: Clone Wars)〉 애니메이션 1편]의 전 세계 극장 수익은 약 70억 달러이며, 다양한 홈 엔터테인먼트 창구의 수익도 이와 비슷하다.

　인플레이션을 감안하지 않고 총 400억 달러 이상의 수익을 올린 〈스타워즈〉 프랜차이즈는 엔터테인먼트 역사상 가장 큰 성공을 거두며 〈해리포터〉 시리즈보다 거의 2배나 큰 성공을 거두었다. 오늘날 유일한 진정한 경쟁자는 '마블 시네마틱 유니버스'뿐인데, 그에 대한 논의는 잠시 후 시작하겠다. 이 모든 노력의 성공의 열쇠는 루카스의 선견지명이 빛나는 엔터테인먼트 프랜차이즈 전략이었다. 게다가 그의 지속적인 프랜차이즈 운영도 많은 시사점을 제공한다. 루카스에 이어 디즈니는 모든 확장 상품이 〈스타워즈〉 프랜차이즈 내에 조심스럽게 배치되어 브랜드 가치를 높일 수 있도록 세심한 주의를 기울였다(적어도 손상은 끼치지 않도록). 만약 어떤 확장 상품의 성과가 부정적이라고 판단될 경우[예를 들어 지금은 몹시 유명해진 TV 쇼 〈스타워즈 홀리데이 스페셜(Star Wars Holiday Special)〉과 같은 경우(Conterio, 2015)], 그들은 해당 상품이 대중들에게 더 이상 유통되지 않도록 재빠르고 확실하게 조치했다.

(2) 프랜차이즈에서 메가 프랜차이즈까지: 일명 유니버스

디즈니가 2012년 40억 달러에 루카스 필름을 인수했을 때 〈스타워즈〉 프랜차이즈를 확장할 수 있는 권리는 중요한 조건이었다. 그리고 그 이후로 디즈니는 이러한 권리들을 활용해 새로운 영화, 게임, 상품 중심의 확장 상품을 체계적으로 추가하고 있다. 그러나 디즈니가 '마블 시네마틱 유니버스'라고 알려진 여러 캐릭터와 브랜드로 연결된 엄청나게 복잡한 메가 프랜차이즈를 개발함으로써 프랜차이즈 논리를 최상위 수준으로 끌어올린 것은 바로 자회사인 마블을 통해서였다.

〈스타워즈〉 탄생 이후 많은 다른 복합 상품 프랜차이즈가 개발되었다. 한 가지 예는 1979년 스콧의 우주 공포 스릴러에서 비롯된 〈에이리언〉 프랜차이즈로서, 다양한 영화, 게임과 코믹스가 이 괴생명체를 중심으로 제작되었다. 이 상품들 중 일부는 영화의 에이리언과 다른 오리지널 캐릭터 및 브랜드를 연결하는데, 가장 두드러진 예는 수많은 〈에이리언 vs. 프레데터〉 게임과 영화 속의 프레데터 종들이다. 하지만 이 프랜차이즈는 슈퍼맨, 배트맨, 그린 랜턴 같은 외계인 등의 코믹스 속 영웅들과 에이리언을 연결시키기도 한다. 그러한 크로스오버 상품으로서 가장 대표적인 사레 중 하나는 확실히 2000년에 출간된 코믹스『에이리언 vs. 프레데터 vs. 터미네이터』일 것이다. 그렇다면 어째서 이 장에서 〈에이리언〉 프랜차이즈와 그 운영진을 소개하지 않는 것일까? 그 이유는 권리 소유자들이 파트너 스튜디오였던 폭스와 함께 해당 브랜드의 잠재력을 전략적으로 탐구한 바가 전혀 없기 때문이다. 그보다는 〈에이리언〉 프랜차이즈는 각각의 신상품이 한 번에 하나씩 계획되어 개봉이 거듭되면서 진화한 경우에 해당한다. 결과적으로 프랜차이즈 요소들은 연결성이 부족하고 일관된 서사나 미학적 성취 면에서 모두 부족하다.[56]

'마블 시네마틱 유니버스'라는 개념은 이와는 상당히 다르며, 〈에이리언〉 브랜드의 발전보다 〈스타워즈〉 프랜차이즈와 훨씬 많은 유사점을 공유하고 있다. 〈에이리언〉과 마찬가지로 '마블 시네마틱 유니버스'에서도 크로스오버가 중요한 역할은 하지만 마블은 이를 훨씬 더 체계적으로 활용한다. 여기서 '유니버스'는 여러 서로 얽혀 있는 슈퍼히어로와 다른 엔터테인먼트 상품들(또는 '플랫폼')에서도 이용 가능한 줄거리들로 구성되어 있다. 〈그림 3.11〉은 2008년에서 2017년 말까지 마블이 영화에 등장하는 다양한 캐릭터와 상품 브랜드를 얼마나 전략적으로 발전시켰는지 보여준다. 각 브랜드를 프랜차이즈로 취급하는 것과 동시에 해당 브랜드들은

---

56) 이처럼 장기적인 시야가 부족한 예로는 〈프레데터 2〉에 실제로 〈에이리언〉 브랜드와 관련된 묘사(프레데터 우주선에 전시된 에이리언의 것으로 추정되는 두개골)가 포함되어 있었음에도 그 장면이 전략적으로 선택된 결과물은 아니었다는 것을 들 수 있다. 이 장면은 제작진 내부의 농담과 첫 번째 〈에이리언〉 영화에도 참여했던 2명의 특수효과 아티스트가 (그 전 해에 출간된) 오리지널 코믹스『에이리언 vs. 프레데터』를 참고한 결과로 만들어졌다(Xenopedia, 2017). 이와 유사하게 최초의 〈에이리언〉 영화의 창시자인 스콧의 새로운 영화 3부작이 이 프랜차이즈에 최근 추가된 것도 어떤 스튜디오 차원의 계획에서가 아니라 감독 개인의 비전에서 비롯되었으며, 스튜디오로서는 심지어 별도의 〈에이리언〉 영화들도 동시에 제작한다는 계획까지 갖고 있었다.

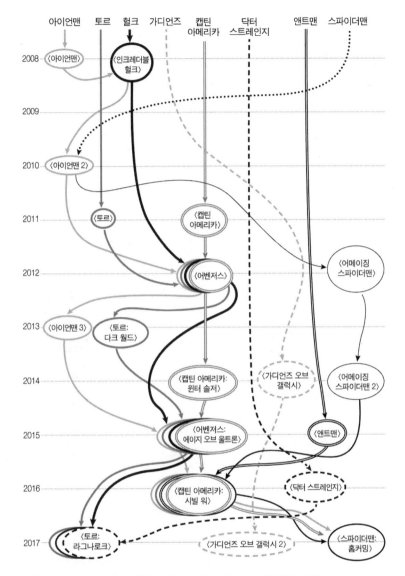

아이언맨   토르   헐크   가디언즈   캡틴   닥터   앤트맨   스파이더맨
                                    아메리카 스트레인지

2008 〈아이언맨〉   〈인크레더블
                           헐크〉

2009

2010 〈아이언맨 2〉

2011   〈토르〉   〈캡틴
                              아메리카〉

2012   〈어벤저스〉   〈어메이징
                                                                스파이더맨〉

2013 〈아이언맨 3〉 〈토르:
                    다크 월드〉

2014   〈캡틴 아메리카: 〈가디언즈 오브   〈어메이징
                          윈터 솔저〉   갤럭시〉   스파이더맨 2〉

2015   〈어벤저스: 〈앤트맨〉
                          에이지 오브 울트론〉

2016   〈캡틴 아메리카: 〈닥터 스트레인지〉
                          시빌 워〉

2017 〈토르: 〈가디언즈 오브 갤럭시 2〉   〈스파이더맨:
       라그나로크〉   홈커밍〉

〈그림 3.11〉 메타 프랜차이즈로서의 마블 시네마틱 유니버스(2017년 기준)

주: 캐릭터 스파이더맨과 영화 〈아이언맨 2〉가 점선으로 연결되어 있는 이유는 마블에 의해 그 연
결 고리가 과거로 거슬러 올라가 드러났기 때문이다[스파이더맨이 되기 전의 소년 피터 파커를
등장시킴으로써]. 〈어메이징 스파이더맨〉과 〈어메이징 스파이더맨 2〉는 얇은 검정 실선으로
표현되었는데, 이 영화들은 소니에서 제작되었고 소니/마블의 공동 작업 〈스파이더맨: 홈커
밍〉과는 달리 '마블 시네마틱 유니버스'의 일부로 간주되지 않기 때문이다. Studio Tense 그래
픽 지원.

또한 공동의 '메타 프랜차이즈'의 통합 요소로 간주된다. 2017년 말까지 이 메타 프랜차이즈의 첫 16편의 영화는 압도적으로 소니의 노력의 산물인 〈스파이더맨: 홈커밍〉의 10억 달러에 가까운 수익을 제외하고도 전 세계 극장에서만 거의 130억 달러의 수익을 창출했다.

이 프랜차이즈의 역사는 마블이 운영난으로 주요 캐릭터 브랜드를 여러 다른 스튜디오에 라이선스 대여했던 1990년대로 거슬러 올라간다. 소니에는 〈스파이더맨〉, 〈엑스맨(X-Men)〉, 〈엘렉트라(Elektra)〉, 폭스에는 〈고스트 라이더(Ghost Rider)〉, 유니버설에는 〈헐크(Hulk)〉, 라이온스게이트에는 〈퍼니셔(Punisher)〉, 뉴 라인(New Line)에는 〈블레이드(Blade)〉가 대여되었다. 그 결과 각색된 영화들은 서로 어떤 방식으로도 조율되지 않았으며, 스토리, 미학 및 제작비에서도 큰 차이를 빚었다(〈퍼니셔〉와 같은 영화들은 고작 3300만 달러에 제작된 반면, 〈스파이더맨 3〉의 제작비는 이보다 거의 8배나 높았다). 게다가 이 영화들 중 일부는 창작적으로나 상업적으로(혹은 양쪽 모두에서) 실패했고,57)

• 음악·영화·문화 각 분야의 전문가와 평론가들의 평가를 종합해 발표하는 미국의 전문 평론 사이트 '메타크리틱(Metacritic)'은 앨범, TV 프로그램, 영화 등에 관한 리뷰에 대해 점수를 부여하고 가중 평균을 적용해 하나의 단일 점수인 '메타스코어'를 발표하고 있다. 메타스코어와 함께 가장 높은 등급인 '전반적인 극찬(Universal acclaim)'부터 '전반적인 호평(Generally favorable reviews)', '평균 혹은 엇갈리는 평가(Mixed or average reviews)', '전반적인 혹평(Generally unfavorable reviews)', '압도적인 저평가(Overwhelming dislike)'까지 5개 등급으로 구분해 평가한다

---

57) 〈스파이더맨 3〉와 〈고스트라이더〉는 비교적 극장 흥행 면에서는 성공을 거두었지만 관객과 비평가들로부터 거의 인정받지 못했다. 이 두 영화의 **메타스코어(Metascore)•** 는 (100점 만점에) 각각 59점과 35점, IMDb 평점은 (10점 만점에) 각각 6.2점과 5.2점이었다. 마블 캐릭터를 원작으로 각색된 영화들 중 관객들에게 인정받지 못하거나 상업적으로 실패한 것으로 간주되는 영화들로는 〈판타스틱 4(Fantastic Four)〉의 시퀄인 〈판타스틱 4: 실버 서퍼의 위협(Fantastic 4: Rise of the Silver Surfer)〉(메타스코어 45, IMDb 5.6, 전 세계 수익 2억 8900만 달러, 제작비 1억 3000만 달러), 〈엘렉트라〉(메타스코어 34, IMDb 4.8, 전 세계 수익 5600만 달러), 그리고 〈퍼니셔〉(메타스코어 33,

그로 인해 마블의 자산 가치를 더 떨어뜨리는 결과를 야기했다.

이에 대처하기 위해 2005년 마블의 경영자인 데이비드 메이젤(David Maisel)과 파이기는 영화적 유니버스에 대한 아이디어를 고안했는데, 이 아이디어는 마블이 그 권리를 지켰던 가장 인기 있는 (그리고 조금 덜 알려진) (또는 뉴 라인에서 〈아이언맨〉을 되찾았듯이 권리를 다시 사 온) 캐릭터들을 주인공으로 내세운 일련의 연속적이고 상호 연결된 주류 영화들을 직접 제작하는 것이었다. 이 비전은 메릴린치(Merrill Lynch)로부터 50억 달러 한도 대출을 받음으로써 뒷받침되었다.58) 각 영화는 별도로 제작되어야 했지만, 더 큰 공동 체계의 일부로서도 작동해야 했다. 스토리와 캐릭터는 그에 따라 개발되었다. 예를 들어, 첫 〈토르〉 영화는 북유럽의 신(神)캐릭터에 관한 것뿐만 아니라 토르가 아이언맨과 헐크 같은 다른 상징적인 영웅들과 만나는 영화인 〈어벤저스〉의 주요 구성 요소이기도 했다(이 다른 영웅 캐릭터들의 사연은 별도의 7편의 영화에서 진행되어 왔다).

영웅들의 앙상블을 등장시킴으로써 〈어벤저스〉는 '마블 시네마틱 유니버스' 개념의 초기 정점인 '6인의 슈퍼히어로가 한 편에 등장하는 영화'가 되었다. 마블은 이러한 슈퍼히어로들의 합류를 위한 초석을 세심하게 마련했다. 한 가지 접근 방법은 각 개별 슈퍼 영웅의 영화에 '미스터리한' 게스트 출연을 삽입하는 것이었는데, 이것은 소비자들의 추측과 기대를 불러일으켰다. 예를 들어 〈헐크〉의 쿠키 영상에는 토니 '아이언맨' 스타크(Tony 'Iron Man' Stark)가 등장한다. 그리고 〈아이언맨〉의 쿠키 영상에서는 쉴

IMDb 6.5, 극장 수익 5400만 달러)가 있다.

58) 여기에서 다루는 내용은 스토크(Stork, 2014)의 '마블 시네마틱 유니버스'에 대한 심층 분석을 기반으로 한다. 재미있는 측면으로 메릴린치는 마블에 자금을 집행하는 방식에 관한 광범위한 창작의 자유를 준 반면 한 가지 조건을 내걸었는데, 바로 영화들이 모두 R이 아닌 PG-13 상영 등급을 받아야 한다는 것이었다.

드(S.H.I.E.L.D.) 요원 닉 퓨리(Nick Fury)가 '어벤저스 계획'에 대해 스타크에게 이야기하러 왔다고 말하면서 흥미를 부채질했다. 또한 마블은 DVD와 인터넷에서 '부가 영상'으로 소개된 〈원샷(One-Shot)〉 시리즈와 같은 특별한 단편 영화들을 만들기도 했다.

〈어벤저스〉에서의 영웅들의 첫 협력 이후 각 영웅 캐릭터들은 계속해서 개개인의 과제를 해결하고 있다. 하지만 그들은 또한 두 번째 〈어벤저스〉 영화를 통해 긴밀한 연결을 유지하고 있으며, 독립된 것처럼 보이는 개별 캐릭터 영화에 더 잦고 광범위한 게스트 출연을 수행하고 있다. 예를 들어 아이언맨과 블랙위도우(Black Widow)는 〈캡틴 아메리카: 시빌 워〉에서 중추적인 역할을 했다.[59] 개별 영웅에 대한 관객의 인식과 관심이 〈어벤저스〉(전 세계적으로 두 번째로 성공한 영화가 됨)의 협력적인 노력에 전이된 것과 유사하게 그 이후의 개별 영화들은 앙상블에 모아진 관심으로부터 총체적으로 큰 혜택을 받았다. 예를 들어 〈어벤저스〉가 개봉한 지 1년 뒤 개봉한 〈아이언맨 3〉는 〈아이언맨〉 시리즈의 전작들의 흥행 수익의 2배를 벌어들였다.

여러 감독들의 기용과 함께 같은 배우들에 의해 연기된 다양한 영웅들의 지속적인 결합(및 때때로 충돌하는 것)은 다양성(새로운 자극성 창출)과 유사성(친숙성 창출)의 결합을 가능하게 했다. 친숙성 측면에서는 또한 가장 헌신적인 팬들이 수호하고 있는 원작 코믹스에 충실해야 하기 때문에 이것은 균형을 맞추기 어려운 과제이다. '마블 시네마틱 유니버스'의 경우 이 매우 복

---

59) 마블이 가장 좋아하는 캐릭터인 스파이더맨조차도 1985년 시작된 라이선스 대여로부터 구출된 후 이 영화에서 '마블 시네마틱 유니버스' 영화에 처음으로 출연했다. 스파이더맨 캐릭터에 대한 권리는 여전히 소니가 소유하고 있지만, 소니와 마블은 상호 협력할 수 있는 유익한 방법들을 찾아냈다. 두 회사 간 거래에 대한 자세한 내용은 칫우드(Chitwood, 2017)를 참조하기 바란다.

잡한 시도의 일관성은 마블의 광팬인 파이기의 관여 덕이다. 파이기는 유니버스 내 모든 영화의 제작자로 활약하며 각본에서부터 마케팅에 이르기까지 모든 활동을 관리했으며, 기저에 깔린 원작 코믹스 내용이 진지하게 받아들여지도록 만드는 동시에[플레밍(Fleming, 2016)에서 인용한 파이기의 '신성한 텍스트'의 의미와 유사하다], '감독들이 자신의 색깔을 지나치게 고수해 전체 유니버스의 균형을 깨는 상황'도 방지했다(Stork, 2014: 89).

파이기라는 슈퍼 제작자의 전략적 프랜차이즈 비전은 개별 영화에 대한 감독들의 창조적인 야심을 지배하고 있으며, 그는 또한 그들이 '액션' 외에도 '감동'과 '코미디'와 같은 프랜차이즈의 핵심 환경 요소를 확실히 만족시키도록 이끈다(D'Alessandro, 2017). 따라서 어떤 이들은 '마블 시네마틱 유니버스'상에서의 새로운 개별 영화의 개발을 두고 파이기가 언제나 "감독에게 전달되어 스튜디오 피드백을 통해 부품을 찍어 내고, 유니버스의 각 영화를 서로 연결하는 실로 살을 붙여 글로벌 어필을 보장하는" 레시피를 만들어 낸다고 비유했다(Kellley, 2017). 〈어벤져스〉 감독 조스 웨던(Joss Whedon)의 프랜차이즈 하차에서 입증되었듯이 이러한 독특한 분업에는 창조적 재능의 특성에 따라 갈등의 가능성이 있다는 것을 주목해야 한다(Vary, 2015).[60] 파이기와 그의 팀은 영화들을 유니버스 서사의 오롯한 핵심으로 만들었다. 그 유니버스에는 TV 시리즈와 게임과 같은 다른 상품들이 포함되어 있지만, 그러한 상품들에서 일어나는 일들은 영화 속으로 다시 흘러 들어가지 않는다. 유니버스의 이름에 들어 있는 '영화'를 그 의미대로 다룸으로써 거대 프랜차이즈의 복잡성이 감당할 수 없는 수준으로 뻗

---

60) 프랜차이즈 경영의 잠재적 갈등과 창의적인 인재와의 관계에 대한 좀 더 일반적인 설명은 엔터테인먼트 통합 마케팅을 다룬 III권 5장에서 엔터테인먼트 산업 상황에 대한 섹션을 참조하기 바란다.

어 가는 것을 막은 것이다.

'마블 시네마틱 유니버스'를 구축하고 관리하는 데 있어 마블의 브랜드 경영의 엄청난 성과는 비슷한 메타 프랜차이즈 구축을 위한 다른 스튜디오의 노력을 관찰할 때 더욱 분명해진다. 유니버스에 대한 관리 규칙 자체는 '평범한' 브랜드 프랜차이즈와 동일하지만, 그들의 다중 브랜드 특성은 기하급수적으로 높은 수준의 조율과 통합을 의미한다. 어떤 개별적인 문제라도 전체 메타 프랜차이즈를 고양시키고 위협할 수 있는 잠재력을 가지고 있다. 이것은 워너 브라더스가 2016년 3월에 마블의 경쟁사 DC 코믹스 원작의 슈퍼히어로 유니버스를 구축하기 위해 영화 〈배트맨 vs. 슈퍼맨: 저스티스의 시작〉을 개봉했을 때 명백해졌다. 비록 이 영화를 제작하고 홍보하는 데 워너 브라더스가 약 4억 달러를 썼지만, 이 영화에는 상호 연결된 이야기나 영화들 간 세심하게 개발된 배열이 부족했다. 그러기는커녕 〈배트맨 vs. 슈퍼맨〉은 이전의 단 한 편의 슈퍼맨 영화와 다른 배트맨 배우를 주인공으로 한 예술적으로 뚜렷한 영화 시리즈에 기반을 두고 있었다.

이 영화는 또한 우리가 어느 브랜드 확장이나 프랜차이즈가 되었건 핵심 요건으로 강조한 것, 즉 높은 수준의 품질이 결여되어 있었다. 메타스코어 44점, IMDb 평점 6.6점에 의해 반영되었듯 많은 이들이 이 영화를 비판했다. 이 모든 요소들의 결과로 워너 브라더스의 첫 〈어벤저스〉와 유사한 앙상블 영화 〈저스티스 리그(Justice League)〉(배트맨, 슈퍼맨, 원더우먼, 플래시, 아쿠아맨 등이 출연)는 관객들과 강력히 소통하는 데 실패했다. '유니버스'에 최소한 1편 이상 환영받는 개별 영화가 존재했으며(〈원더우먼(Wonder Woman)〉), 역시 약 4억 달러를 지출했음에도 불구하고 〈저스티스 리그〉는 북미에서 개봉 첫 주에 1억 달러도 벌어들이지 못했다. 이것은 〈어벤저스〉의 개봉 첫 주 수익의 절반에도 못 미치는 금액이다. 〈저스티스 리그〉 또한 그 자체의 품질 문제로도 비난을 받았다(메타스코어 46점). 우리는 워너 브라더스가 엔터테인먼트 사이언스의 규칙을 더 성실히 따름으로써 결국 이런 근본적인 초기 문제들을 극복해 나갈 수 있을지 지켜볼 것이다.

7. 엔터테인먼트 브랜드 가치란 무엇인가? 엔터테인먼트 브랜드 자산을 측정하기 위한 계량 경제학적 접근법 활용

1) 평균 및 부분 집합 넘어서기: 개별 엔터테인먼트 브랜드 가치 평가에 관해

앞 부분에서는 라인 확장부터 범주 확장, 휴먼 브랜드에 이르기까지 다양한 엔터테인먼트 브랜드의 가치를 학자들이 탐구한 결과에 대해 논의했다. 엄격한 통계적 접근 방식을 통해 달성된 이러한 발견은 브랜드가 엔터테인먼트 분야에 적용될 때 제공할 수 있는 재무적 기여도를 제시해 준다는 면에서 엔터테인먼트 경영자들에게 통찰을 제시해 줄 것이다.

이런 연구 결과들의 한계는 이들 모두가 특정 브랜드(예: 시퀄)의 모든 변형에 걸쳐 계산되거나, 혹은 상황적 접근법을 통해 이러한 종류의 브랜드의 좀 더 정제된 하위 집합에 걸쳐 계산되는 '평균적' 결과라는 것이다. 평균은 전략(예: 시퀄 제작)과 전략적인 대안(예: 오리지널 신상품 제작)을 비교하는 데는 도움이 되지만 경영자가 하나 이상의 특정 브랜드의 가치를 결정해야 할 때는 효과가 덜하다. 예를 들어 경영자에게 특정 책이나 특정 영화 브랜드에 대한 확장 여부를 결정해야 할 상황이 생길 수 있다. 그런 뒤 경영자는 적당한 가격을 판단해야 할 것이고, (그 배우들의 재능에 대해 얼마를 치를 것인지를 고민함과 동시에) 새 영화에 어떤 배우가 가장 적합한지도 결정해야 한다.

하지만 이런 어려움 속에도 희소식이 있다. 엔터테인먼트 사이언스 학자들이 수행해 온 브랜드 가치에 대한 조사를 통해 엔터테인먼트 경영자는 이러한 세밀한 목적을 위해 미래 예측을 해 볼 수 있다. 개별 프로젝트의 가치 평가에 대한 학술적 접근법의 세부 사항은 다르지만, 일반적인 논리는 모든 경우 동일하다. 특정 엔터테인먼트 프로젝트의 특정 매개변수를 특정 유형의 브랜드를 위해 결정된 일반적인 성과 방정식에 삽입한다. 이렇게 하면 해당 프로젝트의 재무적 성공을, 대안적인 모 브랜드를 사용하거나 브랜드를 전혀 사용하지 않는 것과 같은 대체 사양을 장착한 프로젝트와 비교할 수 있게 된다. 다음 섹션에서는 헤니그-투라우 등(Hennig-Thurau et al., 2009)에서의 작업에 기초한 영화 시퀄의 경우에 대한 이 접근법을 설명하기로 한다.[61]

스타, 시퀄, 영화 전체를 평가하는 데 있어 기존에 확립된 경험적 지식을 채택하는 타당한 이유로서, 시장 권력과 '게임의 규칙'에 대한 상호 합의, 그리고 단순한 실용주의(이것이 실제로도 작용한다)가 작용할 수 있음을 인정한다. 그러나 이러한 이유들 때문에 경영자들이 그러한 거래의 경제학에 대해 더 많이 배우려는 의지가 꺾여서는 안 된다고 확신한다. 이러한 배움을 통해 경영자는 주먹구구식으로 생각해서는 매력적으로 보이지 않는 거래에 대해 공부가 부족한 다른 경쟁자들은 내리지 못할 결정을 내리거나 경험상 이익이 되지 않으리라 짐작만 되는 프로젝트를 확실히 피해 갈 수도 있다. 바로 이러한 때가 엔터테인먼트 사이언스 덕에 경쟁 우위를

---

61) 이 주제에 특히 관심이 있는 독자들은 또한 우리가 냅 등(Knapp et al., 2014)에서 개발한 개별 책 각색의 가치 평가에 대한 유사한 접근법, 특정 영화 프로젝트에 대한 개별 스타의 금전적 가치 평가(Hennig-Thurau et al., 2014) 및 헤니그-투라우(Hennig-Thurau, 2013)에 제시된 개별 영화를 위한 해외 TV 권리의 금전적 가치 평가에도 흥미를 느낄지 모른다.

점하는 순간이다.

2) 스파이더맨 차기 시퀄의 가치 평가

브랜드 자산을 평가하는 지배적인 기준은 차이다(Simon and Sullivan, 1993). 작가 J. K. 롤링(J. K. Rowling)의 경우를 생각해 보라. 범죄소설『쿠쿠스 콜링 (The Cucku's Calling)』은 소매업자들에 따르면 원래는 잘 팔리지 않던 책이지만,『해리 포터』작가인 그녀가 필명으로 이 책을 썼다는 것을 밝히면서 하루아침에 상황이 바뀌었다. 이 정보가 알려지자 이 소설은 즉시 베스트셀러 1위로 급상승했다(Trachtenberg, 2013).[62]

브랜드 자산 논리에 따르면 '브랜드가 아닌' 책 버전과 작가의 명성과 연결된 버전의 매출 차이는 롤링의 브랜드 자산에 대한 대용물을 제공한다. 그런데 완전한 '롤링 브랜드 자산'을 판단하기 위해서는 저자가 앞으로 집필할 책의 수와 잠재적인 상황적 영향을 고려할 필요가 있다. 이 장에서 앞서 논의한 상황적 요인 중 하나는 저자와 브랜드 이미지의 '적합성'이다. 롤링은 어린이 대상 판타지『해리 포터』시리즈로 가장 잘 알려져 있는 반면,『쿠쿠스 콜링』은 성인 대상 스릴러이므로 이 특정한 경우에 있어서는 일부 팬들에게 그녀의 브랜드 효과를 제한했을 수도 있다. 따라서 브랜드 자본을 경제적으로 판단하기 위해서는 다른 접근 방식을 사용해야 한다.

실험을 실행할 필요는 없지만 과거 데이터를 기반으로 하는 방법 하나를 제시하기 전 브랜드의 가치를 결정하는 것이 중대한 문제인지 살펴보

---

[62] 유사한 상황인 스티븐 킹의 「시녀」 사례를 설명하는, 상품 성공에 미치는 스타들의 재무적 영향력에 대한 섹션의 소개 인용문(202쪽)도 참조하기 바란다.

도록 하자. 수수료는 사소하고, '적절한' 가격대의 수수료에 대한 직관적인 합의가 시장에 존재한다고 생각할 수도 있다. 그러나 상황적 증거는 현실은 그렇지 않음을 시사한다. 프로듀서 마리오 카사르(Mario Kassar)와 앤드류 바냐(Andrew Vajna)가 2000년대 초 1450만 달러에 세 번째 〈터미네이터〉 영화를 만들 수 있는 권리를 구입한 반면(Epstein, 2005), 한 헤지 펀드는 10년 후 2편의 영화가 만들어진 뒤 이 브랜드가 다시 경매에 나왔을 때 2950만 달러를 지불했다. 그로부터 또 1년 후 이 브랜드는 메건(Megan)과 데이비드 엘리슨(David Ellison) 남매에게 2000만 달러에 팔렸다(Fleming, 2011). 한편 『반지의 제왕』을 시리즈물로 제작할 권리를 위해 아마존은 톨킨 부동산에 2억~2억 5000만 달러를 지불했다고 보도되었다(Andreeva, 2017). 가치 평가의 차이만큼이나 이 금액들의 크기만도 인상적이라는 사실에 여러분이 동의하리라고 우리는 생각한다. 게다가 권리 보유자가 보유 중인 지적재산권을 다른 누군가에게 판매할 계획이 없더라도, 그 자산 가치를 파악하고 그에 따라 확장과 프랜차이즈 결정을 내려야 한다. 그러한 자산의 가치를 아는 것은 또한 스튜디오 자체의 시장가치 평가에 중요한 요소가 될 수 있다.

그렇다면 〈터미네이터〉나 『반지의 제왕』 브랜드의 '적절한' 가격은 얼마일까? 이 장에서 지금까지 논의한 내용에 기초하면 모든 엔터테인먼트 브랜드에 대해 그 자산(혹은 '확장의 가치')은 먼저, 확장할 경우 기대할 수 있는 성과, 둘째, 브랜드가 포함되지 않은 '유사한' 상품에 의해 실현될 것으로 기대할 수 있는 성과, 셋째, 브랜드 확장 및 이와 유사한 브랜드가 아닌 대안 모두의 리스크, 넷째, 모 브랜드의 성과에 대한 잠재적 변화, 즉 상호적 파급 효과, 이 4가지를 고려해 판단되어야 한다.

〈그림 3.12〉는 엔터테인먼트 브랜드의 금전적 가치에 대해 이러한 다양한 요소들이 수행하는 역할과 어떻게 이들이 결합되어야 하는가를 보

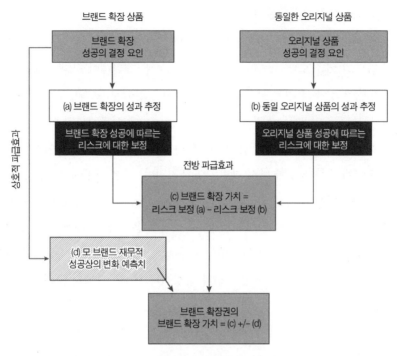

브랜드 확장 상품   동일한 오리지널 상품

브랜드 확장
성공의 결정 요인   오리지널 상품
성공의 결정 요인

상호적 파급효과

(a) 브랜드 확장의 성과 추정   (b) 동일 오리지널 상품의 성과 추정

브랜드 확장 성공에 따르는
리스크에 대한 보정   오리지널 상품 성공에 따르는
리스크에 대한 보정

전방 파급효과

(c) 브랜드 확장 가치 =
리스크 보정 (a) – 리스크 보정 (b)

(d) 모 브랜드 재무적
성공상의 변화 예측치

브랜드 확장권의
브랜드 확장 가치 = (c) +/– (d)

〈그림 3.12〉 엔터테인먼트 브랜드의 확장 가치를 결정하는 방법

자료: Hennig-Thurau(2009: 167~183)를 수정 후 재인용.

여 준다. 이 결합 프로세스를 따르자면 경영자들은 3가지 단계를 완료해
야 한다. ① 확장의 경우와 오리지널 대안 사이의 매출 차이의 추정(〈그림
3.12〉의 흰색 박스 부분), ② 이 결과를 리스크의 잠재적 차이에 대비해 보정(〈그
림 3.12〉의 검정 박스 부분), ③ 상호적 파급 효과 추정(〈그림 3.12〉의 빗금무늬 박스 부분).
다음 섹션에서는 엔터테인먼트 경영자가 3가지 각 단계에서 주의해야 할
사항에 대해 설명한다.

(1) 1단계: 전방 파급된 수익 효과 추정

첫 번째 단계에서는 브랜드 확장과 브랜드화되지 않은 대안 모두에 대해 별도의 예측 모델(상품의 성과를 주도하는 요인 포함)을 개발해야 한다. 브랜드화되지 않은 상품의 경우 상품 요소(예: 상품의 장르, 제작비 및 스타 파워)부터 커뮤니케이션(광고 지출), 배급 규모 및 비용(관련이 있을 경우)에 이르기까지 이 책 전반에 걸쳐 관련 '성공 동인'이 논의되고 있다. 브랜드 확장의 경우 이러한 모든 요인에 대한 정보가 다시 한번 중요해지지만, 확장 성공에 영향을 미치는 확장에 따른 추가 요인(예: 모 브랜드 특성 및 모 브랜드의 확장 적합성)도 또한 활용할 수 있다. 제작자는 확장과 브랜드화되지 않은 대안에 대한 다른 방정식을 추정해 이러한 요인들이 수익에 어떻게 영향을 미치는지를 계산한 후 각 변수의 특정 값을 확장의 성과 방정식과 브랜드화되지 않은 대안을 위한 방정식에 삽입할 수 있다.

예를 들어, 영화 시퀄에 대해 보정한 두 방정식에 〈스파이더맨 2〉에 대한 계수를 삽입한 경우(Hennig-Thurau et al., 2009), 우리는 이 시퀄이 총 7억 6300만 달러의 수익을 낼 것으로 예상했는데, 그중 3억 7300만 달러가 제작 스튜디오로 다시 유입될 것이다(나머지는 극장의 몫이다). 브랜드화되지 않은 유사한 영화의 경우 〈스파이더맨 2〉의 매개변수를 '브랜드화되지 않은 경우의' 방정식에 삽입해 계산한 결과, 스튜디오는 (총 매출 6억 5500만 달러에서) 3억 2000만 달러를 벌어들인다는 결과를 얻었다.

이 두 가치 사이의 차이(이 경우 3억 7300만 달러-3억 2000만 달러=5300만 달러)는 총 확장 가치의 '전방 파급 효과 수익' 구성 요소이다. 시퀄과 브랜드가 아닌 대안 사이의 리스크에 있어서 어떤 차이도 고려하지 않았기 때문에 이것은 가공되지 않은 수치(raw number)이다. 이러한 수치는 〈스파이더맨 2〉의 실제 특성을 활용함으로써 산출된 것이지만, 모든 종류의 변형도 가능하다(예: 다른 스타의 기용, 더 적은 수의 개봉관, 또는 다른 상영 등급).[63]

(2) 2단계: 리스크 영향에 따른 결과 보정

그러나 앞에서 살펴본 바와 같이 엔터테인먼트 분야의 브랜드 확장의 매력은 평균 매출 증가에만 국한되지 않으며 리스크도 낮춘다는 장점이 있다. 따라서 1단계에서 결정된 값은 그러한 리스크 차이에 맞게 보정되어야 한다. 이를 위해 재무 학자들이 개발한 기술, 이른바 '리스크에 따른 가치 평가' 접근 방식을 추천한다. 이 접근 방식은 관리자의 개인적인 리스크 지향성을 고려하고 이러한 수익의 통계적 변동을 사용해 예상 수익을 보정해 준다. 이 접근 방식의 논리는 더 높은 리스크를 기꺼이 감수하려는 관리자들에 비해 리스크 회피 성향이 강한 경영자들에게 있어 리스크 보정이 더 큰 역할을 한다는 것이다.

수익 변동의 척도로는 회귀 추정치의 표준 오차를 사용한다. 리스크에 따라 수익을 보정하면 기대 수익은 확장 영화와 브랜드가 아닌 영화 모두에 있어 비례적으로 감소한다. 그러나 브랜드화된 영화(시퀄)에 비해 브랜드가 아닌 영화(오리지널)와 리스크가 더 높기 때문에 두 영화의 기대 수익 간 차이는 더 커진다. 〈스파이더맨〉 시퀄의 경우, 확장판을 제작하는 가

---

63) 예를 들어, 원작의 스타 토비 맥과이어(Tobey Maguire)의 참여 없는 〈스파이더맨〉 시퀄의 가치를 계산한다면 수익은 50% 낮아지고 부정적인 브랜드 확장 가치의 결론을 얻게 된다. 즉, 〈스파이더맨〉 브랜드 없이 유사한 영화를 만드는 것이 더 경제적일 수 있다. 소니가 맥과이어 없이 스파이더맨의 첫 시퀄을 만들었을 때(즉, 〈어메이징 스파이더맨(Amazing Spiderman)〉), 이 영화는 3000만 달러 더 높은 제작비를 들였음에도 불구하고 우리가 상정한 시퀄인 〈스파이더맨 2〉의 경우 북미에서 약 6000만 장의 티켓이 팔릴 것으로 예측된 것에 비해 약 3400만 장의 티켓만이 팔렸다. 《가디언》 팀으로부터 이 접근법의 타당성을 증명해 달라는 요청을 받았을 때 우리는 또한 〈트와일라잇〉의 시퀄인 〈뉴문(New Moon)〉의 성과를 영화 개봉 전에 예측하기 위해 해당 방정식을 사용했다. 이 모델은 해당 영화의 북미 지역의 수익을 2억 6700만 달러, 혹은 이 영화가 실제로 벌어들인 수익보다 불과 10% 정도 낮은 성과, 또한 브랜드가 아닌 '쌍둥이' 영화에 대해 모델이 예측한 것보다 69달러 높은 수익으로 제시했다(Allen, 2009).

치가 7%(리스크 회피 경향이 상대적으로 높은 경영자의 경우)에서 34%(리스크 회피 경향이 매우 높은 경영자의 경우)까지 증가하는 것으로 계산되었다. 금액으로 표현하자면 리스크 회피 경향이 매우 높은 경영자의 총 브랜드 확장 자산 가치는 7100만 달러이다.

(3) 3단계: 상호적 파급 효과 추정

엔터테인먼트 브랜드 자산의 완전한 총체적 추정을 위해서는 그 확장이 모 브랜드에 미치는 영향과 같은 상호적 파급 효과의 존재도 인정해야 한다. 이것이 경제학적 측면에서는 어떻게 설명될 수 있는가? 이를 위해 확장판이 출시됨에 따른 전작 DVD의 비정상적 판매를 예측하기 위해 이 장의 앞부분에서 계산한 회귀 방정식을 사용할 수 있다. 1단계의 '전방' 방정식처럼 어떤 영화(실제 또는 가상)에 대한 값을 이 방정식에 삽입하고, 그렇게 함으로써 특정 영화의 비정상적인 판매량을 계산할 수 있다.

〈스파이더맨〉 시퀄의 경우 시퀄이 없었을 경우에 비해 북미에서 전작 DVD의 판매량이 약 125만 개 더 늘어났음을 알게 되었다. 우리는 이 추가 DVD 판매가 소니에게는 약 1500만 달러의 재무적 가치를 나타낸다고 추정한다. 역시 이러한 수익은 '리스크에 따른 가치 평가' 방법을 사용해 리스크에 따라 보정할 수 있다. 보정 결과에 따르면 리스크 회피 경향이 매우 높은 제작자는 원작 〈스파이더맨〉의 비정상적인 DVD 판매로 인해 단지 1100만 달러 더 많은 수익을 기대할 수 있는 것으로 나타난다.

따라서 시퀄과 유사한 '브랜드화되지 않은' 영화의 잠재적 리스크 차이를 고려하지 않을 때 우리의 접근 방식은 〈스파이더맨〉 시퀄의 재무적 가치를 6800만 달러(5300만 달러+1500만 달러)로 계산한다(즉, '리스크를 고려하지 않는' 관점을 취할 경우). 리스크 효과를 추가하고 높은 리스크 회피 성향을 취하면 브랜드의 재무 가치는 8200만 달러(7100만 달러+1100만 달러)로 상승한다. 이 모든 계산은 브랜드의 전체 프랜차이즈 가치를 고려하지 않은 1편의 시퀄에 대한 것이며, DVD 대여, SVOD 및 TV 판권 판매와 같은 추가 수익 창구도 포함하지 않은 상태임을 상기하자. 그러나 각각의 창구에 대한 과거 데이터의 가용성을 고려한다면 동일한 접근 방식을 사용해 이들을 계산에 추가하는 것은 쉬운 일이다.

우리는 전방 파급 가치에 상호적 효과를 추가하는 것이 결코 사소한 문제가 아니라는 점을 명확히 함으로써 브랜드 자산 추정에 대한 우리의 논의를 마무리하고자 한다. 브랜드 확장판의 제작자가 모 브랜드에 대한 권리까지 소유하지 않는 경우 해당 제작자는 전방 파급 효과에 기초한 브랜드 자산에서 상호적 가치가 추가될 것이 아니라 차감되어야 한다고 주장할 수 있다. 이러한 주장은 해당 제작자가 확장 상품에 더 많은 노력을 기울일수록 모 브랜드의 소유자는 그로부터 더 많은 이익을 얻을 것이라는 주장이 될 수 있다. 같은 이유로 일부 출판사는 권리 보유 소설에 대한 확장 권리를 넘기는 데 있어 판권 인수 대가를 가장 많이 제공하는 출판사보다는 가장 유망한 각색을 제작할 것으로 기대되는 출판사를 선호한다. 이것은 소설이 영화로 재탄생할 때 재무적으로 효과를 볼 수 있는 전략이다 (Knapp et al., 2014).

8. 맺음말

엔터테인먼트 회사들이 브랜드 개념을 채택하기 시작한 것은 아주 최근 들어서의 일이다. 그럼에도 불구하고 이 장에서는 엔터테인먼트 사이언스 학자들이 엔터테인먼트 환경에 적용되었을 때 발휘되는 브랜드의 힘에 대한 방대한 증거를 수집했음을 보여 준다. 이 연구 결과들은 엔터테인먼트 경영자들을 위해 어떻게 하면 브랜드 개념을 가장 효과적으로 사용할 수 있는지에 대한 풍부한 통찰을 제공해 준다. 브랜드 논리는 엔터테인먼트에서도 작동하는데, 이는 소비자의 뇌리에 엔터테인먼트 실체에 관해 강력히 형성되는 인지적 연상(브랜드의 인장)이 자리하기 때문이다.

우리는 전략적 엔터테인먼트 브랜딩의 2가지 핵심 옵션인 브랜드 통합과 브랜드 제휴에 대해 개괄적으로 설명하고 그들의 상업적 영향력에 대한 증거를 제공한다. 브랜드 통합에는 브랜드를 동일한 라인의 신제품(예: 영화 및 게임 시퀄, 도서 시리즈 등) 또는 신제품 범주(예: MD 상품, 테마파크 등)로 확장하는 등 다양한 유형의 브랜드 확장이 포함된다. 브랜드 제휴는 영화나 다른 엔터테인먼트 제공물에 스타를 체계적으로 기용하는 것과 같은 여러 브랜드의 결합을 다룬다. 각 전략에 대해 우리는 그러한 전략이 타당성을 갖는 조건에 대해 이미 확인된 사실들을 설명했다. 이러한 조건을 고려함으로써 수익 증대를 진작할 수도 있지만, 좀 더 예측 가능한 흥행력을 확보함으로써 상품 리스크를 줄일 수도 있다. 모든 브랜드 전략이 그들의 재무적인 영향력에 관한 한 동일하지는 않다. 특히 리메이크는 특정한 한계에 취약하다.

우리는 엔터테인먼트 브랜드에 대한 총체적인 시각을 의미하는 브랜드 프랜차이즈에 대해서 논의하고, 다른 회사들은 시행착오를 겪는 동안 루카스 필름과 마블에 의해 너무나 인상적으로 제시된 프랜차이즈를 다루기 위한 구체적이고 복잡한 요구사항에 대해 탐구했다. 관리자들의 초점은 단순히 단일 상품의 단기적 수익을 최대화하는 문제로부터 벗어나 브랜드 프랜차이즈 전체의 성과 문제로 반드시 이동되어야 한다. 이 장의 마무리로는 독자들에게 수익과 리스크 효과, 그리고 브랜드가 가치를 창출하는 전방과 후방의 파급 효과 모두를 살피면서 엔터테인먼트 브랜드의 재무적 가치를 측정하는 학술적인 방법을 소개했다.

엔터테인먼트 상품의 품질과 품질 지표(브랜드가 아니건 브랜드화되었건)에 대한 우리의 논의가 이제 완결되었으므로, 다음 장에서는 이제 상품과 관련된 마지막 과제로서 엔터테인먼트 경영자가 엔터테인먼트의 짧은 수명주기로 인해 필수적인 고품질 신상품의 '지속적인' 개발이라는 과제를 어떻게 실현할 수 있는가에 대해 다루기로 한다. 이러한 점에서 엔터테인먼트 사이언스가 우리에게 무엇을 가르쳐 줄 수 있는지 살펴보자.

참고문헌

Addis, M., & Holbrook, M. B. (2010). Consumers' identification and beyond: Attraction, reverence, and escapism in the evaluation of films. *Psychology &Marketing*, *27*, 821-845.

Adler, M. (1985). Stardom and talent. *American Economic Review*, *75*, 208-212.

AFI (2008). AFI'S 10 Top 10. *American Film Institute*, https://goo.gl/C6t7Zw.

Akdeniz, B. M., & Talay, M. B. (2013). Cultural variations in the use of marketing signals: A multilevel analysis of the motion picture industry. *Journal of the Academy of Marketing Science*, *41*, 601-624.

Albert, S. (1998). Movie stars and the distribution of financially successful films in the motion picture industry. *Journal of Cultural Economics*, *22*, 249-270.

Allen, A. S. (2012). Has Hollywood lost its way? *Short of the Week*, January 5, https://goo.gl/6fnnj3.

Allen, K. (2009). Mathematicians find the formula for a hit film sequel. *The Guardian*, November 8, https://goo.gl/sM9npB.

Alter, A. (2015). Popular TV series and movies maintain relevance as novels. *The New York Times*, January 4, https://goo.gl/GKjZaj.

Andreeva, N. (2017). 'Lord of the Rings' TV series shopped with huge rights payment attached, November 3, https://goo.gl/jY1T8h.

Asai, S. (2008). Factors affecting hits in Japanese popular music. *Journal of Media Economics*, *21*, 97-113.

Austin, B. A. (1989). *Immediate seating: A look at movie audiences*. California: Wadsworth Pub. Co.

Balachander, S., & Ghose, S. (2003). Reciprocal spillover effects: A strategic benefit of brand extensions. *Journal of Marketing*, *67*, 4-13.

Barnes, B. (2009). Pixar's art leaves profit watchers edgy. *The New York Times*, April 5, https://goo.gl/jqLKSb.

Barnes, B. (2017). 'Beauty and the Beast': Disney's $300 million gamble. *The New York Times*, March 8, https://goo.gl/LnhPYz.

Basuroy, S., & Chatterjee, S. (2008). Fast and frequent: Investigating box office revenues of motion picture sequels. *Journal of Business Research*, *61*, 798-803.

Basuroy, S., Chatterjee, S., & Abraham Ravid, S. (2003). How critical are critical reviews? The box office effects of film critics, star power, and budgets. *Journal of Marketing*, *67*, 103-117.

Basuroy, S., Desai, K. K., & Talukdar, D. (2006). An empirical investigation of signaling in the motion picture industry. *Journal of Marketing Research*, *43*, 287-295.

Berg, M. (2015). Everything you need to know about the Hollywood pay gap. *Forbes*, November 12, https://goo.gl/5hnqC1.

Bernardin, M. (2016). Marvel, 'Star Wars,' 'Harry Potter' and more: Why the movie star no longer shines as bright as the franchise. *Los Angeles Times*, June 17, https://goo.gl/q63rWC.

Bhattacharjee, S., Gopal, R. D., Lertwachara, K., Marsden, J. R., & Telang, R. (2007). The effect of digital sharing technologies on music markets: A survival analysis of albums on ranking charts. *Management Science*, *53*, 1359-1374.

Bohnenkamp, B., Knapp, A.-K., Hennig-Thurau, T., & Schauerte, R. (2015). When does it make sense to do it again? An empirical investigation of contingency factors of movie remakes. *Journal of Cultural Economics*, *39*, 15-31.

Bramesco, C. (2016). Where did 'Alice Through the Looking Glass' go wrong? *Rolling Stone*, May 31, https://goo.gl/fCT4uu.

Brands, H. W. (2016). *Reagan: The life*. New York: Knopf Doubleday Publishing Group.

Busch, A., & D'Alessandro, A. (2016). 'Star Trek Beyond' launches to $59M; 'Lights Out' electrifies; 'Ice Age' tepid; 'Ghostbusters' no Cinderella story — box office final. *Deadline*, July 25, https://goo.gl/XyFPHm.

Caulfield, K., Comer, M. T., Concepcion, M., Letkemann, J., Lipshutz, J., Mapes, J., & Trust, G. (2011). The 40 biggest duets of all time. *Billboard*, February 14, https://goo.gl/BgpRtg.

Chitwood, A. (2017). Marvel and Sony 'Spider-Man' rights explained: What's MCU and what's not? *Collider*, July 3, https://goo.gl/v6ngWh.

Chung, K. H., & Cox, R. A. K. (1994). A stochastic model of superstardom: An application of the Yule distribution. *Review of Economics and Statistics*, *76*, 771-775.

Clement, M., Steven, W., & Fischer, M. (2014). Empirical generalization of demand and supply dynamics for movies. *International Journal of Research in Marketing*, *31*, 207-223.

Conterio, M. (2015). May the farce be with you: The Star Wars Holiday Special they want us to forget. *The Guardian*, December 1, https://goo.gl/XtgJzf.

Cox, J. (2013). What makes a blockbuster video game? An empirical analysis of US sales data. *Managerial And Decision Economics*, *35*, 189-198.

D'Alessandro, A. (2016). 'Apocalypse' & 'Alice' take a dive on saturday as memorial day b.o. bloodbath continues — late night update. *Deadline*, May 31, https://goo. gl/6qHmhj.

D'Alessandro, A. (2017). What's the secret to Marvel's b.o. superpowers? A look inside the 'Guardians Vol.2' superhero hit house. *Deadline*, May 7, https://goo. gl/8FqcJQ.

Demarais, K. (2009). The do's and don'ts of self-titled record albums. *Monkey Googles*, https://goo.

gl/ep7pe9.

Dhar, T., Sun, G., & Weinberg, C. (2012). The long-term box office performance of sequel movies. *Marketing Letters*, *23*, 13-29.

Epstein, E. J. (2005). Concessions are for girlie men. *Slate*, May 9, https://goo.gl/ UCe3JG.

Epstein, E. J. (2010). *The Hollywood economist — The hidden financial reality behind the movies*. Brooklyn: MelvilleHouse.

Fleming Jr., M. (2011). Cannes: Megan Ellison wins 'Terminator' rights auction. *Deadline*, May 13, https://goo.gl/nbA7Jq.

Fleming Jr., M. (2015). 'Star Wars' Legacy II: An architect of Hollywood's greatest deal recalls how George Lucas won sequel rights. *Deadline*, December 18, https://goo.gl/s92zqd.

Fleming Jr., M. (2016). Kevin Feige on 'Captain America: Civil War' and all things Marvel — Deadline q&a. *Deadline*, May 6, https://goo.gl/pJo7BX.

Fleming Jr., M. (2017a). Sean Bailey on how Disney's live-action division found its 'Beauty and the Beast' Mojo. *Deadline Hollywood*, March 21, https://goo. gl/4aLMxM.

Fleming Jr., M. (2017b). Quentin Tarantino hatches 'Star Trek' movie idea; Paramount, JJ Abrams to assemble writers room. *Deadline*, December 4, https:// goo.gl/3StjEK.

Follows, S. (2016). How movies make money: $100 m+ Hollywood blockbusters, July 10, https:// goo.gl/uYwnJe.

Forbes (2016a). The world's highest-paid actors 2016. https://goo.gl/jMjswJ.

Forbes (2016b). The world's highest-paid celebrities. https://goo.gl/9mVrKi.

Franck, E., & Nuesch, S. (2012). Talent and/or popularity: What does it take to be a superstar? *Economic Inquiry*, *50*, 202-216.

Fritz, B., & Schwartzel, E. (2017). Hollywood's misses are hits overseas. *The Wall Street Journal*, June 25, https://goo.gl/RFq956.

Giles, D. C. (2002). Parasocial interaction: A review of the literature and a model for future research. *Media Psychology*, *4*, 279-305.

Giles, D. E. (2006). Superstardom in the US popular music industry revisited. *Economics Letters*, *92*, 68-74.

Gill, A. (2012). Whitney Houston, the greatest voice of her generation. *The Independent*, February 16, https://goo.gl/gwPTXY.

Gong, J. J., Van der Stede, W. A., & Young, M. S. (2011). Real options in the motion picture industry: Evidence from film marketing and sequels. *Contemporary Accounting Research*, *28*, 1438-1466.

Gonzales, U. (2015). 'Captain America: Civil War' screened for Sony execs for Spider-Man clearance. *Heroic Hollywood*, December 9, https://goo.gl/G7Wm6t.

Gopal, R. D., Bhattacharjee, S., & Lawrence Sanders, G. (2006). Do artists benefit from online music sharing? *Journal of Business*, *79*, 1503-1533.

Graser, M. (2013). Ubisoft to make movies based on 'Watch Dogs,' 'Far Cry,' 'Rabbids' (exclusive). *Variety*, June 12, https://goo.gl/Ver9K7.

Hamlen Jr., W. A. (1991). Superstardom in popular music: Empirical evidence. *Review of Economics and Statistics*, *73*, 729-733.

Hansen, U., Hennig-Thurau, T., & Schrader, U. (2001). *Produktpolitik* (3rd ed.). Stuttgart: Schäffer-Poeschel.

Hayes, D. (2017). 'Logan' director James Mangold: If Fox film fades out postmerger, "that would be sad to me". *Deadline*, December 11, https://goo.gl/bHZ5Pb.

Heath, T. B., Chatterjee, S., Basuroy, S., Hennig-Thurau, T., & Kocher, B. (2015). Innovation sequences over iterated offerings: A relative innovation, comfort, and stimulation framework of consumer responses. *Journal of Marketing*, *79*, 71-93.

Hennig-Thurau, T., & Dallwitz-Wegner, D. (2004). Zum Einfluss von Filmstars auf den Erfolg von Spielfilmen. *MedienWirtschaft*, *1*, 157-170.

Hennig-Thurau, T., Houston, M. B., & Walsh, G. (2006). The differing roles of success drivers across sequential channels: An application to the motion picture industry. *Journal of the Academy of Marketing Science*, *34*, 559-575.

Hennig-Thurau, T., Houston, M. B., & Heitjans, T. (2009). Conceptualizing and measuring the monetary value of brand extensions: The case of motion pictures. *Journal of Marketing*, *73*, 167-183.

Hennig-Thurau, T., Fuchs, S., & Houston, M. B. (2013). What's a movie worth? Determining the monetary value of motion pictures' TV rights. *International Journal of Arts Management*, *15*, 4-20.

Hennig-Thurau, T., Völckner, F., Clement, M., & Hofmann, J. (2014). An ingredient branding approach to determine the financial value of stars: The case of motion pictures. Working Paper, SSRN.

Hofmann, K. H. (2013). *Co-financing Hollywood film productions with outside investors: An economic analysis of principal agent relationships in the U.S. motion pictureindustry*. Wiesbaden: Springer Gabler.

Hofmann, J., Clement, M., Völckner, F., & Hennig-Thurau, T. (2016). Empirical generalizations on the impact of stars on the economic success of movies. *International Journal of Research in Marketing, 34*, 442-461.

Hofstede, G., Hofstede, G. J., & Minkov, M. (2010). *Cultures and organizations: Software for the mind* (3rd ed.). New York: McGraw-Hill.

Horton, A., & McDougal, S. Y. (1998). *Play it again, Sam: Retakes on remakes*. Berkeley: University of California Press.

Horton, D., & Wohl, R. (1956). Mass communication and parasocial interaction: Observations on intimacy at a distance. *Psychiatry, 19*, 215-229.

Hunter III, S. D., Chinta, R., Smith, S., Shamim, A., & Bawazir, A. (2016). Moneyball for TV: A model for forecasting the audience of new dramatic television series. *Studies in Media and Communication, 4*, 13-22.

Jaafar, A. (2016). Studio Canal Chief Didier Lupfer lays out challenges & opportunities ahead for Europe's major player — Cannes. *Deadline Hollywood*, May 23, https://goo.gl/q1htyu.

Joshi, A. (2015). Movie stars and the volatility of movie revenues. *Journal of Media Economics, 28*, 246-267.

Joshi, A., & Mao, H. (2012). Adapting to succeed? Leveraging the brand equity of best sellers to succeed at the box office. *Journal of the Academy of Marketing Science, 40*, 558-571.

Kamphuis, J. (1991). Satisfaction with books: Some empirical findings. *Poetics, 20*, 471-485.

Keller, K. L. (1993). Conceptualizing, measuring, and managing customer-based brand equity. *Journal of Marketing, 57*, 1-22.

Kelley, S. (2017). 'Guardians 2': Why James Gunn is now the Marvel Cinematic Universe's biggest winner. *Variety*, May 7, https://goo.gl/Cyx8Av.

Knapp, A.-K., & Hennig-Thurau, T. (2014). Does 3D make sense for Hollywood? The economic implications of adding a third dimension to hedonic media products. *Journal of Media Economics, 28*, 100-118.

Knapp, A.-K., Hennig-Thurau, T., & Mathys, J. (2014). The importance of reciprocal spillover effects for the valuation of bestseller brands: Introducing and testing a contingency model. *Journal of the Academy of Marketing Science, 42*, 205-221.

Kotler, P., & Gertner, D. (2002). Country as brand, product, and beyond: A place marketing and brand management perspective. *Journal of Brand Management, 9*, 249-261.

Landau, J. (1971). The Motown story. *Rolling Stone*, May 13, https://goo.gl/WpQ8cf.

Langfitt, F. (2015). How China's censors influence Hollywood. *NPR*, May 18, https://goo.gl/fNtSM9.

Lee, J., Boatwright, P., & Kamakura, W. A. (2003). A Bayesian model for prelaunch sales forecasting of recorded music. *Management Science, 49*, 179-196.

Leemans, H., & Stokmans, M. (1991). Attributes used in choosing books. *Poetics, 20*, 487-505.

Levin, A. M., Levin, I. P., & Edward Heath, C. (1997). Movie stars and authors as brand names: measuring brand equity in experiential products. *Advances in Consumer Research, 24*, 175-181.

Lieberman, D. (2015). Why is Disney's stock price falling as 'Star Wars' breaks box office records? *Deadline*, December 18, https://goo.gl/R9X7Vn.

Lindner, A. M., Lindquist, M., & Arnold, J. (2015). Million Dollar Maybe? The effect of female presence in movies on box office returns. *Sociological Inquiry, 85*, 1-22.

Liptak, A. (2017). Why Hollywood is turning to books for its biggest productions. *The Verge*, January 26, https://goo.gl/fBdN6b.

Liu, A., Mazumdar, T., & Li, B. (2014). Counterfactual decomposition of movie star effects. *Management Science, 61*, 1704-1721.

Lowrey, T. M., Shrum, L. J., & Dubitsky, T. M. (2003). The relation between brand-name linguistic characteristics and brand-name memory. *Journal of Advertising, 32*, 7-17.

Luo, L., Chen, X. (Jack), Han, J., & Whan Park, C. (2010). Dilution and enhancement of celebrity brands through sequential movie releases. *Journal of Marketing Research, 47*, 1114-1128.

Marchand, A. (2016). The power of an installed base to combat lifecycle decline: The case of video games. *International Journal of Research in Marketing, 33*, 140-154.

Masters, K. (2016). Marvel Studios' origin secrets revealed by mysterious founder: History was "Rewritten". *The Hollywood Reporter*, May 5, https://goo.gl/MT816d.

Mathys, J., Burmester, A. B., & Clement, M. (2015). What drives the market popularity of celebrities? A longitudinal analysis of consumer interest in film stars. *International Journal of Research in Marketing, 33*, 428-448.

Mendelson, S. (2013). Trailer talk: 'Robocop' and the problem with remakes. *Forbes*, November 7, https://goo.gl/M96n9z.

Minzesheimer, B. (2004). 10 years of best sellers: How the landscape has changed. *USA Today*, March 10, https://goo.gl/1L7UMz.

Nevins, J. (2011). A brief history of the crossover. *Gizmodo*, August 23, https://goo.gl/4gzzeB.

Oehmke, P., & Beier, L. (2011). All der Mist passiert wirklich. *Der Spiegel*, January 3, https://goo.gl/HtLkQv.

Orden, E., & Kung, M. (2012). Lions Gate hungers for a franchise. *The Wall Street Journal*, February 21, https://goo.gl/nhguVP.

Pähler vor der Holte, N., Gless, F., Knapp, A., Riehl, U., & Hennig-Thurau, T. (2016). What's in a name? Analyzing the influence of brand names on entertainment product success. In *Proceedings of the 44th Academy of Marketing Science Annual Conference* (Vol. 1441). Orlando: Academy of Marketing Science.

Patterson, J. (2008). It's in the name. *The Guardian*, April 5, https://goo.gl/N2tdNL.

Peden, L. D. (1993). The possessive is nine-tenths of the title. *The New York Times*, November 28, https://goo.gl/Lvgk2C.

Pfeiffer, L. (2015). Movie classics: The American westerns of Clint Eastwood. A Cinema Retro special edition magazine. *Cinema Retro*, 2015.

Philips, T. (2015). Why Destiny ditched Peter Dinklage. *Eurogamer.net*, November 8, https://goo.gl/RsRBab.

QPMedia (2013). QP money making stars all years. https://goo.gl/U9ube2.

Ravid, S. A. (1999). Information, blockbusters, and stars: A study of the film industry. *The Journal of Business*, *72*, 463-492.

Rohbemed, N. (2015). For Disney, biggest payday on Star Wars won't be at the box office. *Forbes*, December 16, https://goo.gl/j4gJYc.

Rosen, S. (1981). The economics of superstars. *American Economic Review*, *71*, 845-858.

Rubin, A. M., & Step, M. M. (2000). Impact of motivation, attraction, and parasocial interaction on talk radio listening. *Journal of Broadcasting & Electronic Media*, *44*, 635-654.

Rubin, A. M., Perse, E. M., & Powell, R. A. (1985). Loneliness, parasocial interaction, and local television news viewing. *Human Communication Research*, *12*, 155-180. Winter.

Sattler, H. (1999). Markenstrategien fur neue Produkte. In F.-R. Esch (Ed.), *Moderne Markenführung* (pp.337-355). Wiesbaden: Gabler.

Sattler, H., & Völckner, F. (2013). *Markenpolitik* (3rd ed.). Stuttgart: W. Kohlhammer.

Schiappa, E., Allen, M., & Gregg, P. B. (2007). Parasocial relationships and television: A meta-analysis of the effects. In R. W. Preiss, B. M. Gayle, N. Bureell, M. Allen, & J. Bryant (Eds.), *Mass media effects research: Advances through meta-analysis* (pp. 301-314). Mahwah: Lawrence Erlbaum.

Schmidt-Stölting, C., Blömeke, E., & Clement, M. (2011). Success drivers of fiction books: An empirical analysis of hardcover and paperback editions in Germany. *Journal of Media Economics*, *24*, 24-47.

Schwartzel, E. (2016). Hollywood under pressure to put more chinese actors in thespotlight. *The Wall Street Journal*, September 19, https://goo.gl/BvqSWp.

seekingalpha.com (2014). The Walt Disney company's management presents at Goldman Sachs Communacopia Conference—transcript, September 10, https:// goo.gl/HWBLUx.

Simon, C. J., & Sullivan, M. W. (1993). The measurement and determinants of brand equity: A financial approach. *Marketing Science, 12*, 28-52.

Smiley, J. (2016). Touch up your Shakespeare: Anne Tyler recasts 'The Taming of the Shrew' for our time. *The New York Times*, July 6, https://goo.gl/akj9km.

Smith, E. (2011). Disney's 'Cars 2' a hit already — in stores. *The Wall Street Journal*, June 20, https:// goo.gl/ag374V.

Sood, S., & Dréze, X. (2006). Brand extensions of experiential goods: Movie sequelevaluations. *Journal of Consumer Research, 33*, 352-360.

Spence, N. (2007). Steve Jobs directs Disney. *Macworld*, June 25, https://goo.gl/3RZetW.

Squire, J. E. (2006). Introduction. In J. E. Squire (Ed.), *The movie business book* (International 3rd ed., pp.1-12). Maidenhead: Open University Press.

Stedman, A. (2014). Kevin Hart responds to Sony 'Whore' comment: 'I Protect My Brand'. *Variety*, December 11, https://goo.gl/3bTLDv.

Stork, M. (2014). Assembling the Avengers: Reframing the superhero movie through Marvel's Cinematic Universe. In J. N. Gilmore & M. Stork (Eds.). *Superhero synergies: Comic book characters go digital* (pp.77-96). Lanham: Rowman & Littlefield.

Streib, L. (2009). Why James Patterson is worth $150 million. *Forbes*, September 9, https://goo.gl/n4Fzfq.

Suderman, P. (2016). Hollywood is stuck in a bubble of expanded movie universes.It's time for it to pop. *Vox*, January 27, https://goo.gl/u8zAap.

Sugarman, J. (2011). The right and wrong ways to name a movie. *Salon*, February11, https://goo.gl/7Bo7kb.

Swertlow, M. (2017). You're reading this correctly: A Hunger Games theme park is coming. *E! Online*, August 15, https://goo.gl/PfTT56.

Taylor, C. (2015). 'Look at the size of that thing!': How Star Wars makes its billions. *The Telegraph*, May 4, https://goo.gl/Ghu8mu.

The Deadline Team (2013). Steven Soderbergh's state of cinema talk. *Deadline*, April30, https://goo.gl/3md7zK.

The Hollywood Reporter (2016). Hollywood's 100 favorite movie quotes, February24, https://goo.gl/aj1XuV.

Thomson, M. (2006). Human brands: Investigating antecedents to consumers'strong attachments to celebrities. *Journal of Marketing*, *70*, 104-119.

Trachtenberg, J. A. (2013). Rowling's second adult novel flies off shelves. *The WallStreet Journal*, July 14, https://goo.gl/37iQcT.

Van der Stede, W. A. (2015). Hollywood studios appear to plan sequels before theyproduce the original movie, September 10, https://goo.gl/f6jCKa.

Vary, A. B. (2015). Joss Whedon's astonishing, spine-tingling, soul-crushing Marveladventure! *Buzz feed*, April 21, https://goo.gl/Rma2u7.

Wallace, W. T., Seigerman, A., & Holbrook, M. B. (1993). The role of actors andactresses in the success of films: How much is a movie star worth? *Journal of Cultural Economics*, *17*, 17-27.

Wirtz, B. W., Mermann, M., & Daier, P. (2016). Success factors of motion pictureactors — An empirical analysis. *Creative Industries Journal*, *9*, 162-180.

Wohlfeil, M., & Whelan, S. (2008). Confessions of a movie-fan: Introspection into a consumer's experiential consumption of 'Pride and Prejudice'. *Proceedings of European ACR Conference*, 137-143.

Wohlfeil, M., & Whelan, S. (2012). 'Saved!' by Jena Malone: An introspective study of a consumer's fan relationship with a film actress. *Journal of Business Research*, *65*, 511-519.

Wookieepedia (2017). List of comics. https://goo.gl/Ts5vZw.

Xenopedia (2017). Predator 2. https://goo.gl/atfCNR.

Yodasdatapad (2016). Star Wars book list, December 16, https://goo.gl/q8A6Ex.

Zhao, E. Y., Ishihara, M., & Loundsbury, M. (2013). Overcoming the illegitimacydiscount: Cultural entrepreneurship in the US feature film industry. *Organization Studies*, *34*, 1747-1776.

4장

엔터테인먼트 상품 결정 4
성공적인 새로운 엔터테인먼트 상품 개발 방법

이노베이션. 새로운 것의 도입. 새로운 생각, 방법 또는 장치.

— 메리엄-웹스터닷컴(Merriam-webster.com/dictionary/innovation)

우리는 엔터테인먼트 상품의 짧은 수명주기에 관한 논의에서 지속적인 혁신이 이 산업의 기업들에 매우 중요하다는 주장을 했다. 동시에 엔터테인먼트 상품의 고유한 특성은 (쾌락적인) 엔터테인먼트 상품에 대한 소비자의 전체적인 판단과 새로운 엔터테인먼트 콘텐츠 개발을 위한 아티스트와 창작자의 중요한 역할 등 특수성을 해결할 혁신에 대한 접근 방식을 요구한다. 이런 특성들은 엔터테인먼트 혁신 관리의 체계적인 접근에 대한 업계의 전통적인 회의론 뒤에 있는데, 이는 업계의 '어떻게 될지 아무도 몰라요'라는 통설에 잘 부합하는 태도이다.

---

*   로니 베렌스(Ronny Behrens)와 이 장을 공동 저술했다.

그러한 업계의 회의론과는 대조적으로, 우리는 엔터테인먼트 혁신이 실제로 체계적이고 상당히 강력하게 관리될 수 있다고 확신한다. 영화들이 일련의 놀랄 만한 성공을 거두었던 애니메이션 제작자 픽사의 기록을 보라. 이 회사의 첫 18편의 장편 개봉작들은 전 세계적으로 극장가에서만 132억 달러(2017년 가치) 이상의 수익을 올렸으며, 영화 1편당 평균 7억 달러 이상의 수익을 올렸다. 그들의 영화로 티켓 판매로만 3억 달러 이상을 벌었다.

우리는 그러한 성공의 흐름이 단지 운에 기인할 수 있다고 믿기 어렵다. 특히 18편 중 12편이 회사 자체를 넘어 기존 브랜드를 기반으로 하지 않았다는 점을 고려할 때 더욱 그렇다. 우리만 그렇게 생각하는 것은 아니다. 픽사는 영화와 엔터테인먼트 안팎의 혁신 관리를 위한 롤 모델이 되었다(예: Catmull, 2008). 회사의 혁신 기술은 디즈니가 2006년에 픽사에 70억 달러 이상을 지불한 주된 이유였다. 실제로 디즈니는 직원과 창의적 자원을 공유해 자체 애니메이션 사업부를 활성화할 수 있었다. 이 사업부는 〈프로즌 및 주토피아(Frozen and Zootopia)〉를 포함해 자신의 것으로 연이어 히트를 했다(Lussier, 2016). 엔터테인먼트 사이언스는 성공 가능성을 관리하는 모든 것이고, 픽사의 혁신 관리 방식이 이 가능성에 분명히 영향을 미친다는 점을 기억하라.

혁신이 일어나기 위해서는 혁신하는 기업이 팀 간에 얼마만큼 협업을 하고, 또한 다른 극단에는 개별 창작자에 얼마나 의존하는지에 달려 있는 연속체여야 한다. 협업과 개인의 상대적 중요성은 혁신 프로세스에 따라 다르지만 엔터테인먼트의 형태에 따라서도 다르다. 영화와 게임이 프로젝트의 규모와 범위(즉, 본격적인 비디오 게임 또는 블록버스터 영화의 시장 출시) 때문에 협업에 더 많은 비중을 두는 반면, 개인은 책과 음악 제작에 다소 더 큰 비중을 둔다. 그러나 후자의 엔터테인먼트의 경우에도 새로운 상품을 만드는 것은 담당자가 수많은 아이디어를 올바르게 얻어야 하는 긴 과정이며 협업이 중요한 역할을 한다.

어쨌든 우리는 픽사의 캣멀(Catmull, 2008: 4)이 훌륭한 엔터테인먼트를 만들기 위해서는 창의력이 "조직의 모든 예술적·기술적 부분의 모든 수준에 존재해야 한다"라고 하는 말에 동의한다. 다음에서는 엔터테인먼트 기업이 혁신을 통해 어떻게 성공할 수 있는지 알아보기 위해 다양한 수준의 문제를 살펴보려 한다. 전략적 수준에서 우리는 올바른 환경이 어떤 모습인지, 어떤 수준의 혁신성이 가장 잘 작동하는지, 기업이 스스로 혁신에 참여해야 하는지('사내에서 수행') 또는 다른 사람과 협력해야 하는지 여부를 묻는다. 문화적 차원에서 우리는 효과적인 혁신 프로세스를 지원하는 가치를 찾는다. 그리고 조직 차원에서 혁신을 실현하는 데 필요한 사람과 구조를 조사한다.

우리는 혁신 프로세스의 여러 지점에서 새로운 엔터테인먼트 프로젝트의 성공을 정확하게 예측할 수 있는 경영자의 능력에 특히 초점을 맞추고 엔터테인먼트 사이언스가 상품 수준의 혁신 결정에 대해 말해 줄 수 있는 내용을 자세히 살펴봄으로써 이 기업 차원의 토론을 보완하고자 한다. 엔터테인먼트 사이언스 학자들이 상당한 노력을 기울인 도전이다. 체계적인 예측 접근 방식이 초기의 상품 개념을 테스트할 때 그리고 이후 제작 단계에서 이러한 개념을 최적화할 때 '어떻게 될지 아무도 몰라요'라는 사고에 대한 강력한 대안이 될 수 있음을 보여 줄 것이다.

1. 엔터테인먼트 혁신의 전략적 차원

저는 돈을 벌기 위해 사진을 찍지 않습니다. 더 많은 사진을 찍기 위해 돈을 벌어요.

— 월트 디즈니(Walt Disney)(IMDb, 2017 인용)

혁신이 새로운 무언가의 창출이고, 엔터테인먼트 상품 기업이 지속적으로 신상품을 공급해야 하는 경우 엔터테인먼트 기업의 경영자는 혁신과 관련된 조치의 계획, 구현 및 통제를 조정하는 체계적인 혁신 관리 프로세스가 필요하다. 혁신은 지속 가능한 흐름에서 계속된다. 비엔터테인먼트 기업들 사이에서도 혁신 활동이 처리되는 방식에는 큰 차이가 있다.

신상품에 대한 전략적 접근 방식은 창의성과 혁신 사이에 구별을 바탕으로 한다. 전자가 새로운 아이디어를 떠올리는 것을 설명하는 반면, 후자는 창의적인 아이디어를 실제로 구현하고 이를 시장성 있는 것으로 바꾸는 과정을 의미한다(Amabile, 1996 참조). 부유한 후원자(또는 투자 수익을 기대하지 않는 극히 드문 벤처 자본가)의 지원을 받지 않는 한 엔터테인먼트 기업은 다른 비즈니스와 마찬가지로 순수익을 창출해야 한다. 창의성은 좋다. 하지만 회사는 창의성을 상업적으로 성공적인 혁신으로 바꾸지 않고서는 돈을 벌지 못할 것이다.

혁신 관리의 전략적 차원과 관련해 엔터테인먼트 기업은 ① 혁신 목표, ② 새로운 상품에 대한 야심 찬 혁신 정도, ③ 혁신 프로세스에서 자신의 역할(다른 기업의 역할 대비)이라는 3가지 근본적인 문제에 관한 결정을 내려야 한다. 엔터테인먼트 경영자가 이러한 각 문제에 대해 선택할 수 있는 옵션을 살펴보자.

1) 예술적 vs. 경제적 혁신 목표

지속 가능한 혁신 관리를 위해 경영자는 항상 새로운 상품으로 달성하려는 목표(일반적으로 경제적 및 예술적 목표의 조합), 이러한 목표 달성과 관련된 혁신 비용 및 혁신을 개발하는 데 필요한 시간 사이의 균형을 찾아야 한다(〈그림 4.1〉 참조).

비용과 시간이 엔터테인먼트에 광범위하게 적용될 수 있지만[1] 원하는 목표는 엔터테인먼트의 복잡성에 직면하게 된다. 경제적 목표와 예술적 목표는 일반적으로 엔터테인먼트 기업이 지향한다(반드시 한 기업의 같은 사람에 의하지 않을지라도). 그러나 그들은 종종 충돌한다. 이는 대중 소비자와 문화 전문가 간 취향 차이에 대한 우리의 이전 논의와 관련될 수 있다. 따라서 엔터테인먼트 혁신을 성공적으로 관리하는 방법에 대한 '핵심 사항(nuts-and-bolts)'을 갖추기 전에 엔터테인먼트 경영자는 먼저 경제적 및 예술적 목표를 평가하는 방법을 결정해야 한다.

예술적 목표와 경제적 목표 사이의 긴장은 창의적인 상품에 내재되어 있으며 영화, 책, 음악 및 비디오 게임을 제작하는 회사에서 이러한 충돌의 예를 주목하는 것은 어렵지 않다. 일부 엔터테인먼트 제작자는 한 목표를 다른 목표보다 분명히 선호함으로써 이러한 긴장을 피하는 것을 목표로 한다. 예를 들어 이스라엘의 사촌지간인 골란과 글로버스는 1970년대 후반 캐논 필름을 만들 때 경제적 목표를 분명히 강조했다. 그들의 비즈니스 모델은 품질이 중요하지 않거나 심지어 방해가 되는 저예산 착취 영화를 제작하는 것이었다. "만약 당신이 500만 달러(오늘날 약 1500만 달러에 해

---

[1] 혁신의 시기적 차원과 관련해 엔터테인먼트에도 몇 가지 특수성이 존재한다는 점에 유의하라. 이는 III권 3장 '엔터테인먼트 유통 결정'에서 논의한다.

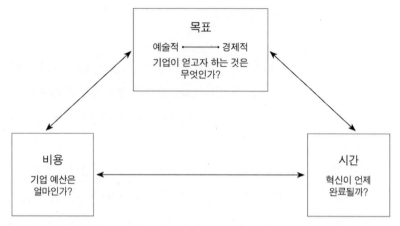

〈그림 4.1〉 전략적 혁신 관리에는 3가지 전략적 고려 사항 간 균형이 필요

당) 예산 미만으로 미국 영화를 시작하거나, 중간에 시작하거나 마지막에 들어간다면 돈을 잃는 멍청이가 틀림없다"(Slifkin, 2014 인용). 그러나 엔터테인먼트에서 이러한 접근 방식은 몇 가지 문제를 안고 결국 캐논의 종말로 이어졌다. 우리는 슬프지만 조금 후에 교훈적인 이야기로 돌아간다.

다른 회사들은 대신 예술적 측면을 강조했다. 예를 들어 유나이티드 아티스트의 창립은 엔터테인먼트 분야의 혁신 결정은 창의적인 아티스트가 직접 해야 한다는 믿음에 뿌리를 두고 있다(Kehr, 2008; Thomson, 2008 참조). 이 회사는 1919년 4명의 할리우드 거물인 감독 D. W. 그리피스(D. W. Griffith)와 배우 찰리 채플린(Charlie Chaplin), 더글러스 페어뱅크스(Douglas Fairbanks) 및 메리 픽포드(Mary Pickford)에 의해 세워졌고, 그들은 다른 상업적 이익과는 별개로 자체 제작을 위해 유통 회사를 설립했다. 그러나 창작자들은 야심 찬 예술적 목표를 가지고 있었고 초기에 큰 성공을 거두었음에도 불구하고 고비용으로 제작된 급진적인 예술적 비전이 무너지면서 회사는 가혹한 경제적 현실과 불안정한 수익성에 직면했다.

주요 사건은 저명한 감독 마이클 치미노(Michael Cimino)의 영화 〈천국의 문〉의 도산이었다. 상승된 비용(제작 비용 1만 4400만 달러), 끔찍한 리뷰, 대중의 나쁜 반응(국내 매표소에서 350만 달러)이 합쳐져 어려움을 겪었다. 〈천국의 문〉은 유나이티드 아티스트 스튜디오의 종말을 이끌었다(Barber, 2015). 오늘날 이 영화가 이 책의 저자를 포함한 많은 전문가와 관객에게 높은 평가를 받고 있다는 사실은 도움이 되지 않았다. 엔터테인먼트 기업의 운전석에서 창의력을 발휘하는 것이 장기적인 성공을 보장하는 것과는 거리가 멀다는 또 다른 증거는 드림웍스(DreamWorks)의 이야기이다. 그 영화 스튜디오는 1994년에 공동 창립되어 저명한 감독인 스필버그가 이끌었으며, 재능 있는 영화 제작자가 "자신들의 개인적인 프로젝트"(Russell, 2004: 233)를 추구할 수 있도록 지원했다. "또한 드림웍스는 파이낸싱이나 히트, 존재감을 위해 분투했다"(Masters, 2016).

경제적 목표나 예술적 목표의 극단(extreme) 사이에는 연속체(continuum)가 존재한다. 가장 성공적인 엔터테인먼트 기업 중 일부는 연속체의 중심 근처에서 접근 방식을 구체화해 예술적 야망과 경제적 고려를 융합했다. 그 이유는 강력한 엔터테인먼트 상품을 만들기 위해서는 예술적 목표가 중요하지만 비즈니스 훈련(business discipline) 없이는 아티스트가 계속해서 새로운 상품을 만들 수 있는 기회가 제한되기 때문이다. 마찬가지로 예술적 창의성의 관련성을 존중하지 않고 비즈니스에 초점을 맞추는 것은 소비자가 적어도 어느 정도 창의적 영감에 의해 주도되는 분야에서도 파멸한다. 따라서 두 가지 종류의 목표 사이의 불안한 공생을 수용하고 관리해야 한다.

매우 혁신적이고 성공적인 픽사의 감독이자 제작자인 브래드 버드(Brad Bird)는 상업적·예술적 야망의 결합을 찬양한다. 그는 월트 디즈니가 이 섹션 초반에 인용한 성명을 바꿔 표현하며 그는 그의 영화가 "돈을 벌기를 원하지만 돈은 로켓의 연료일 뿐. 내가 정말 하고 싶은 것은 어딘가로 가는 것이다. 연료만 더 모으기는 싫다". 왜냐하면 대부분의 예술가들이 버드의 동기를 공유하지는 않을 것이지만 "돈을 버는 것은 장기적으로 상상에 기반을 둔 기업들이 성공하는 데 초점이 될 수 없다"(Rao et al., 2008 인용).

예술적 목표와 경제적 목표의 균형을 효과적으로 유지하는 회사들은 한 '계급'이 다른 계급을 지배하는 계층이 아니라 대개 창작자들과 사업 관리자들(예: 감독들과 제작자들)의 긴밀한 협력을 수반하는 접근법들을 적용한다. 픽사의 캣멀 사장은 경제 현실에 대한 이해가 없다면 사람들이 '더 나은 영화를 만들기 위해' 더 많은 돈과 시간을 소비하는 것을 정당화할 수 있기 때문에 창작자들의 자원 요구는 거의 무제한일 수 있다고 주장했다(Catmull, 2008). 그리고 창작자는 일반적으로 돈과 시간이 무제한이 아니라는 것을 이해하지만, 그들은 종종 다양한 과정의 비용을 충분히 인식하지 못한다. 픽사는 '팝시클(Popsicle)' 접근법을 통해 이를 해결한다. 즉, 총 용량을 나타내는 다수의 팝시클 스틱[한 스틱은 '한 사람의 주간(person-week)', 즉 일반적인 창작자가 보통 일주일 안에 달성할 수 있는 것]부터 시작해 창작자와 경영자는 함께 제작 과정의 요소(예: 영화에서 특정 캐릭터)에 스틱을 할당하는 작업을 한다. 그런 다음 나중에 창작자가 한 요소에 추가 시간 및/또는 더 많은 돈을 요구할 때 창작자와 경영자는 시간 및 예산에 따라 동일한 수의 스틱이 제거될 수 있는 다른 요소를 식별하기 위해 함께 작업한다.

이렇게 사용될 때 캣멀과 왈라스(Catmull and Wallace, 2014)는 예산 제약들이 실제로 창의적인 과정을 촉진할 수 있다고 주장한다. 왜냐하면 그런 제약들은 사람들이 다르게 생각하게 하고 창의적인 해결책을 제시하기 때문이다.[2] 그러나 그런 예산 제약들이 만약 다르게 사용될 경우 창조적인 작

---

2) 영화감독 스필버그가 '돈을 절약하기 위해' 창작했던 〈레이더스(Raiders of the Lost Ark)〉

업에 큰 피해를 줄 수 있다는 점을 분명히 한다. 2000년대 중반 '디즈니 슈퍼뷰 그룹(Disney Superview Group)'의 경영자들은 경제적 목표를 극명하게 우선시하고 제작의 사소한 부분까지도 통제하며, 창작자들에게 필요한 자유를 빼앗음으로써 혁신 과정을 방해했다.

요컨대 엔터테인먼트 산업은 경제적 접근과 예술적 접근 모두 제대로 하면 일정 기간 동안 작동할 수 있다는 예를 제시하지만, 그러한 불균형적 접근은 불안정하고 특정 시점에 붕괴되는 경향이 있다. 이와는 대조적으로 예술적 자유와 (경영자와 창작자 사이에) 자원 제약의 신중한 관리 사이에서 의도적으로 선택한 균형은 성공의 열쇠가 될 수 있다.

2) 혁신성의 '적절한' 정도

두 번째 전략적 질문은 엔터테인먼트 기업의 새로운 상품이 얼마나 혁신적이어야 하는가이다. 흥분-친숙(성)(sensations-familiarity) 체계에 따르면 소비자는 친숙함을 좋아하지만 그것에 만족할 수도 있다. 동시에 그들은 흥분을 좋아하지만 그 흥분이 '올바른' 감정과 이미지를 유발할 때만 가능하다. 이러한 수요 관점은 '공급 관점'과 일치할 수 있다. 예술가들은 창작에 빠져드는 것을 좋아하지만, 그들의 급진적 창작물은 비록 훌륭한 예술 작품이라 하더라도 소비자가 충분히 감상하기에는 너무 까다롭고 급진적인 새로운 흥분을 만들 수 있다. 한편 경영자는 덜 급진적이고 친숙한 프로젝트에 투자하는 것을 선호함으로써 아티스트의 스타일을 압도할 수 있다. 따라서 '얼마나 혁신적인가?' 하는 질문은 예술적 및 경제적 목표에 대한 이전의 전략적 질문과 다소 관련이 있다.

의 멋진 애니메이션 여행 지도를 생각해 보라(Total Film, 2006).

혁신 연구는 '혁신성 정도(degree of innovativeness)' 문제를 활용(exploitation) vs. 탐험(exploration)의 문제로 규정했다. 전자의 개념은 신상품을 만들 때 기존 자산을 사용하는 것을 설명하고 후자는 새로운 아이디어와 지적재산을 추구하는 것을 의미한다(March, 1991). 우리는 이전에 엔터테인먼트 브랜드의 관리가 활용의 경우 적어도 수명주기의 특정 시점에서 새로운 창조물, 일종의 탐구를 필요로 한다는 것을 보여 주었다. 하지만 더 큰 문제는 제작자가 소유한 브랜드를 어떻게 최적으로 관리하느냐이다. 이는 일반적으로 엔터테인먼트 기업의 자원 배분을 다룬다.

그렇다면 탐험-활용 이론은 '이상적인' 수준의 혁신성에 대해 무엇을 말해 줄까? 우리는 활용에 대한 과도한 의존이 완전히 새로운 기회를 발견할 수 있는 기업의 능력을 감소시켜 '차선적 균형'(March, 1991: 71)에 갇히게 할 수 있음을 알 수 있다. 또한 시장 환경이 기존 자산(이전 상품에 효과적이었던)이 쓸모없거나 덜 매력적이 되는 방식으로 변한다면 기업을 취약하게 만들 수 있음을 배울 수 있다(Greve, 2007). 엔터테인먼트에서의 활용은 기본적으로 기존 브랜드 및 상품을 사용하고 기존 카테고리 및 기존 브랜드의 확장에 초점을 맞추는 것을 의미한다.

앞에서 논의한 바에 따르면 이것이 다양한 위험을 완화하고 상품 수준에서 엔터테인먼트 기업의 실행 가능한 전략이 될 수 있음을 보여 주었지만, 기업 수준에서 실행된다면 극명한 활용 전략은 엔터테인먼트 기업에 2가지 이유로 더 오랫동안 위험한 전략이 될 수 있다. 첫째, 라세터의 말에 따르면 "시퀄은 재정적으로 덜 위험하다. 하지만 그것이 우리가 한 전부라면 우리는 창의적으로 파산할 것이다"[픽사와 디즈니의 애니메이션 스튜디오 최고 창작자 책임자(Chief Creative Officer)로서 프랭클린-월리스(Franklin-Wallis, 2015) 인용]. 그가 의미하는 바는 엔터테인먼트 상품 확장(반드시 시퀄뿐 아니라 다른 종류의 혁신성이 낮은 신상품)에 대한 과도한 의존이 기업의 창작자에 부정적인 영향을 미치며, 이는 너무 많은 것을 생산해 크게 고통받는다는 것이다. 최고의 인재의 이탈은 부정적인 영향을 미치는 창의력을 불러일으켜 소비자에게 흥분(sensations)을 제공하는 기업의 능력을 더욱 저하시킨다.

엔터테인먼트에서 '활용 유일(exploitation-only)' 접근 방식에 대한 두 번째 주장은 소비자의 반응과 관련이 있다. 엔터테인먼트 상품과 브랜드에 내재된 포만감으로 인해 기업 자산은 결국 시간이 지남에 따라 가치를 잃게 된다. 우리는 3장에서 이러한 가치 감소를 완화하는 방법을 논의했지만, 장기적으로는 최고의 브랜드 관리 기술조차도 모든 엔터테인먼트에 내재된 만족과 수익에 미치는 부정적인 영향을 완전히 상쇄할 수는 없다. 소비자들은 결국 '똑같은 낡은' 것을 소비하는 것에 지칠 것이다. 게다가 이것은 오늘날 우리가 활용이 표준이 된 엔터테인먼트 산업 차원—우리가 산업 전체에 대한 위협으로 간주하는 경향—에서 관찰하는 것이다.

반대로 탐험 기반(exploration-based) 혁신은 기술을 사용하거나 회사에 새로운 시장을 추구하는 등 급진적일 가능성이 높다. 이러한 유형의 혁신은 고위험/고수익이고, 놀라운 시장 돌파구를 만들 수 있지만 탐험 기반 혁신과 관련된 높은 수준의 불확실성으로 인해(de Ven et al., 1999) 탐험에 지나치게 의존하는 기업은 충분한 순이익을 얻지 못한 채 지속적인 탐험 비용이 많이 드는 위험을 감수해야 한다. 유나이티드 아티스트와 드림웍스가 한 일이 이 범주에 속할 수 있다. 이는 기업 경제 발전의 체계적인 특성을 가리킨다.

조직론 학자인 마치(March, 1991) 등은 덫을 피하면서 각자 이익을 거두기 위해 순서에 따라 두 종류의 혁신 사이에 미묘한 균형을 시도하는 것이 현명하다고 결론짓는다. 이러한 학구적인 통찰과 일관되게 캣멀은 그의 회사가 오리지널 영화와 속편을 모두 제작하기로 결정했다. "[오리지널]은 위험도가 높은 발상이다. 그래서 우리에게 매우 중요한 높은 위험을 감수하기 위해 우리는 위험도가 낮은 일을 한다. 우리도 기업으로서 똑똑하게 해야 한다"라고 말했다.

그러나 조직의 관점에서 균형 잡기는 사소한 것이 아니라는 점에 주목하자. 그렇게 하는 것의 문제는 "탐구에 필요한 사고방식과 조직적 루틴은 활용에 필요한 그것과 근본적으로 다르기 때문에"(Gupta et al., 2006: 695) 2가지 유형의 기술 혁신이 쉽게 양립할 수 없다는 것이다. 활용은 현재 전략 및 조직 관행에 대한 엄격한 통제가 필요하다. 반면, 탐험은 엄격한 통제를 피하며 발견에 더 큰 중점을 두지 않고는 등장할 수 없다(Dougherty and Heler, 1994). 그렇다면 그럼에도 불구하고 균형 잡힐 수 없는 것을 어떻게 균형을 잡을 수 있을까?

혁신 학자들은 이 과제를 해결하기 위한 2가지 잠재적인 경로를 가리켰다. 우리는 그것들을 〈그림 4.2〉에 예시한다. 한 가지 옵션(패널 A에서 설명)은 탐험과 활용을 동시에 수행하는 것이다. 그렇게 하는 것은 어느 손으로도 작업을 수행할 수 있는 사람에 대한 비유에 따라 '양손잡이(ambidexterity)'라는 꼬리표가 붙여졌다(Gupta et al., 2006). 성공적인 혁신은 회사의 탐험 유닛(exploration unit)에서 행하는 빈번한 실험에서 나오므로 그러한 상

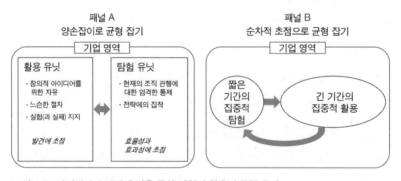

〈그림 4.2〉 양면성과 순차적 초점을 통한 탐험과 활용의 균형 유지

품들은 지속적인 성공을 위해 활용 유닛(exploitation unit)으로 전달될 수 있다. 활용 유닛은 끊임없는 실험과 실패에 흐트러지지 않고 새로운 생각들을 유용하게 공급한다.

이러한 접근 방식이 작동하기 위해서는 활용 유닛에 필요한 엄격하게 통제된 프로세스들이 탐험 유닛의 발견 문화(the culture of discovery)를 감염시키지 않도록 하는 것이 중요하다(Benner and Tushman, 2003). 양손잡이는 협력하는 두 유닛의 작업이 다른 유닛과 독립적으로 수행될 수 있을 때(기업이 여러 개의 자율 유닛을 지원할 수 있을 만큼 크다는 의미이다) 가장 잘 작동하는 경향이 있다. 디즈니는 디즈니의 애니메이션((플레인스 투 카스(Planes to Cars))와 같은 시퀄을 넘어 픽사 브랜드를 이용하는)이나 또는 디즈니 스튜디오((정글북) 등 디즈니의 오리지널 브랜드를 체계적으로 리메이크해 이용에 주력하고 있다)와 합병하는 대신, 2006년에 원작을 중심으로 한 픽사를 구매한 후 구별되는 부문을 유지함으로써 회사 차원에서 혁신에 대한 양손잡이 접근 방식을 써 왔다.3)

다른 옵션((그림 4.2)의 패널 B에서 설명)은 기업이 다른 시점에 초점 한곳에서 다른 초점(즉, 시간 또는 순차 초점으로 탈동조화)(Gupta et al., 2006)으로 주의를 전환하는 것이다. 이 모델 아래에서 기업은 일련의 새로운 혁신을 만들기 위해 짧은 기간 동안 치열한 탐험에 임한다. 그 후 어느 시점에서는 기업은 시장에서 완전히 새로운 기술 혁신들이 개발되고 쓰이는 더 긴 기간의 활용으로 전환한다. 그 회사는 시간이 지남에 따라 이러한 단계를 계속해서 반복할 수 있다. 만약 해당 기업이 본질적으로 자치 단위로 쉽게 세분될 수 없는 하나의 큰 시스템이라면 '활용과 탐험에 대한 순차적 주의'가 필요하다(Gupta et al., 2006: 698).

이것은 픽사 차원의 디즈니에서 일어나는 일이다. 이 회사는 그들이 제

---

3) 문화와 같은 다른 이유가 또한 이 결정에 기여했다. 우리는 그것들에 돌아갈 것이다.

작하는 모든 시퀄마다 약 2편의 오리지널 영화를 목표로 해 이러한 균형을 노린다. 활용(즉, 시퀄)과 탐험(오리지널) 사이에 위험과 수익의 기대치가 다른 상황에서 이 균형 잡힌 접근 방식은 또한 우리가 슬레이트 수준의 위험 관리에 대한 논의에서 제시한 아이디어와 유사하다. 여기서 우리는 기업이 위험을 균형 있게 조정하고 상품에 대한 수익을 얻는 것이 중요하다고 결론지었다.

요컨대 혁신 리더들은 소비자의 경험에 대한 흥분과 친숙함의 균형을 맞추고, 기업과 그 예술적 창작자를 위해 위험과 자유를 균형 있게 조정하면서 고압적인 행위(high-wire acts)를 관리해야 한다. 그들은 그들의 제작 목록에 적용할 탐험과 활용의 적절한 비율과 그 균형을 어떻게 달성할 것인가를 결정해야 한다. 혁신 이론에서 영감을 받은 우리의 주장은 그 결정이 중요하다는 것을 보여 주었다. 왜냐하면 그 결정이 창작자의 태도, 소비자들의 반응, 그리고 기업의 혁신 목록에 대한 위험관리 프로필에 영향을 미치기 때문이다.

3) 자체 제작할까, 합작할까, 구매할까?

엔터테인먼트 기업이 혁신을 발전시킬 때 직면하는 세 번째 전략적 문제는 이러한 혁신들을 구축하는 정도를 오로지 사내 역량만으로 할 것이냐 또는 시장의 다른 기업으로부터 구매한 자산이나 능력으로 할 것인지를 결정하는 것이다. 이 이슈는 노벨 상 수상자인 코아세(Coase, 1937), 애로우(Arrow, 1962), 윌리엄슨(Williamson, 1985)의 세미나를 계기로 경제학자들이 씨름해 온 '만들 것인가 또는 살 것인가'라는 고전적 딜레마의 엔터테인먼트 버전이다. 그들의 연구 기초는 불확실성과 불확실성 때문에 발생하는 위험을 가장 효율적으로 다루는 방식으로 활동을 지배하는 '거래 비용' 접근 방식을 취한다(예: Walker and Weber, 1984). 이 이론의 주요 통찰력은 협력의 불확실성과 위험은 기업들이 그들의 이익을 보호하도록 요구한다는 것인데, 이것은 "… 만들 것인가 또는 구매할 것인가 선택의 상대적 장단점"을 평가할 필요성을 함축한다(Kurokawa, 1997: 124). 거래 비용이 너무 높을 때는 직접 산출물을 '만드는' 것이 좋지만, 이러한 비용이 낮을 때는 '구매' 접근법(즉, 파트너와의 협력)이 유리할 것이다.

거래 비용 경제학에 대한 초기 연구는 더 전통적인 제조 기업에 초점을 맞췄지만, 그 이후 광범위한 작업은 정보기술(예: Poppo and Zenger, 1998)과 첨단 기술 연구개발(R&D) 애플리케이션(예: Kurokawa, 1997)에서 이 이론의 기본 원칙에 대한 지지를 발견했다. 두 애플리케이션 모두 엔터테인먼트와 다소 유사한 형태였다. 실제로 엔터테인먼트 혁신은 '만들 것인가 살 것인가' 선택의 전체 영역에 걸쳐 이뤄진다. 즉, 엔터테인먼트 사이언스 사고를 적용해 엔터테인먼트 상품 혁신에 대한 장단점을 파악하면서 각 선택을 이론과 실제에 따라 간단히 살펴보자.

※ 제작 선택

첫째 대안은, 그리고 예술가들이 종종 선호하는 대안은, 내부 자원을 이용해, 원시 아이디어에서 완성품에 이르는 모든 것을 하면서, 내부적으로 혁신하는 것이다. 그러한 '제작' 접근법의 장점은 혁신에 대한 완전한 창의적·관리적 통제권을 갖는 것을 포함한다. 각 기술 혁신이 학습을 촉진함에 따라 기업의 혁신 역량이 향상되고, 기업은 추가 활용을 위해 만들어진 지적재산을 완전히 통제한다(학습의 이점은 그러한 학습에서 가치를 보는 문화에서만 실현될 수 있다는 점을 상기하라. 그러나 '어떻게 될지 아무도 몰라요'라는 통설을 존중하는 문화에서는 실현될 수 없다).[4] 그러나 제작에 있어 모든 기술 및 시장 위험을 '부담'하는 동시에 혁신이 이뤄질 때 상당한 시간 투자와 관리적 범위가 요구되는 단

● 2013년 6월 14일 플레이스테이션 3을 기반으로 개발되고, 플레이스테이션 4로 컨버팅된 노티 독의 액션 어드벤처 서바이벌 호러 게임이다.

●● 노티 독이 개발해 소니 컴퓨터 엔터테인먼트에서 발매하는 액션 게임 시리즈이다. 게임상에서 수많은 상을 수상하고 있는 게임 시리즈이다.

점도 있다

픽사는 다른 사람들로부터 스크립트나 아이디어를 구매한 적이 없기 때문에 항상 제작(maker) 접근법의 뚜렷한 지지자였다. "우리의 모든 이야기, 세계, 인물들은 우리 예술인 공동체가 내부적으로 창조한 것이다"(Catmull, 2008). 기업을 위해 스스로 새로운 것을 탐구하는 데서 오는 학습이 주된 이유였다. "이러한 영화들을 제작하면서 우리는 컴퓨터 애니메이션의 기술적 경계를 계속 밀어붙이며 그 과정에서 수십 건의 특허를 확보했다." 비디오 게임 세계에서는 게임 제작사 노티 독(Naughty Dog)의 설립자인 앤디 개빈(Andy Gavin)과 제이슨 루빈(Jason Rubin)이 열두 살 때부터 함께 독창적인 소재를 만들어 왔다. 현재 강력한 창작자와 테크니컬 위즈(whizzes)로 구성된 팀을 이끌고 있는 노티 독은 2001년 이후 소니 인터랙티브 엔터테인먼트의 일원으로서 내부적으로 〈더 라스트 오브 어스(The Last of Us)〉● 와 〈언차티드(Uncharted)〉●●를 포함한 플레이스테이션 콘솔의 매우 성공적인 프랜차이즈를 만들었다(Moriarty, 2013).

※ '구매' 선택

두 번째 대안은 이미 남들이 생산한 혁신을 사는 것이다. 예를 들어 아마존, 넷플릭스 및 다른 배급사들은 그들 자신의 창조적인 노력과 라이선스 활동 외에도 종종 (또는 심지어 이전) 영화제와 시장에서 유망한 영화에 대한 저작권을 구매한다. 아마존은 2016년 선댄스(Ingram, 2017)에서 〈맨체스

---

4) I권 I장에 있는 학습과 골드먼 발언의 연결점을 참조하라.

터 바이 더 씨(Manchester by The Sea)〉를 사려고 1000만 달러를 지불했다. 비방디(Vivendi) 소유의 스튜디오 카날은 마이클 쾰멜(Michael Kölmel)의 〈키노벨트(Kinowelt)〉를 사들였을 때 주요 원인은 키노벨트의 수천 편의 영화 제목(Kirschbaum and Hopewell, 2008)의 등기 목록이었다. 그리고 비디오 게임 세계에서 마이크로소프트는 스웨덴 인디게임 개발사 모장(Mojang)을 인수할 때 2017년 기준 1억 2000만 부 이상으로 현재까지 가장 많이 팔린 게임 중 하나인 〈마인크래프트(Minecraft)〉를 확보했다.

기업 인수의 긍정적인 측면은 완성품의 품질을 평가하기 쉽기 때문에 고객들에 대한 어필과 상업적 성공을 좀 더 안정적으로 예측할 수 있다는 점이다.[5] 그리고 비용에도 잠재적인 이점이 있다. 완성된 상품을 구입함으로써 기업은 혁신을 만드는 데 필요한 시간과 관리 노력의 불확실성과 투자를 회피할 수 있다(예를 들어, 결국 〈천국의 문〉은 1980년 예정된 제작비의 3배인 약 1000만 달러를 소비했는데, 이는 유나이티드 아티스트가 곤경에 빠지는 데 크게 작용했다). 그러나 '구매' 선택의 주요 단점은 다른 잠재적 구매희망자들도 높은 품질의 혁신을 발견할 수 있고, 경쟁의 증가로 비용이 상당히 상승할 수 있으며, 동시에 원하는 작품, 즉 오늘 모든 주요 영화제에서 관찰되는 것을 확보할 가능성이 낮다는 점이다.

또한 거래에 따라 판매자는 구매자가 작품을 추가로 활용하는 데 제한을 가할 수도 있다. 그리고 영화나 게임이 본질적으로 '완성된' 상품으로 획득된다면 구매자는 자신의 기업 브랜드 이미지와 함께 콘텐츠나 외양에 원하는 변화를 줄 능력이 없을 수도 있다. 마지막으로 완성품을 사는 데 지나치게 의존하는 것은 구매자의 자체적인 사내 혁신 능력을 정체시키는 원인이 될 수 있다. 왜냐하면, 창작자들이 다른 사람의 예술적 창작물에 윤을

---

[5]   이 장의 뒷부분에서 성공 예측을 위한 타이밍의 역할에 대해 논의한다.

내는 데 시간을 소비하기 때문이다(다른 더 매력적인 고용 기회를 잠재적으로 탐색하면서).

※ '합작' 선택

혁신은 대개 '100% 제작' 또는 '100% 구매'에서 오는 것이 아니다. 기업들은 일부 혁신(또는 혁신의 요소)을 만들고 다른 혁신들을 살 수 있다. 나아가 제조업체가 합작법인과 제휴에 진출할 수 있는 것처럼 엔터테인먼트 기업도 외부자와 함께 혁신을 공동 개발할 수 있다. 이것은 어떤 아이디어가 제작에 들어가기 전에 거래가 이뤄지는 전통적인 할리우드 접근법이다. 그러면 스튜디오는 새로운 영화를 제작하고 판매하기 위해 제작사와 파트너십을 맺는다(그리고 종종 다양한 유통업자와도 맺는다). 그리고 엔터테인먼트계의 새로운 플레이어들도 이런 식으로 행동한다. 예를 들어, 넷플릭스는 제작에 들어가기 전 마틴 스콜세지(Martin Scorsese)의 〈아일랜드 맨(Irish Man)〉을 인수했는데, 로버트 드 니로(Robert De Niro)가 주연으로 출연하기로 계약을 마쳤다(McNary, 2017). 이 협력 선택의 장단점은 전략 그 자체와 마찬가지로 제작과 구매의 혼합이다. 구매자는 어느 정도 창의적·관리적 통제권을 포기하고 (이상적으로 숙련된) 외부자에 대한 더 많은 의존을 받아들인다. 구매기업은 또한 협력 거래의 종류에 따라 결국 수익을 공유해야 할 수도 있지만, 리스크를 공유하고, 더 중요한 것은 그렇지 않으면 갖지 못할 창의적인 콘텐츠, 독특한 역량, 인재에 접근할 수 있다는 점이다.

요컨대 이 3가지 선택이 '전부 또는 무(all-or-nothing)' 대안이 아니라는 것은 쉽게 알 수 있다. 대형 회사들은 그들의 프로젝트 포트폴리오에서 구매 행동과 결합할 수 있다. 반면 마이크로소프트는 마인크래프트 게임을 사용한 것은 명백한 '구매'의 경우인 반면, 마이크로소프트는 또한 인수 이후 행해 왔던 게임의 확장을 스스로 '구매'할 수 있는 권리를 구입했다. 비슷한 방법으로 영화 스튜디오는 종종 그들 자신의 프로젝트와 그들이 영화제나 시장에서 다른 사람들이 만든 영화를 사서 섞는다. 각 솔루션과 함께 오는 상대적 상충관계[트레이드오프(tradeoffs)]를 거래는 물론 포트폴리오 관점에서 모두 검토하는 것이 중요하다.

4) 엔터테인먼트 부문에서의 체계적 혁신경영에 대한 몇 가지 위협

일부 성공한 엔터테인먼트 기업들이 혁신경영에 전략적 접근법을 채택하고 있지만, 엔터테인먼트 분야에서의 전략적 혁신의 장기적인 이행을 저해할 수 있는 위협이 존재한다. 〈그림 4.3〉에는 4가지 위협, 즉 엔터테인먼트 경영자를 '혁신 쥐덫'이라는 미끼로 유인할 수 있는 치즈 조각이 나와 있다. 이제 그것에 대해 논의하자.

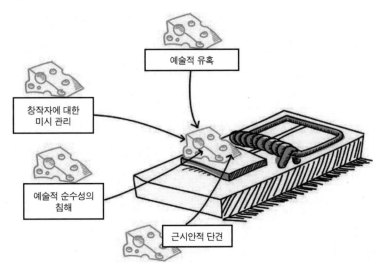

〈그림 4.3〉 엔터테인먼트의 체계적인 혁신에 대한 4가지 위협

주: Studio Tense 그래픽 지원.

(1) '예술적 유혹' 위협

엔터테인먼트 경영자들이 직면하는 유혹은 빛나는 아티스트와 스타들과 제휴하고 존경받고자 하는 욕구가 커지는 것이다. 경영의 허영이 명성에 대한 갈망과 짝을 이루면 경영자의 경제적 목표가 예술적 가치 체계에 의해 덮어 쓰여 회사의 전략적 목표를 재구성할 수 있다. 회사는 재무적 영향에 관계없이 오스카 상(또는 단순히 '스타 시스템'의 일부가 되기 위해)을 위해 노력하기 시작한다.

이 유혹은 대부분 작은 방식으로 진행되지만 역사는 기업 전체를 무너뜨릴 만큼 충분히 클 수 있음을 보여 준다. 캐논의 몰락을 자세히 살펴보자. 앞서 언급했듯이 이 기업의 원래 비즈니스 모델은 예술적 야망이 거의 없는 저비용 고액션 영화를 제작하는 것이었다. 그러나 〈미싱 인 액션(Missing in Action)〉, 〈헤라클레스(Hercules)〉, 〈아메리칸 닌자(American Ninja)〉(및 수많은 시퀄)와 같은 영화를 통해 이 모델로 수년 동안 엄청난 성공을 거둔 후 이 회사의 창립자는 1980년대 중반 점점 더 '명예를 갈망'하게 되었다(Howe, 2013). 그들은 더 이상 사이드 테이블에 앉기를 원하지 않고 당시의 문화적 아이콘과 함께 큰 파티에 초대되기를 원했다.

이를 이루기 위해 그들은 저명한 감독(스콜세지)과 더스틴 호프먼(Dustin Hoffman) 및 알 파치노(Al Pacino)와 같은 유명 배우와의 거래에 그 시점에서 본 가장 큰 돈을 제공하면서 '최대 500만 달러!' 비즈니스 모델을 버렸다. 그들은 또한 〈슈퍼맨〉과 〈스파이더맨〉 같은 상징적인 캐릭터 브랜드를 구매했다(Pond, 1986).

캐논이 팔씨름 드라마 〈오버 더 톱〉('이번에는 맨손으로 싸우고 있다'라고 예고편에서 선전)에서 록키와 같은 역할에 당시 전례 없는 1200만 달러를 스탤론에게 지불했을 때 골란과 글로버스의 분명한 주요 동기는 예술적 명성에 대한 갈망이었으며, 골란이 영화감독의 자리에 앉은 것은 우연이 아니었다. 상

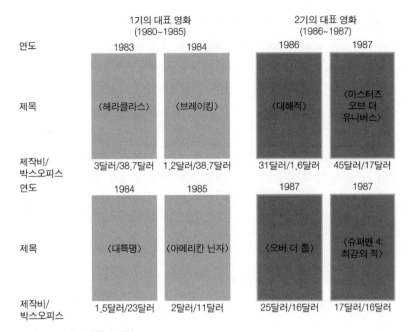

	1기의 대표 영화 (1980~1985)		2기의 대표 영화 (1986~1987)	
연도	1983	1984	1986	1987
제목	〈헤라클라스〉	〈브레이킹〉	〈대해적〉	〈마스터즈 오브 더 유니버스〉
제작비/ 박스오피스	3달러/38.7달러	1.2달러/38.7달러	31달러/1.6달러	45달러/17달러
연도	1984	1985	1987	1987
제목	〈대특명〉	〈아메리칸 닌자〉	〈오버 더 톱〉	〈슈퍼맨 4: 최강의 적〉
제작비/ 박스오피스	1.5달러/23달러	2달러/11달러	25달러/16달러	17달러/16달러

〈그림 4.4〉 캐논 필름의 변형

주: 모든 수치는 추정치이며 인플레이션을 조정하지 않았다.
자료: 박스오피스 및 제작 예산 데이터는 The Numbers 및 기타 출처 참조.

과 존경을 받기 위해 스튜디오는 문화 엘리트인 장뤼크 고다르(Jean-Luc Godard), 존 캐서비티즈(John Cassavetes), 노먼 메일러(Norman Mailer)에 의해 급진적인 프로젝트도 제작했다. 그 스튜디오는 고예산 프로젝트와 '예술적' 프로젝트 모두에서 많은 돈을 잃었다. 〈그림 4.4〉는 캐논이 처음 제작했던 영화와 그 경영진이 돈 대신 예술적 인정을 얻으려 해 나가기 시작했던 때를 대비한 것이다.

결국 이스라엘 사촌이 그들의 공식으로부터 길을 헤매게 된 것은 예술적 유혹 때문이었고, 결국 모든 것을 잃게 되었다(Howe, 2013). 하지만 엔터테인먼트의 예술적 차원이 비즈니스 결정에 영향을 미친 것은 캐논만이 아니다. 예를 들어, 컴캐스트의 CEO인 브라이언 로버츠(Brian Roberts)는 스필버그 감독과 함께 일하는 것이 영화보다 그에게 더 많은 것을 제공한다고 밝혔다. "그가 사는 것은 정말 흥미로운 삶이다. 어떻게 그와 사업하고 싶지 않겠는가?"(Masters, 2016).

한 영화 제작자가 우리에게 말했듯이 예술가와 창작자의 참여는 소비자와 문화 전문가들 사이에서 상품의 인기와 함께 엔터테인먼트 산업을 '허영 사업, 감성 사업'으로 만들었다. 이러한 환경에서 혁신을 효과적으로 관리하려면 예술적 유혹 위협에 저항하는 것이 엔터테인먼트 경영자에게 '필수'이다.

(2) 창작자에 대한 '미시 관리' 위협

'미시 관리' 위협(micromanagement threat)은 방금 논의한 내용의 반대편 이미지에 가깝다. 예술적 유혹은 경영자가 건전한 비즈니스 판단을 잃게 만드는 반면 엔터테인먼트 경영자가 다른 기업들과 똑같은 방식으로 창의적인 조직을 다루게 되면 심각한 문제가 될 수 있다. 비즈니스 목표를 추구하면서 창작자 관리에 관련된 고유한 문제를 인식하지 못할 수 있기 때문이다.[6] 우리는 경영자 자신과 가치 체계가 다른 예술가의 행동을 엄격하게 통제하려는 유혹을 이해하지만, 비즈니스 목표를 창작자에 대해 지나치게 세밀한 관리로 전환하는 것은 창작자의 작품에 효율성과 효과에 정반대의 영향을 미칠 수 있다. 사실 창작자에 대한 미시 관리는 예술뿐만 아니라 비즈니스에도 위협이 될 수 있다.

영화의 경우 우리는 좋은 의도를 가졌던 '디즈니 오버사이트 그룹'(Disney

---

6) I권 3장에서 엔터테인먼트의 '예술을 위한 예술' 특성을 논의할 때 이러한 과제에 대해 간략히 설명했다.

Oversight Group)'을 이미 언급했다. 자원의 효과적이고 효율적인 사용을 위해 설계된 이 그룹은 '모든 것'에 일종의 의문을 표하며 주요 프로젝트의 진행을 실제로 중단했다. 결과는 결국 상품의 품질에 해를 끼치고 훌륭한 창의적인 사람들을 쫓아내게 되었다(Catmull and Wallace, 2014). 이 관찰은 호소와 챔피언(Hotho and Champion, 2011)이 수집한 비디오 게임 산업의 단일 사례 증거와 일치한다. 사례 연구 접근 방식을 사용해 소규모 컴퓨터 게임 개발 스튜디오(약 20명의 아티스트, 개발자 및 코더)로부터 8개월 동안 데이터를 수집했다. 그동안 그 스튜디오는 고용을 위한 일하기(work-for-hire: 다른 사람들을 위한 작고 빠른 프로젝트)를 하는 것으로부터 자신의 지적재산(즉, 자체적으로 자금을 조달한 2개의 게임)을 창작하는 것으로 전략적으로 이동했다.

인터뷰에서 학자들은 전환 초기 모든 당사자가 혁신과 창의성이 새로운 노력의 본질이라는 것을 이해하는 것처럼 보였으며 모두가 해당 목표와 가치 시스템을 설정하기 위해 부지런히 노력했다. 그러나 처음 뒤섞인 결과(품질 및 적시성 측면에서) 이후 분위기가 바뀌었다. 이제 예술적 '비전'이 위로부터 통제되고 위험 감수는 권장되지도 존재하지도 않고, 예술가의 자율성의 몰락으로 이끄는 엄격한 계획으로 대체되었다. 창작자들의 동기와 헌신이 약해지면서 창의력도 사라졌다. 즉, 그것을 통제함으로써 창의력을 자극하려는 시도는 실제로 그 반대의 결과로 이어졌고, 일부 직원은 고용을 위한 일하기로 돌아오기를 원했다. 결국, 회사는 인력을 줄이고 새로운 지적재산 업무의 비중을 줄였다고 발표했다.

(3) '(인지된) 예술적 순수성 침해' 위협

그러나 체계적인 혁신 성공에 대한 위협은 경영자(예술적 목표와 사랑에 빠질 수도 있고, 예술가들을 미세 관리하는 불운한 시도를 할 수도 있다)로부터만 오는 것이 아니라 예술가들로부터도 온다. 모든 예술가들은 그들의 예술적 순수성을 높이 평가하지만, 어떤 예술가들은 합법적인 사업 목표를 동시에 추구하는 시스템에 맞추기 어렵게(심지어 불가능하게) 할 정도로 그것을 지나치게 강조하는 경향이 있다.

인간의 동기에 대한 잘 확립된 설명은 자기 결정론(예: Deci and Ryan, 2000)이다. 그것은 '내적(intrinsic)' 동인, 즉 사람의 내적 수행 욕구, 창조적 수행과 밀접하게 연결된 일종의 동기유발은 개인의 자율성, 통제력, 관계성이라는 3가지 주요 요소에 의해 결정된다는 것이다. 이러한 동인의 상대적 중요성은 사람마다 다르지만, 예술가들은 보통 그들의 자율성을 가장 높게 평가한다. 따라서 예술가의 행동(또는 업무 습관)에 대한 제약으로든, 혹은 경영자에게 최종적인 결정을 내리든(따라서 '예술의 순수성'을 위협하든) 예술가의 자율성이 위협받고 있다고 느끼면, 그/그녀의 동기가 손상될 수 있다.

이는 매우 중요한데, 왜냐하면 창작자와 예술가의 연주는 다른 사람들보다 훨씬 더 본질적인 동기부여로 이뤄지기 때문이다. 예술가들은 전형적으로 돈과 같은 외적 자극보다는 내적 자극 때문에 일을 한다(Peltoniemi, 2015: 48). 따라서 예술적 순수성을 침해하면 그렇지 않으면 유망해질 수 있는 혁신 프로젝트를 위협할 수 있다. 자신의 자율성이 포위되어 있다는 예술가의 느낌이 객관적으로 사실인지는 중요하지 않다는 점을 강조한다. 즉, 자신의 자율성이 침해될 것이라는 단순한 인상만으로도 의욕에 해로운 영향을 충분히 발생시킨다.

젊은 감독 아하론 케쉐일스(Aharon Keshales)와 나봇 파퓨사도(Navot Papushado)의 예를 들어 보자. 그들은 1974년 히트 영화 〈죽음의 소원(Death Wish)〉의 리메이크작에 발탁되면서 '꿈의 직업(dream job)'과 '전설급의 개런티(legendary salary)'를 받았다(Fleming, 2016). 이 예술가들은 MGM과 파라마운트 사장들로부터 엄청난 스트레스가 따르는 인터뷰를 받았으며, 스타 브루스 윌리스(Bruce Willis)로부터도 개인적으로 승인을 받았다. 그들이 주로 흥분하게 된 것은 자경주의(vigilantism: 인지된 범죄를 법적 권한 없이 집행, 조사 또는 처벌하는 행위 —옮긴이)를 기념하는 이전 영화의 각색에서 벗어나 원작 소설의 정신을 되살리려는 예술적 비전에서 비롯되었다. 그들은 "〈택시 드라이버(Taxi Driver)〉, 〈폴링다운(Falling Dowm)〉 … 〈시카리오(Sicario)〉처럼 피비린내 나는 피날레를 가진 스릴러를 상상했다". 그러나 케쉐일스와 파퓨사도는 빡빡한 시간표와 '창의적 차이' 때문에 자신이 구상했던 것을 실현할 수 없을 것으로 느꼈다. 그들은 이 영화가 자신들의 할리우드 진출의 티켓이 될 것이라는 사실에도 불구하고 이 프로젝트를 떠났다.

다른 예술가들도 유사하게 예술적 순수성이 자기들의 생각에서 벗어나고 있다는 위협을 인식하면 타협을 꺼리는 태도를 보였다. 예를 들어, 래퍼 카니예 웨스트(Kanye West)는 인터뷰에서 "나는 협상하지 않는다. 나는 협업을 할 수 있다. 하지만 난 예술가니까 당신이 협상하는 순간 넌 타협하는 거야"라고 말했다(Bailey, 2016). 경영자는 예술가의 자율성 인식에 영향을 줄 수 있지만, 이러한 급진적인 경우에는 예술가의 자유가 경제적 고려와 균형을 이루는 시스템 속으로 예술가를 통합하는 것이 불가능할지도 모른다.

(4) 근시안적 단견의 위협

마지막으로 성공이 체계적인 혁신을 위협한다면 성공 그 자체가 위험할 수 있다. 일정한 비즈니스 모델이나 활동으로 성공하는 사람은 누구나 자신이 잘하는 일을 계속해 나가고 현재의 경쟁에서 앞서 나가는 데 주력하고 싶은 유혹을 받는다. 성공한 사람들은 그들이 운영하는 더 넓은 틀을 무시한 채 근시안적(myopic)이 된다. 위험은 환경이 안정되어 있는 한 연속성이 작동될 수 있다는 것이다. 그러나 일단 환경이 바뀌면 근시안적 견해가 초래하는 연속성(myopia-caused continuity)은 실패로 이어질 뿐이다.

캣멀과 왈라스(Catmull and Wallace, 2014)는 실리콘밸리의 초기 기술기업들이 빠르게 성공하고, 많은 똑똑한 사람들을 끌어모았지만 명백하게 관찰할 수 있고 피할 수 있는 오류로 인해 실패했다고 설명하고 있다. 그들은 근시안적이었다. 그들은 자신들의 직접적인 외부의 경쟁자가 무엇을 하고 있는가에만 관심을 기울이면서, 어떠한 자기 성찰이나 넓은 시야 없이 애초에 그들이 성공한 것을 계속하는 데만 초점을 맞췄다.

엔터테인먼트 기업들은 과거에 근시안적 단견의 위협의 희생양이 되었다. 1960년대 후반과 1970년대 초 사회, 정치, 경제, 기술적 격변이 사회를 변화시키고 있을 때 할리우드는 이러한 변화가 영화 상영에 영향을 미치지 않을 것이라고 믿으면서 그것들을 그들의 사업 모델과 연결시키지 않았다. 이 영화사들은 수십 년 동안 만든 영화와 똑같은 영화를 만들었지만 관객들은 더 이상 그런 영화를 보고 싶어 하지 않아 했다. 근시안적 견해 덕분에 '오래된 할리우드'가 파산 직전까지 가게 되었다. 마침내 재정적인 압박이 스튜디오와 경영자들이 바깥쪽을 보도록 했고, 이는 할리우드 르네상스, 또는 '뉴 할리우드'라고 불리는 급진적인 변혁의 시기를 가져온다(Kokonis, 2009).

좀 더 최근에 포엔더(Faughnder, 2017)는 엔터테인먼트 기업 내 임원들의 높은 이직률을 개관하면서 엔터테인먼트 기업 외부로부터 생겨난 신흥 디지털 플랫폼과 모바일 기술로부터 '레거시(legacy) 영화 사업'이 포위되고 있다고 주장했다.[7] 이러한 기술들은 책 출판에도 지장을 주었다. 음악 산업, 그리고 비디오 게임을 재편성하고 소비자들의 엔터테인먼트 소비 습관을 점차적으로 변화시키면서 기업들은 그들이 최근에 했거나 단지 더 잘하는 것을 계속해서는 안 되었다. 근본적인 환경 변화는 기업들이 그들

---

7) I권 5장에서 엔터테인먼트 산업의 가치 사슬에 대한 분석을 참조하라.

의 근본적인 사업 모델을 바꾸도록 요구했다.[8]

그렇다면 근시안적 단견의 위험은 어떻게 대응될 수 있을까? 이러한 근시안적 단견을 피하는 열쇠는 자기 인식이다. 즉, 자신이 가지고 있는 기술뿐만 아니라 주변에서 일어나고 있는 일을 알고, 이에 따라 자신의 사업을 적응시키기 위해 열려 있는 것이다. 이러한 것들은 엔터테인먼트 기업의 문화와 밀접하게 연관되어 있으며, 이것은 또한 우리가 이 섹션에서 언급한 혁신에 대한 다른 위협에도 영향을 미친다. 그렇다면 문화가 혁신을 성공적으로 관리하기 위해 어떤 역할을 해야 하는지 자세히 살펴보도록 하자.

2. 엔터테인먼트 혁신의 문화적 차원

전략은 강력한 기술 혁신을 위해 중요하지만 기업이 혁신 친화적인 문화를 갖지 못한다면 그 잠재력에 부응하지 못할 것이다. '올바른' 문화(그리고 '올바른' 조직에서 이 부분은 나중에 나온다)에서 전략적 고려가 있을 때만 정기적으로 일련의 돌파구가 일어날 것이다. 혁신 성공을 위한 문화의 역할을 이해하기 위해서는 실제로 '문화'가 무엇인지 명확히 하는 것이 좋은 출발점이다. 데스판데 등(Deshpande et al., 1993: 24)이 문화란 "개인이 조직 기능을 이해하도록 도와 조직 내 행동 규범을 제공하는 공유된 가치와 신념의 패턴"이라고 정의한 것은 '사물이 있는 방식'이라는 문화의 구어적 의미와 일관될 뿐만 아니라 문화에 대한 공유된 가치의 기본적인 역할도 강조한다.

---

8)   또한 스미스와 텔랑(Smith and Telang, 2016)의 디지털화가 엔터테인먼트 사업을 어떻게 변화시키고 있는지에 대한 상세한 분석을 참조하라.

그리고 그것은 가치가 왜 그렇게 중요한지를 설명해 준다. 왜냐하면 그 가치들이 우리가 관찰하는 문화의 행태를 이끌어 주기 때문이다.

조직은 그들의 문화를 구성하는 가치, 신념, 규범에 있어서 다양하다. 마찬가지로 문화는 조직이 목표를 달성하도록 돕는 정도 또는 이를 방해하는 정도에 따라 다양하다(Cameron and Freeman, 1991). 경쟁과 하향식 통제 및 규제를 특징으로 하는 기계론적 문화(mechanic culture)는 명확하게 정의된 판매 목표를 달성하는 데 도움이 될 수 있지만, 그러한 문화는 가장 창의적인 혁신의 맥락을 만들지 못할 것이다. 아처와 왈치크(Archer and Walcyzk, 2006: 16)는 "창의적인 사람들에게 완벽한 디자인을 만들어 내도록 영감을 주는 메커니즘은 영업사원이 매출을 크게 올리게 하는 영감을 주는 것과 똑같을 수 없다"라고 말했다. 엔터테인먼트와 같은 창의성이 높은 환경에서는 효과적인 조직 문화는 직원들의 (일반적으로 높은) 본질적인 동기부여를 주는 데 도움이 되는 반면, 직원들의 엄격한 관리를 당연시하는 문화는 효과가 없다고 연구는 강조했다.

더 구체적으로는 엔터테인먼트 혁신에 기여할 수 있는 공통의 문화 요소, 또는 '테마'는 ① 높은 자율성과 책임감의 결합, ② 공유하는 핵심 목표에 대한 준수, ③ 기업가적 지향, ④ 솔직함과 신뢰에 기반한 동료 문화 등 4가지로 구분되었다. 그것들의 부재는 결국 창의력을 억제할 수 있다. 우리의 주장은 학문적 발견과 넷플릭스와 픽사의 통찰력을 결합시킨다. 넷플릭스와 픽사는 혁신을 촉진하는 강력한 문화의 역할을 강조함으로써 엔터테인먼트 산업에서 고도로 혁신적이고 성공한 두 기업이다. 4가지 주제를 하나씩 살펴보자.

1) 주제 1: 자율성과 책임

우리는 창작자들을 추동하는 본질적인 동기가 그들의 자율적인 행동 능력에 대한 강조를 함축하고 있고, 자율성을 기리는 문화가 일반적으로 엔터테인먼트 혁신을 용이하게 한다는 것을 이미 강조했다. 그러나 상황은 다소 더 복잡하다. 넷플릭스의 헤이스팅스(Hastings, 2009)는 자율성에 공간을 제공하는 것이 책임의 부재와 똑같지 않다는 점을 강조하면서도 중요한 점을 지적한다. 대신에 그는 엔터테인먼트의 자율성은 조직에 대한 책임을 인정하는 사람들에게만 효과가 있다고 주장한다. 그는 "책임 있는 사람들은 자유를 먹고 번성하며 자유를 누릴 가치가 있다"라며 강력한 혁신을 자극하기 위해서는 동전의 양면으로서 자율성과 책임성을 고려해야 한다고 주장한다.

〈그림 4.5〉는 문화의 일부로서 자율성과 개인적 책임의 수용 간의 조합을 보여 준다. 행동할 자유를 제공하지 않으면서 책임에만 집중하는 기계론적 문화는 창의력을 무력화시켜 창작자로부터 생명(그리고 본질적인 동기)

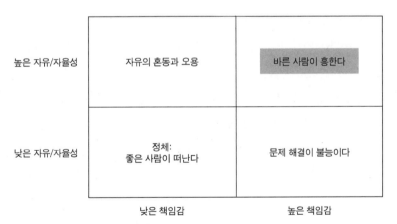

〈그림 4.5〉 자율성은 책임을 동반해야 한다

을 고갈시킬 것이다(그림에서 하단 오른쪽). 책임을 건너뛰는 것이 상황을 개선하는 것이 아니라 수동성과 정체성(그림에서 하단 왼쪽)을 높일 뿐이다. 자율성을 강조하면서도 자신의 행동에 대한 책임을 받아들이는 것을 요구하지 않는 문화는 어떨까. 무정부 상태와 혼돈(그림에서 상단 왼쪽)의 경향이 있을 수 있다. 그러나 2가지 가치가 공존할 때 혁신은 번창하는 경향이 있을 것이다(그림에서 상단 오른쪽). 그러므로 통제는 특히 활동의 결과(과정보다 오히려)를 언급할 때 나쁜 것이 아니다. 혁신을 지원하기 위해 액면 그대로 받아들여서 품질을 담당하는 사람(즉, 혁신 작업을 수행하는 사람)은 승인을 기다리지 않고 의사결정을 내릴 수 있어야 한다.

자율성과 책임감을 결합하는 엔터테인먼트 기업의 예는 암스테르담에 본사를 둔 퍼스트 파티(first party) 비디오 게임 개발업체인 게릴라 게임즈(Guerrilla Games)로 2005년부터 소니 인터랙티브 엔터테인먼트가 소유하고 있다. 그 회사는 〈호라이즌 제로 돈(Horizon Zero Dawn)〉과 같은 플레이스테이션 콘솔을 위한 가장 큰 혁신적인 게임 일부를 성공적으로 출시했다. 허먼 헐스트(Hermen Hulst) 전무이사는 소니가 그들의 회사와 게릴라 내의 창의적인 직원들에게 부여한 엄청난 자유에 대해 "우리는 우리가 원하는 것을 할 수 있다"라고 단도직입적으로 설명한다. 그러나 이 자유에는 조건이 따른다. "지금까지 게릴라에서의 모든 경기는 수익성이 있었다. 그것을 유지하는 한 우리는 창의적 자유를 지킨다"(A75, 2017).

아마존의 영화 부문에서도 자유와 책임의 균형이 비슷한 것으로 나타났다. 이 회사의 독일 사업 부문 회장인 크리스토프 슈나이더(Christoph Schneider)에 따르면 아마존은 "창의적/예술적 자유, 특별하고 독특한 시리즈를 만들기 위한 근본적인 조건"(Kloo, 2016 인용)을 고려한다고 한다. "우리 아마존은 아이디어와 팀을 믿고, 우리가 자유롭게 일할 수 있게 해 주었다. 우리가 요리사를 부엌으로 데려가서 그냥 요리하게 할 거야. 우리는 그에게 다음과 같이 말하지 않을 것이다. 야, 고구마 쓰면 안 돼. 너무 많은 요리사가 육수를 망친다"(Schillat, 2017 인용). 그러나 그는 아마존의 다른 모든 콘텐츠와 마찬가지로 이 시리즈를 시청한 사람들의 수, 얼마나 많은 에피소드가 스트리밍되었는지, 그리고 이 시리즈가 아마존으로 새로운 고객들을 끌어들일 수 있는지와 같은 성공 지표를 통해 측정되는 새로운 콘텐츠에 대한 성능 기대도 갖고 있다고 덧붙였다. 그래서 창작자들은 경영진의 간섭 없이 시리즈 개발에 있어서 예술적 자유를 가지고 있지만, 창작자들도 시리즈의 시장성과에 대한 책임을 져야 한다.

2) 주제 2: 공유하는 핵심 목표 준수

학술 연구는 혁신 문화 내에서 목표 공유의 중요성에 대한 강력한 증거를 수집했다(예: Gilson anc Shalley, 2004). 픽사의 한 가지 핵심 목표는 '우수함'이다. 그 회사는 품질에 대해서 타협하는 것을 매우 꺼리고, 기술을 포함해 다른 어떤 것보다도 위대한 이야기를 우선시한다. 예를 들어, 오늘날 우리가 아름다운 〈토이 스토리 2〉 영화로 알고 있는 것은 당시 픽사 파트너였던 디즈니의 요구에 따라 훨씬 덜 야심찬 DVD 직접 개봉으로 계획되었다. 그러나 픽사의 임원들은 낮은 품질과의 타협이 직원들의 사기를 떨어뜨리고 있다고 지적하고, 대신 가능한 최고의 야망을 목표로 해 극장가다운 프리미엄 상품을 만들기로 결정했다.

이를 통해 픽사는 〈토이 스토리〉 프랜차이즈를 공고히 했을 뿐만 아니라 품질에 대한 끊임없는 집중을 통해 동기부여의 이점에 대한 중요한 교훈을 얻었다. 픽사의 버드에 따르면 "사기가 낮으면, 1달러당 25센트의 가치를 얻게 된다. 만약 당신이 높은 사기를 가지고 있다면 당신이 1달러를 쓸 때마다 약 3달러의 가치를 얻게 된다. 기업들은 사기에 훨씬 더 신경을 써야 한다"(Rao et al., 2008).

'최고 품질'이 모든 엔터테인먼트 기업의 공유 목표가 되어야 한다고 주장하는 것은 아니라는 점에 유의하기 바란다. 대신에, 우리의 요점은 회사의 가치와 자원 제약에 부합하는 중요한 목표가 팀원들 사이에서 공유되어야만 회사 전체에 걸쳐 조정된 노력에 활력을 불어넣을 수 있다는 것이다. 엔터테인먼트 기업마다 다른 공유 목표가 있을 수 있는데, 이는 엔터테인먼트 혁신의 전략적 차원에 관한 이전 섹션에서 논의한 내용과 일치한다. 캐논은 수익성 높은 개척 영화를 만든다는 공동의 목표를 고수하는 한 매우 성공적이었음을 기억하라. 엔터테인먼트계에서의 많은 예술적·재정적 실패는 관련자들 사이에 공통된 비전이 없는 데서 비롯된다. 다섯 번째 더티 해리(Dirty Harry) 영화 〈데드풀〉을 예로 들어 보자. 프랜차이즈를 망치는 것은 확실히 감독인 이스트우드의 의도는 아니었지만, 이 영화는 관련자들 사이의 공유하는 목표의 부족으로 시달렸다. 이스트우드는 나중에 자신이 이 영화를 만들 때 캐릭터를 어디로 가져가야 할지 몰랐다는 것을 인정했다(Brunsdale, 2010: 362). 그는 워너 브라더스가 자신의 개인 벤처기업(예: 재즈영화 〈버드(Bird)〉)을 지원하는 대가로 그것을 만들기로 동의했다.

그러므로 자기 주도적인 핵심 목표가 무엇이든 그것을 끈기 있고 열성적으로 추구해서 엔터테인먼트 기업 문화의 중심 부분으로 육성해야 한다.

3) 주제 3: 기업가적 지향

혁신적 문화는 학자들에 의해 '기업가적 지향'이라고 불려온 것에서 좋은 영향을 받는다 : 능동성의 환영, 학습 욕구(실패로부터의 학습 포함), 새로운 아이디어와 실험에 대한 개방성, 그리고 위험에 대한 높은 내성(예: Lumpkin and Dess, 1996). 그런 기업가적 지향은 역동적인 시장 조건과 빠른 변화가 공통적인 맥락에서 특히 기업의 실적에 높은 긍정적인 영향을 미치는 것으로 밝혀졌다. 엔터테인먼트에 대한 적절한 묘사로서 새로운 아이디어와 창조의 끊임없는 필요와 디지털 기술의 도전적인 영향과 함께, 우리는 기업가적 지향이 엔터테인먼트 기업들에게도 큰 혜택을 줄 것으로 기대한다.

기업의 공유된 가치 속에서 실패의 역할과 이를 처리하는 방법에 특별히 주의할 만하다. 우리는 실패를 기업의 일부로 껴안는 것이 그것에 대한 수동적인 수용과 동일시되어서는 안 된다는 것을 주목해야 한다. 사람이나 회사가 실패로부터 배울 때만이 실패는 가치 있게 되어 목표 달성을 향한 진보를 제공한다. 그러므로 기업가적 지향은 특히 엔터테인먼트 프로젝트의 시작 부분에서 아이디어화 과정 동안 실패가 학습 과정으로 간주되어야 하며, 이 경우에 사람들은 빠르고 자주 실패하도록 장려되어야 한다는 것을 의미한다. 그러나 픽사의 캣멀은 "실패는 사람들이 반성 없이 움직인다면 용인되어선 안 된다고 주장한다. 더 낫고 세밀한 해석은 실패는 학습과 탐구의 발현이다. 만약 여러분이 실패를 경험하지 않는다면 여러분은 훨씬 더 나쁜 실수를 저지르고 있는 것이다. 당신은 그것을 피하고 싶은 욕망으로 이끌어진다"(Clarkson, 2016 인용).

실패하는 사람을 어떻게 할 것인가 하는 문제와 관련해서이다. 엔터테인먼트 경영자의 업무 중 일부는 더 안전하게 위험을 감수하도록 하는 것이다. 그러나 작동하는 것은 안전이 아니라 그것이 제공되는 방식이다. 에드몬슨(Edmonson, 1999: 350)은 심리적 안전의 개념이 부주의한 관용의식이나 끊임없는 긍정적 영향이라고 주장하지 않고, 오히려 그 팀이 위험을 감수한 누군가를 당황하게 하거나, 거부하거나, 벌을 주지 않는 자신감"이라고 했다.

요컨대 성공한 기업들은 지속적인 변화, 위험 부담, 일상적 접근법의 도전을 그들 문화의 필수적인 부분으로 간주한다. 기업가적 지향은 변화하는 시장 수요와 새로운 기술적 기회에 더 민첩하고 대응할 준비가 되어 있는 기업을 만든다. 그리고 그러한 기업가 지향은 기업의 DNA의 일부가 되어야 한다. 외부인과 컨설턴트로부터는 수입될 수 없다. 기업가적 지향은 '올바른' 사람과 함께 할 때 가장 잘 작동한다. 넷플릭스나 픽사와 같은 회사들이 최고의 인재들을 뽑는 데 상당한 노력을 기울인 이유다. 그리고 어떤 문화적 초석으로서 그것은 소수에 한정되어서는 안 되며, 관리자로부터 CEO에 이르기까지 모든 구성원이 공유하는 문화의 만연한 요소가 되어야 한다. 모든 직원이 제안을 요청하고, 통합된 토론 주제를 제시하며, 솔루션 구현을 위해 노력하는 픽사를 보라(Catmull and Wallace, 2014).

4) 주제 4: 솔직함과 신뢰를 기반으로 구축된 동료 문화

계층적 수준과 관계없이 모든 조직 구성원 간 개방적이고 솔직한 소통도 창조적 혁신의 필수 조건이다. 엔터테인먼트를 만드는 데 함께하는 무한한 가능성은 대안적 선택을 저울질하는 것이 필요하고, 이용 가능한 여러 건설적 관점을 갖는 것이 그 과제에 도움이 된다. 우리 각자는 비판적인 피드백으로부터 이익을 얻는다. 우리가 이 책의 각 문장을 여러 번 다시 썼듯이 초안이 '최고'였던 각본을 찾는 것은 드문(불가능한 것은 아니지만) 일이다.

연구는 문화가 상호 존중을 나타내는 신뢰 기반의 협력 관계에 의해 특징지어질 때에만 이러한 열린 의사소통이 이뤄진다는 강력한 증거를 제공한다(예: Jucevicius, 2010). 그러한 문화 속에서만 팀원들은 문제를 드러내고, 회사의 여러 층에 걸쳐 있는 사람들과 솔직하고, 자유롭고, 개방적인 교류를 하고, 아이디어를 비판에 노출시키는 것(즉, 논쟁에서 이기기 위해서가 아니라 정답을 얻으려고 노력하는 것)과 같은 해결책을 추구하기 위해 다른 사람들을 만나게 될 것이다.

앞서 기업가적 지향의 중요한 조건으로 언급된 심리적 안전의 개념은 사람들이 동료들 간 상호 존중과 신뢰를 인식해야만 존재할 수 있다(Edmondson, 1999). 어떻게 엔터테인먼트 경영자들이 그런 존경과 신뢰를 보내고 지지할 수 있을까? 픽사와 넷플릭스의 경험을 통해 학습하면 여러 기준에 맞는 아이디어와 생각을 제공하는 안전한 플랫폼을 만드는 것이 핵심이다(Hastings, 2009; Catmull and Wallace, 2014 참조). 한 가지 기준은 솔직함을 억제하는 요소를 주의 깊게 관찰하고 제거해야 한다는 것이다. 두 번째 방법은 솔직함을 기를 수 있는 기술과 과정을 가리킨다. 그것들은 확립될 필요가 있다. 하지만 그 '기술'은 무엇인가?

일례로 픽사는 상품이 성공 또는 실패하게 된 이유들을 '사후 검토(post-mortems),' 또는 사후 분석으로 명명했다. 프로젝트가 완료된 후 회사는 관련 팀에게 다음에 다시 할 5가지 사항과 반복하지 않을 5가지 사항의 이름을 대도록 요청한다. 이는 엔터테인먼트 사이언스의 아이디어와 매우 일치하는 다양한 프로세스 단계에 대한 데이터를 자세히 분석함으로써 보완된다(Catmull and Wallace, 2014). 아무도 비난받는 것을 좋아하지 않고, 마지막 엔터테인먼트 상품에서 배울 수 있는 것은 아무것도 없다는 접근 방식에서는 엔터테인먼트 기업들은 큰 가치를 찾기 어렵다. 특히 '어떻게 될지 아무도 몰라요'라는 말로 움직이는 엔터테인먼트 기업들은 더욱 그렇다. 그러나 강력한 혁신은 일상적으로 개방적이고 비판적인 토론에 익숙한 것에 달려 있다. 한정된 일련의 솔직 담백한 기법은 존재하지 않으며 존재할 수 없다는 점에 주목하자. 우리가 직원으로서 기술을 알게 되는 순간 우리는 그것의 불편한 함의를 피하기 위한 일상을 발견할 수 있을 것이다.

마지막으로 사옥 건축 구조도 역할을 한다. 단순히 사람들이 다른 배경과 관점을 가진 다른 사람들과 구조화되지 않은 접촉을 하는 환경을 조성하는 것은 '완전히 관련 없는 정보 조각들'의 우연한 교환으로 이어질 수 있는데 이는 혁신의 계기가 될 수 있다. 픽사에서 잡스 빌딩은 기능 수준과 계층 수준을 초월해 사람들이 서로 부딪히고 대화를 나눌 수 있도록 건설된다(Smith and Paquette, 2010). 이곳저곳에서 직원들이 메모를 하고 그들이 아이디어를 교환해 주기를 바라는 상사의 메시지를 얻을 것이다.

전략과 문화는 강력한 체계적 혁신을 가능하게 하는 제3의 힘이 필요하다. 그것을 구체화하는 사람들을 포함한 조직의 기초적 과정과 구조이다. 우리는 지금 그것들을 볼 것이다.

3. 엔터테인먼트 혁신의 조직적 차원

엔터테인먼트 회사의 조직은 본질적으로 2가지 핵심적이고 상호연계적인 측면으로 구성된다. 즉, 누가 조직의 일부인가? 그리고 그 구성원들은 가치를 창출하기 위해 자기들의 노력을 어떻게 조율하는가이다. 이제 그 '누구'와 '어떻게'를 살피고, 그것들이 기업의 혁신 성과에 영향을 미치는 방법을 살펴보자.

1) '누구'라는 질문: 인적 자원의 중요성

그는 절차적 업무에서 최고의 [사람들] 평균보다 2배 낫다. 창작/비발명 작품에서는 최고가 평균보다 10배 이상 낫다.

― 헤이스팅스(Hastings, 2009: 36)

우리는 고도로 우수한 인재들이 혁신적인 엔터테인먼트 기업에 필수적이라고 언급해 왔다. 헤이스팅스가 앞의 이 섹션의 도입부 인용문에서 주장한 것처럼 이렇게 재능이 뛰어난 사람은 드물다. 그렇다면 성공적인 엔터테인먼트 혁신을 위한 인력 관리의 역할에 대해 우리는 무엇을 알고 있는가? 이노베이션은 자체 제작, 구매, 합작을 통해 창조될 수 있기 때문에 우리는 내외부 인적 자원의 관리를 모두 논의할 것이다.

(1) 내부 인적 자원

픽사는 자사의 모든 프로젝트의 '인하우스(in-house)' 제작을 바탕으로 한 접근법으로 다른 엔터테인먼트 기업들을 능가했다. 혁신에 대한 기업의 접근 방식의 중추적인 측면은 아이디어보다는 인재에 우선순위를 두는 것이었다. 픽사는 만약 당신이 평범한 팀에게 기발한 아이디어를 준다면 아이디어의 상품으로의 전환은 아이디어의 약속에 부응하지 못할 것이지만, 만약 당신이 아이디어, 그것도 평범한 것을 뛰어난 팀에 준다면 그 팀은 더 나아질 것이고, 종종 위대해질 것이라고 믿는다. 그래서 그들은 '적합한' 사람들로 구성된 팀을 만드는 데 초점을 맞춘다. 〈토이 스토리 2〉의 예는 동일한 스토리 라인이 서로 다른 능력의 팀들에 의해 실행될 때 어떻게 극적으로 품질에 차이가 나는 결과를 가져올 수 있는지를 보여 준다(Catmull and Wallace, 2014: 379).

따라서 내부 엔터테인먼트 혁신 운영에서 최고 수준의 인재를 유치하고 유지하는 데 중점을 두는 것이 좋다. 하지만 무엇이 그런 재능을 특징으로 삼을까? 마찬가지로 내부 인력에 강한 중점을 두는 넷플릭스는 성숙한 사람을 우선시하며, 화려한 '루키(rookies)'는 가치 있는 것보다 그 기업에 더 비싸다는 가정하에 행동한다(Hastings, 2009). 게다가 그들은 정기적으로 '키퍼 테스트(Keepers test: 만약 그 직원이 퇴사 의사를 밝힌다면, 그 직원을 잡기 위해 얼마나 열심히 싸울 것인지 생각해 보라고 지배인에게 요구하는 정신)'를 적용한다. 남을 지키기 위해 열심히 싸우지 않는다면 아마도 그들을 풀어주고, 지키기 위해 싸울 사람을 고용하는 것이 최선일 것이다.

그러나 혁신을 위한 인적 자원 관리는 고용 결정에만 국한되지 않는다. 성과를 높이는 또 다른 방법은 이 사람들이 내일 할 수 있는 일이 오늘 할 수 있는 일보다 더 중요하다는 것을 인식하면서 핵심의 창의적인 사람들에게 개발과 지원의 기회를 제공하는 것이다. 높은 혁신 역량과 높은 본질적 동기를 가진 직원들은 새로운 것을 배우고자 하는 의지를 보일 것이고, 자신들과 회사의 창조적 혁신 능력을 성장시킨다(Savitskaya and Jarvi, 2012).

개인과 각자의 실력도 중요하지만 고려해야 할 것이 많이 있다. 우리는 이미 엔터테인먼트 전반에 걸쳐 새로운 엔터테인먼트 상품을 만들어 내는 것이 보통 팀 공동의 노력이라고 말했고, 그래서 픽사의 초점은 뛰어난 개인보다는 뛰어난 팀 성과에 맞춰져 있다. 팀은 훌륭한 기술의 축적보다 더 많고, 생산량은 사회적 조화에 따라 달라지는 지속적인 조정을 필요로 한다. 나라얀과 카디얄리(Narayan and Kadiyali, 2016)는 1123편의 영화 제작진 간 상호작용에 대한 동적 패널 데이터 추정으로 창작자 팀 구성의 역할에 대한 실증적 증거를 제공한다. GMM 회귀분석을 통해 매주 북미 박스오피스 수익을 연구하면서, 그들은 영화의 제작자와 다른 팀원들 사이에 공유된 이전 경험들이 영화의 성공에 가장 큰 영향을 미친다는 것을 알게 되었다. 흥미롭게도 중요한 것은 이전의 협력의 성공이 아니라, 과거 협력에 비롯된 그들 사이의 사회적 연결의 존재 자체이다.

관련 질문은 배경과 지향성이 매우 다양한 내부 팀을 만드는 것이 혁신에 도움이 되는가 하는 것이다. 증거는 지금까지 상당히 일화적이며 다음 2가지 관점 모두에서 존재한다. 다양성은 세렌디피티의 이점을 가져다준다고 주장되어 온 반면, 동질성은 창조적 시너지 효과와 연관되어 있다

(Harvey, 2014). 우리는 문화의 중요한 역할과 차이점에 대한 우리의 논의를 근거로 논한다. 엔터테인먼트 제작과 관련된 목표를 포함하며, 다양성의 이점은 근본적인 가치나 목표에 관한 다양성이 존재할 때 끝난다(토론을 위해)(Gilson, 2015 참조).

(2) 외부 인적 자원

혁신을 창출하기 위해 기업 외부 자원과의 협력 네트워크를 유지하는 것도 이로운 일이 될 수 있다. 패커드 등(Packard et al., 2015)은 이런 협력의 2가지 측면을 경험적으로 연구했다. 즉, 창작자가 업계에서 두드러진 타인에게 연결되는 정도(소비자들 사이에서 작업 중인 프로젝트의 평판에 도움이 될 수 있다)와 창작자가 다른 '하위 커뮤니티'와의 연결을 유지하는 정도(독특한 기술과 리소스에 대한 액세스를 제공할 수 있는) 2가지이다. 1만 5000명의 영화 전문가와 회귀분석(다른 여러 '성공 동인'에 대해 통계적으로 통제하는)으로 그들 영화의 성과를 분석한 결과 학자들은 두 종류의 네트워크가 도움이 될 수 있지만 서로 다른 그룹의 창작자들에게 도움이 될 수 있다는 것을 알게 되었다. 구체적으로는 두드러진 타인과의 관계['높은 위치적 배태(high positional embeddness)']가 영화 출연자의 일부인 창작자들 영화의 흥행 성적에 긍정적인 영향을 미치는 반면, 산업의 다른 부분에 다리를 놓고 접근성을 유지하는 것[또는 '높은 접속성 배태(high junctional embeddedness)']은 화면 뒤의 인력(감독과 프로듀서 포함)에게 보상을 준다.

학계는 많은 사람들에 의해 무시되는 그러한 외부 네트워크를 위해 특정한 역할을 한다. 예를 들어 픽사는 컴퓨터 애니메이션에 관한 초기 작업을 다른 회사들처럼 비밀리에 은폐하지 않고 학계와 공유하면서 외부와의 긴밀한 연결을 중시한다. 이런 지적 담론에의 참여는 경영학과 같은 다른 학문 분야에서도 이뤄졌으며, 이 책에서 픽사에 대한 우리의 수많은 언급과 그 접근 방식은 그것에 대한 증거를 제시한다. 이렇게 공유하는 것의 적확한 영향은 정확히 파악하기 어렵지만, 시간이 지남에 따라 정보 기술 학자들과의 연계가 형성되었고, 혁신에 연료를 제공하고, 기업의 창의성을 이해하는 데 귀중한 것으로 여겨졌다(Catmull and Wallace, 2014).

넷플릭스 역시 학계와 적극적인 유대관계를 실천하고 있다. 우리는 넷플릭스 상(Netflix Prize)으로 알려진 100만 달러의 추천자 알고리즘 대회를 논의할 때와 추천자(예: Gomex-Uribe and Hunt, 2015)와 영화 예고편(Liu et al., 2018)에 대한 학술 토론에 기여한 것 등 이 책의 다양한 부분에서 그 증거를 제공했다. 이 회사는 또한 문화 인류학자 그랜트 매크래컨(Grant McCracken)과 협력해 소비자와 '스포일러' 현상(Steel, 2014)에 대한 더 깊은 통찰력을 얻었다. 특히 높은 역동성이 특징인 시대에는 이러한 연결을 통해 기업이 전통적인 제약을 극복하고 '틀을 깨고(out of the box)' 생각하는 문제 해결 패턴을 만들었다. I권 1장에서 언급했듯이 우리는 특히 전통적인 엔터테인먼트 제작자 사이에서 외부인과 학자에 대한 개방이 잘 이뤄지지 않는다는 인상을 받았다.

결국 엔터테인먼트 경영자의 임무는 적절한 사람을 한데 모아 내부 및 외부 인재를 규합해 서로를 보완하고 공동 목표를 추구하기 위해 협력하는 팀을 구성하는 것이어야 한다.

2) '어떻게'라는 질문: 창의성은 자유로운 분위기가 필요하다

나는 혼란스러워야 할 창조적 과정의 혼란의 본질을 굳게 믿고 있다. 구조물을 너무 많이 붙이면 우리가 그것을 죽이게 된다. 그래서 어떤 구조와 안전, 즉 재정적·감정적인 것 사이에는 미세한 균형이 있지만, 또한 그것이 지저분해지고 한동안 지저분하게 내버려 두어야 한다.

— 캣멀(Catmull and Wallace, 2014: 142 인용)

여러분이 올바른 창작자 팀을 구성했다고 가정한다면 어떤 조직 구조로 이들이 번창하고 수준 높은 엔터테인먼트 혁신을 만들 수 있을까? 앞의 도입부 인용문에서 캣멀은 창의성은 본질적으로 혼란스럽다고 강조하는데, 이는 혁신 프로세스의 구조가 그러한 혼란을 설명하는 방식으로 설계되어야 하는 것과 동시에 에스컬레이션(escalation)을 방지할 수 있는 여지를 남겨 두어야 한다는 것을 암시한다. 이는 앞서 지적한 기술 혁신에 대한 '미시 관리' 위협과도 일맥상통한다.

우리의 검토와 분석에 기초해 혁신을 지원하기 위한 좋은 조직 설계는 다음의 3가지 조건을 충족해야 한다고 본다.

① 커뮤니케이션과 의사결정을 용이하게 하기 위해 비교적 '평면적인' 조직 구조를 필요로 하며, ② 실패 시 신속한 적응을 허용하고 경제적 영향을 최소화하기 위해 혁신 프로세스의 초기 단계에서 실패가 발생할 수 있는 여지를 남겨야 하며, ③ 기업이 성장할 경우 혁신 프로세스를 해치지 않도록 과도한 구조화를 피해야 한다. 이러한 요구 사항을 충족하는 데 어떤 조직적 접근법이 도움이 되는지 보자.

(1) 조건 1: (상대적으로) 평면적인 계층 구조

자유로운 커뮤니케이션과 신속하고 효과적인 의사결정을 가능하게 하기 위해서는 혁신 활동을 위한 평면 조직 구조가 유리하다는 증거가 있다. 평면 구조는 다음과 같은 여러 가지 방법으로 커뮤니케이션과 의사결정을 지원한다.

- 관료주의 수준을 감소시킨다(예: Archer and Walczyk, 2006).
- 제한적인 수직적 명령 체인('하향식'으로 회사의 구성원들 간 생각과 생각의 교환을 지시하지 않는다)과 변화에 대한 제한적인 장애물(예: Kanter, 1997)을 회피한다.

- 경직된 일과를 피하고, 작업 시기와 장소 측면에서 유연성을 지원한다 (예: Savitskaya and Jérvi, 2012).
- 좋은 성과에 대한 보상으로 더 많은 의사결정 옵션을 제공한다(예: Archer and Walczyk, 2006).

'딱 맞는' 사람들에게 혁신을 위해 같이 일해야 하는 권한과 책임과 함께 큰 일자리가 주어질 때 좋은 결과가 나온다. 보통 그런 결과가 나오지 못하게 하는 과도한 계층 구조가 없을 때이다. 혁신 활동을 위한 평평한 계층 구조의 한 가지 강력한 예는 구글인데, 여기서 커뮤니케이션은 관리자 vs. 하인(manager-to-minion)이 아니라 동료 vs. 동료(Peer-to-Peer)로 간주된다 (Hamel, 2006).

최고의 아이디어가 기업 내 어디에서 발생하든 간에 확장될 수 있도록 픽사에서는 직책과 계층 구조가 상대적으로 무의미하며, 방해받지 않는 소통이 핵심적 구조의 원칙이다(Rao et al., 2008). 픽사의 평평한 구조에서 이러한 열린 커뮤니케이션을 보장하기 위한 한 가지 특정한 메커니즘은 '브레인트러스트(Braintrust)'로 명명되는데, 이 장치는 감정에 치우치지 않고 스토리의 감정적인 측면을 분석하기 위해 구성된 임시적인(ad hoc) 문제 해결 장치이다(Catmull and Wallace, 2014). 브레인트러스트는 고정된 노인 그룹에서부터 구체적인 문제—도전받고 시험받는 최상의 아이디어—를 해결할 필요가 있어서 모인 더 큰 집단으로 전환했다.9) 브레인트러스트 내부의 중요한 신조는 어떤 아이디어를 제안하는 사람이 토론 중에 그 아이디어와 분리되어 건설적인 비판 정신에서 솔직함과 정직함을 지지한다는 것이다. 이 접근법은 마법처럼 모든 문제를 해결하지는 않지만 무언가가 고장 났을 때 그것

---

9)   모든 학자는 학계의 동료 검토 과정의 이상적인 버전을 상기하게 될 것이다.

을 인식하는 데 도움을 줄 수 있다.

또 대부분의 전통적인 엔터테인먼트 회사에서 흔히 볼 수 있는 것처럼 픽사의 임원으로부터 감독들에게 전해지는 필수적인 참고 사항은 없다. 대신 좋은 영화를 만드는 것은 감독의 책임이며, 그 목표를 어떻게 달성할 것인가에 대한 신뢰가 있다. 그러나 이것이 전체 시스템이 끝까지 자유방임(laissez-faire)을 의미하는 것은 아니다. 한 팀이 진정으로 고착되어 있다면 그때 그 규칙은 팀을 바꿔야 한다. 픽사에서 그렇게 드문 일은 아닌 것으로 밝혀졌는데, 초창기 감독만 〈토이 스토리 2〉에서 교체된 것이 아니라 이 회사의 첫 번째 18편 영화 중 5편 또는 프로젝트의 28%에서 교체되었다(Spiegel, 2013).[10]

그러나 평평한 계층 구조가 암시하는 '간섭하지 않는(hands-off)' 접근법을 사용하면서 어떻게 사람들을 엔터테인먼트에서 이끌어 갈 것인가? 넷플릭스를 염두에 두고 헤이스팅스(Hastings, 2009)는 이 장에서 앞서 언급했던 전략(정확한 가정과 목표 포함), 문화, 성공 지표, 사람 등 혁신경영의 일부 측면을 강조하면서 관리가 통제가 아닌 맥락을 통해 이뤄져야 한다고 주장한다. 이러한 관점은 창의적 사고력을 가진 재능 있는 사람들에게 목표가 제공될 때 성과가 향상된다는 것을 발견한 일반적인 학구적 연구와 일치하지만, 목표를 달성하는 방법에 관해 가능한 한 많은 자율성을 부여한다 (예: Walesh, 2012).

(2) 조건 2: 혁신 과정의 초기 단계에서(만) 실패의 여지를 남긴다

엔터테인먼트 상품 혁신에 있어서 요소들의 무수한 잠재적 조합을 가

---

10) 평면 구조와 열린 의사소통이 영원히 조화롭게 가는 것은 아니다. 5명의 대체 감독 중 최소 4명은 2013년에 더 이상 픽사와 함께하지 않았다(Spiegel, 2013).

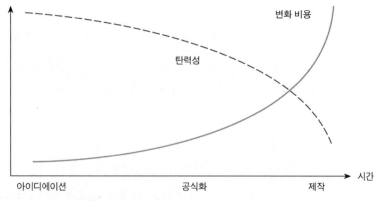

변화 비용

탄력성

아이디에이션   공식화   제작   시간

〈그림 4.6〉 혁신 프로세스 중 실패 비용 증가

진 창의성 영역에서의 신중한 계획은 어렵다. 큰일을 추진하며 성취하려고 노력하는 기업에게 오류는 다소 피할 수 없는 것이다. 경영자는 실수를 피할 수 없지만 과정의 초기 단계의 실패를 한쪽으로 치우치게 하는 방식으로 혁신 프로세스를 설계할 수 있다.

잘못된 행동과 관련된 비용이 프로세스 과정에서 균등하게 배분되지 않기 때문에 경제적 관점에서 그렇게 하는 것은 매우 중요하다. 그 대신, 아이디어의 창출에서부터 상품 개념의 공식화를 통해 실제 상품의 제작에 이르기까지 비용이 기하급수적으로 증가한다. 이러한 기하급수적으로 비용이 늘어난 것의 근간은 〈그림 4.6〉에 나타난 바와 같이 기업의 유연성이 반대로 비선형적으로 감소하는 것이다.

그러면 어떤 구조가 오류를 프로세스의 제일 앞으로 이동시키는 데 도움이 될까? 한 가지 잠재적 대응은 소위 '느슨함-조임(loose-tight)' 개념으로, 혁신 프로세스의 조직이 초기 단계에서 느슨하게 설계되어야 하며, 창작자들이 실험할 수 있는 큰 공간을 남겨 두어야 한다고 제안한다(예: Albers and Eggers, 1991). 그러나 후기에 그 개념은 창작자들에게 상품 아이디어와 콘셉트의 변화를 위해 훨씬 더 적은 공간이 제공되는 프로세스 관리의 더 제한적인 형태로의 변화를 암시한다. 달리 말해 효율성과 프로젝트 구현이 후기 단계의 창의성보다 우선시된다. 우리는 느슨함-조임 개념이 지금까지 부분적인 경험적 지지를 받았을 뿐 엔터테인먼트 맥락에서 시험되지 않았다는 것을 주목해야 한다.

실패의 영향을 최소화하기 위해 제안된 다른 접근 방식은 '고속(high-velocity) 환경'을 구축해 프로세스 중 상품 콘셉트를 변경하고 조정하는 속도에 초점을 맞추는 것이다. 예를 들어 넷플릭스는 처음부터 오류를 방지하는 것보다 학습하고 고치는 것이 낫다는 가정하에 '급속 복구(rapid recovery)' 모델로 운영된다. 그러나 이러한 모델은 〈그림 4.6〉에서 설명하는 비용 증가와 상충되며 혁신 프로세스에 매우 일반적인 모델이라는 점을 명심하라. 따라서 다른 것(예: 대규모 예산의 영화나 시리즈의 개발)보다 일부 엔터테인먼트 혁신(예: 온라인 게임에 기능을 추가하는 것)에 더 잘 맞을 수 있다. 마지막으로 엔터테인먼트 사이언스 학자들은 혁신 초기에서의 철저한 테스트가 업계의 전통적인 회의론에도 불구하고 만족스러운 방법으로 이 조건을 충족시키는 강력한 방법이 될 수 있다는 증거를 축적했다.

(3) 조건 3: 성장 시 과도한 구조화 피하기

성공은 조직을 키우게 되는데, 이것은 본질적으로 좋은 것이다. 그러나 혁신을 위해 성장은 추가적인 과제를 야기한다. 성장은 더 많은 수의 개별 근로자들이 이제 조정되어야 하고, 성장 중인 기업이 더 많은 수의 프로젝트 및/또는 상품군을 동시에 관리하기 때문에 복잡성을 증가시킨다. 2년마다 신작을 출시하다가 매년 2번씩 출시하는 것으로 출시 일정을 옮겨 온 픽사를 보라.

기업이 성장함에 따라 수직적 지휘 체인을 제도화하고, 공식적인(그리고

종종 경직된) 정책과 절차를 시행하며, 직원들의 커뮤니케이션과 자원 접근을 통제하고, 효율성을 향상시킬 수 있는 승인 프로세스를 만드는 경향이 있다(예: Kanter, 1997). 기본적으로 이 장에서 우리가 주장해 온 모든 것들은 엔터테인먼트 혁신에서 가능한 한 피해야만 한다.

넷플릭스의 헤이스팅스(Hastings, 2009)는 고성과(high-performance) 직원을 추가로 고용하는 것이 이러한 조직 과제에 대한 해결책이라고 주장한다. 즉, 그들은 추가적인 구조와 관료주의 없이 혁신 과정을 스스로 조정할 수 있고 동기부여가 된다. 넷플릭스는 이러한 사람들이 비공식적으로 성장하는 조직을 운영하는 데 도움을 주기 위해 가능하면 구조를 최소화하려고 노력한다. 예를 들어, 그들은 많은 작은 상품 대신 큰 상품 몇 개에 집중한다. 이 회사는 또한 프로세스 중심 정책의 형태로 발생하는 산만한 복잡성을 제거하기 위해 체계적으로 노력하고 있으며, 이는 가치 있는 목표를 가지고 있을 수 있지만 직원들에게 무거운 컴플라이언스(compliance: 이행 책임) 부담을 주거나 민첩성을 제한할 수 있다.

전반적으로 성장하는 엔터테인먼트 기업들로부터의 학술적 연구와 일화적인 증거에 근거한 우리의 결론은 창의성과 혁신을 결정하는 전략적·문화적·구조적 변수가 있다는 것이다. 초기 아이디어에서 완성품에 이르는 완전한 과정은 본질적으로 혼란스러우며 최소한 몇 가지 오류를 수반한다. 이 과정을 공식화하려는 시도는 엔터테인먼트 기업의 실적에 전반적으로 좋지 않은 접근 방식인 미시 관리와 위험 회피로 빠르게 전환될 수 있다. 프로세스 개선이 주요 목표가 되어서는 안 된다. 주요 목표는 상품을 훌륭하게 만들거나 기업이 설정한 목표를 달성하는 것이다.

동시에 자유는 창의성의 기본이지만 무한할 수는 없다. 돌이킬 수 없는 재앙을 막기 위한 규칙과 도덕적·윤리적·법적 문제와 관련된 규칙 등 일부 규칙이 필요하다. 우리는 헤이스팅스(Hastings, 2009)가 '좋은' 과정(재능 있는 이들이 더 많이 얻도록 하고, 심각한 실수를 피하도록 돕는 것)과 '나쁜' 과정(발생했는지 확인하기 쉬운 실수를 막기 위해 시간과 혼돈의 높은 비용이 발생하는 것)을 구별하는 것을 좋아한다. 우리는 이 책의 대부분의 독자들이 배경과 관계없이 예산관리 정책이 '좋음'(예: 허가 요청 없이 예산의 일부를 지출)과 '나쁨'(예: 정기적인 재구매에도 복수 계층의 승인 필요)이었던 사례를 떠올릴 수 있을 것으로 믿는다. 목표는 목표에 매우 부합하고 그 안에서 일하는 사람들에게 유연성과 창의성을 가능하게 하는 운영 정책을 만드는 것이어야 한다.

이제 회사 차원에서 일어나는 혁신 관련 문제에서 벗어나 특정 신상품 아이디어를 다루는 활동을 살펴보자. 혁신의 성과에 대한 스마트한 예측이 기업의 아이디어를 성공적인 새로운 엔터테인먼트 상품으로 어떻게 바꾸는지 볼 것이다.

4. 상품 차원: 새로운 엔터테인먼트 상품의 성공을 예측하는 방법

내 엉덩이가 벌쩍거리면 나빠, 내 엉덩이가 벌쩍거리지 않으면 좋아. 그것처럼 간단해.

— 1919년에서 1958년까지 컬럼비아 픽처스(Columbia Pictures)의 창업자이자 회장이었던 해리 콘 (Harry Cohn)이 새로운 영화의 성공을 예측하는 법을 설명하면서(Austin, 1989: 1f 인용)

모든 신상품의 경우 자체 제작, 합작 또는 외부 구매 여부에 관계없이 각각의 아이디어, 콘셉트 또는 상품의 성공 가능성을 예측해야 한다. 성공 예측은 콘셉트를 승인하는 데 필요하다. 상품의 실질적인 사전 출시 변경 사항을 안내하고, 모든 비즈니스의 장기적 건전성에 필수적인 상업적 전망에 부합하는 혁신에 예산을 할당하기 위해서 말이다. 우리는 경영적 직관(앞의 인용문에서 전설적인 콘이 사용한 방식이거나 또는 다소 절묘하게)이 그러한 예측에 도움이 될 수 있다고 확신한다. 그러나 이 책의 중심 주제는 경영자의 경험에 기반한 판단이 종종 엔터테인먼트 사이언스로 보완될 수 있다는 것이다. 즉, 이론과 데이터를 철저히 결합해 경영자에게 유리하게 사용할 수 있다. 우리는 이것이 특히 혁신의 성공에 대한 예측의 경우라고 주장한다. 이 섹션에서는 이러한 지원이 계량 경제 예측 모델의 형태로 제공되는 방법을 설명한다. 엔터테인먼트 사이언스의 다른 부분과 마찬가지로 혁신 예측 모델은 힘들게 얻은 경영 직관에 기반한 결정을 대체하는 것이 아니라 보완하는 것으로 봐야 한다.

엔터테인먼트 사이언스 학자들은 새로운 엔터테인먼트 상품의 성공을 예측하기 위해 기존 데이터를 사용하는 다양한 접근 방식을 개발했다. 이러한 접근 방식은 여러 면에서 다르다. 가장 중요한 것은 사용된 계량 경제학 방법 및 사용된 데이터와 관련이다. 데이터 가용성은 혁신 프로세스의 단계마다 다르며 엔터테인먼트 상품의 초기 개념 단계에 적용되는 예측 모델은 출시 직전의 중요한 사전 출시 단계에서 사용되는 모델과 다르고, 또한 초기 판매 데이터를 통합하는 출시 후 초기 단계 모델과도 다르다. 성공 예측의 필수요소에 대한 짧은 입문서를 마친 후 혁신 프로세스의 여러 지점에서 예측 사용을 설명하기 전에 주요 예측 방법, 즉 속성 기반 및 확산 기반 모델을 개괄적으로 설명한다. 우리는 우리의 논의를 예측의 방법과 적합성으로 엄격하게 제한할 것이지만 예측 변수 자체에 대한 논의는 이 책의 다른 실질적인 장을 참조하라. 엔터테인먼트 사이언스의 다른 영역에서와 마찬가지로 우리가 제시하는 대부분의 연구는 영화를 사용하지만 유사한 데이터를 사용할 수 있는 엔터테인먼트 상품에 대해 약간의 수정을 통해 통찰력을 사용할 수 있어야 한다. 그리고 컨설턴트가 제공하고 엔터테인먼트 기업이 만든 예측은 어떨까? 일반적으로 방법과 적합성에 대한 정보, 유용한 예측에 필수적이라고 생각하는 사항에 대한 정보가 부족하므로 대부분은 제쳐 두겠다.

1) 성공 예측에 필수적인 몇 가지

사용된 특정 분석 방법과 관계없이 엔터테인먼트에서 성공 예측 연구는 ① 예측 변수 선택, ② 예측 대상과 데이터 소스 선택, ③ 홀드아웃(hold-out) 표본 접근법을 사용해 분석 실행, 마지막으로 ④ 예측 품질 평가의 4단계로 구성된 패턴에 의존한다. 좀 더 자세히 차근차근 살펴보자.

※ 1단계: 예측 변수 선택

예측 분석의 첫 번째 단계는 예측에 사용될 변수를 결정하는 것이다. 여기서 중요한 질문은 인과관계가 입증된 변수(또는 최소한 존재한다고 주장될 수 있는 변수)로 예측 변수 집합을 제한할 것인지 또는 예측을 더 '정확히(accurate)' [종말 기술(terminus technicus): 아래 예측 문맥에서 그 의미를 참조] 하는 데 도움이 되는 경우에 어떤 변수가 예측 변수 역할을 할 수 있도록 허용할 것인지이다. II권, III권의 여러 장에서 제시한 대부분의 마케팅 변수에 대해 품질에서 다른 형태의 가격 책정까지 우리는 그것들이 정말로 성공과 인과관계를 맺고 있다고 주장한다.[11]

그러나 가용 데이터가 풍부한 이 시기에는 예측 작업에 사용될 수 있는 많은 추가 정보가 있으며 학자들에 의해 수행된 여러 예측 분석에는 실제로 그러한 정보가 포함되어 있다. 하지만 모든 엔터테인먼트 경영자를 위한 매우 명확한 추천이 있다. 인과관계를 주장할 수 없는 예측 변수로부터 멀리하라. 단기적으로는 사용할 수 있지만, 일단 측정 값, 의미, 사용법

---

11) 그러나 이 인과적 특성은 가볍게 취급되어서는 안 된다.

또는 예측 변수의 맥락이 바뀌면 이를 적용하는 사람들을 심각한 어려움에 처하게 할 수 있다. 명확한 인과적 설명이 없는 변수를 포함한 환경 변화 앞에서 상당한 과소 또는 과대 예측을 초래할 수 있으며, 상응해서 마케팅 예산을 잘못 배분하거나 명백히 잘못된 결정으로 이어질 수 있다. 더 나아가 우리는 예측 변수와 성공이 연계된 경로와 관련해 '블랙박스'인 방법들에 대해 똑같은 주의가 적합하다. 예측 변수가 원래의 스펙트럼 밖이나 그 범위 내에서 새로운 값을 취할 경우 알 수 없거나 임의적인 함수는 심각한 예측 오류를 초래할 수 있다. 예상되는 일부 정확도의 공식적인 증가에 대해 인과관계(또는 최소한 정당한 가정)를 바꾸지 마라. 장기적으로 보면 그것이 인공물로 판명되어 당신을 나쁜 결정으로 이끌 가능성이 있다.

우리의 권고를 따르면 이 책은 강력한 예측 변수를 고르기 위한 자료집을 제공한다. 그것들의 가용성은 예측 과제마다 다를 것이며, 모두가 동등하게 관련되지는 않을 것이다. 다른 예측 변수가 추가하는 예측 정확도의 증가와 각각의 정보를 수집하는 비용 사이에 트레이드오프가 있다. 그러나 예측 변수를 선택할 때 이 책의 근본적 논리와 엔터테인먼트 사이언스의 논리에 유의해야 한다. 그 모델이 시장과 소비자에게 실제 나타나는 것을 잘 반영할수록 예측은 더 강력해질 것이다.

※ 2단계: 예측 대상 선택 및 데이터 수집

데이터 수집이 시작되기 전에 연구자는 '어떤 대상에 대해 성공을 예측하고 싶은가?'라는 질문에 답해야 한다. 답은 단일 상품의 성공을 예측하는 것[예: Eliashberg et al., 2000이 로테르담 극장(Rotterdam theaters)에서 상영된 영화 〈새도우 프로그램(Shadow Conspiracy)의 성과를 예측하고 측정]으로부터 엔터테인먼트 범주(예: 모든 영화)의 어떤 상품에도 적용할 수 있는 모델을 확립하는 것까지 폭이 넓다. 옳고 그름은 없다. 대상의 선택이 예측에 기초할 필요가 있는 전략적 결정에 의해 결정된다. 그러나 대상의 선택은 예측 접근법의 적절성에 영향을 미친다.

데이터 자체와 관련해 2차 데이터(예측 분석과 별도로 존재) 및 1차 데이터(분석을 위해 특별히 수집된 데이터)를 기반으로 예측을 수행할 수 있다. 이런 유형의 데이터는 별도로 또는 조합해 사용할 수 있다. 보조 데이터는 엔터테인먼트 분야에서 광범위하게 사용할 수 있으며 IMDb, 구글 트렌드 또는 페이스북의 API와 같은 웹사이트를 통해 자유롭게 접근하거나 칸타르(Kantar), 렌트랙(Rentrak) 또는 링크플루언스(Linkfluence)와 같은 서비스에서 구매할 수 있다. 그것의 장점은 수집 및 분석에 쉽게 사용할 수 있다는 것이다. 그러나 보조 데이터에는 종종 '결측 값'이 포함되어 있고 사용 가능한 데이터의 품질을 쉽게 확인할 수 없기 때문에 제한이 있다(예: 제작 예산). 또한 2차 데이터는 항상 과거 데이터(몇 년 또는 몇 초 전에 이미 발생한 일에 대한 것)이므로 미래에 일어날 일을 예측하는 데 대한 유용성은 그것이 유래된 콘텍스트가 유효할 것인지 계속될 것인지에 달려 있다. 대안은 1차적 데이터인데, 이를 수집하려면 막대한 리소스를 소비할 수 있고(예: 설문조사 또는 패널을 통해 수행되는 경우) 그리고 품질 문제 자체로 애를 먹을 수 있다(응답자가 진실을 말합니까?). 그러나 회사 자체에서 수집하는 경우 기본 데이터는 독점적으로 사용할 수 있으며 그 수집은 예측 작업의 요구 사항을 충족하도록 특별히 설계할 수 있다. 그러나 리소스에 따라 2차 데이터에 대한 독점성이 존재할 수도 있다(예: 넷플릭스의 시청자 통계 및 개별 사용 패턴). 최고의 예측 모델 중 일부는 두 종류의 데이터를 결합하는 것이다.

※ 3단계: 홀드아웃-표본 접근법을 사용해 분석 실행

예측을 위한 핵심 질문은 '정확한' 계량적 방법을 선택하는 것이다. 우리는 아래의 엔터테인먼트 맥락에서 사용될 수 있는 몇 가지 주요 대안들을 언급한다. 예측의 중요한 요소 중 하나는 '홀드아웃' 접근법이다. 그 접근 방식의 아이디어는 직관적이다. 분석자가 미래에 발생할 예측 사건을 기다리지 않으려 할 때 과거 데이터에서 대상 중 일부를 선택하고 분석의 후반부까지 이 '홀드아웃-표본'을 따로 둔다. 나머지 대상은 예측 모델을 '훈련'하는 데 사용되며, 고정 표본의 대상을 '예측'하는 정도를 기준으로 적합도를 판단한다. 사용 가능한 모든 대상이 교육과 평가에 사용되는 경우 예측 결과는 양성으로 치우쳐 있으므로 모델 교정에 사용된 데이터 집합의 대상에 대해서만 의미가 있다. 홀드아웃-표본을 선택하는 것은 사소한 일이 아니며, 그것의 수행방식이 예측 모델의 적합성에 영향을 미친다.

※ 4단계: 예측 품질 평가

예측의 '적합성'을 평가하기 위해 연구자들은 몇 가지 정확도 지표들을 사용한다. 그 지표들 중 단 하나의 '최상'의 것은 없다. 대신에 각각의 지표들은 사용자가 알아야 할 자신의 한계를 가지고 있다. 가장 일반적인 지표로는 평균 절대 오차(MAE: Mean Absolute Error), 루트/평균 제곱 오차(R/MSE: Root/Mean Squared Error), 평균 절대 백분율 오차(MAPE: Mean Absolute Percentage Error)가 있다. MAE와 R/MSE는 예측 값과 실제 값의 절대적 차이를 비교하는 반면, MAPE는 상대적(백분율) 차이를 비교한다.

MAE는 성공 매트릭스(영화 박스오피스와 같은)에 대한 예측값과 상응하는 실제 값 사이의 평균 절대값 차이를 설명한다. 절대 값으로서 그것은 선택된 성공 지표의 크기에 크게 좌우된다. 모델에 성과를 정확하게 예측할 수 없는 영화 〈아바타〉가 데이터에 있다면, 평균 오차는 데이터 세트의 다른 모든 필름에 대해 잘 작동하더라도 상당히 높을 것이다. 이와는 대조적으로 데이터 세트에 작은 상품들이 잘못 예측되었는지 여부는 이런 오류들이 높은 비율에 달할지언정 큰 문제는 되지 않는다. R/MSE는 MAE

의 논리에 기초한다. 이는 데이터 세트의 모든 예측 값과 실제 값의 편차 제곱합에 대한 제곱근이다. 이 조치는 예측 특이치들을 제곱함으로써 불이익을 주기 때문에 단일 사례에 대한 큰 예측 오차가 특히 바람직하지 않을 때 가장 유용하다(특정 사례의 경우 더 높지만 더 균등하게 분포된 예측 오차가 선호된다.)

MAPE는 백분율로 측정한 평균 예측 오차로서 직관적이지만 절대 값이 작은 오류의 영향을 강하게 받을 수 있으며, 낮은 편차보다 극단적인 상승 편차에 더 강하게 벌을 준다(전자가 100%보다 훨씬 높으나 후자는 그렇지 않다). 절대적 기준을 사용할지 상대적 기준을 사용할지는 사용자의 선호에 따라 달라진다. 즉, 데이터의 대상이 절대적 성공에서의 차이에도 불구하고 유사한 중요성을 갖는다면 상대적 기준이 더 타당하다. 그 회사에 더 큰 타격을 주는 것이 더 중요하다면, 대신에 그것은 절대적인 기준이 되어야 한다. 예상 수익의 100배를 창출하는 〈블레어 위치(The Blair Witch Project)〉를 데이터 세트에 포함시키면 특히 MAPE와 같은 상대적 정확도 매트릭스를 크게 부풀린다.

2) 예측 방법: 속성 기반 vs. 확산 기반 성공 예측

예측 과제의 핵심은 예측 변수의 값을 예측으로 변환하는 통계 알고리즘이다. 엔터테인먼트 학자들(및 관리자)은 수많은 구체적인 예측 방법 중에서 선택할 수 있지만, 좀 더 근본적인 결정은 '속성 기반(feature-based)' 또는 '확산 기반(diffusion-based)' 접근 방식을 추구할 것인가 하는 것이다. 속성 기반 예측은 엔터테인먼트 성공의 예측 변수, 즉 이 책에서 논의하고 있는 서로 다른 '성공 동인(success driver)'에 대한 지식(예: 스토리 요소나 품질 또는 광고 지출과 같은 상품 특성)을 조합하고 선형 또는 비선형 변환 함수에 기반해 예측한다.

이와는 대조적으로 확산 기반 예측은 엔터테인먼트 상품이 시간이 지남에 따라 소비자들 사이에서 어떻게 확산되는지에 대한 이론적 모델을 사용한다. 어느 유형의 접근법도 일반적으로 우수하지 않다. 그 효과성은 사용자가 속성과 성공(또는 상품의) 확산 패턴 사이의 연관성을 얼마나 잘 이해하느냐에 따라 달라진다. 이제 속성 기반 예측부터 시작해 2가지 접근 방법에 대해 가장 두드러진 기법을 개괄적으로 살펴보겠다.

(1) 속성 기반 접근 방식의 성공 예측

가장 많이 사용되는 속성 기반 예측 방법은 회귀분석과 이의 확장된 방식이다. 두 번째로 중요한 흐름은 신경망 및 의사결정 트리와 같은 머신러닝 기반의 방법으로 구성된다.

이 책 전체에서 제시하는 엔터테인먼트 성공을 마케팅 변수가 어떻게 이끌어 내는지에 대한 대부분의 인과적 통찰력은 회귀형 분석에서 비롯되었기 때문에 I권 1장에서 그 방법의 기초를 논의했다. 간단히 말해서 회귀분석은 하나 이상의 독립변수와 종속(또는 결과)변수 간의 체계적인 (종종 선형) 관계를 가정하고 추정한다. 회귀는 관측된 데이터 포인트와 추정된 회귀 함수로 계산된 데이터 포인트 사이에 얼마나 많은 편차가 있는지 측정을 최소화하는 최적화 프로세스를 사용한다.

그러나 관계를 설명하는 것 외에도 회귀분석은 사용자가 예측 작업에 필요한 모든 것을 제공한다. 회귀 함수를 사용하면 함수에 특정 값을 입력해 엔터테인먼트 상품의 성공을 예측할 수 있다. 회귀분석을 통한 설명과 예측은 체계적으로 동일하다. 그것들은 사용자의 의도에 따라 다르고, 예측 시 인과성(causality) 가정이 면제되는지 여부에 따라 다르다. 학자들은 목표가 인과적 이해를 얻는 것이 언제인지 예측에 대해 말하면서 때때로 구별을 모호하게 만든다(예: Litman, 1983; Simonoff and Sparrow, 2000; Chang and Ki, 2005).

예측을 위한 또 다른 접근 방식은 기계 학습(machine learning)을 사용하는 것이다. 기계 학습은 유행어가 되었지만(Gartner, 2016), 이 개념은 대중과 업계가 잘 이해하지 못하고 있다. 일반적으로 기계 학습은 데이터에서 학습할 수 있는 알고리즘을 포함하고 최적화 루틴 및 다중 반복을 통해 주어진 질문에 대한 '최상의' 분석 솔루션을 찾는다(예: Brownlee et al., 2013; Kohavi and Provost, 1998). 예측은 기계 학습, 즉 인공지능 커뮤니티에서 싹트는 접근 방식을 위한 하나의 애플리케이션에 불과하다.

성공 예측에 사용되는 모델은 예측 변수와 성공 변수가 미리 지정되어 있기 때문에 감독된 기계 학습 범주에 속하는 경향이 있다(예: Kelleher et al., 2015). 기계 학습은 놀라운 핏(fit) 값을 제공할 수 있지만 엔터테인먼트 경영자에게는 대가가 따른다. 접근 방식은 원인과 결과에 대한 신뢰할 수 있는 설명에 거의 중점을 두지 않고 세계를 '블랙박스'로 취급하는 경향이 있다(Breiman, 2001, 통계적 모델링 문화를 참조). 우리는 이미 그러한 접근 방식으로 인해 발생할 수 있는 문제에 대해 언급했으며 독자들이 이를 염두에 두도록 부탁드린다.

이러한 우려가 특별히 유효한 기계 학습의 흐름의 하나가 인공 신경망을 사용하고, 우리의 생물학적 뇌 시스템에서 발생하는 것과 동일한 유형의 정보 처리를 수학적으로 표현하려는 방법을 사용한다.[12] 신경망은 층으로 배열되고 상호 연결된 인공 뉴런으로 구성된다. 특정 입력변수 세트가 주어지면 해당 노드(nodes)가 다음 레이어에서 활성화되고 다음 레이어에서 특정 노드가 활성화된다(레이어 수에 따라 계속된다). 마지막 레이어에서 활성화된 뉴런의 고유한 세트는 해결책을 제공한다. 샤르다와 델렌(Sharda and

---

[12] 인공 신경망에 대한 좀 더 접근 가능한 설명은 알고빈스(Algobeans, 2016)를, 기술적 개요는 비숍(Bishop, 2006)을 참조하라.

Delen, 2006)은 엔터테인먼트 상품의 성공을 예측하는 방법을 적용한 사람들 중 하나이다. 그들의 모델은 1998~2002년에 북미에서 개봉된 834편의 영화와 이 책에서 논의한 여러 마케팅 변수[예: 미국영화협회(MPAA) 등급, 경쟁 관계, 스타 파워]에 대한 데이터를 기반으로 한다. 그들은 그들의 모델이 4편의 영화 중 약 3편을 9개의 성공 범주 중 하나(또는 올바른 범주에 직접 인접한 두 범주 중 하나)에 정확하게 할당했다고 설명했다. 그러나 민감도 분석에 따르면 경쟁관계, MPAA 등급 및 대부분의 장르와 같은 변수(이 책에서 설명하고 경험적으로 증명된)는 영향력 있는 역할이 추정에 영향을 미치지 않음을 보여 준다. 이 연구결과는 타당성에 대한 우려를 낳고 예측방법(이론적 고려 대신 블랙박스를 사용해 오로지 데이터 추동 방식으로 예측치와 엔터테인먼트 성공 간의 복잡한 연결을 모델링하는)에 대한 우리의 주의를 요구한다.[13]

기계 학습 기법의 두 번째 스트림을 '의사결정 트리'라고 한다. 수학적으로 최적의 솔루션에 도달하기 위해 범주형 답변(예: 예/아니오, 높음/중간/낮음, 특정 값/위 값/아래 값)이 있는 일련의 질문을 통해 작업한다. 연속변수는 프로세스의 일부가 되기 위해 분류되어야 한다(개요는 Kelleher et al., 2015 참조). 의사결정 트리에서 고려되는 첫 번째 범주형 변수를 '루트' 또는 '시작 노드'라고 한다. 그런 다음 의사결정 트리는 변수가 어떤 잠재적 값을 취했는지 묻고 가능한 각 답변 또는 변수 표현에 대해 노드는 추가 변수 질문을 고려하기 위해 분할한다. 이러한 다음 레이어를 내부 노드라고 한다. 일부 변수는 다른 변수보다 더 많은 정보를 포함하며 알고리즘이 더 빨리 진행되도록 도울 수 있다. 모든 내부 노드를 통해 작업한 후 모델은 결국 '리프

---

13) 샤르다와 델렌(Sharda and Delen, 2010), 기아시 등(Ghiassi et al., 2014), 주 등(Zhou et al., 2017)과 같은 신경망을 사용해 박스오피스를 예측하는 다른 연구에서도 비슷한 문제가 있다.

(leaf)'(또는 '종료 노드')라는 결론에 도달한다.

엔터테인먼트 분야에서 의사결정 트리는 영화의 상업적 성공(예: Eliash berg et al., 2007; Parimi and Caragea, 2013)[14] 및 소비자가 영화를 얼마나 좋아할지 예측하는 데 이용되었다(Asad et al., 2012). 링크에 대한 블랙박스 문제 외에도 의사결정 트리는 솔루션에 영향을 미치는 루트 선택으로 안정성 문제를 갖는 경향이 있다. 해석과 안정성은 많은 변수의 범주 또는 연속 변수가 사용될 때 특별히 문제가 되는데, 이는 이 책에서 보여 주듯이 엔터테인먼트 상품의 성공을 예측할 때 명확히 규범이 된다.

(2) 확산 기반 접근 방식의 성공 예측

엔터테인먼트 상품의 수명 기간 동안 생성된 수익 패턴은 '놀라운 경험적 규칙성을 나타낸다'(Sawhney and Eliashberg, 1996: 113)라는 개념을 바탕으로 학자들은 확산 문헌을 사용해 이론적으로 의미 있는 방식으로 엔터테인먼트 상품의 경험적 확산 패턴 및 궁극적으로 향후 성공을 예측한다. 마케팅 학자 바스(Bass, 1969)의 기본 확산 모델을 활용해 확산 모델을 엔터테인먼트 상품에 실증적으로 적용한 주요 학습 내용을 통해 확산 기반 예측의 기본 논리를 설명하겠다.

① 바스의 확산 모델

프랭크 바스(Frank Bass)의 기본 아이디어는 모든 시장에서 신상품의 확산을 주도하는 2가지 주요 고객 부문인 혁신자(Innovators)와 모방자(Imitators)가 있다는 것이다. 그의 모델에 따르면 혁신자는 새로운 혁신에 이끌려 위험

---

14) 엘리아시버그와 그의 동료들은 영화 스크립트 분석에 그 방법을 적용했고, 반면 패리미와 캐리지(Parimi and Caragea, 2013)는 일반적인 예측 연습에 이용한다.

을 감수하고 불확실성에 대처하려는 소비자이다. 가장 중요한 것은 이러한 소비자들이 입소문과 같이 다른 사람들의 행동과는 별개로 새로운 상품을 채택한다는 것이다. 이러한 혁신자들 대부분은 초기에 신상품에 접근할 수 있다. 처음으로 신상품을 채택할 수 있는 혁신자의 수는 성공적인 상품에 빠르게 감소한다.

반대로 모방자는 위험을 더 회피하고 기술 문제와 시장 수용을 둘러싼 불확실성이 줄어들 때까지 신상품을 채택하지 않는 경향이 있다. 따라서 그들은 혁신자의 행동을 관찰하고 그 행동으로부터 배우는 경향이 있다. 모방자들은 이미 상품을 채택한 인구 일부의 행동과 입소문에 따라 결정을 내린다. 그들은 출시 당시 상품을 채택하지 않고 이미 상품을 경험한 혁신자 및 다른 모방자의 행동을 따라 하거나 배우면서 신상품을 채택하기 시작한다.

바스의 확산 모델(The 'Bass Model' of Diffusion)은 이 두 소비자 그룹 각각의 채택 행동에 대한 매개변수를 특징으로 하며 시간 경과에 따른 상품 확산에 대한 두 그룹의 기여도와 이들 간의 연결 고리를 설명한다. 혁신 매개변수(α)는 신상품이 출시될 때 혁신자의 반응과 확산 과정에서 수익을 창출하는 방법을 나타내며, 모방 또는 입소문 매개변수 β는 모방자의 행동을 나타낸다. 바스에 따르면 t기간 동안 판매된 신상품의 x는 다음 패턴을 따른다.

$$X_t = \alpha \times (\bar{Y} - Y_{t-1}) + \beta \times \frac{Y_{t-1}}{\bar{Y}} \times (\bar{Y} - Y_{t-1})$$

여기서 X_t는 기간 t에 판매된 신상품의 총 단위 수이고, $\bar{Y}$은 신상품의 잠재 구매자 수(또는 '시장 규모'), Y_{t-1}은 이전 기간 종료 시점에 이미 새 상품을 구매한 구매자 수로 한다. 이 방정식은 혁신자 및 모방자의 세그먼트

(segments)가 대체로 추가 방식으로 채택에 영향을 미친다는 것을 보여 준다. 그러나 각각의 크기가 Y_{t-1}의 특정 시점까지 채택자 수에 영향을 미치기 때문에 β가 높을수록 다음 기간에 혁신자에게 판매될 상품 수가 감소한다. 더 높은 α가 모방자에게 판매되는 상품 수에 미치는 영향은 덜 간단하다. 한편으로는 α가 높을수록 모방자에게 남겨진 상품의 수가 줄어들지만 다른 한편으로는 이미 상품을 채택한 사람들의 입소문에 의해 모방자가 영향을 받을 가능성이 높아진다.

기본적으로 바스의 확산 모델은 (다른 모든 확산 모델과 마찬가지로) 통계적 분포함수를 사용한다. 혁신자의 반응은 지수 분포를 따르는 반면, 모방자의 채택은 로지스틱 분포를 따른다. 이러한 분포를 결합함으로써 모델은 상당한 탄력성을 제공한다. 혁신 매개변수 α, 모방 매개변수 β 및 총구매자 수 Y에 대한 특정 매개변수의 값에 따라 많은 다른 패턴의 여지를 제공한다. 〈그림 4.7〉에서 우리는 α와 β의 4가지 다른 조합에 대해 모델이 계산하는 확산 패턴을 보여줌으로써 이러한 탄력성을 보여 준다. 왼쪽 상단 패턴(패널 A)은 상대적으로 혁신 매개변수가 낮고 모방 매개변수가 보통인 신상품을 예시하는 반면, 오른쪽 상단 패턴(패널 B)은 상품이 혁신자에게 더 강하게 어필할 때 확산이 어떻게 변하는지 보여 준다. 그 추세는 그림의 왼쪽 하단 패턴(패널 C)에 훨씬 더 급진적인 예가 나와 있다. 마지막으로 오른쪽 하단 패턴(패널 D)은 위의 것과 동일한 혁신 매개변수를 갖지만 더 높은 모방 수준의 영향을 보여 준다.

이 그림은 또한 바스 모델의 2가지 확산 매개변수가 앞서 논의한 시장성 및 호응성 개념과 밀접하게 연결되어 있음을 보여 준다. 특히 왼쪽 상단과 하단 패턴을 비교해 그림에서 볼 수 있듯이 많은 수의 소비자가 친구나 다른 사람의 품질 관련 권장 사항과 관계없이 상품을 채택하기 때문에 혁신 매개변수가 높을수록 함수가 더 빨리 정점에 도달하게 된다. 이는

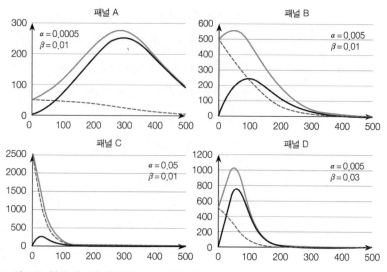

<그림 4.7> 혁신 및 모방 매개변수의 다양한 조합에 대한 채택 패턴

주: 그림의 모든 패턴은 신상품에 대한 시장 잠재력이 10만 개라고 가정하고 상품 초기 500일 동
    안의 판매량을 조사한 것이다. 회색 실선은 신상품의 전체 채택을, 검정색 실선은 모방자만 채
    택했음을 나타내고 회색 점선은 혁신자만 채택했음을 나타낸다. 모든 데이터는 가설이다.
자료: Bass(1969)의 확산 모델 참조.

본질적으로 높은 시장성과 동일하다. 반대로 모방 매개변수가 높을수록
새로운 상품에 대한 입소문이 소비자에게 퍼지는 데 필요한 시간이 줄어
든다. 많은 소비자가 친구 및 다른 사람의 품질 권장 사항을 기반으로 상
품을 선택하기 때문이다. 이는 엔터테인먼트의 높은 호응성과 동일하다.
통계적으로 α가 β보다 크면 총 판매 함수(<그림 4.7>의 회색 실선)는 지수 분포
(엔터테인먼트 블록버스터의 경우 일반적이며, III권 5장 참조)를 따르고 β가 α보다 크면 함
수는 로지스틱(logistic) 분포를 따른다('틈새' 상품에 일반적이다).

바스 모델의 혁신 및 모방 매개변수와 총판매량은 유사한 상품의 초기
과거 판매 데이터 또는 신상품의 초기 판매 데이터를 사용해 추정한 후 회
귀분석을 적용해 추정할 수 있다. 모델의 충분한 매개변수가 이미 알려진

경우 방정식을 사용해 누락된 매개변수를 해결할 수 있다. 분명히 예측된 채택 패턴의 품질은 이러한 입력변수의 질에 따라 달라진다. 데이터를 사용할 수 있는 합당한 '사례'가 없는 경우 결과의 질이 낮아진다. 여기에서 설명한 바스 모델 버전은 마케팅이나 신상품의 시장 수용도를 변경할 수 있는 전략이나 개입들을 설명하지 않는다. 그러나 바스 자신과 다른 학자들은 마케팅 활동을 위한 공간 제공을 포함해 여러 가지 방법으로 모델을 발전시켰다(예: Muller et al., 2009에서 개요 제공).

② 엔터테인먼트 상품에 확산 모델 적용

바스 모델은 원래 내구 소비재(예: TV 및 잔디 깎는 기계)를 염두에 두고 개발된 반면, 엔터테인먼트 사이언스 학자들은 엔터테인먼트 상품의 특성에 맞는 확산 모델을 개발했다. 대표적인 예는 소흐니와 엘리아시버그(Sawhney and Eliashberg, 1996)가 영화를 염두에 두고 개발한 확산 모델 BOXMOD이다. BOXMOD의 핵심은 개인 소비자가 영화를 채택하는 데 걸리는 시간이 ① 영화를 보기로 결정하는 데 필요한 시간(사용 가능한 정보에 따라)과 ② 그/그녀가 그 결정에 따라 행동하는 데 필요한 시간(즉, 실제로 나가서 그것을 봐야 한다)의 합이다.

이러한 매개변수에 달려 있는 관찰된 확산은 다시 다른 패턴을 따르며, 이 경우 지수 분포와 일반화된 감마 분포(Generalized Gamma distribution)가 포함된다. 2가지 매개변수를 영화의 예상 시장 잠재력과 결합해 소흐니와 엘리아시버그는 확산 모델을 개발했다. 그 모델은 예측을 위한 3주간의 성공 데이터와 '공급 측면'(즉, 특정 주에 영화가 상영된 극장 수)[15]을 고려한 확장 버

---

15) 영화 확산 모델에 배포를 포함하는 별도의 접근 방식은 기본적으로 바스 모델의 수정을 제안하는 존스(Jones, 1991)의 접근 방식이다.

전이 필요하다.

영화가 개봉되기 전에 사용하려면 회사는 비교 영화의 경험 및/또는 역사적 결과에 의존해 모델의 2가지 주요 매개변수를 예상해야 한다.

확산 기반 예측 접근 방식과 속성 기반 접근 방식을 결합해 어떤 영화 특성(예: 스타 파워, MPAA 등급, 시퀄, 전문적 리뷰 및 장르)으로 확산 매개변수를 연결함으로써 소흐니와 엘리아시버그는 '결정까지 걸리는 시간' 매개변수의 변화의 약 12%, '행동하는 데 걸리는 시간'의 약 22%의 변화를 회귀분석으로 설명했다(및 총 매출변수의 42%).

별도의 연구에서 아인슬리 등(Ainslie et al., 2005)은 BOXMOD에 대한 대안적인 접근 방식을 제안한다. 영화에 대한 그들의 확산 모델은 감마 분포를 가정하고 3가지 매개변수, 즉 ① 영화가 개봉되는 주의 예상된 매력, ② 영화의 배급이 최고조에 달하는 시점, ③ 영화의 매력이 형성되고 감소하는 속도를 반영하는 매개변수인 '속도'이다. 소흐니와 엘리아시버그와 마찬가지로 아인슬리 등 또한 매개변수를 영화 특성(예: 스타 파워 및 전문적 리뷰)과 연결해 속성 기반 접근 방식을 통합한다. 그들은 경쟁관계뿐만 아니라 배급 및 타이밍 효과[16]와 같은 '시장'의 변수를 예측 작업에 넣어서 'Markov Chain Monte Carlo' 또는 MCMC 알고리즘(본질적으로 데이터 샘플을 그려서 한 단계에서 다른 단계로의 전환 확률을 추정)으로 알려진 접근 방식으로 그것을 추정한다.

아인슬리 등이 1995~1998년 북미 극장에서 개봉된 404편의 영화를 전체 박스오피스를 예측하기 위해 모델을 적용했을 때 수요 요인만 사용할 경우 6%, '시장' 요인에 대한 정보를 추가할 때 4% 미만의 MAPE를 계산

---

16) 라다스와 슈건(Radas and Shugan, 1998)의 연구는 엔터테인먼트 수요의 계절적 변화가 확산 모델에 어떻게 포함될 수 있는지에 초점을 맞추고 있다. 상품 출시 시기가 성공에 미치는 영향에 대한 논의는 III권 3장 '엔터테인먼트 유통 결정'을 참조하라.

한다. 기본 바스 모델과 BOXMOD 모델에 대한 추정치는 비슷하다. 그러나 영화의 개봉 주말 박스오피스 결과를 예측하는 데 사용하면 예측의 정확도가 떨어진다. 아인슬리 모델의 MAPE는 33%(상품 속성을 사용함을 기억하라)인 반면 BOXMOD 및 바스용 MAPE는 각각 4배 및 5배 높다. 일종의 표본 외 분석을 수행할 때(예측 전 주까지 몇 주 동안의 데이터만 사용) 바스 및 BOXMOD의 경우와 마찬가지로, 아인슬리 모델의 MAPE가 74%로 악화되었다. 예측 모델을 보정하는 데 사용되는 정보 종류의 중요성은 소흐니와 엘리아시버그가 1992년부터 111편의 영화에 대한 모델을 추정할 때도 볼 수 있다 (10편의 홀드아웃 세트 사용). 영화 특성을 사용하면 71%의 적절한 MAPE만 보여주나 일주일의 판매를 포함하면 이 오차가 52%로 줄고, 3주간의 판매를 포함하면 단지 7.2%의 MAPE만 나타낸다.

독자 여러분은 궁금할 것이다. 이런 편차 수준이 너무 높아 모델들이 유용할 수 없는 것은 아닌가? 좀 더 정확한 모델이 분명히 바람직하지만 모델의 가치는 절대적 오류 수치로 측정되지 않는다. 대신, 진정한 비교는 그러한 정보 없이 조치를 취해야 한다는 것이다. 이러한 MAPE는 최상의 예측 모델이 기회나 정보가 없는 것보다도 훨씬 더 낫다는 것을 나타낸다. 보통 말할 때 좋은 예측 모델은 밤에 차를 운전할 때 헤드라이트를 사용하는 것과 같다. 앞 도로의 시야가 완벽하지는 않지만 헤드라이트가 없는 것보다는 훨씬 낫다.

예측 모델을 효율적으로 사용하기 위한 명확한 주요 변수인 이용 가능한 정보를 가지고, 경영자들이 성공적인 예측을 위해 핵심적인 포인트와 이러한 모델에 대한 각각의 요구조건을 살펴보자.

3) '언제' 성공할 것인지에 대한 예측: 초기 접근 방식과 후기 접근 방식

(1) 엔터테인먼트 상품에 대한 초기 단계 예측

성공 예측을 위한 초기 핵심 시점은 엔터테인먼트 상품이 아직 아이디어 또는 콘셉트 단계에 있는 경우이다. 지금까지 개발에 상대적으로 적은 비용이 사용되었으며, 상품의 성공 잠재력에 대한 유효한 정보를 통해 기업은 대히트를 하거나 낭비로부터 많은 돈을 절약할 수 있다. 이 시점에서 상품 아이디어의 장르 및 콘텐츠 요소(예: 영화 대본), 브랜드 특성 등을 기반으로 예측할 수 있다.

이러한 각 변수에 대해 우리 책은 상품 성공을 위한 그들의 역할을 경험적으로 탐구한 것을 설명한다. 예를 들어 영화 대본의 역할에 대한 엘리아시버그 등의 연구를 참조하라. 넷플릭스는 장르와 스타의 조합을 기반으로 초기 단계에서 가입자에게 〈하우스 오브 카드(House of Cards)〉의 매력을 예측하기 위해 계량 경제학 분석을 사용했다. 그 결과 회사는 제작자에게 파일럿 에피소드를 개발할 필요 없이 시리즈를 승인하도록 장려했으며, 이는 제작자에게 중요한 예술적 기준이었다(Nocera, 2016).

이러한 2차 데이터 기반 접근 방식 외에도 콘셉트 테스트(concept testing)를 사용할 수 있다. 오스틴(Austin, 1989)이 회상하는 것처럼 엔터테인먼트에서 콘셉트 테스트의 역사는 곤란한 역사이다. 그러나 우리는 콘셉트 테스트의 명성이 엔터테인먼트 경영자가 주로 새로운 상품에 대한 청중의 반응과 관련 아티스트의 비전 사이의 내재적 긴장을 해결하지 않는 무감각한 방식으로 처리해서 손상되었다고 주장한다. 기틀린(Gitlin, 1983)은 콘셉트 테스트에 기반한 추정치가 전문 지식과 데이터의 조합에 크게 의존한다고 지적한다. 이 조합에는 책임감 있는 처리가 필요하다. 경영진이 이

전에 선호했던 것을 지원하기 위해 (즉, 선호하는 영화의 출시를 지원하거나 다른 영화 '죽이기'를 지원하기 위해) 접근 방식을 오용한 일화가 너무 많다.

이 책은 엔터테인먼트 상품의 성공에 인과적 영향을 미치는 많은 상품 특성에 대한 증거를 제공하며, 콘셉트 테스트는 이러한 요소가 대상 고객에게 실제로 최종 상품을 경험하기 전에 이러한 요인의 영향을 예상하는 방법을 찾아야만 한다. 우리는 엔터테인먼트 성공에는 시장성과 호응성 요소가 포함되며, 콘셉트 테스트는 상품 확산 패턴을 강하게 형성하는 성공의 시장성 요소에 특히 효과적이어야 한다고 강조한다.

그러나 이러한 초기 단계에서 예측을 실행하는 것은 큰 도전에 직면해 있다. 아마도 가장 심각한 문제는 아직 상품에 대한 정보가 많지 않고 엔터테인먼트 상품이 개발되고 시간이 지남에 따라 극적으로 진화한다는 것이다. 이 단계에서 예측에는 예측의 결과 무엇을 할 것인지에 대한 특히 신중한 프레이밍과 민감도가 필요하다. 우리는 초기 예측이 임의적이지는 않지만 오류가 발생하기 쉬우며 결정은 이 높은 불확실성을 인정해야 한다는 것을 보여 주었다. 그것들을 잘못된(즉, 결정론적) 방식으로 사용하면 창의성을 위협해 아티스트를 회사와 경영자에게 대항하게 만들 수 있다. 동시에 예민한 방식으로 사용하면 조기 예측 시 경영자가 프로젝트를 더 잘 포지셔닝하고 청중의 반응을 예상하고 적절한 자금을 할당하도록 도울 수 있다. 픽사와 같은 성공적인 엔터테인먼트 혁신자의 전략에 대한 이전 논의에서 보여 준 것처럼 관련된 모든 사람이 여전히 상품을 근본적으로 수정하고 전략을 재수립할 수 있는 기회가 있다.

(2) 엔터테인먼트 상품에 대한 후기 단계 예측

상품 개발이 진행되면 예측 모델에 추가 정보를 추가할 수 있으며 새로운 예측 방법을 사용할 수 있다. 상품이 콘셉트에서 현실로 이동할 때 예

측 모델은 ① 다른 사람이 만든 상품을 구매할지 여부를 결정하거나, ②
결국의 시장의 성과를 최적화하기 위해 자체 제작으로 상품의 최종 공식
화를 미세 조정함으로써 기업에 도움이 될 수 있다. 상품의 실제 성능을
제외하고 이 책에서 논의하는 거의 모든 요소는 콘텐츠 및 연령 등급과 같
은 상품 요소에서 광고 지출에 이르기까지 후기 단계 예측에 포함될 수 있
다. 또한 출시 전 버즈 및 선주문으로 표현된 지금까지 상품에 대한 유통
결정과 소비자 반응도 사용할 수 있다.[17] 후자의 경우 모와 페이더(Moe and
Fader, 2002)는 1997~1998년에 발매된 66개의 앨범을 보여 준다. 이러한 주
간 사전 출시 주문 데이터는 출시 후 판매를 좀 더 정확하게 예측하는 데
도움이 될 수 있다.

우리는 이러한 최근 모델의 정확도가 초기에 실행되는 모델보다 상당
히 높을 수 있음을 보여 주었다. 그러나 이러한 정확도 향상에는 대가가
따른다. 창의적인 결정에는 일반적으로 경로 종속성이 있으며 개발 프로
세스의 후반 단계에서 쉽게 변경할 수 없음을 입증했다. 또한 유통업체와
의 계약 및 제작사 내부 결정으로 인해 이 시점에서 큰 변화가 일어나지
않을 수 있다. 그리고 이 시점에서 사용 가능한 방대한 양의 데이터는 피
상적인 방식으로 결과에 기반한 결정을 할 경향성을 늘리고, 적합한 조치
를 최적화하고 인과관계를 우연한 효과로 처리한다.

다시 말하지만 상품 테스트의 기본 데이터는 이 단계에서 수집되어 청
중 반응을 확산 패턴에 맞추는 것과 같은 예측 목적으로 사용할 수 있다.
이러한 상품 테스트에서 소비자는 일반적으로 (거의) 완성된 상품 또는 그
일부를 제공받으며, 그들의 반응이 팀이 최종 편집 및 위치 조정을 수행하

---

17) III권 2장 '엔터테인먼트 커뮤니케이션 결정 2: 언드 채널'에서 오늘날의 엔터테인먼트
    시장에서 버즈의 중요한 역할에 대한 논의를 참조하라.

는 데 도움이 될 수 있다는 생각을 가지고 있다(DeVault, 2016; Marich, 2013). 예를 들어 아비건(Avirgan, 2015)은 잠재 시청자의 대표적인 샘플을 사용한 테스트 마케팅이 마블 엔터테인먼트 영화 〈판타스틱 4〉 리메이크의 박스오피스 문제를 어떻게 예측했는지를 설명했다. 그러나 그것은 또한 그러한 후기 테스트가 문제의 진정한 원인을 해결하는 능력이 부족할 수 있음을 보여 준다. 필요한 캐스트를 변경하기에는 진척도에 있어서 너무 늦었기 때문에 스튜디오의 손실을 줄이기 위해 판매 촉진 활동이 변경되었다.

테스트를 개선하는 한 가지 유망한 방법은 테스트 대상의 질문에만 의존하는 대신 신체 반응의 측정 값을 통해 개념이나 상품 요소에 대한 대상 구성원의 반응을 추론하는 것이다. 마케팅 학자들은 기능적 자기 공명 영상(FMRI: Functional Magnetic Resonance Imaging) 뇌 스캔, 시선 추적, 맥박 측정 등과 같은 기술을 통해 생체 인식 마커를 실험해 왔다. 특정 접근 방식에서 디즈니의 연구자들은 적외선 카메라와 모션 캡처 기술을 사용해 2015~2016년 동안 디즈니 영화 9편(Deng et al., 2017)의 특정 장면(즉, 미소, 웃음 또는 둘 중 어느 것도 아니다)에 대한 영화 관객의 감정적 반응을 결정하기 위해 영화 관객의 얼굴/신체 언어를 측정했다. 주요 관찰과 대규모 데이터베이스에서 파생된 기술 및 통찰력을 결합함으로써 이러한 접근 방식은 엔터테인먼트 상품에 대해 잘 사용되지 않는 상품 테스트 방법에 새로운 생명을 불어넣을 수 있다.

후기 단계의 엔터테인먼트 예측을 위해 여러 데이터 소스를 결합하는 힘의 예는 엘리아시버그 등(Eliashberg et al., 2000)의 MOVIEMOD 접근 방식이다. MOVIEMOD는 영화 개봉 전 영화에 대한 소비자 인지도 및 채택 의도를 예측하고 그에 따른 성공을 예측하기 위해 개발되었다. MOVIEMOD는 이 책에서 논의한 많은 성공 동인('특징')[18]을 사용하고 소비자는 설문지를 작성하도록 요청하고 일부는 실제로 문제의 영화를 보는 3시간짜리 '클리

닉'에서 청중 반응을 도출한다. 이 정보를 기반으로 저자는 소비자를 특정 단계('미결정'에서 '네거티브 확산기로)로 분류하고 이미 특정 단계에 있는 사람 수를 기반으로 단계 간 소비자의 전환을 통계적으로 모델링한다. 학자들이 실제 단어 설정에서 접근 방식을 구현했을 때(영화 〈새도우 프로그램〉), 그들은 그들의 예측이 단지 4%의 인상적인 예측 오류를 가지고 있다고 보고했으며, 이는 또한 비교 표준으로 사용한 다른 예측 접근 방식을 능가했다. 이 전 논의에서 예측 모델은 상품의 초기 판매를 포함함으로써 큰 이점을 얻을 수 있음을 보여 주었다. 확산 기반 모델과 실제 판매의 조합은 훌륭한 팀을 만든다. 이는 특히 단기 결과에 의해 재정적 생존 가능성이 덜 결정되지만 마케팅의 '틈새 개념'이 사용되는 상품과 같이 장기적인 성과에 의해 결정되는 상품과 관련이 있다. 출시 후 기간을 최대한 활용하는 한 가지 방법은 상품을 이미 경험한 소비자의 상품에 대한 실제 입소문을 측정하는 것이다.[19] 엔터테인먼트 상품 성공에 상당한 영향을 미치는 입소문 분석과 나란히 델라로카스 등(Dellarocas et al., 2007)의 예측 연구에 따르면 입소문 정보가 포함된 확산 모델이 없는 모델보다 2002년부터 80편의 영화의 성공을 더 잘 예측했다.[20]

(3) 다단계 예측 모델

마지막으로 일부 엔터테인먼트 사이언스 학자들은 혁신 프로세스와 그

---

18) MOVIEMOD의 경우 변수는 상품변수(품질, 테마, 스토리, 출연진 등)에서 광고 및 유통에 이르기까지 다양하다.

19) 우리는 경험을 기반으로 한 입소문과 다른 종류의 (추론적인) 소비자 설명을 명확하게 구분한다.

20) 델라로카스 등의 연구에서는 입소문의 양만 측정하고 입소문이나 판매 데이터가 포함되지 않은 입소문 모델과만 비교한다.

수명주기에 걸쳐 서로 다른 정보 가용성을 그들의 연구 주제로 삼았다. 그들은 경영자가 여러 시점에서 엔터테인먼트 상품의 성능을 예측할 수 있는 다단계 모델을 개발했다.

이런 성과 중 하나는 닐아메감과 친타군타의 모델(Neelamegham and Chintagunta, 1999)이며, 이 모델은 콘셉트 단계부터 개봉 전 단계, 국제 개봉 단계에 이르기까지 다양한 단계에서 미국과 해외 시장의 개봉 주 영화 성과를 예측한다(영화의 국내 박스오피스가 예측 변수로 포함된다).[21] 학자들은 MCMC 추정 절차를 사용해 1994년에서 1996년까지 미국과 13개 국가 중 하나 이상에서 개봉된 25편의 영화에 대한 모델을 보정했다. 다른 10개는 홀드아웃으로 사용되었다.

그 결과는 더 많은 정보를 사용할수록 예측 오류가 감소한다는 것을 보여 준다. 예를 들어, 미국 오프닝의 평균 제곱근 오차(RMSE: Root Mean Square Error)는 콘셉트 단계에서 출시 전 단계로 이동할 때 24% 감소한다. 그리고 국제 개봉 공연의 경우 RMSE는 13개 국가 전체에서 하락했고, 10편의 홀드아웃 영화의 콘셉트 단계에서 국내 이후 단계(즉, 영화의 미국에서의 성과에 대한 정보가 사용되는 경우)까지 14% 하락했다. 영화의 지역 배급에 대한 정보도 모델에 포함되었을 때 모델의 개선도는 20%에 달했다. 이것은 그러한 정보가 사용 가능해질 때까지 영화의 권리 가치를 결정하기 위해 기다리는 이점을 보여 준다.

영화의 TV 방영권에 대한 자체 연구에서도 다단계 예측 접근 방식을 적용했으나 국제적 TV 방송사의 관점을 취했다(Hennig-Thurau et al., 2013). 등

---

21) 닐아메감과 친타군타가 모델을 개발했을 때 순차적인 국제 개봉이 영화에서 지배적이었다. 엔터테인먼트 유통 결정의 맥락에서 이러한 '시장 간 성공이 성공을 부르는 효과'에 대한 논의도 참조하라.

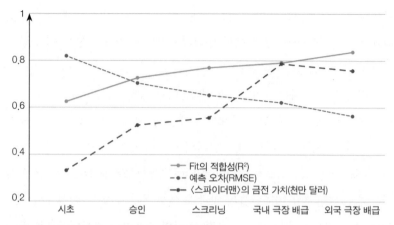

〈그림 4.8〉 다양한 혁신 단계에 대한 예측 정확도 개발

주: 기준 모델은 영화 관련 변수가 예측에서 고려되지 않는 모델을 설명한다.
자료: Hennig-Thurau et al.(2013).

급 예측을 위해 부분 최소제곱(Partial least squares)을 사용해 총 5단계에 대해 별도의 등식 세트를 추정했으며, 매번 방송사가 영화에 대한 향후 TV 등급을 예측하는 데 사용할 수 있도록 해당 시점에서 사용 가능한 정보만 통합했다. 기본 모델(영화 관련 정보를 포함하지 않는다)에서 외국 극장에서의 영화 성공을 포함하는 모델에 이르기까지 예측 오차(여기서는 RMSE[22]로 측정된다)는 31% 감소한 반면 설명된 분산은 34% 증가했다. 〈그림 4.8〉은 여러 단계에서 예측 오류 및 분산 설명의 변화를 보여 준다.

RMSE 및 설명된 분산 외에도 이 그림은 또한 이러한 예측력의 향상이 TV 방송국의 예시 영화의 예상 금전적 가치에 미칠 수 있는 영향을 보여 준다. 우리는 소니의 〈스파이더맨〉 영화를 사용하고 연구를 수행할 당시

---

22) 헤니그-투라우(Hennig-Thurau, 2013)가 (회귀) 추정치의 표준 오차에 언급했는데, 그것이 수학적으로 RMSE와 같다.

의 100만 시청자당 실제 광고비를 기준으로 TV 방송국용 영화의 가치를 계산했다. 〈그림 4.8〉에서 볼 수 있듯이 가치가 항상 증가하는 것은 아니다. 평가의 변화는 각 단계에서 추가된 정보에 따라 달라진다. 이 경우 독일 박스오피스는 엄청난 북미 박스오피스 성과가 제기한 높은 기대치를 충족하지 못했다.

4) 그래서, 엉덩이를 벌쩍거리는 것이 낫습니까? 아니면 예측 모델을 사용하는 것이 낫습니까?

엔터테인먼트 혁신 장의 이 마지막 섹션에서는 엔터테인먼트 경영자가 어려운 혁신 결정을 내리는 데 도움이 될 것으로 보이는 여러 특정 모델의 가치를 보여 주는 예측 모델에 대한 개요를 제공했다. 주어진 모델의 불완전함에도 불구하고 데이터 모델링에서 제공하는 예측은 의사결정의 질을 향상시킨다. 관리자는 모델 기반 예측에 맹목적으로 의존해서는 안 된다. 그러나 또 다른 극단적인 것은 '감(gut)'[STX 엔터테인먼트 CEO 포겔슨(Fogelson) (Friend, 2016 인용)]을 기초로 '1억 달러 규모의 결정'을 내리는 것은 피해야 하는 도랑(ditch)이다.

분석에서 나온 통찰력은 경영자의 개인적인 경험을 보완하고 상품 개발 프로세스의 각 단계에서 올바른 결정을 내릴 확률을 높일 수 있다. 예측의 질은 사용되는 데이터의 유형과 양, 사용된 통계적 방법, 그리고 마지막으로 추정의 기초가 되는 이론적 모델과 관련이 있다. 하지만 가장 어려운 부분은 다른 것이다. 예측 결과를 의사결정에 통합하는 사고방식의 개발이다. 이 장의 전반부에서는 이러한 문제를 해결하는 방법에 대한 지침을 제공한다.

그리고 우리가 다룬 몇 가지 예측 모델 중 어떤 것이 가장 잘 어울릴까?

예측 모델 사용의 의도된 기여와 같은 확실한 상황의 특정 조건이 결정에 중요하지만 기업이 보유한 자원과 성과를 예측할 혁신의 경제적 중요성도 중요하다. 우리가 인용한 모든 모델은 제작 당시 엔터테인먼트 성공 동인에 대해 알려진 것을 기반으로 한다는 점을 명심하라. 우리의 책은 엔터테인먼트에서 상품 성공에 영향을 미치는 요소에 대한 업데이트된 관점을 제공하며, 엔터테인먼트 경영자는 가능한 한 많은 관련 기능을 포함하고 이를 상품에 대한 이론적 메커니즘과 연결에 관한 최신 지식과 일치하는 방식으로 상품 성공과 연결하는 것이 좋다.

한 가지 더 요청하고 싶은 것이 있다. 누군가가 당신을 위해 '너무 좋은' 예측을 할 수 있다고 자랑한다면 조심하라. 이러한 접근 방식은 근거가 되는 개념적 기반, 설명 목적인지 또는 예측 목적인지 여부, 초점 사례 샘플을 선택하고 데이터를 수집하는 데 사용되는 절차의 질에 주의를 기울여 매우 신중하게 검토해야 한다. 그러한 '막후' 정보가 제공되지 않으면 제안을 내보내는(pass) 것이 더 나을 수 있다.

5. 맺음말

이 장에서 우리는 조직학 및 예측 연구를 통해 얻은 최첨단 결과를 조사해 엔터테인먼트 기업의 혁신 관리에 적용했다. 엔터테인먼트 상품 및 시장의 고유한 특성을 고려함으로써 우리는 이것이 엔터테인먼트 경영자에게 유용한 통찰력이라고 믿으며 지속적으로 새로운 엔터테인먼트 상품을 혁신해야 하는 시급한 과제를 강조했다.

엔터테인먼트 분야에서 예술적 비전을 가진 사람들은 종종 실제 예술 작품을 더럽히거나 모독하는 상업적 고려, 예술적 목표와 경제적 목표의 균형을 존중하는 방법을 찾는 것이 이 장 전체의 기초이다. 우리의 분석에 따르면 이것은 자율성과 책임을 결합한 문화와 올바른 기술과 가치를 가진 사람들을 끌어들이고, 장비를 갖추고 창의적이면서도 규율을 갖춘 조직 구조를 만들어야만 달성할 수 있다는 것을 보여 주었다. 우리는 신상품의 상업적 잠재력에 대해 경영자의 이해를 돕는 상품 수준의 접근 방식으로 많은 혁신 활동에 기여할 수 있는 기업 차원의 요인 분석을 보완했다. 그런 목적에 이용 가능한 다른 계량경제학적 모델을 검토했고, 다른 단계의 혁신 과정에서 신상품의 성공을 예측하는 데 개발된 확실한 과학적 모델을 논의했다. 완벽한 접근 방식은 없지만 신중하게 사용하면 주요 경영상 의사결정에 귀중한 정보를 제공할 수 있는 예측을 생성할 수 있다.

4개의 상품 장(1~4장)에서 논의한 결정은 엔터테인먼트 경영자에게 필수적이므로 딱 맞는 상품을 갖는 것은 성공에 대한 복잡한 방정식의 일부일 뿐이다. 이제 엔터테인먼트 마케팅 믹스의 두 번째 'P'인 프로모션으로 이동한다. 특히 우리는 기업이 엔터테인먼트 상품과 관련해 성공의 연속된 확산(cascades), 입소문 및 전문가 리뷰처럼 제어하기 어려운 기타 정보 소스와 함께 소비자가 서로 커뮤니케이션하도록 만드는 데 사용할 수 있는 풍부한 도구 레퍼토리를 조사한다.

참고문헌

Albers, S., & Eggers. S. (1991). Organisatorische Gestaltung von Produktinnovations-Prozessen — Fü hrt der Wechsel des Organisationsgrades zu Innovationserfolg? *Zeitschrift für betriebswirt schaftliche Forschung, 43*, 44-46.

Algobeans (2016). Artificial neural networks (ANN) introduction, March 13, https://goo.gl/hprXNQ.

Ainslie, A., Drèze, X., & Zufryden, F. (2005). Modeling movie life cycles and market share. *Marketing Science, 24*, 508-517.

Amabile, T. M. (1996). *Creativity and innovation in organizations*. Boston: Harvard Business School Background Note.

Archer, A., & Walcyzk, D. (2006). Driving creativity and innovation through cul-ture. *Design Management Review, 17*, 15-20.

Arrow, K. (1962). Economic welfare and the allocation of resources for invention. In *The rate and direction of inventive activity: Economic and social factors* (pp.609-626). Princeton University Press.

Asad, K. I., Ahmed, T., & Rahman, S. (2012). Movie popularity classification based on inherent movie attributes using C4.5, PART and correlation coefficient. In *Proceedings of ICIEV* (pp.747-752).

AT5 (2017). Herman Hulst (Guerrilla Games) We can make what we want of Playstation. *AT5*, March 16, https://goo.gl/AJkgG1.

Austin, B. A. (1989). *Immediate seating: A look at movie audiences*. California: Wadsworth Pub. Co.

Avirgan, J. (2015). Podcast: The guy who predicts whether a movie will bomb, months before it's made. *FiveThirtyEight*, September 7, https://goo.gl/eNTnSC.

Bailey, S. (2016). Kanye West: Free form. *Surface*, November 18, https://goo.gl/P5e8HD.

Barber, N. (2015). Heaven's Gate: From Hollywood disaster to masterpiece. *BBC*, December 4, https://goo.gl/TvSji6

Bass, F. M. (1969). A new product growth model for consumer durables. *Management Science, 15*, 215-227.

Benner, M. J., & Tushman, M. L. (2003). Exploitation, exploration, and process management: The productivity dilemma revisited. *The Academy of Management Review, 28*, 238-256.

Bishop, C. M. (2006). *Pattern recognition and machine learning*. Cambridge: Springer.

Breiman, L. (2001). Statistical modeling: The two cultures. *Statistical Science, 16*, 199-231.

Brownlee, Alexander E. I., Regnier-Coudert, O., McCall, J. A. W., Massie, S., & Stulajter, S. (2013).

An application of a GA with Markov network surrogate to feature selection. *International Journal of Systems Science*, *44*, 2039-2056.

Brunsdale, M. M. (2010). *Icons of crime and detection*. Santa Barbara: Greenwood.

Cameron, K. S., & Freeman, S. J. (1991). Cultural congruence, strength, and type: Relationships to effectiveness. *Research in Organizational Change and Development*, *5*, 23-58.

Catmull, Ed. (2008). How Pixar fosters collective creativity. *Harvard Business Review*, *86*, 64-72.

Catmull, Ed., & Wallace, A. (2014). *Creativity, Inc.* New York: Random House LLC.

Chang, B.-H., & Ki, E.-J. (2005). Devising a practical model for predicting theat-rical movie success: Focusing on the experience good property. *Journal of Media Economics*, *18*, 247-269.

Clarkson, N. (2016). Why failure is a key part of Pixar's culture. *Virgin*, January 8, https://goo.gl/LfWYlt.

Coase, R. H. (1937). The nature of the firm. *Economica*, *4*, 386-405.

Deci, E. L., & Ryan, R. M. (1985). The general causality orientations scale: Self-determination in personality. *Journal of Research in Personality*, *19*, 109-134.

Deci, E. L., & Ryan, R. M. (2000). Self-determination theory and the facilita-tion of intrinsic motivation, social development, and well-being. *American Psychologist*, *55*, 68-78.

Dellarocas, C., Zhang, X., & Awad, N. F. (2007). Exploring the value of online product reviews in forecasting sales: The case of motion pictures. *Journal of Interactive Marketing*, *21*, 23-45.

Deng, Z., Navarthna, R., Carr, P., Mandt, S., Yue, Y., Matthews, I., & Mori, G. (2017). Factorized variational autoencoders for modeling audience reactions to movies. In *IEEE Conference on Computer Vision and Pattern Recognition*.

Deshpande, R., Farley, J. U., & Webster, F. E., Jr. (1993). Corporate culture, customer orientation, and innovativeness in Japanese Firms: A quadrad analysis. *Journal of Marketing*, *57*, 23-37.

DeVault, G. (2016). The market research behind Hollywood movies. *The Balance*, September 14, https://goo.gl/KjfQtb.

Dougherty, D., & Heller, T. (1994). The illegitimacy of successful product innova-tion in established firms. *Organization Science*, *5*, 200-218.

Disney, W. (2017) Walt Disney: Quotes. *IMDb*, no date, https://goo.gl/5FaCr3.

Edmonson, A. (1999). Psychological safety and learning behavior in work teams. *Administrative Science Quarterly*, *44*, 350-383.

Eliashberg, J., Jonker, J., Sawhney, M., & Wierenga, B. (2000). MOVIEMOD: An implementable deci-sion-support system for prerelease market evaluation of motion pictures. *Marketing Science*, *19*, 226-243.

Eliashberg, J., Hui, S. K., & Zhang, J. Z. (2007). From story line to box office: A new approach for green-lighting movie scripts. *Management Science*, *53*, 881-893.

Faughnder, R. (2017). The reason Hollywood's studio leadership is in flux: The business model is changing. *Los Angeles Times*, March 26, https://goo.gl/KWkK2D.

Fleming Jr., M. (2016). 'Big Bad Wolves' helmers Aharon Keshales & Navot Papushado exit Bruce Willis Death Wish remake. *Deadline*, May 4, https://goo. gl/xUV3uz.

Franklin-Wallis, O. (2015). How Pixar embraces a crisis. *Wired*, November 17, https://goo.gl/dfVMm8.

Friend, T. (2016). The mogul of the middle. *The New Yorker*, January 11, https://goo.gl/8hYXxT.

Gartner (2016). Gartner's 2016 hype cycle for emerging technologies identifies three key trends that organizations must track to gain competitive advantage. *Gartner*, August 16, https://goo.gl/pmmHPs.

Ghiassi, M., Lio, D., & Moon, B. (2014). Pre-production forecasting of movie revenues with a dynamic artificial neural network. *Expert Systems with Applications*, *42*, 3176-3193.

Gilson, L. L. (2015). Creativity in teams: Processes and outcomes in creative indus-tries. In C. Jones, M. Lorenzen, & J. Sapsed (Eds.), *The Oxford Handbook of Creative Industries* (pp.50-74). Oxford: Oxford University Press.

Gilson, L. L., & Shalley, C. E. (2004). A little creativity goes a long way: An exam-ination of teams' engagement in creative processes. *Journal of Management*, *30*, 453-470.

Gitlin, T. (1983). *Inside prime time*. New York: Pantheon Books.

Gomez-Uribe, C. A., & Hunt, N. (2015). The Netflix recommender system: Algorithms, business value, and innovation. *ACM Transactions on Management Information Systems*, *6*, 13-19.

Greve, H. R. (2007). Exploration and exploitation in product innovation. *Industrial and Corporate Change*, *16*, 945-975.

Gupta, A. K., Smith, K. G., & Shalley, C. E. (2006). The interplay between exploration and exploi-tation. *Academy of Management Journal*, *49*, 693-706.

Hamel, G. (2006). Management à la Google. *The Wall Street Journal*, April 26, https://goo.gl/REAaRj.

Harvey, S. (2014). Creative synthesis: Exploring the process of extraordinary group creativity. *Academy of Management Review*, *39*, 324-343.

Hastings, R. (2009). Netflix culture: Freedom & responsibility. *SlideShare*, August 1, https://goo.gl/QHvJAP

Hennig-Thurau, T., Fuchs, S., & Houston, M. B. (2013). What's a movie worth? Determining the monetary value of motion pictures' TV rights. *International Journal of Arts Management*, *15*, 4-20.

Hotho, S., & Champion, K. (2011). Small businesses in the new creative industries: Innovation as a people management challenge. *Management Decision, 49*, 29-54.

Howe, S. (2013). How Martin Scorsese's Elmore Leonard movie LaBrava is one that got away. *Vulture*, August 23, https://goo.gl/YLrYnq.

Ingram, M. (2017). Here's what Netflix and Amazon spent millions on at Sundance. *Fortune*, January 30, https://goo.gl/thLE4t.

Jones, R. (1991). Incorporating distribution into new product diffusion models. *International Journal of Research in Marketing, 8*, 91-112.

Jones, O. (2014). Yes, we're being bought by Microsoft. *Mojang*, September 15, https://goo.gl/psZGmM.

Jucevicius, G. (2010). Culture vs. cultures of innovation: Conceptual framework and parameters for assessment. In *Proceedings of the International Conference on Intellectual Capital* (pp. 236-244).

Kanter, R. M. (1997). Strategies for success in the new global economy: An inter-view with Rosabeth Moss Kant. *Strategy & Leadership, 25,* 20-26.

Kelleher, J. D., Namee, B. M., & D'Arcy, A. (2015). *Machine learning for predictive data analytics*. London: The MIT Press.

Kirschbaum, E., & Hopewell, J. (2008). StudioCanal buys Kinowelt. *Variety*, January 17, https://goo.gl/oNCSEn.

Kloo, A. (2016). Amazon-Video-Chef Schneider: Kreative Freiheit ist Grundbedingung für einzigartige Serien. *Blickpunkt: Film*, October 18, https://goo.gl/w2gjLS.

Kohavi, R., & Provost, F. (1998). Glossary of terms. *Journal of Machine Learning, 30*, 271-274.

Kokonis, M. (2009). Hollywood's major crisis and the American film 'Renaissance'. In R. B. Ray (Ed.), *A certain tendency of the Hollywood cinema*, 1930-1980 (pp. 169-206). Princeton: Princeton University Press.

Kurokawa, S. (1997). Make-or-buy decisions in R&D: Small technology based firms in the United States and Japan. *IEEE Transactions of Engineering Management, 44*, p. 124-134.

Kehr, D. (2008). United Artists — 90th anniversary. *New York Times*, March 27, https://goo.gl/LgxWam.

Litman, B. R. (1983). Predicting success of theatrical movies: An empirical study. *Journal of Popular Culture, 16*, 159-175.

Liu, X., Shi, S., Teixera, T., & Wedel, M. (2018). Video content marketing: The making of clips. *Journal of Marketing, 82*, 86-101.

Lumpkin, G. T., & Dess, G. G. (1996). Clarifying the entrepreneurial orientation construct and linking it to performance. *Academy of Management Review, 21*, 135-172.

Lussier, G. (2016). Walt Disney Animation is officially as good as Pixar now. *Gizmodo UK*, February 18, https://goo.gl/JyLJ1s.

March, J. G. (1991). Exploration and exploitation in organizational learning. *Organization Science, 2*, 71-87.

Marich, R. (2013). *Marketing to moviegoers: A handbook of strategies and tactics*. United States: Library of Congress Cataloging-in-Publication Data.

Masters, K. (2016). Steven Spielberg on Dreamworks' past, Amblin's present and his own future. *The Hollywood Reporter*, June 15, https://goo.gl/LqFjKR.

McNary, D. (2017). Netflix buys Martin Scorsese's 'The Irishman' starring Robert De Niro. *Variety*, February 21, https://goo.gl/pcLFjC.

Moe, W. W., & Fader, P. S. (2002). Using advance purchase orders to forecast new product sales. *Marketing Science, 21*, 347-364.

Moriarty, C. (2013). Rising to greatness: The history of Naughty Dog. *IGN*, October 4, https://goo.gl/bXQVyS.

Muller, E., Peres, R., & Mahajan, V. (2009). *Innovation diffusion and new product growth*. Cambridge: Marketing Science Institute.

Narayan, V., & Kadiyali, V. (2016). Repeated interactions and improved outcomes: An empirical analysis of movie production in the United States. *Management Science, 62*, 591-607.

Neelamegham, R., & Chintagunta, P. (1999). A Bayesian model to forecast new product performance in domestic and international markets. *Marketing Science, 18*, 115-136.

Nocera, J. (2016). Can Netflix survive in the new world it created? *The New York Times Magazine*, June 15, https://goo.gl/e1d2Zu.

Packard, G., Aribarg, A., Eliashberg, J., & Foutz, N. Z. (2015). The role of network embeddedness in film success. *International Journal of Research in Marketing, 33*, 328-342.

Parimi, R., & Caragea, D. (2013). Pre-release box-office success prediction for motion pictures. In *Proceedings of International Workshop on Machine Learning and Data Mining in Pattern Recognition* (pp. 571-585). Springer, Berlin, Heidelberg.

Peltoniemi, M. (2015). Cultural industries: Product-market characteristics, man-agement challenges and industry dynamics. *International Journal of Management Reviews, 17*, 41-68.

Pond, S. (1986). Dateline Hollywood. *The Washington Post*, August 28, https://goo.gl/7o2UFN.

Poppo, L., & Zenger, T. (1998). Testing alternative theories of the firm: Transaction cost, knowledge-based, and measurement explanations for make-or-buy decisions in information services.

Strategic Management Journal, 19, 853-877.

Radas, S., & Shugan, S. M. (1998). Seasonal marketing and timing new product introductions. Journal of Marketing Research, 35, 296-315.

Rao, H., Sutton, R., & Webb, A. P. (2008). Innovation lessons from Pixar: An interview with Oscar-winning director Brad Bird. McKinsey Quarterly, https://goo.gl/rHqcDv.

Russell, J. (2004). Foundation myths. New Review of Film and Television Studies, 2, 233-255.

Savitskaya, I., & Järvi, K. (2012). Culture for innovation: Case Finnish game development. Proceedings of ISPIM Conference, 23, 1-15.

Sawhney, M. S., & Eliashberg, J. (1996). A parsimonious model for forecasting gross box-office revenues of motion pictures. Marketing Science, 15, 113-131.

Schillat, F. (2017). Amazon-Prime-Video-Chef im Interview: 'Wir haben kein Interesse daran, dass unsere Kunden nicht mehr fernsehen'. Meedia, March 15, https://goo.gl/zWmUzg.

Sharda, R., & Delen, D. (2006). Predicting box-office success of motion pictures with neural networks. Expert Systems with Applications, 30, 243-254.

Sharda, R., & Delen, D. (2010). Predicting the financial success of Hollywood movies using an information fusion approach. Industrial Engineering Journal, 21, 30-37.

Simonoff, J. S., & Sparrow, I. R. (2000). Predicting movie grosses: Winners and losers, blockbusters and sleepers. Chance, 13, 15-24.

Smith, S., & Paquette, S. (2010). Creativity, chaos and knowledge management. Business Information Review, 272, 118-123.

Smith, M. D., & Telang, R. (2016). Streaming, sharing, stealing — Big data and the future of entertainment. Cambridge: The MIT Press.

Spiegel, J. (2013). The Pixar perspective on replacing directors. The Pixar Times, September 3, https://goo.gl/PhX4oH.

Steel, E. (2014). Those dreaded spoilers that can torpedo dramatic plot take on a new meaning. New York Times, September 21, https://goo.gl/tFapLw.

Slifkin, I. (2014). Cannon fodder: In praise of Golan and Globus. MovieFanFare, June 13, https://goo.gl/SZkN2y.

Thomson, D. (2008). The history of United Artists. The Guardian, February 23, https://goo.gl/AqaTym.

Total Film (2006). The story behind Raiders of the Lost Ark. Gamesradar+, August 24, https://goo.gl/h5eMrT.

de Ven, V., Andrew, D. P., Garud, R., & Venkataraman, S. (1999). The innovation journey. New York: Oxford University Press.

Walesh, S. G. (2012). Staging a creative culture. *Leadership and Management in Engineering, 12*, 338-340.

Walker, G., & Weber, D. (1984). A transaction cost approach to·make-or-buy deci-sions. *Administrative Science Quarterly, 29*, 373-391.

Williamson, O. E. (1985). The economic institutions of capitalism. Firms, markets, *relational contracting*. New York: The Free Press.

Zhou, Y., Zhang, L., & Yi, Z. (2017). Predicting movie box-office revenues using deep neural networks. *Neutral Computing and Applications*, Online Publication, 1-11.

이제 '엔터테인먼트 사이언스'의 힘을 발휘해 봐요!

이게 그거다.

—마이클 잭슨의 노래

엔터테인먼트 매니지먼트는 전통적으로 엔터테인먼트 상품의 상업성과 관련해 시나리오 작가 윌리엄 골드먼의 상징적인 발언('어떻게 될지 아무도 몰라요')에서 묘사된 패러다임인 "직감(gut feeling)"과 경영 본능에 의존해 왔다. 그러나 골드먼의 발언은 35년 이상의 학문적 연구와 강하게 대조되는데, 이 학문적 연구는 엔터테인먼트 상품에 관한 소비자의 결정과 그 상품의 재무 성과가 체계적이고 비임의적인 패턴을 따른다는 충분한 경험적 증거를 제공한다. 학자들은 이러한 패턴을 데이터와 계량 알고리즘으로 연구해 왔으며, 그 기초가 되는 규칙이나 이론을 규명했다. 엔터테인먼트 사이언스 I~III권에서는 그러한 통찰의 광대한 몸뚱이를 하나로 모아 이른바 '엔터테인먼트 사이언스 이론'을 향해 첫걸음을 내디뎠다. 여러분이 이 책의 페이지에서 확실히 주목했듯이, 이 이론은 포괄성과 거리가 멀다: 무엇이 엔터테인먼트 상품을 성공하게 하는지를 설명하는 데 있어서 많은 공백과 빈 공간이 있다. 그리고 어떤 주장은 다른 주장들보다 훨씬 더 데이터에 의해 강하게 지지된다(그리고 어떤 주장은 아직 경험적으로 전혀 시험하지 않았다). 그러나 거의 모든 이론은 정의에 따르면, 거의 항상 그 현상에 대해 배울 것이 더 많기 때문에, 확정적이고 최종적인 이론을 접하는 것은 매우 드문 일이다(하나가 있을지라도).

엔터테인먼트 사이언스의 일반적인 논리는 생활과 경제의 다른 분야와 마찬가지로 엔터테인먼트에서의 성공은 일정한 패턴과 규칙을 따르고, 데이터와 알고리즘은 우리가 그것들을 이해하는 데 도움을 줄 수 있다는 것이다. 엔터테인먼트 사이언스의 밑바탕은 엔터테인먼트 세계를 복잡하고 다방면으로 보는 확률론적 세계관이다. 이런 복잡한 세상에서는 하나의 요소나 하나의 마케팅 기구의 사용은 결코 소비자의 반응이나 100% 확실성을 가진 상품의 성공을 설명하지 못하고, 다만 소비자가 어떤 식으로 반응하거나 엔터테인먼트 상품이 히트할 확률을 높일 뿐이다. 이것은 엔터테인먼트 사이언스가 속한 학문 분야인 어떤 사회과학에서도 항상 그러하며 앞으로도 그럴 것이다.

단편적이기는 하지만 엔터테인먼트 사이언스는 '순수' 이론이 아니라 응용된 이론이다. 엔터테인먼트 상품의 성패에 관한 실용적 주제를 다루며, 우리는 그것을 경영자나 엔터테인먼트 산업에 관련된 다른 사람들에게 유용하게 사용하고자 한다. 엔터테인먼트 사이언스는 무엇이 더 잘 작동하는지(그리고 왜 더 잘 작동하는지)에 대해 논쟁을 벌이지만, 엔터테인먼트에서 창의성을 몰아내기 위한 시도는 하지 않는다. 그 대신 엔터테인먼트 사이언스 이론은 엔터테인먼트와 그 상품을 규정하는 구체적인 요소, 엔터테인먼트 상품이 거래되는 시장, 엔터테인먼트 소비자에 대한 철저한 분석과 이해를 바탕으로 하고 있다. 그러한 세부 사항들은 엔터테인먼트의 맥락에서 어떻게 사물이 경제적으로 작용하는지에 대한 우리의 관점을 형성한다. I권 1장에서는 엔터테인먼트의 쾌락적·문화적 특성과 그 밖의 여러 측면을 포함한 상품 특성에 대해 심도 있게 논의했다. 이 장에서는 또한 서로 다른 특성이 마케팅 전략의 효과에 어떻게 영향을 미치는지에 대한 링크도 제공했다. I권의 나머지 장인 2~6장에서는, 엔터테인먼트 시장의 특성과 소비자들이 엔터테인먼트를 경험하기 위한 결정을 내리는 방법에 대한 분석으로 이 토론을 보완했다.

그리고 II권, III권은 초기 아이디어의 창출에서부터 그것의 수명주기가 끝날 때까지 엔터테인먼트 경영자가 엔터테인먼트 상품을 마케팅하기 위해 사용할 수 있는 도구에 바쳐졌다. 마케팅에 대한 우리의 관점은 광고나 다른 판촉 활동에 국한된 것이 아니라 시장과 소비자를 다루는 엔터테인먼트 회사의 모든 활동을 포괄하는 총체적 관점이라는 점에 주목했다. 이러한 마케팅 관점은 모든 엔터테인먼트 상품의 경험 품질을 결정하는 창의성과 예술성을 위한 공간을 제공하며, 관객과 전문가들이 이에 어떻게 반응하는지를 결정한다. 이러한 경험 품질은 필수적이며 따라서 I~III권 전체에서 논의한 '엔터테인먼트 마케팅 믹스'의 첫 번째 요소가 된다. 우리는 '위대한 엔터테인먼트'에 기여하는 것이 무엇인지 더 잘 이해하기 위해 자료와 알고리즘뿐만 아니라 문화 이론에 근거한 연구 결과를 보고했다. 하지만 예술가들은 안심할 수 있다. 비록 우리의 통찰력이 품질이 무엇인지 규정하는 데 도움이 되기는 하지만, 다음 걸작을 위한 공식은 없으며, 그것이 언젠가 곧 바뀔 것이라고 기대하지 않는다. 우리는 알고리즘의 힘이 엔터테인먼트 그 자체를 창조하는 것보다 복잡한 사업 결정을 개선하는 데 있어 경영자들에게 훨씬 더 유용하다고 주장했다.

경험 품질과 더불어 엔터테인먼트 경영자들이 마음대로 가지고 있는 마케팅 도구의 전 영역에 대해 논의했다. 엔터테인먼트 사이언스의 가장 잘 발달한 분야 중 하나인 엔터테인먼트 성공을 위한 브랜딩의 힘을 강조하고 특정 장르 등 다른 (브랜드가 아닌) 특징들이 상품을 위해 하는 역할을 연구했다. 우리는 새로운 엔터테인먼트 상품의 개발에 대한 오래된 주장을 반박했고, 엔터테인먼트 혁신이 경영자들이 신상품의 성공 가능성을 예측하는 데 도움을 주는 특정한 전략, 문화, 구조, 방법으로부터 실제로 이익을 얻을 수 있다는 사례를 구축했다. II권 5장은 예측을 위한 '하나뿐인' 접근법을 제시하지 않았다. 대신에, 우리는 독자들이 그/그녀의 회사의 독특한 요구와 자원에 가장 적합한 접근법을 개발하기 위한 영감으로 우리가 제시하는 대안적 접근법을 평가하기를 바란다.

III권 1장과 2장은 페이드(유료) 미디어, 온드(소유) 미디어, 그리고 (악성) 입소문과 (악성) 상품에 대한 전문적인 리뷰를 포함하는 언드(평가형) 미디어를 아우르는 다양한 커뮤니케이션 접근법이 엔터테인먼트 상품에 얼마나 효과적인지에 대한 이해도 제공했다. 이 글을 쓸 당시 할리우드에서는 로튼토마토(Rotten Tomato: 미국의 영화 평론가들의 평가를 모아놓는 사이트)가 영화를 망친다는 이야기가 많았다(예: Rodriguez, 2017). 엔터테인먼트 사이언스는 인과관계와 상관관계를 분리함으로써 독자들이 전문적 리뷰가 가지고 있는 '진정한' 효과를 판단하고, 이미 문제가 된 상황을 악화시키기만 하는 임시변통의 결정을 피하도록 도울 것이다.

III권 3장은 또한 ① 기존 유통 창구에 대한 변경 사항 및 ② 불법 채널이 오늘날 엔터테인먼트 성공에 미치는 영향(즉, 불법 복제의 영향)에 대한 열렬한 논쟁에 과학적 층을 추가하고 대안적 구제책을 논의한다. 우리는 III권 4장에서 엔터테인먼트 경영자가 모든 상품의 가격을 동일하게 책정하는 전통적인 접근 방식을 재고하는 대신 매력이 다른 상품 간에 가격을 다르게 하는 것이 대가를 지불할 수 있음을 보여 주었다.

우리는 III권 5장에서 실전에 사용된 2가지 지배적인 통합 마케팅 전략으로서 블록버스터와 틈새 마케팅에 대한 토론으로 엔터테인먼트 사이언스 이론을 끝냈다. 여기서, 우리는 산업을 위해 경고한다. 엔터테인먼트 사이언스를 단편적으로 적용하여 디지털화와 세계화의 경제적 잠재력을 '극한 블록버스터'라는 단일 유형의 상품으로 축소해서 이용하는 것은 전체 산업으로서의 엔터테인먼트에 위협이 된다. 그것은 소비자들을 영화, 음악, 게임, 책으로부터 그리고 소셜 미디어와 같은 새로운 경쟁적인 형태의 엔터테인먼트에 이르기까지 전반적으로 멀어지게 할 수 있다.

우리는 엔터테인먼트 사이언스(이론과 책)가 독자들이 엔터테인먼트 상품에 대한 결정을 내릴 때 '과학적으로' 생각하는 가치를 강조하도록 도움을 주고자 했다. 그렇게 함으로써 이론과 데이터 분석을 통해 예술적 기술과 경영 직관의 힘을 향상시키고자 했다. 그렇게 하면 독자들이 '어떻게 될지 아무도 몰라요'라는 통설을 뒤로 하고, 분석 함정(엔터테인먼트의 복잡성과 상품이 갖는 창의적 특성의 주요 역할을 무시하고, 분석적 기술을 순진하고 부주의하게 사용하는)을 피할 수 있다. '아무도 몰라요'뿐만 아니라 '이론 없는' 분석도 테이블에 많은 가치를 남긴다. 우리는 우리가 그러한 도움을 줄 수 있기를 바라며, 엔터테인먼트 사이언스(이론)와 함께 일하거나 그것과 함께 확장하는 데 있어서 행운을 빈다. 이제 헤어질 시간이다. 전설적인 작곡가 오스카 해머스타인 (Oscar Hammerstein)의 말을 의역하여 여러분을 떠나도록 하겠다. 사랑하는 독자 여러분! 안녕히 계십시오. 안녕히 계십시오.

참고문헌

Rodriguez, A. (2017). The 10 worst summer 2017 movies that Rotten Tomatoes helped destroy. Quartz, August 25, https://goo.gl/7CDHTs.

찾아보기

지은이

토르스텐 헤니그-투라우 (Thorsten Hennig-Thurau)
독일의 저명 경제학자로 주로 미디어·영화·소셜 미디어 경제와 관계 마케팅을 연구했다. 현재 뮌스터대 마케팅 센터 마케팅·미디어 연구 의장이다. 루네버그대 경영학과를 나와 하노버대에서 경제학 박사를 받았다. 웨스트필름스대 경제학과 교수, 바우하우스대 미디어학부 교수, 런던 시티대 카스비즈니스 스쿨 연구 교수 등을 지냈다. 영화 불법 복제물의 경제적 피해 영향을 학술적으로 처음 규명했다. 저서에『관계 마케팅: 고객 만족 및 고객 보존을 통한 경쟁력 확보』등이 있다. JSR 리서치 '최우수논문상(2005)'을 받고 비즈니스 잡지 ≪Handeliet≫에 의해 독일·오스트리아·스위스 '상위 1% 학자'(2007)로 선정되었다.

마크 B. 휴스턴 (Mark B. Houston)
미국의 마케팅 학자로 주로 채널·영화 마케팅 및 혁신 전략에 대해 연구했다. 현재 텍사스크리스천대(TCU) 닐리비즈니스 스쿨 마케팅학과 교수이다. 볼리바르 사우스웨스트침례대 경영학과와 미주리대 MBA를 각각 나와 애리조나주립대에서 경영학 박사를 받았다. 미주리대, 세인트루이스대, 볼링그린주립대, 트룰라스케대, 텍사스A&M대 메리비즈니스 스쿨의 마케팅학과 교수, 독일 뮌스터대 객원 교수 등을 역임했다. 식품회사 블루 벨 크리머리즈의 초대 의장을 지냈다. 저서에『전략적 마케팅과 계획』등이 있다. 마케팅·유통 채널 연구로 쉐스재단의 '최우수논문상'(2018)과 '루이스스턴 상'(2019)을 각각 받았다.

엔터테인먼트 사이언스(Entertainment Science)의 최신 버전과
저자와 다른 독자들을 만나려면 웹사이트 http://entertainment-science.com와
페이스북 https://www.facebook.com/EntertainmentScience을 방문하십시오.

옮긴이

이청기
현재 KBS공영미디어연구소 연구위원(Ph. D.)으로서 주로 미디어·엔터테인먼트 산업·전략을 연구하고 있다. KBS 입사 이후 KBS 콘텐츠전략팀장, KBS 미디어텍과 KBS 아트비전의 이사, e-KBS 대표 등을 역임했다. 미국 보스턴 Hult 인터내셔널 비즈니스 스쿨에서 MBA를, 서울 광운대에서 박사 학위를 각각 취득했다. 숙명여대 미디어학부 겸임교수를 맡아 '엔터테인먼트 비즈니스', '미디어경영 및 마케팅' 등을 강의했다.

김정섭
성신여대 문화산업예술대학원 문화산업예술학과 교수(Ph. D.)로서 엔터테인먼트 예술 콘텐츠 및 엔터테인먼트 산업 전반을 연구하고 있다. 저서 『케이컬처 시대의 배우 경영학』, 『케이컬처 시대의 뮤직 비즈니스』, 『한국대중문화예술사』, 『명품배우 만들기 스페셜 컨설팅』, 역서 『할리우드 에이전트』 등을 펴냈다. 학술논문은 「배우 손예진의 코어 페르소나와 주연 작품에 대한 수용자 반응과의 정합성 분석」 등이 있다.

조영인
한국문화예술연구소 소장(Ph. D.)으로 문화 콘텐츠 전반을 연구 중이다. 미스 춘향 숙(2003), 미스코리아 서울 미(2004) 출신으로 한국무용가와 배우로 활동했다. SBS 〈바람의 화원〉, KBS 〈대조영〉과 〈달이 뜨는 강〉, TV조선 〈바람과 구름과 비〉 등을 안무 감독했다. 영인베스트먼트 대표, 허드슨헨지 투자본부 이사, 동국대와 추계예술대 강사 등을 맡고 있다. 학술논문은 「문화상호주의로 분석한 BTS 안무 연구」 등이 있다.

조희영
중앙대 첨단영상대학원 영상학과 교수(Ph. D.)로서 주로 영상 산업·정책, 트랜스 미디어 스토리텔링 기반의 콘텐츠 기획 전략 등을 연구하고 있다. 한국영화아카데미의 프로듀싱 과정 졸업 후 CJ CGV, CJ E&M, 타임와이즈인베스트먼트 등에서 영화 및 문화 콘텐츠 투자·유통에 관한 실무 경험을 축적했다. 학술논문은 「한국영화 제작자·감독·배우 네트워크 분석: 2013-2019 개봉작을 중심으로」 등이 있다.

박정은

경희사이버대 실용음악학과 겸임교수(Ph. D.)로서 실용음악, 음악교육을 주로 연구하고 있다. 크로스오버 바이올리니스트로서 첫 솔로 앨범 〈LIBER TANGO〉 발매 후 포털의 '바이올리니스트' 부문 1위에 올랐으며, 야마하뮤직코리아 데몬스트레이터로도 활동했다. 저서 『월드 뮤직』을 출간했다. 학술논문은 「초·중등학교 대중음악 교육과정 기준 개발 연구」, 「국내 음악산업의 디지털 음악제작과 유통구조 분석」 등이 있다.

이규탁

한국조지메이슨대 교양학부 교수(Ph. D.)로 재직 중이며, 케이 팝(K-pop)과 대중음악 분야를 집중적으로 연구하고 있다. 저서에 『케이 팝의 시대』, 『대중음악의 세계화와 디지털화』, 『갈등하는 케이, 팝: 한국적인 동시에 세계적인 음악』이 있으며, 학술지, 신문, 잡지 등에 대중음악과 케이 팝에 관한 다수의 글을 쓰고 방송에도 출연하고 있다. 역서는 『교양의 효용』, 『모타운: 젊은 미국의 사운드』(공역)가 있다.

이은혜

동국대 영상대학원 공연예술학과 교수(Ph. D.)로서 뮤지컬, 예술 콘텐츠, 엔터테인먼트 산업을 주로 연구하고 있다. 미국 브로드웨이 뮤지컬 배우 출신으로 미국에서 〈미스 사이공〉, 〈왕과 나〉, 한국에서 〈캐츠〉, 〈원효〉 등을 각각 주연했다. 저서에 『알기 쉬운 뮤지컬 가창 실기』가 있으며, 학술논문은 「손드하임의 뮤지컬 융합 양식을 향한 실험과 전략」, 「아시아의 중심, K-Musical의 역할과 가능성」 등이 있다.

한울아카데미 2311

엔터테인먼트 사이언스 II — 엔터테인먼트 상품 경영론

지은이 | 토르스텐 헤니그-투라우·마크 B. 휴스턴
옮긴이 | 이청기·김정섭·조영인·조희영·박정은·이규탁·이은혜
펴낸이 | 김종수
펴낸곳 | 한울엠플러스(주)
편집책임 | 배소영

초판 1쇄 인쇄 | 2021년 7월 5일
초판 1쇄 발행 | 2021년 7월 20일

주소 | 10881 경기도 파주시 광인사길 153 한울시소빌딩 3층
전화 | 031-955-0655
팩스 | 031-955-0656
홈페이지 | www.hanulmplus.kr
등록 | 제406-2015-000143호

Printed in Korea.
ISBN 978-89-460-7311-1 93320 (양장)
        978-89-460-8089-8 93320 (무선)

* 책값은 겉표지에 표시되어 있습니다.
* 무선제본 책을 교재로 사용하시려면 본사로 연락해 주시기 바랍니다.
* 이 책의 일부 글자는 아모레퍼시픽의 아리따 돋움·부리체를 사용해 디자인되었습니다.

엔터테인먼트 사이언스 I — 엔터테인먼트 경영·경제학

이제는 단연 '엔터테인먼트'의 시간!
3권 시리즈로 담은 빅 히트 솔루션
[엔터테인먼트 사이언스 I · II · III]

영상, 음악, 공연, 출판, 게임 등 엔터테인먼트 상품을
문화산업학과 엔터테인먼트 경영·경제학 시각에서 통찰해
'프로젝트 성공'의 경험적·이론적·통계적 솔루션 제공

가장 현대적인 관점에서 엔터테인먼트 상품, 사업, 산업
특성을 경험적·이론적·통계적으로 통합 분석함으로써
리스크는 줄이고 수익을 드높이는 혜안을 제시한다.

기획·투자-제작-유통-이용 등 가치 사슬의 전 과정에서
적용될 이론, 법칙, 전략을 명쾌하게 제시함으로써
학술적·실용적 가치를 겸비한 통찰을 가능하게 한다.

엔터테인먼트 분야의 현장 전문가와 아티스트 출신 학자 등
실무 경험이 풍부한 전문가들이 번역에 나서 실무와 이론,
현장과 학계의 괴리를 최대한 좁혔다.

'엔터테인먼트'의 시간, 이 책이 유용한 이유이다.

• 토르스텐 헤니그-투라우·마크 B. 휴스턴 지음
• 이청기·김정섭·조영인·조희영·박정은·이규탁·이은혜 옮김
• 448면 | 2021년 6월 발행

I권은 과거 수십 년간 현장과 연구를 통해 축적된 경험, 직관, 데이터를 기반으로 문화산업학과 엔터테인먼트 경영·경제학의 시각에서 영상, 음악, 공연, 출판, 게임 등 엔터테인먼트 상품의 본질과 특성을 깊이 있게 통찰한다. 이어 이를 체계적으로 관리하고 마케팅하여 성공으로 이끄는 데 필수적인 시장과 소비자, 사업 모델들을 탐구한다. 산업의 '리스크'에 방점을 두는 전통 산업론자들의 시각을 뛰어넘어 적극적이고 공세적인 입장에서 엔터테인먼트 사이언스를 탐색함으로써 리스크를 피하고 이용자들에게 매력적인 최적의 콘텐츠와 서비스를 선보일 혜안을 제공하고자 한다.

엔터테인먼트 사이언스 III — 엔터테인먼트 통합 마케팅

• 토르스텐 헤니그·투라우·마크 B. 휴스턴 지음
• 이청기·김정섭·조영인·조희영·박정은·이규탁·이은혜 옮김
• 2021년 8월 발행 예정

이제는 단연 '엔터테인먼트'의 시간!
3권 시리즈로 담은 빅 히트 솔루션
[엔터테인먼트 사이언스 I · II · III]

**영상, 음악, 공연, 출판, 게임 등 엔터테인먼트 상품을
문화산업학과 엔터테인먼트 경영·경제학 시각에서 통찰해
'프로젝트 성공'의 경험적·이론적·통계적 솔루션 제공**

가장 현대적인 관점에서 엔터테인먼트 상품, 사업, 산업
특성을 경험적·이론적·통계적으로 통합 분석함으로써
리스크는 줄이고 수익을 드높이는 혜안을 제시한다.

기획·투자·제작·유통·이용 등 가치 사슬의 전 과정에서
적용될 이론, 법칙, 전략을 명쾌하게 제시함으로써
학술적·실용적 가치를 겸비한 통찰을 가능하게 한다.

엔터테인먼트 분야의 현장 전문가와 아티스트 출신 학자 등
실무 경험이 풍부한 전문가들이 번역에 나서 실무와 이론,
현장과 학계의 괴리를 최대한 좁혔다.

'엔터테인먼트'의 시간, 이 책이 유용한 이유이다.

III권은 커뮤니케이션(promotion), 유통(place), 가격(pricing) 결정을 다룬다. 이후 4P 마케팅 믹스(상품 결정은 II권에서 다룬다)을 기초로 통합 마케팅에 대해 탐구한다. 1장은 소비자와의 커뮤니케이션 중 페이드(paid: 유료) 채널과 온드(owned: 보유) 채널에 대해, 2장은 전문가 비평과 같은 언드(earned: 평가형) 채널에 대해, 3장은 유통 결정에 대해, 4장은 가격 결정론에 대해 설명하고, 마지막으로 5장은 4P를 기반으로 엔터테인먼트 통합 마케팅을 다루면서, 블록버스터와 틈새상품 개발법을 제시한다.